国民经济统计学

GUO MIN JING JI TONG JI XUE

（第二版）

主　编◎付红妍
副主编◎吕光明　满向昱

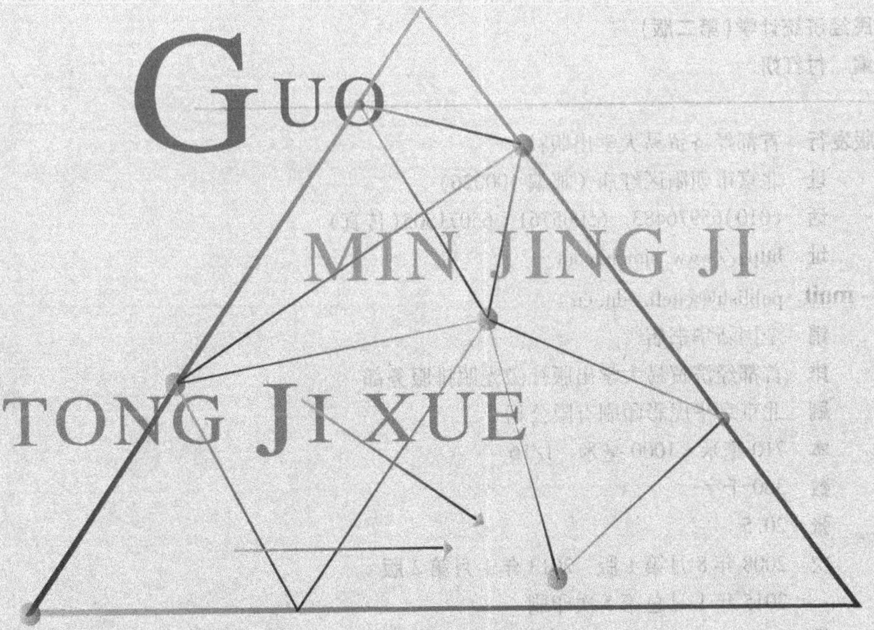

首都经济贸易大学出版社
Capital University of Economics and Business Press
·北京·

图书在版编目(CIP)数据

国民经济统计学/付红妍主编. —2版. —北京:首都经济贸易大学出版社,2013.1
ISBN 978-7-5638-1492-3

Ⅰ.①国… Ⅱ.①付… Ⅲ.①国民经济—经济统计学—高等学校—教材
Ⅳ.①F222.33

中国版本图书馆CIP数据核字(2008)第024979号

国民经济统计学(第二版)
主编 付红妍

出版发行 首都经济贸易大学出版社
地　　址 北京市朝阳区红庙(邮编100026)
电　　话 (010)65976483 65065761 65071505(传真)
网　　址 http://www.sjmcb.com
E-mail publish@cueb.edu.cn
经　　销 全国新华书店
照　　排 首都经济贸易大学出版社激光照排服务部
印　　刷 北京京华虎彩印刷有限公司
开　　本 710毫米×1000毫米 1/16
字　　数 360千字
印　　张 20.5
版　　次 2008年8月第1版 2013年1月第2版
　　　　 2015年1月总第5次印刷
书　　号 ISBN 978-7-5638-1492-3/F·865
定　　价 33.00元

第二版前言

《国民经济统计学》第二版是在第一版的基础上修订而成的。

修订过程中，编著者对国民经济统计学的体系和内容进行了充分的讨论，也吸取了一些读者的意见和建议，对原书的部分内容及不当之处进行了修改。

为了保持学习与研读的一致性，第二版与第一版相比在内容和体系上变化不大，仍然保留了上篇与下篇和原来的章节。

《国民经济统计学》第二版契合了目前经济发展的现状，即面对复杂严峻的国内外环境，国民经济保持平稳较快发展，它提供了以宏观经济理论为基础，对国民经济不同过程、不同角度进行研究的定性与定量方法，如基本概念、指标及指标体系的建立、分类、分析测算方法，国民经济核算及分析，新国民经济核算体系的框架、主要思想和运用，对国民经济发展中关注的方面进行统计分析、监测预警，如国民经济价格、经济增长、经济周期波动与监测预警、国际经济比较等，把理论、方法与现实经济问题分析融合在了一起。

《国民经济统计学》第二版对第一版书中的一些内容，包括一些实例的分析进行了更新，部分内容作了修改，有些章节增加了一些内容，有些则进行了删减，还有些作了修正。同时为便于读者更加系统地学习，编者为本书做了配套使用的 ppt 课件。

《国民经济统计学》第二版由付红妍担任主编，吕光明、满向昱担任副主编。编写分工如下：付红妍，第 1 章；边雅静，第 2 章；张宝军，第 3、第 6 章；满向昱，第 4、第 8 章；王亚菲，第 5、第 7 章；吕光明，第 9、第 10、第 11 章。最后由主编定稿。

本书在修订中参考了大量的相关著作、教材、论文及网站资料，并吸取了其部分精华，在此一并向作者表示诚挚的感谢！

感谢为本次修订提供宝贵意见的老师和读者！

感谢首都经济贸易大学出版社薛捷老师孜孜不倦的努力和给予我们的无私帮助！感谢责任编辑赵侠老师的辛勤劳动与付出！

由于作者水平有限，书中的错误、疏漏与不足之处在所难免，敬请同行专家和读者批评指正，以便进一步改进。

付红妍

2012 年 9 月

前言

为了帮助读者较好掌握国民经济统计学的基本知识和主要内容，在参考国内外公开出版的国民经济统计学、宏观经济统计分析以及国民经济核算等教材和著作并借鉴一些最近发表的论文的基础上，结合实际的教学经验我们编写了本教材。通过本书的学习，读者可以明确国民经济统计中的基本概念、主要分类、统计方法、主要指标以及国民经济核算体系中的主要问题，能够根据统计数据进行国民经济分析。

本书的主要读者对象是经济、管理类高年级本科生，也可作为硕士研究生学习的参考书。

在体系上，本书分为上篇（第1～7章）和下篇（第8～11章）。上篇主要围绕国民经济核算的几大问题进行，下篇主要从若干专题角度展开。在内容上，本书包括总论，国民生产、收入分配与使用统计，投入产出分析，资金流量统计，国际收支统计，国民财产统计，国民经济账户与矩阵，国民经济价格统计，经济增长统计，经济周期波动统计与监测预警，国际经济比较统计共11章，每一章都侧重国民经济统计学的分析方法与运用，力求简明扼要。在特点上，本书在阐述国民经济统计分析基本理论和方法的同时，把理论和方法应用于现实经济问题分析，做到理论、方法和实证相结合，便于读者理解、学习和运用。每章后附有相关小知识，有助于读者扩展知识面，了解新的知识，深入思考。

本书由付红妍担任主编，吕光明、满向昱担任副主编。编写分工如下：付红妍，第1章；边雅静，第2章；张宝军，第3、第6章；满向昱，第4、第8章；王亚菲，第5、第7章；吕光明，第9、第10、第11章。屈海北、樊惠远和张伟参加了前期的资料搜集准备和第1章第3节及第4章第3节的编写工作。最后由主编定稿。

本书在编写中参考了大量的相关著作、教材、论文及网站资料，并汲取了其部分精华，在此一并向作者表示诚挚的感谢！感谢首都经济贸易大学出版社薛捷老师给予我们的无私帮助！感谢责任编辑赵侠老师的辛勤劳动与付出！

由于水平有限，书中难免存在错误和不足之处，敬请同行专家和读者批评指正。

2008年2月

目　录

上篇　国民经济基本统计

下篇 国民经济专题统计

上 篇
国民经济基本统计

1

总　论

引例

中华人民共和国 2011 年国民经济和社会发展统计公报
中华人民共和国国家统计局
2012 年 2 月 28 日

2011 年，面对复杂严峻的国内外环境，全国各族人民在党中央、国务院的正确领导下，坚持以邓小平理论和“三个代表”重要思想为指导，坚持以科学发展为主题、以加快转变经济发展方式为主线，全面贯彻落实加强和改善宏观调控的各项政策措施，国民经济保持平稳较快发展，各项社会事业取得新的进步，实现了“十二五”时期良好开局。

一、综合

初步核算，全年国内生产总值 471 564 亿元，比上年增长 9.2%。其中，第一产业增加值 47 712 亿元，增长 4.5%；第二产业增加值 220 592 亿元，增长 10.6%；第三产业增加值 203 260 亿元，增长 8.9%。第一产业增加值占国内生产总值的比重为 10.1%，第二产业增加值比重为 46.8%，第三产业增加值比重为 43.1%。

全年居民消费价格比上年上涨 5.4%。其中，食品价格上涨 11.8%，固定资产投资价格上涨 6.6%，工业生产者出厂价格上涨 6.0%，工业生产者购进价格上涨 9.1%，农产品生产价格上涨 16.5%。

70 个大中城市新建商品住宅销售价格月环比下降的城市个数逐步增加。

年末全国就业人员 76 420 万人，其中城镇就业人员 35 914 万人。全年城镇新增就业 1 221 万人。年末城镇登记失业率为 4.1%，与上年末持平。全年农民工总量为25 278万人,比上年增长4.4%。其中,外出农民工15 863万人,增长3.4%;本地农民工9 415万人,增长5.9%。

年末国家外汇储备31 811亿美元,比上年末增加3 338亿美元。年末人民币汇率为1美元兑6.300 9元人民币,比上年末升值5.1%。

全年公共财政收入103 740亿元,比上年增加20 639亿元,增长24.8%。其中,税收收入89 720亿元,增加16 510亿元,增长22.6%。

二、农业

全年粮食种植面积11 057万公顷,棉花种植面积504万公顷,油料种植面积1 379万公顷,糖料种植面积195万公顷。

全年粮食产量57 121万吨,比上年增加2 473万吨。

全年棉花产量660万吨,比上年增产10.7%。

全年水产品产量5 600万吨,比上年增长4.2%。

全年木材产量7 272万立方米,比上年下降10.1%。

三、工业和建筑业

全年全部工业增加值188 572亿元,比上年增长10.7%。规模以上工业增加值增长13.9%。

全年规模以上工业企业实现利润54 544亿元,比上年增长25.4%。

全年全社会建筑业增加值32 020亿元,比上年增长10.0%。

四、固定资产投资

全年全社会固定资产投资311 022亿元,比上年增长23.6%,扣除价格因素,实际增长15.9%。

全年房地产开发投资61 740亿元,比上年增长27.9%。全年新开工建设城镇保障性安居工程住房1 043万套(户),基本建成城镇保障性安居工程住房432万套。

五、国内贸易

全年社会消费品零售总额183 919亿元,比上年增长17.1%,扣除价格因素,实际增长11.6%。

六、对外经济

全年货物进出口总额36 421亿美元,比上年增长22.5%。进出口差额(出口减进口)1 551亿美元,比上年减少264亿美元。

全年非金融领域新批外商直接投资企业 27 712 家，比上年增长 1.1%。实际使用外商直接投资金额 1 160 亿美元，增长 9.7%。

全年非金融类对外直接投资额 601 亿美元，比上年增长 1.8%。

七、交通、邮电和旅游

全年货物运输总量 369 亿吨，比上年增长 13.7%。货物运输周转量 159 014 亿吨公里，增长 12.1%。

全年规模以上港口完成货物吞吐量 90.7 亿吨，比上年增长 11.9%。年末全国民用汽车保有量达到 10 578 万辆(包括三轮汽车和低速货车 1 228 万辆)，比上年末增长 16.4%。全年完成邮电业务总量 13 379 亿元，比上年增长 16.5%。

年末全国固定及移动电话用户总数达到 127 137 万户，比上年末增加11 802 万户。互联网上网人数 5.13 亿人，互联网普及率达到 38.3%。

全年国内出游人数 26.4 亿人次，比上年增长 13.2%；国内旅游收入 19 306 亿元，增长 23.6%。入境旅游人数 13 542 万人次，增长 1.2%。

八、金融

年末广义货币供应量(M2)余额为 85.2 万亿元，比上年末增长 13.6%；狭义货币供应量(M1)余额为 29.0 万亿元，增长 7.9%；流通中现金(M0)余额为 5.1 万亿元，增长 13.8%。

年末全部金融机构本外币各项存款余额 82.7 万亿元，比年初增加 9.9 万亿元。

全部金融机构人民币消费贷款余额 88 717 亿元，增加 14 803 亿元。其中，个人短期消费贷款余额 13 555 亿元，增加 3 965 亿元；个人中长期消费贷款余额 75 162 亿元，增加 10 838 亿元。

全年上市公司通过境内市场累计筹资 6 780 亿元，比上年减少 3 495 亿元。

全年保险公司原保险保费收入 14 339 亿元，比上年增长 10.5%，

九、教育、科学技术和文化

全年研究生教育招生 56.0 万人，在学研究生 164.6 万人，毕业生 43.0 万人。普通高等教育本专科招生 681.5 万人，在校生 2 308.5 万人，毕业生 608.2 万人。各类中等职业教育招生 808.9 万人，在校生 2 196.6 万人，毕业生 662.7 万人。

全年研究与试验发展(R&D)经费支出 8 610 亿元，比上年增长 21.9%，占国内生产总值的 1.83%。

年末全国共有产品检测实验室 25 669 个，其中国家检测中心 476 个。全国

现有产品质量、体系认证机构174个，已累计完成对83 549个企业的产品认证。

年末全国文化系统共有艺术表演团体2 481个，博物馆2 571个，全国共有公共图书馆2 925个，文化馆3 276个。广播电台197座，电视台213座，广播电视台2 153座，教育电视台44个。有线电视用户20 152万户，有线数字电视用户11 455万户。

十、卫生和社会服务

年末全国共有医疗卫生机构953 432个，卫生技术人员620万人。

年末全国共有各类提供住宿的社会服务机构4.5万个，床位367.2万张，收养救助各类人员279.6万人。

十一、人口、人民生活和社会保障

年末全国大陆总人口为134 735万人，比上年末增加644万人，其中城镇人口为69 079万人，占总人口比重首次超过50%，达到51.3%。全年出生人口1 604万人，出生率为11.93‰；死亡人口960万人，死亡率为7.14‰；自然增长率为4.79‰。出生人口性别比为117.78。

全年农村居民人均纯收入6 977元，比上年增长17.9%，扣除价格因素，实际增长11.4%；农村居民人均纯收入中位数为6 194元，增长19.1%。城镇居民人均可支配收入21 810元，比上年增长14.1%，扣除价格因素，实际增长8.4%；城镇居民人均可支配收入中位数为19 118元，增长13.5%。农村居民食品消费支出占消费总支出的比重为40.4%，城镇为36.3%。

年末全国参加城镇职工基本养老保险人数28 392万人，比上年末增加2 685万人。

十二、资源、环境和安全生产

全年全国国有建设用地供应总量58.8万公顷，比上年增长37.2%。

全年水资源总量24 022亿立方米。全年平均降水量567毫米。

全年完成造林面积614万公顷，其中人工造林414万公顷。

全年平均气温为9.3℃。

初步核算，全年能源消费总量34.8亿吨标准煤，比上年增长7.0%。

年末城市污水处理厂日处理能力达11 255万立方米，比上年末增长7.8%；城市污水处理率达到82.6%，提高0.3个百分点。

全年各类自然灾害造成直接经济损失3 096亿元，比上年下降42.0%。全年农作物受灾面积3 247万公顷，下降13.2%。

全年各类生产安全事故共死亡75 572人，比上年下降5.0%。

摘自:国家统计局网站(内容有删减)。

每一年,国家统计局都要发布《国民经济和社会发展统计公报》,公报的内容涵盖了整个国民经济和社会发展的变化情况。那么,什么是国民经济?国民经济是如何分类的?国民经济统计的主要方法有哪些?本章主要围绕这些问题进行阐述。

本章主要学习目标

1. 理解什么是国民经济,什么是国民经济统计学。
2. 清楚什么是国民经济统计,国民经济统计与国民经济核算有何不同。
3. 了解国民经济的常用分类包括哪些。
4. 掌握国民经济统计的方法都是什么。

1.1 国民经济与国民经济统计学

1.1.1 国民经济的含义

从每一年《国民经济和社会发展统计公报》的内容可以明确看出,国民经济涵盖了各行各业。对于国民经济的含义理解,研究者们也会从不同的角度进行。如《中国大百科全书·经济学》的解释是:一个现代国家范围内各社会生产部门、流通部门和其他经济部门所构成的互相联系的主体。《现代汉语词典》的解释是:一个国家的生产、流通、分配和消费的总体,包括各个生产部门和为生产服务的流通部门,如工业、农业、建筑业、交通运输业、商业等,也包括文化、教育、科学研究、医药卫生等非生产部门。《辞海》的解释是:一国或一个地区范围内各产业部门的总称,包括第一产业农业,第二产业工业以及为生产和生活服务的第三产业的各部门。[①] 一般认为,国民经济通常指社会经济现象中除社会现象以外的各种经济现象,由一国相互联系的所有产业部门所构成的总体。它是由社会产品再生产各环节、各部门和各生产要素组成的总体系统,是一个周而复始、不断循环的宏观经济运行过程。

从纵向运行看,国民经济是指连续不断的社会再生产的过程。社会再生产过程包括生产、流通、分配和消费四个环节。各经济部门的社会经济活动总是处于社会再生产的各个环节之中,而社会再生产的进行也必须通过各经济部门的

① 来源于 MBA 智库百科。分别源于:许涤新,《中国大百科全书·经济学》,第一卷,272 页,中国大百科全书出版社,1988;中国社会科学院语言所,《现代汉语词典》,742 页,外语教学与研究出版社,2002;夏征农,《辞海》,2169 页,上海辞书出版社,1999。

社会经济活动得以实现。在投入必要的生产资料、劳动力、资金等之后,生产创造的各种产品(包括实物产品和劳务),一方面以实物形态进入流通领域,经过流通,进入消费;另一方面,生产形成的收入,经过初次分配、再分配,形成社会各部门、各单位和居民个人的收入,用于消费支出。消费也称为使用,包括生产消费和生活消费,即或用于购买商品和服务,进行消费,或用于储蓄、投资。当我们抽象地单独考察某一经济主体时,生产、流通、分配和消费是分阶段进行的,但同时,在考察各个经济主体时,又会看到社会再生产的四个环节是同时进行的。社会再生产之所以能够不断进行,就在于社会产品的使用价值和价值都能得到实现,即使用价值和价值都能得到补偿。这种补偿过程,也就是国民经济运行的过程,是社会产品再生产的总过程。

从横向结构看,国民经济是指从事各种社会经济活动的部门的总和。如工业、农业、建筑业、文化和教育等部门。这些部门可按是否生产实物产品,分成物质生产部门和非物质生产部门。在国民经济各部门之下,可以分为更小的部门及其单位。国民经济的运行循环往复,国民经济各部门又各有其特点,这些部门的社会经济活动及其相互间的社会经济联系,构成了一个国家或地区的经济活动。

综上,从社会产品再生产的各环节看,国民经济包括社会再生产即生产、分配、流通和消费各领域的活动;从各部门看,国民经济含有各部门、各行业,如工业、农业等的活动;从社会再生产各生产要素看,国民经济包含人、财、物的活动。这些环节、部门及要素彼此间相互联系、互为影响,形成一个多层次、纵横交错的、网络式的经济关系体。一个国家或地区的各个经济部门在社会再生产过程中的经济活动及其错综复杂的经济联系就构成了该国或地区的国民经济的有机整体。

从理论上讲,国民经济是指一国(或地区)的经济,即一国或一个地区的全部经济活动的总和。它包括微观经济活动(如企业经济活动)、中观经济活动(部门经济活动)和宏观经济活动(总体经济活动)三个层次的内容。通常,涉及一个国家的经济,称为国民经济,如中国经济、美国经济等。涉及一个部门的经济,称为部门经济,如工业经济、农业经济等。为了适应国民经济管理的需要,不仅需要对国民经济从不同活动过程、不同部门进行研究,同时也必须以国民经济为整体进行研究。

1.1.2 国民经济统计学

国民经济统计学是以国民经济作为研究范围,研究国民经济现象数量方面方法论的科学,即从理论上阐述如何搜集、整理和分析研究国民经济现象数量方面的原理、原则和方式方法。国民经济统计学的研究对象是有关搜集、整理和分析研究国民经济现象数量方面的统计方法论。国民经济统计工作要反映和研究国民经济现象的数量方面，通过搜集、整理和国民经济核算，反映国民经济运行的状况和过程，并根据核算资料，进行综合分析研究，说明一国或地区国民经济的特点、发展过程及发展规律。国民经济统计学既可以为国民经济统计工作提供基本理论与基本方法论，同时，又可以在不断总结国民经济统计工作实践经验的基础上，对搜集、整理、分析研究国民经济现象数量方面的方法论进行理论的说明和论证，适应国民经济飞速发展的需要，适应改革开放的需要，不断探讨有关新的方法论问题，发展国民经济统计学。

需要说明的是，国民经济统计学的研究对象是宏观经济统计方法论而不是微观的统计方法论，即指从整个国民经济的角度，反映、分析和研究全国或某一地区范围内国民经济现象数量方面的方法论问题。比如，如何计算全国或地区的国内生产总值、国民总收入、失业人数和就业率等。从国民经济运行的两种形态看，不仅研究其实物运动，也要研究其价值（资金）的运动情况；不仅研究国内的经济活动，还需要与国外经济联系起来研究。国民经济统计学的研究对象虽然是宏观的经济统计方法论，但在国民经济统计学中有些地方不可避免地要涉及某些微观经济统计方法问题。微观的统计方法论是从个别企业或部门出发，研究如何反映和分析个别企业或部门的经济现象数量方面的方法论问题。例如，工业企业的总产值、总成本、经济效益指标的计算方法等。

国民经济统计学的研究方法也不同于统计学原理的研究方法。国民经济统计学是研究有关国民经济现象数量方面的方法论，阐述国民经济中各种现象的数量表现的专门统计方法论。例如，如何计算国民经济总量，分析国民经济效益，如何对国民经济进行核算等，这些统计方法论是国民经济统计学所特有的，或者说用特有的统计方法来研究国民经济现象的数量方面。统计学原理中所提出的是一般性统计方法论，包括了如何搜集、整理和分析研究现象数量方面所需要的统计科学方法，如相对数法、平均数、动态数列法、抽样法、相关法和指数法等。这些方法适用于研究一切社会经济现象数量方面的统计方法论，不管对国民经济研究还是对社会现象数量方面研究，都离不开原理中的方法。而对于国民经济统计学，只有掌握了统计学的一般原理和方法，同时掌握分析国民经济现象数量方面的专门方法，才能准确理解、分析和研究国民经济现象的数量方面，才能掌握国民经济的变化及其规律，为宏观经济管理提供依据。

1.1.3 国民经济统计学与其他学科的关系

国民经济统计学在其发展过程中，与其他学科存在着密切的关系。主要包括：

1.1.3.1 一般统计学

国民经济统计学与一般统计学原理有着密切的关系。一般统计学是指搜集、显示、分析和提供数据的科学，主要阐述如何搜集、整理和分析数据，研究社会现象数量方面所需要的统计方法。统计学原理阐述的内容适用于研究一切社会经济现象数量方面的统计方法论，而国民经济统计学则只阐述国民经济中各种现象特征的数量方面的专门统计方法论。然而，国民经济统计学同样要使用一般统计学中介绍的各种统计方法。

1.1.3.2 宏观经济学

宏观经济学是研究既定社会经济制度下国民经济运行及其发展规律的一门科学，侧重于对国民经济运行质的规定性研究，如研究国民经济运行的机制，说明国民经济是如何运动的，研究国民经济发展的规律，说明经济增长、经济波动和经济周期的状况，研究宏观调控和宏观经济政策，以保证国民经济顺利运行。国民经济统计学是研究国民经济现象数量方面的方法论的科学，侧重于对国民经济现象量的规定性的研究，包括研究国民经济总量指标的核算，以及各种总量指标相互关系的分析和研究方法，使国民经济统计在宏观经济调控中发挥信息、咨询和监督作用，促进国民经济持续稳定协调发展。可见，它与宏观经济学研究的侧重点是不同的。

1.1.3.3 企业、部门经济统计学

企业经济统计以企业经济活动的数量方面为研究范围，研究企业投入、产出和经济效益的数量表现及数量变化，为企业的管理提供依据。不同的企业从事不同的经济活动，有的从事工业品的制造，有的从事农牧渔业生产，有的提供各种服务，等等。不同企业的组合，形成不同的行业或部门，为适应不同的行业、部门管理的需要，形成了部门经济统计，如工业统计、农业统计等，相应的就有工业统计学和农业统计学等。部门经济统计学是对社会再生产的某一环节、或国民经济的某一方面的数量方面进行资料搜集、整理和分析的方法论的研究。各部门统计学所阐述的各种统计理论和方法论，也为国民经济统计学统计方法论的确立创造了重要条件。国民经济是由各个行业、部门及社会再生产的各个环节所组成的有机整体，国民经济统计要对国民经济及其运行的数量方面进行系统的描述和反映。例如，如何合理进行各项经济总量指标的综合计算和系统分析，如何经过各项总量指标的对比、研究，全面反映国民经济发展中平衡与不平衡的状况等。因此，国民经济统计学比企业、部门经济统计学更具有整体性，范围更大。

1.1.3.4 社会经济统计学

国民经济统计学是社会经济统计学的一个重要分支。社会经济统计学是从数量方面入手认识社会的武器。社会经济统计学就其学科体系讲，除统计学原理外，主要包括社会统计学科与国民经济统计学科两大部分。其中，社会统计学是反映和研究社会生活领域现象和过程的数量方面，阐明人类社会生活的发展，如人口统计学、科技统计学和环境统计学等。经济统计学是反映和研究社会经济领域活动和过程的数量方面，阐明社会经济的发展，如工业统计学、农业统计学、投资统计学等各部门统计学。虽然国民经济统计学是由各部门统计学所组成的，但它不是各部门统计学的简单总和，而是从宏观角度出发，具有归纳性、概括性和提高性的综合。因此可以说国民经济统计学处于社会经济统计学科体系的最高层次。国民经济统计学和社会统计学一样，都是认识社会的有力工具，所不同的是它们各有特定的研究范围。

1.2 国民经济统计与国民经济核算

1.2.1 国民经济统计

国民经济是社会再生产各环节、各要素、各部门的有机整体。国民经济统计是以国民经济为总体，反映和研究国民经济总体运行状况的数量关系，即从总体上说明社会再生产过程的全貌和在再生产过程中由各种纵横交错的复杂经济联系所形成的各项比例关系的状况与变化，特别是国民经济运行供求总量和结构的状况与变化，为国民经济宏观调控及决策提供系统、完整的资料。

国民经济的基本细胞就是各个企业、事业单位和行政单位以及居民户。

国民经济统计要遵循社会主义市场经济发展的规律，从数量方面反映国民经济运行的状况。

国民经济统计着重反映和研究各部门之间的联系，以及各部门与国民经济总体之间的联系，力求把各部门作为国民经济组成的一部分，从总体上加以考察和研究。

国民经济统计，一方面对国民经济运行发展作出全面反映和描述，同时可以对国民经济运行总体及其各方面的价格水平及物量变化状况加以反映和研究，特别是明确国民经济中的价格问题，国民经济运行周期，国民经济运行状况综合分析，经济增长、经济结构和经济效益的分析及其相互关系的整体分析等。

国民经济统计数据来自多方面，有多种渠道，主要建立在企业、事业单位统计、会计和其他核算，以及城乡住户调查的基础上。

1.2.2 国民经济核算

核算，一般就是计算的意思。经济核算则是围绕经济活动而产生的计算，或者是反映、监督经济活动的各种计算。

从核算的管理层次来看，可分为宏观核算、中观核算和微观核算。宏观核算是指从国民经济整体出发，以国民经济活动整体为对象，用以反映国民经济运行过程或某一特定方面的核算，如整个国民经济核算。微观核算则是以基层生产经营或消费使用单位自身活动为对象的核算，如各企业单位核算。中观核算（专业部门核算）存在于宏观核算和微观核算之间，如按国民经济行业部门组织的工业、农业、建筑业等部门的核算，按机构部门组织的企业、居民等部门的核算，部门和微观核算是国民经济核算的基础。

从核算形式看，可分为会计核算、统计核算和业务核算。统计核算是以会计核算、业务核算为基础的综合性核算。实践中它们相互分立又有机结合，形成一套核算体系。

国民经济核算通常是指在一定经济理论的指导下，通过综合运用统计、会计和数学等方法，对一个国家或地区一定时期经济运行的过程和结果进行系统地描述，以反映国民经济规模、联系和结构的全貌。它是以整个国民经济为对象的宏观核算，是国民经济全局性的核算，是宏观经济信息系统的核心部分，是进行宏观经济管理、调控和决策的基础。

早在 17 世纪 60 年代，英国古典经济学家威廉·配第就尝试性地进行了关于英国国民收入及其支出的估算。到 19 世纪已有英、法、美、俄、澳等不少国家的经济学家进行过多次国民收入的估算。20 世纪 30 年代，美国经济学家库兹涅兹提出国民生产总值的核算，到 20 世纪 50 年代发展为现在的国民经济核算。随着国家管理职能的加强，逐步形成了系统科学的国民经济核算体系。国民经济核算体系，大体上可以归属为两类，也就是两种国民经济核算。一是计划经济国家普遍采用的物质产品平衡体系，又称国民经济平衡表体系（简称 MPS）；一是市场经济国家，即大多数发达国家采用的国民账户体系（简称 SNA）。两个体系最根本的区别是所依据的基本理论不同。MPS 强调物质生产概念，只把物质产品生产（含物质服务生产）作为生产核算的基础；SNA 采用全面生产的概念，包括所有产品和服务的生产。

从新中国成立初期到改革开放初期，我国国民经济核算一直采用产生于前苏联、东欧国家的物质产品平衡表体系（MPS）。20 世纪 80 年代中期以后，随着改革开放的不断深入、贸易往来的扩大，以及国民经济的迅速发展，MPS 体系表现出明显的不足，主要是没有反映非物质生产部门的生产活动，不能适应市场经济的要求。我国采取平稳过渡的办法，在继续实行 MPS 体系的同时，逐步引进被世界大多数国家广泛采用的国民账户体系（SNA）。1984 ~1992 年，国家统计局会同有关部门在总结我国当时的国民经济核算实践经验和理论研究成果的基础上，制定了《中国国民经济核算体系（试行方案）》。该方案采纳了 SNA 的基本核算原则、内容和方法，保留了 MPS 体系的部分内容。1992 年 1 月，国务院组织有关方面专家进行论证，通过了这个方案。同年 8 月，国务院发出《关于实施新国民经济核算体系方案的通知》，要求在全国范围内实施这一体系。期间，联合国、世界银行、国际货币基金组织、经济合作与发展组织以及欧盟等五个国际组织联合制定的1993年SNA正式出版之后，许多国家根据这套新的国际标准对各自原有的核算体系进行了系统地修订，我国也对国民经济核算制度和方法进行了不断的改革。1999年，国家统计局决定对《中国国民经济核算体系（试行方案）》进行修订，《中国国民经济核算体系（2002）》就是这次修订的最终结果。新核算体系经国家统计局、原国家发展计划委员会、原国家经济贸易委员会、财政部、中国人民银行、国家外汇管理局、国家税务总局、国家工商管理总局等8个部门审定，此8个部门于2002年12月联合发出了"关于实施《中国国民经济核算体系（2002）》的通知"，于2003年开始逐步实施，这是我国国民经济核算工作新的规范性文本。新体系在结构上更加严谨，充分反映了国民经济活动的内在联系；在内容上更加丰富，涵盖了市场经济条件下国民经济运行的主要环节和主要方面；在方法上更加科学，既考虑到需要，又考虑到可能。新体系能够更好地适应社会主义市场经济条件下宏观经济管理和对外交流工作的需要。

《中国国民经济核算体系（2002）》由5套基本核算表、1套国民经济账户和2张附属表组成（见图1－1）。

基本核算表和国民经济账户通过不同的方式对国民经济运行过程及结果进行全面的描述。基本核算表和国民经济账户是核心部分，附属表是对核心部分的补充。5套基本核算表包括国内生产总值表、投入产出表、资金流量表、国际收支表和资产负债表；1套国民经济账户包括经济总体账户、国内机构部门账户和国外部门账户；2张附属表即自然资源实物量核算表和人口资源与人力资本实物量核算表。

每张基本核算表侧重于经济活动某一方面内容的核算，所有的基本核算表构成一个有机的整体，对国民经济活动进行全面的核算。

国民经济账户则侧重于对经济循环过程的核算，各个账户按生产、收入分配、消费、储蓄、投资和融资等环节设置，相互之间通过平衡项来衔接，既系统地反映了经济循环过程中每个环节的基本内容，又清楚地反映了各环节之间的有机联系。附属表对国民经济运行过程所涉及的自然资源和人口资源及人力资本进行描述。

国民经济核算从内容看，由五大核算组成：国内生产总值及其使用核算、投入产出核算、资金流量核算、国际收支核算和资产负债核算。五大核算有机结合，提供了系统的国民经济运行数据，成为整个经济信息系统的核心。

由于我国国民经济核算基础还比较薄弱，与最新国际标准和发达市场经济国家的核算体系相比，这个核算体系还存在一定差距，尚需在实践中不断发展和完善。例如，经常使用的国民经济的不同核算指标，如国民生产总值、国内生产

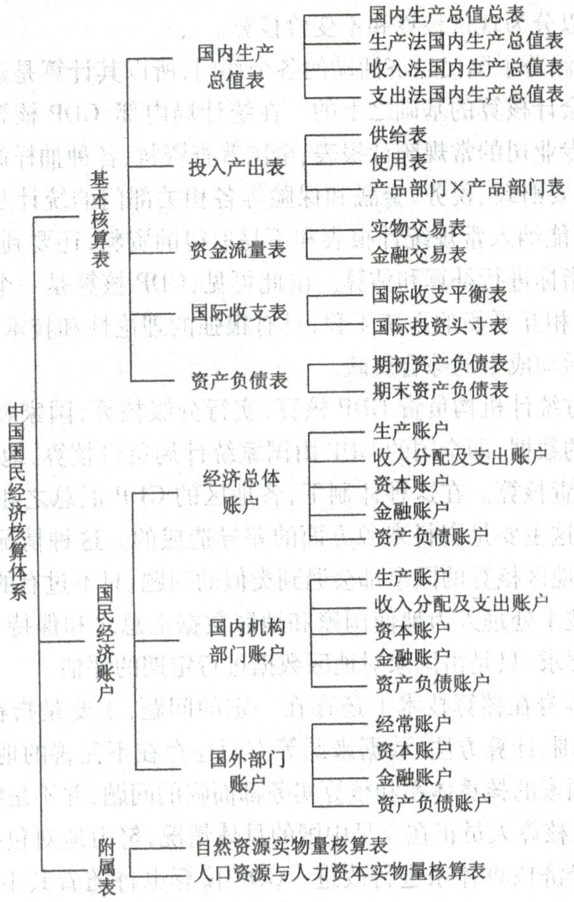

图 1－1 中国国民经济核算体系基本框架

资料来源：国家统计局网站，国家统计局国民经济核算司。

总值及相关分类标准等。再比如改革现行的国民经济核算体系，对环境资源进行核算，从现行 GDP 中扣除环境资源成本和对环境资源的保护服务费用，其计算结果可被称为“绿色 GDP”。绿色 GDP 指标，实质上代表了国民经济增长的净正效应。绿色 GDP 占 GDP 的比重越高，表明国民经济增长的正面效应越高，负面效应越低，反之亦然。

需要注意的是，人们常说的 GDP 与 GDP 核算不同。GDP 是国内生产总值的英文 Gross Domestic Products 的缩写，是指以货币形式表现的一个国家（或地区）所有常住单位在一定时期内生产活动的最终成果。GDP 可以通过三种方法计算得到：生产法、收入法和支出法。GDP 表示的仅仅是一个总量指标，而 GDP 核算则是指在一个完整的理论框架下围绕 GDP 这个总量指标而进行的一系列核算活动。GDP 核算从核算时间上可以分为年度核算和季度核算。从核算使用的价格上可以分为现价核算和不变价核算。

由于 GDP 涵盖了国民经济活动的各个部门,所以其计算是建立在专业统计及部门统计与会计核算的基础之上的。在统计局内部,GDP 核算的资料来源于统计局内部各专业司的常规统计报表、全国普查资料、各种抽样调查资料。在统计局外部,则需要财政、税务、金融和保险等各相关部门的统计及财务资料。除此以外,对于未能纳入常规统计报表和不易取得的资料,还要到相关的系统、行业处搜集替代指标进行补算和估算。由此可见,GDP 核算是一个各方面数据全方位相互印证、相互平衡的系统工程,具有很强的理论性和技术性,是一个国家在核算期内总活动成果的综合反映。

我国的官方统计机构负责 GDP 核算,实行分级核算,国家和地区各自核算本辖区范围内的数据,即全国的 GDP 由国家统计局负责核算,地区 GDP 则由各省、市统计局负责核算。在这种体制下,各地区的 GDP 汇总之和与国家的 GDP 数据并不相等,这主要是资料来源方面的差异造成的。这种情况并不是中国特有的,所有存在地区核算的国家都会遇到类似的问题,只不过有的国家通过特定的核算程序和技术处理人为地使国家和地区数据汇总之和保持一致,而我国则未作进一步的要求,只是由国家对地区数据进行定期的评估。

GDP 核算本身在核算技术上还存在一定的问题,主要是指在理论框架、指标体系、口径范围、计算方法、数据来源等方面还存在不完善的地方。这种不完善是任何一个国家的核算体系和核算实务都面临的问题,并不是中国所独有的。目前,我国 GDP 核算人员正在立足中国的具体情况,努力地对包括 GDP 核算在内的整个国民经济核算体系进行改进。GDP 核算也将随着其不断完善和细化的过程,在宏观生产数据的生产和专业数据质量检测方面发挥越来越重要的作用。

1.2.3 国民经济统计与国民经济核算的关系

国民经济统计与国民经济核算在研究目的和方法上有很大的一致性,就其所含内容来讲有很多也是基本相同的。两者都是把国民经济作为一个整体,都是对国民经济运行进行观测和描述,获取全面系统的国民经济运行的综合数据资料,所用的方法也都包括了建立有关的指标和指标体系、分组和分类的方法、平衡分析法、平衡表、账户和矩阵等。

国民经济统计从社会再生产的条件和社会再生产的过程(即生产、分配、流通和使用)的角度进行统计,同时也对国民经济进行综合统计,在反映再生产过程各方面时所采用的统计指标更全面、更细致一些。为了更好地掌握国民经济的发展变化情况,对国民经济价格、经济增长与发展进行统计,对经济周期波动进行监测，与国际经济进行比较分析，不仅要分析国民经济运行是否协调，而且要分析其原因，对国民经济发展的趋势进行监测和预警。

国民经济核算作为一种核算体系或制度，是现代国际通用的核算范畴，是国民经济统计的核心。国民经济核算是反映国民经济运行状况的有效工具，是宏观经济管理的重要依据。它通过一系列科学的核算原则和方法，把描述国民经济各个方面的基本指标有机地组织起来。它既反映了国民经济运行的过程和全貌，又反映了国民经济的主要结构、比例和平衡关系等，提供了整个国民经济运行状况的全面详细的数据，包括了有关生产、收入分配、消费、投资、对外经济往来等方面的基础数据。从描述对象看，国民经济核算是把一国的经济作为一个整体，它不同于专门针对企业或产业部门的统计，属于宏观统计。从统计方法看，它是以经济理论为基础，构造统计指标体系，运用复式记账原理，使整个核算在数量上相互联系，形成有机完整的数据体系，对经济现实作出的描述。也就是说，国民经济核算的目的是对一定时期国民经济的运行状况进行系统描述和说明，说明生产如何创造或转换货物和服务，新增价值如何计算，如何通过各种金融工具进行融资活动，说明与国外发生的各种经济往来，进行价格的测度和经济增长的变化与监测等。

国民经济核算有一个基本框架，它对各种不同类型经济统计的基本概念、基本分类和指标设置提出了统一的要求，从而使得这些经济统计在满足国民经济核算要求的同时，实现彼此之间的相互衔接，使整个经济统计形成一个统一的整体。从《中国国民经济核算体系(2002)》中可以看到，中国国民经济核算体系包括了两层含义：一是为保证国民经济核算的科学性、统一性和可比性，国家或国际组织为统一国民经济核算而制定的核算标准和规范，即明确了一系列核算概念和核算原则，制定了一套反映国民经济运行的指标体系、分类标准和科学的核算方法，以及相应的表现形式。二是指全面系统地反映国民经济运行的数据体系，是按照核算标准和规范的要求对国民经济进行全面核算的结果。根据国民经济核算体系的数据，可以对国民经济进行必要的宏观调控，实现科学的决策和管理。当各种不同类型的经济统计数据出现在国民经济核算这个统一的基本框架下时，人们容易发现这些数据之间存在的问题，发现问题才能去解决问题。没有国民经济的核算数据，经济分析就无法进行，也没有办法制定中长期计划。对于相关部门和机构来说，没有对未来经济发展的准确预测，也不可能进行相应决策。当然，国民经济核算数据在一定程度上决定了我国承担的国际义务和享受的优惠待遇，决定了我国在国际社会所能发挥的作用。例如，联合国根据连续六年的国民生产总值和人均国民生产总值来决定一个国家的会费；国际货币基金组织根据国民生产总值、黄金与外汇储备、进出口额、出口额占国民生产总值的比例等因素来决定一个国家在基金的份额，进而决定在基金的投票权、分配特别提款权的份额及向基金借款的份额。

国民经济核算体系对国民经济统计的改革和发展起着导向性作用。例如，国民经济核算体系中制定的核算标准和规范，明确了一系列核算概念和核算原则，制定了一套反映国民经济运行的指标体系、分类标准和科学的核算方法，及相应的表现形式，同样也为国民经济统计提供了明确的界限，如机构部门分类、产业部门分类、关于基本单位的规定、社会生产范围的界定等。同样，国民经济核算数据体系也为国民经济统计分析提供了科学的数据资料。

1.3 国民经济的基本分类

1.3.1 国民经济分类及其作用

国民经济是一个宏观的、复杂的有机整体，整个国民经济运行中存在不同部门、行业间经济活动的联系，社会再生产不同环节、不同要素间经济活动的联系，以及各类经济区、行政区经济活动的联系等。为了准确分析国民经济的活动过程和结构，需要对国民经济进行分类。国民经济分类就是指将国民经济的各类经济活动根据不同研究目的、选择不同标志进行的科学分类。国民经济分类有利于国民经济统一核算，反映国民经济运行过程的数量关系；有利于正确描述国民经济发展的状况、特点、规律，研究其内部结构、比例及相互关系；有利于国际对比。对国民经济进行分类，应从实际出发，采用科学的分类方法，保证分类的系统性和完整性。

1.3.2 常用的国民经济分类

国民经济分类可以从不同角度，多方面、多层次地进行，如按社会产品的经济用途分类，按经济成分分类，按产业发展时序分类，按大中小型企业划分，按机构部门和产业部门分类等。需要说明的是，分类不是一成不变的，且各国均有本国的国民经济分类标准。

1.3.2.1 经济成分分类

经济成分分类是为了反映我国经济中所有制成分的构成情况，为宏观决策和管理提供依据而制定的分类方法。适用于综合加工和计算各主要经济总量指标（如产值、销售收入、国内生产总值等）的经济成分。经济成分分类与代码如表 1－1 所示。

表 1－1 中：公有经济是指资产归国家或公民集体所有的经济成分，包括国有经济和集体经济。其中，国有经济是指资产归国家所有的经济成分；集体经济

是指资产归公民集体所有的经济成分。

表1-1　经济成分分类与代码

代　码	分类及构成
1	公有经济
11	国有经济
12	集体经济
2	非公有经济
21	私有经济
22	港澳台经济
23	外商经济

非公有经济是指资产归我国内地公民私人所有或归外商、港澳台商所有的经济成分，包括私有经济、港澳台经济和外商经济。其中私有经济是指资产归我国内地公民私人所有的经济成分；港澳台经济是指资产归我国港澳台商所有的经济成分；外商经济是指资产归外商所有的经济成分。

对经济成分的划分，有利于反映和研究各种经济成分及其构成、发展趋势以及对国民经济的影响，为宏观政策的制定提供了信息。

1.3.2.2　机构部门分类

国民经济由许许多多常住单位所组成，国民经济核算属于宏观统计，不会直接体现特定单位的经济活动，而是按照一定的标准将各个单位区分为不同的部门，从而表现各部门之间的关系。国民经济核算中主要应用机构部门分类和产业部门分类。

国民经济核算中机构部门分类是在对常住单位与非常住单位进行区分的基础上进行的。也正是由于国民经济具有宏观、内容复杂的特点，核算时对国民经济的范围，国民经济过程所包括的各种运动，进行国民经济活动的不同单位必须进行区分。

由于国民经济核算的对象是国民经济整体，表现为某国经济领土上的常住单位所完成的各种经济活动，需要对经济领土、常住单位进行区分。

经济领土是某国政府控制或管理的地理领土。在确定的经济领土上，该国公民、货物、资本可以自由流动，不受国界的限制，即本国的地理疆域是基础，但不完全受限于地理疆域，不完全受国界限制，在经济领土上，该国公民、货物、资本可以自由流动。

常住单位是指在一国的经济领土内具有经济利益中心的单位。一个单位要想在某个国家的经济领土上具有经济利益中心，必须同时具备以下条件：它必须拥有一定的场所，如住房、厂房等；必须具有一定的活动规模；必须达到足够长的经济活动时间,一般需在一年以上。一个经济单位的生产活动是否计入我国的经济活动总量,要看其是否属于我国的常住单位。一个国家的常住单位有很多,都在从事生产活动,但是并不是所有的生产活动都要计入国民经济总量,因此有必要对其进行分类并按照相应的原则进行核算,确定哪些属于国内发生的经济活动,哪些属于该国对外发生的经济活动(详见第二章及第五章的具体要求)。常住单位也称常住机构单位。

机构单位是指能以自己的名义拥有资产、承担负债,能够独立从事经济活动并与其他实体进行交易的经济实体。它应该具有独立的财务决策权。机构单位的基本特点是:①有权独立拥有货物和资产,能够与其他机构单位交换货物或资产所有权;②能够作出直接负有法律责任的经济决定和从事相应的经济活动;③能够以自己的名义承担债务,承担其他义务或未来的承诺,并能签订契约;④能够编制包括资产负债表在内的一套在经济和法律上有意义的完整账户。

现实生活中的机构单位基本上有两类:一类是住户,另外一类是依法成立的法人单位(指得到法律或社会承认的法律实体或社会实体)。

根据机构单位在生产、消费、融资活动中所起的不同作用,国民经济核算体系中将常住单位区分为四种:非金融企业、金融机构、政府单位和住户。将相同性质的机构单位归并在一起,就形成机构部门,即形成四个大的机构部门:非金融企业部门、金融机构部门、政府部门和住户部门。此外,还有非常住单位与国外部门。具体如下。

(1)非金融企业与非金融企业部门。非金融企业指主要从事市场货物生产和提供非金融市场服务的常住企业,它主要包括各类法人企业。如国有、集体、各种形式的合资、合作经营及外商独资的常住工商企业、建筑企业、运输邮电企业及其他从事非金融活动的服务企业。其主要特征是以营利为目的进行市场性经济活动,主要提供各种货物和非金融性服务。但个体企业通常划入住户部门。

所有非金融企业归并在一起,就形成非金融企业部门。非金融企业部门是国民经济中进行生产活动、提供产品的主要部门。

(2)金融机构与金融机构部门 。金融机构指主要从事金融媒介以及与金融媒介密切相关的辅助金融活动的常住单位,它主要包括中央银行、商业银行和政策性银行、非银行信贷机构和保险公司等。金融机构的职能是为整个国民经济提供金融中介服务,在整个国民经济资金运行中起中转枢纽的作用。

所有金融机构归并在一起,就形成金融机构部门。

(3)政府单位与政府部门。政府单位指在我国境内通过政治程序建立的、在一特定区域内对其他机构单位拥有立法、司法和行政权的法律实体及其附属单位。政府单位的主要职能是利用征税和其他方式获得的资金向社会和公众提供公共服务。通过转移支付,对社会收入和财产进行再分配。它主要包括各种行政单位和事业单位,如中央政府和地方政府的行政机关、军队、警察、社会团体等。

所有政府单位归并在一起,就形成政府部门。政府部门具有非营利性质。

(4)住户与住户部门。住户指共享同一生活设施,部分或全部收入和财产集中使用,共同消费住房、食品和其他消费品与消费服务的常住个人或个人群体。

所有住户归并在一起,就形成住户部门(或居民部门)。住户部门是实现消费的部门,此外,围绕消费,还参与了生产、收入分配、投资等各种经济活动。

(5) 非常住单位与国外部门。所有不具有常住性的机构单位都是非常住单位。

将所有与我国常住单位发生交易的非常住单位归并在一起形成的国外部门也视为机构部门,称为国外部门。通过国外部门,可以核算我国与国外(或境外)之间交易活动的数据。

机构部门分类是国民经济核算中的重要分类,它与资金流量相联系,在编制资金流量表、资产负债表和经济循环账户时,都采用机构部门分类。比如,反映政府、企业和住户对收入的占有关系及对资产的占有关系,反映各部门之间的资金流动等。通过机构部门分类数据,反映各个机构部门的收入与分配,金融交易与资产负债,以及各机构部门之间的相互关系。

从这个角度看,国民经济可以理解为是由该国经济领土上的常住单位的经济活动组成的。

1.3.2.3　产业分类

产业部门是指一组从事相同或相似活动的基层活动单位所组成的整体。它是按照从事经济活动的同质性,对产业活动单位所作的部门分类。凡是主要产品或主要成果相同的经济活动单位,就归入同一个产业部门,也就是按主要产品同质性原则对基层单位[①]进行部门分类。或者说,产业分类是根据各基层单位生产活动的同一性和差异性进行的分类,也叫行业分类,或部门分类。

进行产业分类,必须正确确定划分部门的基本单位。我国将基本单位分为两类:一类是机构单位(见机构部门分类),一类是产业活动单位。

产业活动单位是指在一个地点从事一种或主要从事一种类型的生产活动并具有收入和支出会计核算资料的生产单位。它同时具有以下三个条件:第一,地点的唯一性。如果一个单位在不同的地点从事生产活动,即使是同一种类型的生产活动,也要分为不同的产业活动单位。第二,生产活动的单一性。产业活动单位要么从事一种类型的生产活动,要么虽然允许有一种以上的生产活动,但主

① 具有完整生产投入和产出的单位被称为基层单位。

要活动在单位的增加值内占有绝对大的比重，次要活动的总体规模与主要活动相比是很小的。第三，具有收入和支出会计核算资料。产业活动单位是从生产角度对交易者进行的分类，即具有"生产经营决策权"的基本单位，是为生产核算而设立的。

为适应目前宏观管理的需要，我国采用各国划分行业通用的原则，参照联合国《全部经济活动的国际标准产业分类》（ISIC/Rev. 3），结合我国的实际情况，制定了新的《国民经济行业分类》（GB/T 4754－2002）。也就是说，新的分类适应我国现阶段的行业发展状况，重点加强了第三产业的分类，新增了大量服务业方面的活动类别，按照国际通行的经济活动同质性原则划分行业，积极采用国际标准，与 ISIC/Rev. 3 相衔接。它将所有常住基本单位划分为 20 个产业部门，即门类 20 个，大类 95 个，中类 396 个，小类 913 个，并对这些行业进行了三次产业划分，确定的产业部门分类，见表 1－2（只显示门类）。

表 1－2　　产业部门分类

三次产业分类	《国民经济行业分类》（GB/T 4754－2002）类别、名称及代码		
类　别	门类	大类	类别、名称
第一产业	A		农、林、牧、渔业
第二产业	B		采矿业
	C		制造业
	D		电力、燃气及水的生产和供应业
	E		建筑业
第三产业	F		交通运输、仓储和邮政业
	G		信息传输、计算机服务和软件业
	H		批发和零售业
	I		住宿和餐饮业
	J		金融业
	K		房地产业
	L		租赁和商务服务业
	M		科学研究、技术服务和地质勘察业
	N		水利、环境和公共设施管理业
	O		居民服务和其他服务业
	P		教育
	Q		卫生、社会保障和社会福利业
	R		文化、体育和娱乐业
	S		公共管理和社会组织
	T		国际组织

资料来源：摘自国家统计局网站。

按产业或行业部门分类，主要用于核算各产业部门的生产活动、收入形成、固定资产形成、库存增加额和固定资产存量，反映各个产业经济活动的成果和产业结构的变化，为计算国内生产总值奠定了基础，为分析和预测我国国民经济的产业结构及其发展趋势及进行国际比较提供了依据。因此，我们在进行国内生产总值核算、编制投入产出表和经济循环账户中的产业部门生产账户时，都使用这种分类方法。

1.4 国民经济统计学的主要内容与方法

1.4.1 国民经济统计学的主要内容

国民经济统计学是以国民经济作为研究范围，研究国民经济现象数量方面方法论的科学，即从理论上阐述如何搜集、整理和分析研究国民经济现象数量方面的原理、原则和方式方法。国民经济统计学的研究对象是有关搜集、整理和分析研究国民经济现象数量方面的统计方法论。根据国民经济统计学的定义，国民经济统计学的主要内容应包括如何搜集、整理和分析研究国民经济现象数量方面的原理、原则和方式方法，和如何对国民经济进行综合分析等。由于国民经济的复杂性，在分析过程中，不仅从总量角度，还要从结构角度；不仅对流量进行分析，也要对存量进行分析；不仅从静态角度，还要从动态角度；不仅要注重国内，还要考虑国外；不仅考虑全国，还有兼顾各个地区。因此在分析方法上，考虑不同的分析对象，应采用不同的分析方法。

由于国民经济核算是国民经济统计学的重点，同时也为了便于理清思路，本书结构上分为上下两篇。其中第 1 ~7 章为上篇，第 8 ~11 章为下篇。上篇侧重国民经济核算分析的内容，下篇侧重不同角度的国民经济分析。

本书主要内容包括：国民经济的基本问题，国民生产统计、收入分配与最终使用统计、投入与产出统计、资金流量统计、国际收支统计、国民财产统计、国民经济账户与矩阵、国民经济价格统计、经济增长与发展统计、经济周期波动监测和国际经济比较统计。具体来讲主要如下。

1.4.1.1 上篇

首先介绍国民经济基本问题，包括国民经济统计与国民经济核算，国民经济的基本分类，国民经济统计的方法等。

接着对国民经济运行的基本条件及其活动成果进行统计，包括人力资源和自然资源的统计问题，重点分析国内生产总值的统计方法和其他总量指标的含义，及国内生产总值统计在我国的具体实践，并就经济产业结构中的统计问题作了简要的分析，同时对国民收入的分配和使用问题进行了探讨和分析。

之后，以国民经济为整体，把各种有关总量指标联系起来，进行投入与产出统计，通过编制投入产出表、建立相应的线性代数方程体系，综合分析和确定国民经济各部门之间错综复杂的联系，分析重要的宏观经济比例关系及产业结构等基本问题。

接下来的资金流量分析是利用资金流量表的核算结果，分析收入、储蓄、消费、投资之间的关系及资金盈余情况，包括社会资金总流量的变化情况分析、社会总供给与总需求的关系分析、金融市场变化情况分析、货币供应量分析、收入分配的去向分析等，利用资金流量模型（包括行模型和列模型）进行分析。

国际收支统计在介绍了国际收支、国际投资头寸和常住性的基本概念的基础上，重点介绍了国际收支平衡表的基本结构及其平衡关系，国际投资头寸与国际收支的关系，以及对国际投资头寸的分析。

要反映一个国家或地区在一定时点所拥有的经济实力和达到的经济发展水平，就要对国民财产进行统计分析。这里要明确国民财富和国民财产的含义，国民财富及国民财产的分类，非金融资产、无形资产、金融资产与负债的含义。介绍国民财产统计中分析指标的计算方法，固定资产统计分析中各指标的计算方法，无形资产总量指标的含义，金融资产与负债的总量关系，在此基础上阐述资产负债表的平衡关系及利用资产负债表进行分析的方法。

国民经济账户与矩阵，以账户的形式对国民经济的运行过程和结果进行描述。国民经济账户分为生产账户、收入分配及支出账户、资本账户、金融账户、资产负债账户和国外部门账户。国民经济账户侧重于对国民经济循环过程的核算。正确解读国民经济账户，可以对国民经济的运行过程有深刻的理解，有助于对生产、收入分配及使用、积累和对外经济交易的脉络把握得更加清晰和准确。

1.4.1.2 下篇

首先，由于价格对国民经济活动成果的价值量影响很大，需要对国民经济价格进行统计分析。在阐述了国民经济价格统计的意义以及国民经济价格核算的几种形式的基础上，我们研究了如何反映价格的变动，分析了通货膨胀的概念、成因、效应和测度方法等，讨论了价格的国际比较问题，重点介绍了购买力平价法的意义及其基本计算方法。

接着，为更好地发展和谐社会，保持经济可持续发展，需要对经济增长与发展进行统计，准确把握经济增长的源泉、因素，正确评价经济增长的质量。这里，我们主要介绍了经济增长的概念、经济增长率的计算方法和分类以及经济增长的基本理论，着重介绍了经济增长因素分析的三种方法——肯德里克的全要素生产分析、丹尼森的经济增长因素分析和库兹涅兹的经济增长因素分析。分析了经济增长质量的理论内涵和综合评价方法，介绍了绿色 GDP 的内涵和意义、绿色 GDP 核算的理论基础、间接测算思路和核算难点。

宏观经济运行是一个多层次、多方面、错综复杂而又十分庞大的动态系统,准确把握和正确评价宏观经济运行中的周期波动状态,对宏观经济运行的未来趋势作出提前判断,需要对经济周期波动进行监测,提供早期预警信号。因此,需要明确经济周期波动的概念、分类、阶段划分和三维状态,经济周期波动的经验特征与典型化事实。理解经济周期波动监测预警的概念与意义,把握景气指数法和预警信号法的基本原理与操作过程。

适应改革开放的需要,在经济全球化的背景下,国际经济比较越来越重要,因而需要进行国际经济比较。我们主要介绍了国际经济比较的两种基本方法——汇率法与购买力平价法的原理与计算方法以及两种方法的区别。然后对综合国力进行了概念界定,介绍了综合国力六种主要的测评方法,明确了国际竞争力的含义、理论与分类,并对五种主要的测评方法进行了介绍。

所有这些构成本书国民经济统计的主要内容,以后各章中会详细讲述。

1.4.2 国民经济统计分析方法概述

(1)根据马克思主义理论和中国统计实践的要求,按照科学的系统思想建立指标和指标体系。指标体系的建立可以从全国的角度,也可以从地区的角度。全国的统计指标体系,是在反映和分析整个国民经济的各个方面现象的数量表现时所采用的指标体系;地区指标体系是各级地方政府统计部门为描述和研究地区经济现象和过程数量方面所使用的统计指标体系。既要有反映现代国民经济特点的指标,如经济总量和结构方面的指标、资金流量统计指标、国民财产统计指标等,又要有适应国家加强宏观调控的指标,如宏观经济预警、监测指标,还要有反映宏观经济效益的指标,同时需要与社会统计指标体系、科技统计指标体系等紧密地衔接,并且指标和指标体系应该随着国民经济的发展而改进和完善。

在实际的分析中,国民经济统计指标体系可以从国民经济运行的条件、过程、结果和结构等方面进行①。国民经济统计指标总体系的基本方面应包含下列几个。

一是国民经济资源统计指标体系。包括劳动力资源统计指标分体系、自然资源统计指标分体系、国民财产统计指标分体系和金融资产统计指标分体系等。

二是国民经济总量统计指标体系。包括社会产品生产总成果统计指标分体系、国民收入统计指标分体系和国民生产总值统计指标分体系。

三是国民经济过程统计指标体系。包括商品流转统计指标分体系、物资供销统计指标分体系、价格统计指标分体系、财政统计指标分体系、金融统计指标

① 邱东主编:《国民经济统计学》,东北财经大学出版社 2003 年版。

分体系和通货膨胀统计指标分体系。

四是国民经济动态统计指标体系。包括国民经济监测预警指标分体系和宏观经济监测预警综合指标分体系。

五是国民经济结构统计指标体系。包括国民经济产业结构统计指标分体系、投入产出统计指标分体系、地区经济结构统计指标分体系。

六是国际经济关系统计指标体系。包括国际贸易经济统计指标分体系、国际收支统计指标分体系和国际经济比较统计指标分体系。

七是国民经济效益统计指标体系。包括资金利税率、投资效果系数和技术进步的经济效益指标等。

八是社会总供求平衡统计指标体系。

每一类指标体系及分体系都由若干个主要指标组成,共同形成了反映国民经济运行和结果的总体系,说明国民经济的发展状况。

(2)需要利用各种统计调查方法收集数据,并按科学的方法整理数据,如进行标准化分类等。

(3)对国民经济进行各种分析。分析的方法有很多,常用的有如下几种。

第一,平衡的方法。所谓平衡,是指事物客观存在的不同方面之间的联系。国民经济运行总体是由多个要素、多重经济关系组成的有机整体,其中体现了各种联系形式,应用平衡法可以使国民经济统计从数量上完整地描述和研究这些联系关系。如对生产与使用、投入与产出、收入与支出、来源与使用等对立关系进行统一观察和分析,揭示对应双方的协调一致的状况和不平衡的问题。国民经济统计研究中表达平衡关系的形式有多种,常用的有:

• 平衡表。如期初数+本期增加-本期减少=期末数。

• 账户式平衡表。它采用一系列会计核算复式记账的账户表式,每一项经济活动的数量,在相互关联的对应账户中平衡登记两次,最后通过各账户合计数的平衡,综合地反映国民经济活动的各种成果。

• 矩阵式平衡表。它是由横行和纵列账户名称与排列相同的数字所组成的表式。表的横行表示收入,纵列表示支出。表中每一个数字都可从横行和纵列两方面去理解,即每一个数字都代表了这笔经济交易收支的双重性。这样,两个相互联系的账户式平衡表的收支数字在矩阵表中只出现一次,一个矩阵式平衡表就可把一个复杂的账户式平衡表体系的各种收支关系完整地反映出来。

第二,总量分析与结构分析相结合的方法。总量分析是指对国民经济总量指标的规模及变动所进行的分析研究,如对国内生产总值、总投资、总消费等进行的分析;结构分析是指对国民经济运行过程的结构所作的分析,如产业结构的分析。结构分析主要采用比较的方法,包括各类统计指标的比较,如总量指标比较、静态比较和动态比较等。

第三,静态分析和动态分析相结合的方法。静态分析是反映同一时间或一定时点状态上经济发展的基本状况及其相互关系,通常采用基本的总量指标、相对指标等;如果探讨国民经济发展变化及其相互关系的变动趋势,就是动态分析。动态分析常采用时间序列分析法。对国民经济运行作时序观测,可以是短期或长期,依据时间数列数据,采用基本指标或模型等多种方法对经济运行进行分析研究,发现问题,找出变化规律。

第四,流量分析与存量分析相结合的方法。流量是指某一时期内发生的量,是按一定时期核算出来的数量,有时间维度。流量分析是指对国民经济总量指标在某一时期变动的分析,例如,对国内生产总值、工农业总产值、投资总额等的分析,都属于流量分析。存量是指某一时点的量,是按一定时点核算出来的。例如,某年底的人口数、期初期末的固定资产、流动资金余额、商品的库存、存款、黄金储备和外汇储备等,都属于存量。存量没有时间维度。一个国家国民财富的存量越多,表明国力越强大。存量分析是指对国民经济总量在某一时点状况及变动的分析。

一种指标是流量还是存量,是由指标所表示的事物的性质与特点决定的。同时,存量和流量又是相互联系的,存量是形成流量的基础,存量又随着流量的变动而不断发生增减变动。因此,为了更好地反映存量变动,既要对流量进行分析,又要对存量进行分析。

第五,定性分析与定量分析相结合的方法。定性分析与定量分析都是认识客观世界的科学方法。定性分析,就是从经济活动的相互联系中把握事物的本质特征,探讨其发展规律;定量分析,就是在把握事物的本质特征的同时,重点研究事物的数量表现、特征、关系、变化规律及决定事物本质的数量界限。统计分析通常是在定性分析的基础上进行定量分析。

第六,除上面提到的外,对国民经济分析还需要广泛应用各种统计方法以及可用于实证分析的其他学科的方法,如统计指数、回归方程、边际分析和经济模型等。科学的方法论是分析问题和解决问题的指南。

(4)提供有关的数据,并根据数据及分析的结果,作出预警,提出建议,为决策提供依据。

为了对国民经济进行有效管理与调节,将各项经济政策,如财政、金融、价格、收入等进行有效配合使用,达到经济的适度增长、保持物价的基本稳定、劳动力的充分就业、国际收支的基本平衡等基本目标,这都有赖于国民经济统计提供宏观经济总体运行的系统、完整的统计数据,将其作为宏观经济管理制定决策、措施的主要参考依据。国民经济统计是对国民经济进行宏观管理、调控的重要手段,离开国民经济统计,国民经济管理和调控就难以正常进行。

本章小结

本章主要介绍了国民经济和国民经济统计学的含义,国民经济统计学与其他学科的关系;什么是国民经济统计与国民经济核算,及其相互关系;国民经济基本分类,常用的按经济成分分类、按机构部门分类和按产业分类。简要介绍了国民经济统计学的主要内容和方法。国民经济的分类是本章的重点。

本章主要概念

国民经济　国民经济统计学　国民经济核算　常住单位　流量与存量　机构单位与机构部门　产业活动单位与产业部门

应掌握的统计学中的一些基本概念

1. 统计总体、样本和总体单位

统计总体是根据统计研究的目的,客观存在的、在同一性质基础上结合起来的许多个别事物的集合。总体可以是广义的,也可以是狭义的,需根据具体情况确定。总体根据其所包含的个体数目是否可数,可以分为有限总体和无限总体。

样本是总体的一部分,是从总体中抽取一部分用于代表总体的那部分个体所形成的集合。

总体单位指构成统计总体的个别事物。

2. 变量、变量值、数据

变量是用来描述现象某种令人感兴趣的特征的概念。

变量的具体取值称为变量值。变量依据其取值的不同,可以区分为离散型变量和连续型变量。

数据是所收集、分析、汇总表述和解释的事实和数字。

3. 统计指标和指标体系

统计指标是指描述所研究现象总体数量特征的概念和数值。一个完整的统计指标是由6个要素构成的。

根据统计指标(数据)的表现形式不同,可将其区分为总量指标、相对指标和平均指标。

总量指标是以绝对数形式表现现象规模和水平的统计指标;采用两个有联系的数值进行对比而得到的比值称为相对指标,统计分析中经常要用到的相对数有结构相对数、比例相对数、强度相对数、比较相对数、动态相对数和计划完成相对指标等;平均指标是表示同类社会经济现象一般水平的统计指标。

根据统计指标反映现象时间状况的不同,区分时期指标和时点指标。

统计指标体系是根据统计任务的需要,能够全面反映统计对象数量特征和数量关系,互相联系的一套指标。

按反映内容的范围不同,统计指标体系可以分为宏观指标体系和微观指标体系两类;按统计指标体系的内容不同,分为国民经济指标体系、社会指标体系和科学技术指标体系;按统计指标体系的作用不同,分为基本指标体系和专题指标体系。

小知识

1. ISIC/Rev. 3

ISIC/Rev. 3 是《全部经济活动的国际标准产业分类》(第三版)的英文简称。它是由联合国于 1989 年制定并审议通过,推荐各国政府进行国际统计数据比较时使用的统计分类标准。ISIC/Rev. 3 为各国提供了用于各种经济活动分类比较的基本框架,使之成为国际统计数据对比和交流的工具。ISIC/Rev. 3 在分类层次上包括门类(section)、大类(division)、中类(group)和小类(class)。我国《国民经济行业分类》的分类体系与之基本相同。

2. 统计标准

统计标准分为国家统计标准和部门统计标准。

国家统计标准是在全国范围内强制执行的标准。根据《统计法》第 11 条的规定,国家统计标准,由国家统计局制定,或者由国家统计局和国务院标准化管理部门共同制定。目前,已经制定的国家统计标准有:国民经济行业分类标准、三次产业分类标准、经济类型划分标准、大中小型工业企业划分标准、基本建设大中小型项目划分标准、职业分类标准、大中小城市划分标准、工农业产品(商品、物资)分类标准、沿海和内地划分标准以及农业和非农业人口划分标准等。

部门统计标准是在一个部门范围内强制执行的统计标准。国务院各部门可以根据本部门统计调查的需要制定部门统计标准。国务院各有关部门都有适应本部门管理需要的统计标准,如生产部门有产品质量的标准,建设部门有建筑产品的质量标准等。部门统计标准必须在国家统计标准的基础上作补充性的规定,不与国家统计标准相矛盾。

统计标准在法律效力上,最高层次是国家统计标准,其次是部门统计标准。凡是有国家标准的,必须执行国家标准;在没有国家标准而有部门标准的情况下,执行部门标准;在既没有国家标准也没有部门标准的情况下,应根据国家统计局和国务院有关部门制定统计标准的基本原则,来制定补充性的其他统计标准。

3. GDDS,SDDS——数据公布的国际标准

随着世界经济全球化进程的加快,各国间的交流与合作越来越频繁,为减少摩擦与矛盾,也为加强国际组织对各国经济运行状况的监督,国际社会在各领域纷纷建立了国际通行标准,其中,国际货币基金组织(International Monetary Funds,IMF)制定的数据公布通用系统(General Data Dissemination System,GDDS)和数据公布特殊标准(Special Data Dissemination Standards, SDDS),即为统计数据公布的国际标准。

GDDS和SDDS主要涉及实际、财政、金融、对外和社会人口五大统计部门,具体内容包括数据的范围、频率和及时性,公布数据的质量,公布数据的完整性,公众获取四个部分。对其每一项内容,GDDS与SDDS都提出了较为严格的要求,并列举了两到四种良好做法,作为各国数据编制和公布系统的目标。

4.《统计公报》

阅读《统计公报》,首先应将几个部分联系起来,不能割裂地单看某一个部分,否则就不能从总体上把握国民经济和社会发展的面貌。其次,要弄清公报中一些概念和术语的含义,如什么是第一产业,什么是第二产业,国内生产总值(GDP)到底代表什么含义,等等。再次,最好是将每一年的公报连续对照起来看,从历年数量变化的轨迹中找到规律性的东西,将定量分析与定性分性结合起来,从而在更高层次上观察、分析、把握社会经济形势。最后,可以对公报中的有关数据进行必要的加工处理,从而了解社会经济生活的种种特色,如可从中计算出全国每天生产多少煤、电,每天完成多少基本建设项目,新建多少公路,每个人每天创造多少收入,每天每时出生多少人口,等等。这不仅使得枯燥的数字可以生动化、生活化,也可加强你对生活的量化概念。

2 国民生产、收入分配和使用统计

引例

在人类社会的经济发展史上，经过了300多年众多经济学家、统计学家的不断努力，终于有了一种被称为“经济世界语”的语言——GDP。经济学大师曼昆把GDP看作是“社会经济福利的一个最好指标”；诺贝尔经济学奖获得者萨缪尔森和诺德豪斯在《经济学》教科书中把GDP称为“20世纪最伟大的发明之一”。

在中国，“数字”非常特别、重要和敏感。有人说，政治出数字，数字出政治，至少，数字和政治高度相关。而这其中有一个异常重要的数字，它的每一次摇摆都牵动着一个国家的命运，这就是GDP。

这些年来，很多人都感觉到GDP离人们的生活越来越近了，它到底代表了什么？它能或不能说明什么？让我们带着这个疑问开始这一章的国民生产、收入分配与使用统计的学习。

本章主要学习目标

1. 理解和掌握国民生产统计的基本问题。
2. 掌握国内生产总值的统计方法及其他总量指标。
3. 了解国内生产总值在我国的具体实践。
4. 明确经济产业结构中的一些统计问题。
5. 进一步理解国内生产总值与收入分配和再分配。
6. 进一步理解国内生产总值与消费和投资。

2.1 国民生产统计的基本问题

国民经济的运行是一个持续不断、循环往复的过程，这其中包括了生产、收入分配、消费、投资、金融交易、对外经贸等多个环节。在这些环节中，生产作为国民经济中各种流量交易的基础，它决定了商品、货物、资金等在其他各个环节中流动的规模。因此，国民生产统计成为整个国民经济统计的基础和核心，生产的概念、生产理论、生产范围和生产总量指标在国民经济统计理论中也就占据着特殊的地位，国民生产统计部分中涉及的很多概念也是整个国民经济统计的重点。

2.1.1 生产范围及生产的界定

简言之，生产活动就是生产主体从事的投入产出的过程。生产主体通过生产劳动为社会创造出新的价值。对生产活动进行统计，首先要明确哪些活动被看作是“生产”活动，也就是对“生产”需要有人为的界定。历史上人们的生产观大致分为以下两种。

2.1.1.1 限制性的生产观

限制性的生产观强调物质生产，排斥非物质生产。这种生产现认为只有物质性的生产才算是生产，并且在分析中对物质生产与非物质生产进行不同的处理：前者可以创造财富；后者不能创造财富，只能参与社会的收入分配。

17 世纪的重农主义者认为，只有农业生产才是生产，只有农业产品才是财富的源泉。到了 18 世纪，以工业和建筑业为主体的第二产业迅猛发展，人们开始把一切从事物质产品制造和增加物质产品价值的活动都视为生产，它包括货物生产及物质性服务生产，即整个货物与服务中只有物质产品才是生产的结果。

到了近代，有的限制性生产观已经把相当一部分的服务归纳到生产中，认为服务生产是劳动，但只有营利性的服务生产才是生产（如理发、电影放映等），而非营利性服务则不是生产（如政府服务、教育等）。这种观点有人称之为“中性的生产观”。

2.1.1.2 综合性的生产观

综合性的生产观是一种全面的生产观。这种生产观认为，生产既包含物质产品生产，也包括非物质服务生产，即生产成果包括具有物质形态的货物和不具有物质形态的服务。由于各国生产力的高度发展和人们生活水平的提高，人们对服务消费的需求不断扩大，甚至超过了对物质产品消费的需求，同时，非物质生产部门的活动规模及就业人口比重也在不断提高，成为国民经济举足轻重的部门。因此，生产不再局限于物质产品生产，而被定义为“创造效用并取得收入的活动”。

基于综合性的生产观，货物和服务都在生产统计的范围之内。货物是存在需求并能够确定所有权的物体，货物的所有权能够在不同的经济单位之间交换，市场就是为了进行这种交换而组织起来的。货物的生产过程与其在市场上的交易过程是两种不同的活动。货物在生产的时候,其生产者可能不知道什么时候能够把它交换出去,甚至不知道能否最终把它交换出去。同一货物的所有权可以发生若干次交易。服务的一个突出特点是,它是为特定的对象提供的。服务的提供之时就是向消费者或用户交付使用之时。如果某个物品的生产与它的交付使用过程可以完全分离,从而能够储存,并可以随意进行交换,乃至多次交换,那么它就是货物了。可见货物和服务具有明显的区别。

综上,国民经济统计中的生产是指:劳动者利用劳动手段转换或消耗货物和服务投入,创造货物和服务产出的过程。

生产的范围包括如下生产活动:

(1)所有提供或准备提供给其他单位的货物和服务的生产,包括生产这些货物和服务过程中所使用的货物和服务的生产。

(2)生产者为了自身的最终消费或资本形成的所有货物的自给性生产,如农户自己生产并用于自己消费的农副产品,企业自产自用的机器设备,等等。

(3)自有住房者提供的住房服务的自给性生产和雇用付酬家庭雇员提供的家庭或个人服务的自给性生产。

可见,该生产范围包括所有货物的生产,不论是对外提供的货物还是自产自用的货物;而服务的生产,则基本上限于对外提供的部分;自给性服务,除了自有住房服务和付酬家庭雇员提供的家庭或个人服务外,则被排除在生产范围之外。被排除在生产范围之外的自给性服务指的是住户成员为本住户提供的家庭或个人服务,如清扫房屋、做饭、照顾老人和教育儿童等。

把所有货物的生产纳入生产范围的基本理由是:在进行货物生产时,甚至连生产者本身也不知道所生产的货物是提供给市场,还是留作自己使用,或者多大比例提供市场,多大比例留作自用。例如,在年景好时,农户可能将其生产的大部分粮食、蔬菜等农副产品提供给市场;年景不好时,其可能只销售其中较少的一部分,甚至完全自用。

把住户的大部分自给性服务排除在生产范围之外的基本理由是:这些服务完全是为住户本身所消费,对整个国民经济影响极小。如果把这些自给性服务纳入生产范围,赋予其生产及相应的消费价值,那么,生产和消费价值将与这些同市场相对分离和互不依赖的活动绞在一起,这会导致国内生产总值在市场分析和制定相应政策方面的作用的降低,导致没有合适的市场价格估价这些服务。如果把这些住户服务纳入生产范围,那么几乎所有成年人口都参加了生产活动,失业现象就不存在了,这是很难为人们所接受的。

显然,这里的生产范围既包括物质产品(货物和商业、运输等物质性服务)的生产活动,也包括诸如金融保险服务、科学研究服务、文化教育服务、住房服务等非物质性服务生产活动。

2.1.2 生产活动的主体

从事国民经济生产活动的基本单位就是生产活动的主体。要科学地确定生产活动的基本单位，必须遵循国民经济运行的循环过程，考虑其能够体现实物运动和货币运动在生产环节上的特征，以及能够恰当地反映实物运动和货币运动在其他环节上的特征。生产统计的基本单位主要有以下两个。

2.1.2.1 生产的基层单位

生产的过程是投入产出的过程。从实物运动的形式看，通过投入各种中间产品、劳动和资本等，得到各种产出。同样的生产技术，要求相同的投入要素，得到相同的产出，但是技术水平的高低，会使投入的要素和产出在数量和质量上产生差异。使用同样生产技术的生产活动，被称为同质性生产活动。所以，以生产技术为标志确定生产单位，能清楚地区分不同货物和服务的生产过程以及生产结果。

生产基层单位就是以生产技术差别为依据所划分的生产单位。由于生产组织者的差别是通过生产技术的差别体现出来的，所以通常将基层单位具体落实到具有生产决策权的基本单位上。但实际中，生产的组织者往往不会仅选择一种生产技术，他们会以一种生产为主，其他生产为辅，选择多种生产技术。即使这样，一般说来其生产活动也有主次之分。这时，按其从事的主要生产活动的生产技术特征，对基层单位进行分类归纳，形成不同的产业部门，习惯上又称为行业部门。

2.1.2.2 机构单位

基层单位的划分能够充分体现生产环节上的实物运动。但是，它只能体现生产技术上的差别，不能体现任何交易的特征，也就不能体现生产出的货物和服务的所有权差别。然而，生产活动得以顺利实现，不仅仅取决于生产技术，还决定于各种生产要素及中间消耗的购买及产品的销售等一系列与市场相关的交易活动。能够在市场上从事交易活动的主体是机构单位。通常，一个机构单位包括一个或一个以上的基层单位，机构单位从资金方面对基层单位负责并参与管理。在生产环节引入机构单位的划分，能够反映生产环节上的货币运动，使生产统计与国民经济其他环节的统计有机地联系起来，完整地反映国民经济的运行过程。

由机构单位的定义，还可以将其划分为市场生产者和非市场生产者。市场生产者是以营利为目标的机构单位，包括非金融企业、金融机构以及为市场交易而进行生产活动的居民；非市场生产者的生产活动不以营利为目标，主要包括政府、为居民服务的非营利机构、进行自产自用生产活动的居民。

基层单位和机构单位这两类单位，在分析生产活动时，缺一不可，相辅相成。

前者能够体现国民经济的产业结构、生产中的投入产出技术关系;后者反映产品价值的分配与实现,体现国民经济价值运动过程。因此两者均成为我们分析国民经济生产活动的主体。

2.1.3 市场产出与非市场产出

按照产出货物或服务的市场性,可以将产出分为市场产出和非市场产出,这两种产出在统计上的处理是不同的。

2.1.3.1 市场产出

市场产出是指在市场上按(或打算按)有经济意义的价格出售或处置的产出。其中,有经济意义的价格是指对生产者愿意提供的产品数量和购买者希望购买的数量有显著影响的价格。

一般的,市场产出包括以下几种形式:①按有经济意义的价格出售的货物和服务的销售总值;②易货贸易的货物或服务的总价值;③用于实物支付(包括实物报酬)的货物或服务的总价值;④由一个基层单位向另一个属于同一个企业的基层单位提供的用于中间投入的货物或服务的总价值;⑤准备用于上述用途的制成品和在制品存货的变化价值。

在衡量市场产出时应注意以下几个问题。

(1)记录的时间。以责权发生制为准,即在货物的所有权从生产者转移到购买者或将服务提供给购买者的时候记录。

(2)非货物交易的记录。应按它们如果出售时可得到的基本价格估价。

(3)对存货的处理。制成品存货要记入当期的产出;上一期生产的存货,由于已经被记入上期,所以即使它在本期被销售,也不计入本期的产出。对于在制品,尽管它的正式产出可能会跨越核算期,但我们的处理原则是不变的,在制品增加、减少的处理方法与制成品存货的处理方法是相同的,即必须在发生时按当时通行的基本价格记录。

(4)同一企业内不同基层单位间的供货。基层单位是生产核算的最基本单位,对于同一企业内的不同基层单位,我们要把它们之间的货物计入相应的基层单位产出,而不能笼统地认为这种供货是整个企业生产链条中的中间消耗。

2.1.3.2 非市场产出

非市场产出由不以获利为目的的产出组成,其生产不是靠市场来组织,生产和消费的数量也不是通过价格机制由市场供需的作用力决定的。这种产出主要包括两个部分。

(1)为自身最终使用而生产的产出。顾名思义,这种产出是被生产者自我使用的。但需要指出的是,那些住房成员为自身或同一住房内其他成员的消费而生产的家庭服务、个人服务由于不在生产统计的范围内，所以不构成为自身最终使用而生产的产出。

对非市场产出估价，可以遵循估价原则。特别要指出的是，对于付酬家庭雇员的服务产出可以用所付雇员报酬来代替；对于自有住宅服务，可以根据市场上租户支付同样住宅的租金，并适当考虑地理位置等因素来估价。

(2)其他非市场服务产出。这种产出是指政府或为住户服务的非营利机构所属基层单位所生产的服务。这些服务通常是免费或按没有经济意义的低价提供给某个机构单位或不特定的社会整体，这些产出包括国家行政管理、国防以及非市场性教育和公共服务等。在多数情况下，不可能找到与这种非市场产出在类型和质量上完全相同的市场产出，所以也就无法用同一产出的市场价格来估计这些非市场产出的价值。这时，可以用这些非市场产出在生产期间所发生的总成本来进行估价。这里的总成本包括中间消耗、雇员报酬、固定资本消耗及其他生产税净额之和。这里的总产出没有加上营业盈余，是因为我们通常假定非市场产出没有营业盈余。

当然，在生产其他非市场服务产出时，也可能伴随着产生一些市场产出，如公益性的博物馆里零售的文物复制品。这时，我们仍要按成本法估算该部门的总产出，然后减去市场产出的销售额，以得到该部门的非市场服务产出。

2.1.4 产出的测算方法

对于一个国家或地区，其国内总产出等于各部门产出之和，这些部门既包括货物生产部门，也包括服务生产部门。由于各部门经济活动具有不同的特点，计算总产出的方法也不尽相同，归纳起来，主要有以下四种。

2.1.4.1 产品法

产品法是直接以生产成果——产品为总体单位来计算产品产出价值的一种方法，即将所生产的各种产品的实物量乘以其相应的价格，加总而成。公式如下：

$$总产出 = \sum 某产品产量 \times 该产品单价 \tag{2.1}$$

产品法适用于产品品种比较少而且比较稳定、容易计量的生产部门。产品法计算产出不考虑产品的使用去向，只要是本期生产的，一律要计算产出。一般农业总产出适合用产品法计算，而工业就不宜用产品法来计算产出。

2.1.4.2 企业法

企业法是以企业为总体单位来计算总产出的一种方法。企业法的基本原则是：

(1)每个企业的总产出要根据企业生产活动的最终成果来计算，企业内部不允许重复计算。也就是说，企业总产出不是通过把企业内部各车间的生产成果相加得到的。

(2)各企业总产出相加得到整个部门的总产出,在企业之间、公司之间、部门之间是允许转移价值的重复计算的。

企业法计算总产出的特点是:①企业法适用于产品品种规格繁多、变化较大、不易于实行产品法计算总产出的部门,是一种替代方法;②企业是国民经济运行中的基本单位,企业法适应了这一特点,在实践中可行性较强。

2.1.4.3　总收入替代法

总收入替代法是从事服务经营的部门和企业用计算总收入来替代总产出的一种方法。总收入替代法的特点如下。

(1)总收入替代法适用于不直接生产物质产品而从事服务经营的部门,如交通运输业、邮电电信业和商业等。这些部门的总产出计算既不宜用产品法,也不宜用企业法。

(2)与直接生产物质产品的部门和企业相比,从事服务经营的部门和企业只是对原物质产品提供劳务服务,没有产出新的产品形态,所以劳务作业价值中不能包括作业对象的价值。而总产出中扣除了作业对象价值部分后,所余部分恰好是从事服务经营部门或企业的总收入,所以用总收入替代总产出的计算正好符合了该部门的特点。

(3)从总收入的构成项目来看,除了纯收入,它还包括了一定的成本费用,如人工费、固定资本消耗等。

2.1.4.4　总费用替代法

对于非营利性服务业来说(如某些政府部门),它们通常没有营业收入,或者即使有一些收入也抵补不了其服务支出。因此,这些行业产出的计算既不能用产品法和企业法,也不能用总收入替代法。解决的办法是用其总费用来替代其总产出,所以称之为总费用替代法。

这里的总费用主要是指这些行业提供非营利性服务时发生的经常性开支,同时还要包括这些部门固定资产折旧的价值。对于差额预算单位和自收自支单位而言,还要包括其收支结余和税金。

表2-1说明了上述四种方法所适用的部门。

表2-1　特定产出的测算方法

	适用部门
产品法	农业企业、建筑企业
企业法	工业企业、建筑企业
总收入替代法	交通运输业、邮电业、商业餐饮业、房地产业、金融业等营利性服务业
总费用替代法	国家机关、政府机关、社会团体、科研机构、科教文卫体、社会福利业等非营利性服务业

2.2 国民生产条件统计:人力与自然资源

人力资源和自然资源是一国或地区重要的资源储备,它们作为国民经济生产的前提和必要条件,对国民经济的正常、良好和持续运行起着至关重要的作用。人是经济生产的主体,丰富的人力资源能够促进技术创新和技术进步,使经济在有限的资源条件下得到更快的增长;一国或地区所拥有的自然资源是有限的,这种客观的储备很多具有不可逆转的性质,因此自然资源的拥有和储备量对于经济的可持续发展有决定性意义。由于人力和自然资源很难用价值量来反映其规模大小,它是不同于有关产出统计的,因此,这一节在本章中相对独立,我们将单独讨论国民生产的条件——人力资源和自然资源的相关统计问题。

2.2.1 人力资源统计

人力资源,即劳动力资源,是一定时期内社会所拥有的具有劳动能力的劳动适龄人口总体,它是社会人口总体的一部分。由于具有劳动能力的这部分人口需在一定的年龄界限之内,因此,在此年龄界限内的人口即为劳动年龄人口,也就是人力资源统计的对象。不过,人口总体中所蕴藏的人力资源量并不等于劳动年龄内的全部人口数,实际工作中我们所说的人力资源量,是劳动年龄人口加上劳动年龄外有劳动能力的人口,再扣除劳动年龄内没有劳动能力的那部分人口。

值得说明的是,广义的人力资源不仅反映的是劳动力的数量规模,更包含了劳动力的质量因素,比如,劳动力的健康程度、受教育水平、劳动经验的高低、文化素质水平等许多方面的因素。这些因素有些是难以统计和量化的,有些则涉及更专业的劳动力统计知识。由于受到本书篇幅的限制,本节主要就人力资源的数量规模统计问题展开讨论。

2.2.1.1 人力资源统计的口径

理论上,人力资源是就一国或地区具有劳动能力的人口而言的。如何确定单个人是否具有劳动能力,一般是以年龄作为替代标准,将法定劳动年龄作为有无劳动能力的界限。所谓法定劳动年龄,是指国家立法规定的劳动年龄,一般指法律允许参加社会劳动的最低年龄。世界各国和地区规定的法定劳动年龄大体一致,比如,美国、日本规定及联合国向各国推荐使用的法定劳动年龄为 15 岁以上,我国则规定为 16 岁以上。据此,我们可以把人力资源定义为 16 岁及以上劳动年龄人口的总和。这是 1996 年我国劳动统计制度改革以后的人力资源统计口径。

在过去很长一段时间里，关于人力资源统计的口径我国有更多的规定性。通常人力资源是按照下式定义的：

$$\text{人力资源} = \text{劳动适龄人口} - \text{丧失劳动能力的人口} - \text{在押犯人} - \text{现役军人} + \text{劳动年龄以外常年参加社会劳动的人口} \tag{2.2}$$

这样定义的人力资源统计口径试图将有无劳动能力纳入定义之中，的确更加符合人力资源的理论定义，但是，劳动能力标准在实际的处理上具有很大的难度。相比之下，目前应用的人力资源统计口径则更简单明了，不仅更具有可操作性，而且更符合国际惯例，能与国际通行的劳动力指标衔接。

当然，目前使用的人力资源统计也存在很多不足，比如，口径过于宽泛，因此，在此基础上按照实际状态作进一步定义就显得非常必要。图 2－1 反映了目前应用人力资源统计的不同口径的概念体系。

- 人力资源
  - 经济活动人口
    - 从业人员
    - 失业人员
    - 现役军人
  - 非经济活动人口
    - 在校学生
    - 待学人员
    - 家务劳动者
    - 无劳动能力者
    - 其他非劳动力

图 2－1　人力资源概念体系

由图 2－1 可知，经济活动人口构成了劳动力资源的主体部分。所谓经济活动人口（economically active population）也称劳动力（labor force），是指所有年龄在 16 岁及以上，在一定时期为各种经济生产和服务活动提供劳动力供给的人。该指标是按实际或可能参加社会经济活动来定义的，因此将处于学习状态的人口、从事志愿者活动的人口、家务劳动者等均剔除在外，是国际上通行的用于反映一个国家或者地区劳动力市场总供给状况的重要指标，也是联合国和国际劳工组织向各国推荐使用的指标。在国家层次进行统计时，可按照是否包括现役军人具体分两种口径，其中不包括军人在内的口径为民用经济活动人口（economically active civilian population）。进而，经济活动人口进一步区分为就业人口和失业人口，这是按经济活动人口的实际利用状态所作的划分。

2.2.1.2　人力资源总量规模和构成统计

根据上面所述的人力资源的定义和口径，可以进行相应的总量规模的统计工作，其中包括：人力资源总数、经济活动人口总数及其各分项总数和非经济活动人口总数及其各分项总数。

人力资源的构成是反映社会发展水平的重要标志。在现代社会,劳动者不但要有从事劳动的体力,而且要有一定的科学文化知识、生产经验和劳动技能。劳动力资源不是简单的生理现象,它是包括社会、经济、文化等诸多因素在内的社会存在体。一个社会劳动力的行业构成、文化程度构成,可以从一个侧面反映社会的发展水平,也可以从不同角度反映人力资源的素质状况和内部构成情况,体现其中所包含的社会差异。常用的分组和构成如下。

(1)性别构成,即男性与女性的比例。

(2)年龄构成,即人力资源在各年龄段上的分布结构。

(3)城乡构成,即城市劳动力与乡村劳动力之间的比例。

(4)教育水平构成,即劳动力的识字水平及其在不同受教育层次上的比例,是反映人力资源素质的重要方面。

2.2.1.3　人力资源变动统计

人力资源和总人口一样,也有数量、结构上的变化,这些变化具有明显的社会性。人力资源总量规模的增减受到社会经济条件,特别是生产方式的制约,同时也受人口总量、人口年龄构成、人口性别构成以及人口质量的影响。导致人力资源数量变动的主要原因是人口的增长以及人口总体的年龄结构状况。就人力资源总数来说,影响其数量变化的主要是劳动年龄人口的更替:随着年龄的增长,不断有适龄人口进入劳动年龄(16 岁),汇入人力资源的大军;同时,不断有人因死亡而退出这个行列。就特定的国家和地区来看,处于劳动年龄内的人口迁移也是导致人力资源数量变动的原因。

从供应角度看,在一定的发展水平上,处于劳动年龄内的人口可以在就业和从事家务之间(尤其是女性劳动力)、在就业和继续受教育之间(尤其是年轻劳动力)、在退休和继续就业之间(尤其是年长的劳动力)作出选择,使得人口在经济活动人口和非经济活动人口之间流动,造成数量的变动;从需求角度看,在一定的景气状况下,经济社会发展对劳动力就业具有不同的需求强度,由此会导致失业人数和失业水平的变化。

在特定时期统计人力资源总量规模的变动,主要考虑一些短期原因来建立指标。首先,要对新劳动力增加和原有劳动力减少变动予以统计。其次,要区分增减变动的性质和原因并予以统计,包括自然增减变动和机械增减变动。自然增减变动是指按自然规律使劳动力总量发生的增减变化,如达到或退出劳动年龄的人口增减,在劳动年龄内丧失劳动能力等;机械增减变动是由人为原因造成的增减,如辞退、开除、调入、录用毕业生、招聘社会劳动力等。从一国宏观层次来看,劳动力变动的主要原因是自然因素,但对于特定部门或单位,劳动力变动则主要取决于机械变动。对劳动力变动状况一般通过变动平衡表加以描述,表 2－2是浙江省 2009 年度单位从业人员变动平衡表。

表 2－2　浙江省 2009 年度单位从业人员变动平衡表　单位：万人

增加人数	183.33	减少人数	151.51
从农村招收	105.19	离休、退休、退职	10.94
从城镇招收	24.53	开除、除名、辞退	8.56
录用的退伍军人	1.15	终止解除合同	103.87
录用的大、中专、技工学校毕业生	25.07	离开本单位仍保留劳动关系的职工	1.09
调入	6.38	死亡	0.23
		调出	6.77
其他	21.01	其他	20.04

资料来源：浙江省统计局官方网站，www.zj.stats.gov.cn.

2.2.2　自然资源统计

自然资源在国民经济中是资产的一种，是在给定的现有技术、知识、经济机会、可得资源和相对价格体系的条件下，根据该资产是否受有效的所有权控制和能否给其所有者带来经济利益来划分的。自然资源的统计主要是在有形非生产资产下进行的。有形非生产资产是在其之上可以建立和转移所有权的自然资产，如土地、地下资产、非培育的生物资源和水资源。如果在其上没有或不能够建立所有权的环境资产，如海洋或空气，则不属于有形非生产资产。

2.2.2.1　自然资源的种类

自然资源的种类很多，一般常用的分类有以下几种。

(1)按其内容分，自然资源有环境资源、生物资源和矿物资源。其中，环境资源包括空气、阳光、土地和水等；生物资源又称为可再生资源，包括动物、植物和微生物；矿物资源又称为不可再生资源，包括金属、非金属和燃料等。通常土地也列为不可再生资源。

(2)按其用途分，自然资源可以分为土地资源、森林资源、水资源、气候资源、动植物资源及旅游资源等。

(3)按其探明和利用程度分，自然资源可分为一级、二级、三级资源。已完全探明储量并确定其用途的自然资源为一级；已相当精确地探明其储量，但对其用途尚需进一步研究的自然资源为二级；仅可预测储量，还需进一步探明和研究的自然资源为三级。

2.2.2.2　自然资源统计

由于自然资源是天然财富，不是人类劳动的结果，因此，用价值来估量比较复杂，一般只对自然资源统计其实物量。但要计算国民财富总额等指标时，可以采用下面的方法对自然资源的价值量进行估计。

（1）市场法。以自然资源交易和转让市场中所形成的自然资源价格来推定评估自然资源的价格。此法应以自然资源市场的有序规范化为前提。

（2）收益还原法。依据替代与预测原理，着眼于未来的预期收益，以适当的还原利率折为现值。比如，用收益还原法计算耕地价格，其公式为：

$$亩耕地价格=\frac{亩土地净收益}{收益还原率}=\frac{\begin{array}{c}农作物种植\\业的亩产值\end{array}-亩成本-\begin{array}{c}亩投资\\机会成本\end{array}-亩税金}{收益还原率} \quad (2.3)$$

其中，收益还原率一般采用银行一年期存款利率，加上风险调整值，再加上通货膨胀率。

（3）成本费用法。由自然资源价格构成因素推算求得。比如，用成本费用法计算森林资源价格，其公式为：

$$森林资源价格=森林培育成本费用+预期利润+预期税金 \quad (2.4)$$

（4）净价法。用自然资源产品市场价格减去自然资源开发成本，求得自然资源价格。比如，用净价法计算矿产资源价格，其公式为：

$$矿产资源价格=该矿产品市场价格-矿场勘查费用-开发运输费用 \quad (2.5)$$

2.2.2.3　自然资源统计实例

下面，分别对土地资源、森林资源、矿产资源和水资源统计加以介绍。

（1）土地资源统计。土地，在国民经济核算体系中被定义为地面本身，包括土壤和相连的在其上能够行使所有权的地表水。不包括在土地上的或穿过土地的房屋或其他人造建筑物，培育的庄稼、树木和牲畜，地下资产，非培育的生物资源和水资源。

土地资源的数量以面积来计算，计量单位通常采用平方公里、公顷和亩等。土地面积的计算范围，一般是按行政区划分，也可以按经济区划分。一个国家的土地面积，是指在国家领土主权范围内全部土地的面积，不仅包括陆地面积，而且包括水域面积。土地资源数量统计的重点在于各类土地的面积和土地资源的构成状况。

土地资源最基本的分类是按用途分为农业用地和非农业用地两大类。农业用地又可分为耕地、园地、林地、牧草地、可养殖水面及其他农业用地。非农业用地包括工厂矿山和运输用地、城镇用地、各种特殊用地（如国防、疗养地、自然保护区等）和国家掌握目前尚未利用的土地等。

在土地资源分类的基础上，可以分别计算各种不同用途的土地面积在土地总面积中所占的比重，以反映土地资源的构成和使用状况。这类统计指标主要有：

第一，土地利用率，即已被利用的土地面积占土地总面积的比重，表明土地已经被利用的程度和土地利用的潜力。

第二，农业用地比重，指农业用地面积占土地总面积的比重，表明农业生产在国民经济中的相对规模。

第三,垦殖系数,即耕地面积占土地总面积的比重,反映种植业与土地资源利用的关系。

农业用地是自然资本中最重要的形式,通常占自然财富的一半甚至更多。为了反映农业生产用地利用的经济效益,可以计算土地生产率指标,即单位农业生产用地的产量(产值)。其计算公式为:

$$单位农业用地面积的产量=\frac{产品产量}{耕地(园地、林地、草地)面积} \quad (2.6)$$

$$单位农业用地面积的产值=\frac{农业产品产量}{农业用地面积} \quad (2.7)$$

土地生产率是以实物量表示的,只能按种类农业生产用地分类计算,上面的后一种土地生产率既可以分类计算,也可以综合计算。

(2)森林资源统计。森林是一种具有再生潜力的资源,由人工培育森林和非人工培育森林两部分组成。但是在国民经济核算体系中只有非人工培育森林才属于自然资产,而人工培育森林属于固定资产,它可以用可持续的方式或不可持续的方法进行管理。

森林资源数量可以用面积表示,也可以用材量表示。

第一,从面积角度来分析森林资源的总量指标和相对指标。这主要有:①森林总面积,包括林木覆盖的面积和无林地面积。无林地面积是森林中沼泽地、草原、湖泊等无树木覆盖的土地面积。因而,森林总面积难以准确反映森林的实有数量。②森林覆盖面积,即实有的森林面积,也叫郁闭林面积,是森林总面积与无林地面积之差。③森林密度,通常是森林覆盖面积与森林总面积之比,它可以概略地反映林区内森林生长的质量情况。更精确的森林密度指标用单位面积的树木棵表示。④森林覆盖率,是森林覆盖面积与土地总面积之比,表明一个国家或地区拥有森林资源的丰富程度。

第二,从材量角度来分析森林资源的总量指标和相对指标。这主要有:①木材蓄积量,指一定面积林地可能出材的数量,按平均高度和平均直径的资料计算,通常用立方米表示。②木材生长量,指一定时期(一年)内材积依树龄增加而增加的数量。③森林采伐量,指一定时期(一年)内实际采伐林木的数量。④木材蓄积利用系数,是采伐量与蓄积量之比,反映森林资源的利用和保有情况。⑤林木采伐生长比例,是采伐量与生长量之比,反映森林资源的材量增减趋势。如果比例大于1,就说明发生了过度采伐的现象。

(3)矿产资源统计。矿产资源是典型的不可再生资源,只能用不可再生的方式进行管理,在国民经济核算体系中是以地下资产来核算的。矿产资源是已探明的,埋藏在地下或分布在地表,在经济上具有开采和利用价值的矿物原料和能源。

按照矿种，可以将矿产资源分为10大类，150个矿种。10类矿产分别是：黑色金属，有色金属，贵金属，稀有、分散及放射性矿产，燃料资源，物种非金属矿产，冶金辅助原料非金属矿产，化工原料非金属矿产，建工原料非金属矿产，其他非金属矿产。

在矿物资源储藏量统计中，通常要进行以下两种分组。

第一，按对矿产进行勘探和研究的程度分成A，B，C，D四级。A级是矿山编制采掘计划依据的储量；B级是矿山建设前期开采地段设计依据的储量；C级是矿山建设设计依据的主要储量；D级是进一步部署地质勘探工作和供矿山建设远景规划用的储量。上述A，B，C，D各级储量之和，叫作探明储量，即已经探明的某种矿产资源的全部储量。探明储量分为两类：一是工业储量，它是经过地质勘探工作鉴别后，在现代技术经济条件下能够开采的储量，即A，B，C三级储量之和；二是远景储量，它是根据地质测量资料或地球物理勘探方法确定分布边界的储量，即D级储量。

第二，按可以利用的程度分成两类：一是可利用储量，即经过勘探研究，认为在经济上利用合算，有开采价值，符合当前工业技术经济条件的矿产储量；二是不可利用储量，是指经过勘探研究，认为其矿物储量少，开采比较复杂，在现有技术水平条件下不宜开采，但以后可能成为工业利用对象的储量。

为了反映国家或地区各种矿产储量及其变动情况，一般要编制矿产储量平衡表。矿产储量的主要统计指标有如下四个。

第一，保有储量，指累计探明储量扣除由于勘探、开采和损失等原因发生的增减变化，截至报告期还拥有的实际储量。它反映某一时点上国家矿产资源的现状。其计算公式是：

$$\begin{matrix}\text{年初保}\\\text{有储量}\end{matrix}+\begin{matrix}\text{年内因普查勘探}\\\text{重算等原因增减数}\end{matrix}-\text{开采量}-\text{损失量}=\begin{matrix}\text{年末保}\\\text{有储量}\end{matrix} \quad (2.8)$$

第二，矿产储量动态指标，是年末保有储量与年初保有储量之比，反映矿产储量的变动趋势和程度。

第三，采储比，是开采量与年初保有储量之比，反映矿产资源的开发利用程度，其后备是否充足。

第四，矿产平均品位指标。矿产品位是指矿石中有用成分的单位含量。由于矿石的品位分布不均匀，通常用平均品位指标来反映矿产资源的贫富程度，其公式为：

$$\text{矿产平均品位}=\frac{\sum(\text{矿石不同品位}\times\text{不同品位矿石储量})}{\text{矿石总储量}} \quad (2.9)$$

(4)水资源统计。水资源通常是指逐年可以得到恢复补给的淡水量，是大气降雨循环再生的动态资源。由于水资源很难加以计价，所以在国民核算体系中通常主要限于受人类活动控制的水资源，而在联合国《环境经济综合核算体系》中的水资源类别要宽得多,水类别包括地下水、湖泊和河流等的水、近海水和海洋几个子类。

反映淡水资源总量通常采用降水量和径流量两个指标。年降水量是一年内降到陆地上的水量。它可以用立方米为计量单位,也可以用降水深度(毫米)为计量单位。年径流量是指陆地上一年中接受降水后,从地表或地下排泄的水流总量,以立方米为单位计算。在降水量和径流量指标基础上可以进一步分析淡水资源的供应水平和分布状况。将径流量与人口数或土地面积相比,可以得到人均占有径流量、平均每亩土地占有径流量等指标。不同地区、不同时间的指标值相对比,就可以进一步表明淡水资源分布上的特点和差异。

水力资源又叫水能资源,是指被查明河流水能的储量,是取得电力和机械动力的重要源泉。水力资源通常以千瓦或千瓦小时来计量。反映水力资源利用情况的指标主要有以下三个。

第一,水力蕴藏量,也叫理论水力资源量,是根据河流的落差和平均流量来确定的。将落差和流量相乘,再乘以系数 9.81,得到理论平均功率,乘以年小时数即得到水力蕴藏量。

第二,水力有效利用量,也叫可开发水力资源。理论水力资源量中扣除损失和不能利用的部分后,就是水力有效利用量。

第三,水力有效利用系数,是水力有效利用量占水力蕴藏量的比重,反映水力资源的可能利用程度。在实际工作中,经常利用水力蕴藏量和水力有效利用系数来推算水力有效利用量。

2.3 国民生产总量统计

在了解了国民经济生产的基本问题和两个主要条件之后,接下来我们重点讨论生产总量统计的指标——国内生产总值,它也是国民经济统计的核心指标。

2.3.1 国内生产总值的内涵

国内生产总值(Gross Domestic Product)的英文简写是 GDP,从其英文本意来看,它应该有本地总产品的意思。这里的产品(Product)被解释为"value of goods produced and services provided",它包含了货物及服务两种产品的价值;注意,这里的 Gross 是与 Net 相对应的词汇,是对应于净值来说的。Domestic 兼有国内及家庭内等多重意义,实际上是对统计空间的一个限定,准确的理解应为系统内、区域内。国内生产总值这一总量指标是对某一特定空间内的经济总量的描述,而不是仅仅对国家层次经济总量的称谓，正如一省、一市、一县内，都有GDP统计指标，称为地区生产总值。在中国香港特别行政区，GDP更多地被译为“本地生产毛值”。

国内生产总值是一个国家或地区在一定时期内所生产和提供的最终(final)货物(goods)和服务(services)的总价值。它是反映一国国民经济的生产规模及综合实力的总量指标，在统计实践中发挥着重要的作用，主要表现为：①国内生产总值指标能综合反映国民经济活动的总量，表明国民经济发展的全貌；②国内生产总值指标是衡量国民经济发展规模、速度的基本指标；③国内生产总值指标是分析经济结构和宏观效益的基础数据；④国内生产总值指标有利于分析研究社会最终产品及服务的生产、分配和最终使用情况，能较全面地反映国家、企业和居民三者之间的分配关系。

2.3.2 国内生产总值统计的主体

有别于国民经济统计的主体，国内生产总值统计的主体受到其特殊含义的约束，一般国内生产总值统计的主体可以是基层单位及机构单位，但并不是所有的基层单位及机构单位都在本国国内生产总值的统计范围之内，只有一国的“常住单位”才被统计。也就是说，统计单位只有具备了常住性，才是国内单位，才能成为国内生产总值的统计单位。

2.3.2.1 一国的经济领土

一国的经济领土(economic territory)是由一国政府控制或管理、其公民及货物和资本可在其中自由流动的地理领土组成的，包括：

(1)领土、领空、领海和该国对其享有专利权或对其具有或有权管辖的有关捕鱼权、海底采油权的位于国际水域的大陆架。

(2)在国外的飞地，如位于其他国家中，经与所在国政府签订正式政治协议，由本国政府拥有或租借的用于外交、军事、科研或其他目的，明确划出的地域，如大使馆、领事馆、军事基地、科研站、新闻或移民办事处及援助机构等。

(3)任何免税区，或者在海关监控下，由境外企业经营的保税仓库或工厂。

同时，一国的经济领土不包括位于该国地理边界内由国外政府或国际组织使用的飞地。

2.3.2.2 经济利益中心

经济利益中心(center of economic interest)是判断常住性的另外一个关键因素，如果一个单位在一国经济领土内的某个地点——如住宅、生产场所或其他房屋，从事并拟继续从事相当规模的经济活动或交易，无论是无限期的还是较长期限的，都可以说该单位在该国具有一个经济利益中心。

(1)居民户及个人的经济利益中心:如果一个居民户在一个国家内保留一套或几套住宅,其成员把它看作和用作主要住房,那么该居民户就在该国具有经济利益中心,其成员是常住居民;反之,如果某个成员不再是常住居民,则这个人也不应再是该居民户的成员。

一个常住居民户的成员,即使离开经济领土在外旅行,仍然在国内具有经济利益中心,只要他在有限的时间内返回到原居民户。

一个人不再在该国具有经济利益中心是指他在国外生活或工作一年以上(留学及公派人员除外)。

(2)公司的经济利益中心:如果公司在一国从事相当规模的货物或服务的生产,或在那里拥有土地或建筑物,则可称该公司在该国具有一个经济利益中心。

这样的公司通常在当地注册,有一套完整而独立的反映当地经济活动的账户,支付所在国的所得税,拥有一个相当规模的实际场所,以自己的名义筹集工作所需的资金,等等。

值得指出的是,一个单位只能有一个经济利益中心。

在国内生产总值核算中常住性是一个基本的要求,它确定了国内生产总值的主体归属。

2.3.3 国内生产总值的计算方法

国内生产总值主要有三种计算方法。第一种,从生产角度计量,国内生产总值是国民经济各部门的增加值之和;第二种,从分配角度计量,国内生产总值是各常住单位所得原始收入之和;第三种,从使用角度计量,国内生产总值是全社会用于消费、资本形成和净出口的货物与服务之和。这就是生产法、收入法和支出法。一定时期的生产成果在价值上必然通过分配形成各方面的收入,在使用价值上必然以一定方式投入使用,因此,从生产、分配、使用三方面计算的结果在量上应该相等,这就是国内生产总值核算中的生产、收入、支出三方等价原则。通过三个方面、三种方法的计算,不仅可以在相互印证基础上计算出国内生产总值是多少,更重要的是可以通过国内生产总值在不同角度上的构成,反映出国民经济循环过程不同阶段上的基本状况。下面就分别介绍国内生产总值计算的三种方法。

2.3.3.1 生产法

生产法(The Product Approach)又叫增加值法(Value Added Approach),它是直接根据国内生产总值的定义来设计的。国内生产总值是最终产品的价值总和,从这个角度看,国内生产总值衡量的是当期内新创造出的价值,不包含中间消耗的部分,这使国内生产总值与总产出指标有明显的区别。

比如，见表2－3，生产链上的三家独立厂商，厂商1被看作是起始原料的供应商（如棉农），其中间投入忽略不计，厂商1的产品供给厂商2（如棉纺厂）为中间投入，厂商2生产的产品又作为中间投入提供给厂商3（如制衣厂），它们的关系及各自的中间投入、产出和增加值在表2－3中均被很清晰地反映出来。经过这个生产链，总产出为 $3A+2B+C$，而其中的中间投入则占到 $2A+B$，因此增加值仅为 $A+B+C$，也即各厂商的增加值之和。这个简单的例子告诉我们，为避免重复计算，从增加值的角度计算社会的最终产品是比较合理的。

表2－3　　总产出与增加值示意表

	厂商1	厂商2	厂商3	总计
中间投入	0	A	$A+B$	$2A+B$
产出	A	$A+B$	$A+B+C$	$3A+2B+C$
增加值	A	B	C	$A+B+C$

但随之而来的一个问题是，确定一个产品的最终产品属性是非常困难的，尤其是对那些既可以做最终产品，又可以做中间产品的产品而言。比如煤，既可以是工业生产的原料，又可以是居民消费的燃料。双重属性使最终产品从实物角度分析成为不可能，因为我们不能根据产品的完成程度来找出最终产品，而只能根据它的去向来确定，这给统计带来了很大的困难。因此，对最终产品的分析只能从价值构成的角度进行，即通过对每一生产环节的"增加值"加总的方法来估计最终产品的总量。这样不需要区分中间产品与最终产品，解决了最终产品统计的难题。

从这个角度讲，国内生产总值的最终产品属性是通过追加价值法体现的，即承认本期新创造的价值是各个生产环节综合作用的结果。

值得说明的是，国内生产总值这一指标虽然是对最终产品的统计，但这并不是说国内生产总值统计中不存在重复计算的问题，因为从经济统计的角度讲，要准确地测定出一种没有重复的经济总量指标，仅扣除中间产品是不够的，即最终产品本身仍具有重复计算的成分，这一成分来自固定资产消耗额，即最终产品包含了上期资产的转移价值，而不仅仅是当期的新创造价值。

在国内生产总值统计的过程中，没有进一步地扣除固定资本消耗部分，以计算真正的无重复计算的经济总量指标，主要是出于统计可行性的考虑。在经济统计中，固定资本消耗的性质本身决定了它是很难进行客观计量的。因为固定资本消耗的计算不仅取决于其有形损耗的程度，还取决于无形损耗、价格变化、财政政策及工商政策等，很难准确计算。由于固定资本消耗数据的模糊性，所以扣除固定资本消耗后的国内生产净值也是不准确的，相比之下，倒是包含重复计算因素的国内生产总值比较客观一些。

另外，由于在投资的过程中，更新投资与净投资通常是同时进行的，从国内生产总值的使用角度，如果同样不在总投资中区分更新投资，就没有必要在国内生产总值中减去固定资本消耗。

除了增加值法以外，生产法也被叫作部门法，它是从生产的角度计算国内生产总值。其计算的出发点是先求出国民经济各部门的总产出，然后扣除其中间消耗，即得到各部门的增加值，加总后即得到国内生产总值。其计算的基本公式为：

$$\text{国内生产总值} = \sum \text{各部门增加值} = \sum \left(\text{各部门的总产出} - \text{各部门的中间消耗} \right) \tag{2.10}$$

式中的增加值是生产单位对产品所追加的价值部分，仅是一种价值形态，而没有相应的实物形态，但从价值形态上看，它等于社会上实物最终产品的价值总和。可以看出，国内生产总值的计算必须以总产出的计算和中间消耗的计算为基础。

与总产出相对应，中间消耗是生产单位在核算期内为获得总产出而转换或消耗的非耐用货物和服务的价值。从实物形态看，即生产过程中投入的原材料、燃料等；从价值形态看，它是生产的转移价值。中间消耗具体包括生产单位在生产经营过程中外购的及自产自用的原料、材料、燃料、动力以及运输费、邮电费、仓储费、修理费、金融服务费、保险服务费、广告费、职工教育费和服务性作业等。

正确地确定各个部门的总产出及相应的中间消耗，二者相减，就计算出各部门的增加值，将所有部门的增加值求和，国内生产总值便计算完毕。

2.3.3.2 收入法

根据三方等价原则，生产法国内生产总值形成后，要形成各方面的收入，将这些收入加总，则可得到收入法（The Income Approach）的国内生产总值。收入法的基本思想是计算生产单位所拥有的生产要素在生产中得到的市场价格收入，这也是以“收入”命名该计算法的原因。这些生产要素归纳起来有劳动、资本、政府服务（即管理）等。具体说来，这些要素的收入被称为：雇员报酬、固定资本消耗、生产和进口税净额、营业盈余或混合收入。它们分别是雇员的收入、资本的收入（对资本消耗的补偿）、政府的收入及企业（业主）的收入。

将这四部分收入加总就可以得到国内生产总值，其基本计算公式为：

$$\text{国内生产总值} = \text{雇员报酬} + \text{固定资本消耗} + \text{生产和进口税净额} + \text{营业盈余或混合收入} \tag{2.11}$$

雇员报酬是指劳动者从其所在生产单位通过各种渠道得到的所有货币形式或实物形式的劳动收入。除了工资以外，雇员报酬还包括各种奖金、福利费用、补助和补贴，以及所在单位替雇员缴纳的社会保险金等。雇员报酬代表了劳动这种生产要素从生产的价值中所获得的收入。

固定资本消耗即固定资产折旧，是指一定时期内各生产单位为补偿生产活动中所耗用的固定资产而提取的价值，代表了固定资产在生产过程中磨损的价值。

生产和进口税净额是生产(进口)税和生产(进口)补贴的差额,代表政府参与生产单位生产所获得的收入。其中,生产税是生产单位在生产、销售、购买和使用货物或服务时向国家缴纳的税金,如产品税、销售税和营业税等,但不包含任何针对企业利润、盈余及其收入所缴纳的税收;生产补贴是指国家针对货物或服务的生产对生产单位所作的补贴,可以看作是一种负的生产税。同样,进口税则是生产单位在进口货物或服务时向国家缴纳的税金;进口补贴则是国家针对货物和服务的进口对生产单位所作的补贴。

营业盈余或混合收入是对不同类型企业相同平衡项目使用的两个互相替代的名称。它是一个平衡项目,是生产单位的总产出扣除中间消耗、雇员报酬、生产和进口税净额和固定资产消耗以后的余额,代表除劳动以外的土地、资本及管理等生产要素所得收入之和。它相当于常住机构单位参与原始收入分配而形成的利润,但又与会计上的利润有区别,区别在于营业盈余还包括营业外开支。混合收入是一种特殊的营业盈余,主要针对自我雇用的非法人企业而设置,由于在这类企业中,营业盈余与劳动报酬往往难以区分,所以通常合并统计。从这个意义上说,混合收入包括了一部分雇员报酬的成分。

由于以上四项是国民经济总量在分配环节的表现形式,把它们相加,即得到国内生产总值。因此收入法又可称为“分配法”。

2.3.3.3　支出法

支出法(The Expenditure Approach)也叫最终使用法,它是在使用环节对国内生产总值的统计,是国内生产总值统计的三种路径的最后一个环节。其计算思想是将全社会用于最终使用的支出汇总起来求得国内生产总值。也就是说,从最终使用的角度看,国内生产总值等于按购买者价格计算的货物和服务的最终使用价值之和(包括进口价值),减去货物和服务的进口价值。之所以要减去这部分价值,是因为它来自国外,不是本国的经济总量。

支出法国内生产总值的公式如下:

$$\text{国内生产总值} = \text{最终消费} + \text{资本形成总额} + \text{货物和服务净出口} \tag{2.12}$$

所谓最终消费,是指当期在非生产过程中所使用的货物和服务价值,站在消费者的角度看,就是为获得这些货物和服务所花费的最终消费支出。它通常由两个部分构成:一是居民个人消费,指由居民个人当期对货物与服务的消费支出;二是政府消费,指由政府等部门代表整个社会进行公共消费而花费的支出。

资本形成总额反映了经济过程中用于积累从而增加了资产的货物和服务价值,主要包括固定资本形成和存货增减变化两个部分。前者是用于增加固定资产所花费的投资支出,后者则体现因增加存货而花费的投资支出。

货物和服务出口减进口的差额称为货物和服务的净出口。其中,出口是被国外使用的货物和服务价值,之所以要将当期货物与服务进口从中扣除,原因在于用于消费、积累以及出口的货物与服务中,有一部分是由国外进口的。只有将这部分进口扣除,才能推算出当期国内生产的最终产品价值。

2.3.4 其他重要经济总量指标

在测算一国或地区经济总量规模的指标中,除了国内生产总值这一核心指标之外,还有以下4个比较重要、经常使用的指标。

2.3.4.1 国民生产总值(Gross National Product,GNP)

随着国际经济交流范围的不断扩大,经济活动主体的流动性不断增大,本国的常住居民可能到国外去从事某些经济活动,而国外的非常住居民也可能在本国从事某些经济活动。这些经济活动会引起相应的本国收入的变化,即本国人有可能从国外获取某种要素收入,而国外单位也可以从国内获取某种收益。比如,按照常住原则,日本本田汽车公司的美国制造分厂所创造的利润应是美国国内生产总值的一部分,而这部分收入却是日本人的收入,对日本经济有明显的影响;相似地,法国的国内生产总值中包含了一个美国人在巴黎工作所得到的收入,这部分收入虽不计入美国的国内生产总值,但与美国息息相关。如何核算这些经济活动?很显然这已经超出了国内生产总值的统计范围,需要设立另外的指标,这一指标就是国民生产总值。

可见,国民生产总值是反映常住单位全部收入(国内与国外)的指标,是一定时期内本国的生产要素所有者所占有的最终产品(货物)和服务的总价值。

国民生产总值与国内生产总值有着密切的关系,从计算上说,它等于国内生产总值减去支付给非常住单位的原始收入,再加上从非常住单位得到的原始收入,其公式为:

$$\begin{aligned}\text{国民生产总值} &= \text{国内生产总值} + \text{来自国外的净要素收入}\\ &= \text{国内生产总值} + \text{生产、进口税减生产、进口补贴(来自国外的净额)} + \text{雇员报酬(来自国外的净额)} + \text{财产收入(来自国外的净额)}\end{aligned} \tag{2.13}$$

由于发达国家在国际上处于要素净输出的地位,所以它们会获得大量正的“国外净要素收入”,即发达国家的国民生产总值通常要大于国内生产总值。而与此相反,广大发展中国家的“国外净要素收入”通常为负值,这使得它们的国内生产总值要大于国民生产总值。一般说来,一国的国内生产总值与国民生产总值不会有太大的差额,但对于一部分国家而言,这部分的差额也不容忽视。比如,印度尼西亚2003年的国内生产总值是其国民生产总值的126%;日本2003年的国内生产总值是其国民生产总值的98%。

2.3.4.2 国民总收入(Gross National Income,GNI)

上面介绍的国民生产总值是一个收入指标,但另一方面却被冠以“生产”的定语,这会引起歧义。因此,1993 年联合国统计委员会通过国民经济核算体系的修订稿正式提出了国民总收入的概念,强调要以这个新名词来取代原有的国民生产总值的概念,以强调其收入指标的特性。目前我国已经采用了国民总收入这个指标,在每年的统计年鉴上我们都可以找到这个数据。

2.3.4.3 国内生产净值(Net Domestic Product,NDP)

国内生产总值是常住单位的增加值之和,增加值是由总产出减去中间消耗计算出来的,而中间消耗并不包括资本的消耗,即固定资本消耗(折旧),也就是说国内生产总值中包含着折旧的成分。从这个意义上讲,国内生产总值所指的增加值是总增加值,而要进一步分析真实的增加值,即净增加值,则要从国内生产总值中扣除固定资本的消耗。所有国内的净增加值之和便是国内生产净值,其公式为:

$$\text{国内生产净值} = \text{国内生产总值} - \text{固定资本消耗} \tag{2.14}$$

2.3.4.4 国民净收入(Net National Income,NNI)

国民净收入(相当于过去的国民生产净值,Net National Product,NNP),等于国民总收入减去固定资本消耗以后的余额,其公式为:

$$\text{国民净收入} = \text{国民总收入} - \text{固定资本消耗} \tag{2.15}$$

2.3.5 我国国内生产总值的统计实践

在实践中,按生产法、收入法和支出法这三种方法计算的国内生产总值反映的是同一经济总体在同一时期的生产活动成果。虽然从理论上讲,三种方法所得到的结果应该是一致的,但在实践中,由于受到资料来源口径的限制和计算方法的影响,要保证这三种计算方法所得到的结果完全相等几乎是不可能的。

在国内生产总值的三种计算方法中,生产法和收入法都是对各产业部门的增加值进行核算。为了就每一产业取得一致的增加值数据,根据资料来源状况,对于某些产业部门,如农业、工业的增加值,确定以生产法的计算结果为准,对于另外的产业部门,如部分服务业增加值,确定以收入法的计算结果为准。因此,中国的生产法国内生产总值等于收入法国内生产总值。但是,支出法国内生产总值与生产法和收入法的国内生产总值之间存在统计误差,有的年份支出法国内生产总值大于生产法和收入法的国内生产总值,有的年份则相反。中国通常以生产法和收入法国内生产总值数据为准,将上述统计误差控制在一定范围内。各种公开发表的国内生产总值总量和增长速度数据均是生产法和收入法的计算结果。

2.3.5.1 中国年度国内生产总值数据的调整过程

中国年度国内生产总值统计包括如下几个过程:初步估计过程、初步核实过程和最终核实过程。

(1)初步估计过程一般在每年年终进行,基本上以国家统计局有关专业司提供的主要专业初步统计资料为基础,进行估算和推算。所得到的年度国内生产总值只是一个初步数据,以满足年度宏观经济形势分析和判断的需要。初步估计的数据会在次年年初的《中国统计公报》和次年上半年出版的《中国统计摘要》上发布。

(2)初步核实过程一般在次年的4~5月进行。这时,初步估计过程所依据的主要专业初步资料得到核实,国家统计局其他专业统计资料、国务院有关部门的统计资料和部分会计决算和业务核算资料陆续获得,与初步估计数据相比,初步核实所获得的国内生产总值更准确些。初步核实数据在次年下半年出版的《中国统计年鉴》和《中国统计摘要》上公布。

(3)最终核实过程一般在次年的9~11月进行。这时,国内生产总值核算所需要的和所能搜集到的各种统计资料、会计决算资料和有关业务核算资料基本齐备。最终核实数据在隔年(第三年)出版的《中国统计年鉴》和《中国统计摘要》上公布。

中国国内生产总值核算要公布三次数据,其统计精度逐步提高,如果查到某年的国内生产总值有三个不同的数值是很正常的,但应以最后公布的数据为准。

2.3.5.2　中国国内生产总值历史数据的计算

国内生产总值统计实践中还有一个重要的问题,即历史数据的调整。这种调整只有在某些影响国内生产总值数据总量或结构的特殊情况出现时才进行。这些情况包括:发现或产生新的资料来源、有关分类变化以及核算方法或核算原则发生重大变化等。一般的,对国内生产总值历史数据进行调整很少进行,而且随着统计制度的稳定,这种调整还会进一步减少。例如,以国民收入指标为基础测算国内生产总值,首先搜集物质生产部门关于非物质服务的支出资料和固定资产资料,通过调整和补充把非物质生产部门的国民收入(净产值)换算为物质生产部门的增加值;其次搜集非物质生产部门的有关资料计算出非物质生产部门的增加值,两大部分增加值合计,即得国内生产总值。

2.3.5.3　中国季度国内生产总值统计方法

为了弥补年度国内生产总值指标的时效性不足问题,世界上大多数国家都计算和公布季度的国内生产总值指标。中国从1992年起在全国和各省、市、自治区开展了季度国内生产总值的计算。

现价季度国内生产总值统计以生产法及收入法为主,目前暂不考虑支出法,其生产法与收入法的计算公式与年度国内生产总值相同。在此介绍另外两种方法。

(1)增加值率法。增加值率法就是先计算出现价总产出,再根据历史资料

及当期有关生产情况确定现价增加值率,然后将二者相乘得出增加值,计算公式如下:

现价增加值 = 现价总产出 × 现价增加值率 (2.16)

(2)速度推算法。速度推算法就是利用现价总产出的增长速度或相关价值量指标的增长速度代替现价增加的增长速度,然后用上年同期的增加值乘以此增长速度得出现期增加值。计算公式如下:

现价增加值 = 上年同期现价增加值 × 现价总产出增加速度 (2.17)

国外的季度统计基本上是以生产法及收入法为主,辅之以多方面的统计调查制度,一般可以在季后90天内提供数据。该数据以后还会进行调整。国外一般还提供经过时间序列调整后的消除季节波动的季节国内生产总值数据。

2.3.6 国民经济总量统计的其他问题

用国内生产总值表示经济总量规模并不是万能的,上面已谈到,它有其自身无法避免的缺陷,在对国内生产总值统计方法的完善过程中,人们开始关注那些国内生产总值无法统计到的方面,比如,地下经济对最终产出的影响、自然环境和经济增长的相互作用、经济总量增长带给人们的福利增长等。

2.3.6.1 地下国内生产总值统计与地下经济分析

地下经济又称隐蔽生产,它是经济意义上的生产性活动,也是安全合法的活动(如果遵守了某些标准和规章),但是出于某种原因,故意将生产活动隐藏起来,不公开进行。这些原因包括:为了避免缴纳所得税、增值税或其他税;为了避免缴纳社会保障缴款;为了避免遵从某些法定标准,如最低工资、最长工时、安全或卫生等方面的标准;为了避免遵守某些行政程序,如填写统计调查表或其他管理表格。在某些领域,地下经济可能占相应产业总产出很大的比重,是国内生产总值的一个重要组成部分,比如建筑业或小型企业占主要地位的某些服务行业。

由于地下经济的特殊性,需要间接的统计方法。下面简要介绍几种地下国内生产总值统计的方法。

(1)抽样调查方法。主要涉及地下经济活动产生的隐性收入调查,可以选取一些具有代表性的单位和个人,调查、清除其隐性收入,从而推算出全社会的隐性收入,再根据收入法的公式计算这部分国内生产总值。

(2)账户推算法。又叫统计差异法,是将几种不同方法测算出的统计指标进行比较来推算地下国内生产总值的数据。比如说,一般国内生产总值支出法计算结果与收入法的计算结果间有一定差额,比较典型的是,收入法国内生产总值总要多多少少低于支出法的国内生产总值,而这部分差额可以作为地下国内生产总值分析的基础。

账户推算法是实际统计工作中常用的地下国内生产总值估计方法,它的应用可以与抽样调查法结合起来,两种方法互补,分析效果更为理想。

(3)货币分析法。这种方法在欧美应用较为广泛。货币分析法主要有三种。

第一种方法是选择一个基年,假定在这一年中地下经济的规模可以被忽略不计,然后计算该年通货量与活期存款的比率作为一个固定标准,在以后的年度中计算这个比率的增长速度,把这部分增长视为由于地下经济的通货需求增加而导致,进而计算每个年度的地下国内生产总值的经济总量。

第二种方法同样选定一个可以假定地下经济不存在的基年,所不同的是要估计当年货币化的交易总额同名义国内生产总值的比率,然后把今后这个比率的增长归结为地下经济的增长。并估算地下国内生产总值的值。

第三种方法来源于费雪(Fisher)的货币数量方程式,该方程式规定了货币流量总量(MV)和交易总量(PQ)之间应该是相等的。这样,如果有可能获得货币流量总量和经济统计记录的国内生产总值的独立数据,那么这两个数据之间的差额就是地下经济的经济流量。

(4)其他方法。除上述三种统计方法外,还有以下几种方法:①财政分析法。该方法主要应用于由于税收目的而产生的地下国内生产总值估算,试图计算出应税收入的实际额,主要是通过对各部门的应税非工资收入的估计来进行。②劳动市场分析法。该方法的理论依据是测量地下经济行业对劳动力的吸纳程度,进而推算地下经济规模。首先选定一个地下经济不显著时期的劳动参与率,然后把报告期的劳动参与率与之相比,如果结果偏低,则存在"对地下经济的劳动参与"。③物量投入分析法等,用来评估地下经济总量。

以上的各种方法都存在着严格的假定,在实践中可能需要调整,需要结合具体问题具体分析。必须指出的是,地下经济总量与地下国内生产总值是有区别的,即地下经济不一定属于地下国内生产总值,原因是地下经济的收入中有一部分只是参与收入分配,而不创造价值,这部分不能计入国内生产总值。

2.3.6.2 绿色国内生产总值

随着社会的不断发展,越来越多的人认识到,国内生产总值统计的着眼点和目的都有一定的局限性,其中的一个根本性缺陷就是:国内生产总值在衡量一时期的经济成果时,没有把自然资源的利用作为经济过程的投入来看待,同时也没有将人类不合理的生产和消费方式所造成的对环境的破坏以及为恢复适宜的环境所作的努力加以适当的考虑,因而其计算具有很大的偏误。国内生产总值的这一缺陷说明其不能更好地适应全球可持续发展战略的需要,为了全面反映经济总量中环境的内涵,学者们提出了核算绿色国内生产总值(GGDP),即包含自然资源与环境核算的国内生产总值指标,绿色国内生产总值也可称为生态国内生产总值(EDP)。

总体来说,绿色国内生产总值是通过国内生产总值调整而来的。可以通过下面两种方法得到。

(1)生产法。计算绿色国内生产总值的生产法公式为:

$$GGDP = P - C_i - U_{np} \tag{2.18}$$

式中:P 为总产出(包含环境产出,如环境质量的改善);C_i 为中间投入;U_{np} 为非生产自然资产的经济使用。

这一公式表明,经过资源环境核算的绿色国内生产总值,不仅包括生产资产的投入与使用,而且包括了非生产自然资源和环境的使用、消耗和降级。

(2)支出法。计算绿色国内生产总值的支出法公式为:

$$GGDP = (X - M) + C + (Ag \cdot p \cdot ec + A \cdot np \cdot ec) - A \cdot np \cdot env \tag{2.19}$$

式中:$X - M$ 为产品进出口净额;C 为最终消费;$Ag \cdot p \cdot ec$ 为生产资产的积累;$A \cdot np \cdot ec$为经济资产中非生产自然资产的耗减以及转移为生产资产的增加;$Ag \cdot p \cdot ec + A \cdot np \cdot ec$ 相当于原来的资本形成总额 I;而 $-A \cdot np \cdot env$ 是指不属于经济资产的环境资产向经济资产转移的减少部分。

此公式表明,经过资源环境核算而按支出法计算的国内生产总值,其资本积累不仅包括生产资产的资本形成,还包括由于非生产自然资产耗减和降级而引起的资本总量变化以及自然资产在经济使用中向经济资产的转移。

如果说国内生产总值是国民经济统计的核心指标,那么绿色国内生产总值就是环境经济核算的核心指标,更是可持续发展所关注的。在第 9 章我们将继续介绍这个问题。

2.3.6.3　经济净福利(Net Economic Welfare,NEW)

与国内生产总值相关联的还有一个总量指标,它是经济学界提出的一个衡量效用水平的指标——经济净福利。从宏观意义上说,经济净福利可以较好地衡量经济社会发展水平及居民生活水平,它最大限度地考虑了影响人们福利的因素,而不是像国内生产总值那样只考虑经济增长。

经济净福利是对国内生产总值的一个修正,因为国民经济的发展不能只依据最终产品的多少,同时要考虑生产与环境的关系、劳动与闲暇的关系。因此,在衡量生产单位"福利"所作出的贡献量时,要减去对资源环境的破坏并加上相应的产出,同时还考虑了闲暇的价值。随着经济的发展,尤其是在发达国家,已经出现人们将劳动的收入与闲暇的舒适相比较而进行选择的现象,在这部分时间里,尽管没有创造增加值,但从福利的角度看,人们的"效用"水平未必减少,反而会由于家庭成员之间的照顾、教育、训练、自我享乐而使社会福利水平上升。从这个角度出发,应该将闲暇时间的价值予以虚拟,以反映社会福利的真实水平。

我们可以粗略地给出经济净福利与国内生产总值的关系:

$$\text{经济净福利} = \text{国内生产总值} + \text{为改善环境资源的质量的投入} - \text{以破坏环境为代价而得到的产出} + \text{虚拟的闲暇时间内的活动价值} \tag{2.20}$$

应该指出，经济净福利即使在经济学中也是一个较为模糊的概念，并不能进行准确的定量估计，但它作为反映人们生活的最宽泛的指标是值得深入研究的。

2.4 国民生产结构统计

对生产的总量统计有了了解后，本节将讨论国民生产结构的问题，也就是产业结构的相关问题。产业结构是指国民经济各部门、各行业之间的组成、构造及其相互间的内在联系，是经济结构中最主要的结构之一。下面主要讨论产业结构均衡、产业结构水平及主导产业的判定。

2.4.1 产业结构均衡分析

简要地说，产业结构均衡，就是产业结构的内部协调与外部协调。内部协调就是产业部门之间的分工协作正常；外部协调就是社会再生产过程结构关系的统一，即分配结构、需求结构与产业结构的统一。

产业结构均衡分析是从均衡入手，以产业结构为对象，系统考察和分析决定产业结构变动的主要因素，依据每个决定因素与产业结构变动协调关系的理论，分析现实决定中该因素与产业结构变动的合理方面与非正常方面，由此解释产业结构均衡或失衡以及所存在的问题。

决定产业结构均衡变动的因素主要是需求结构、分配结构、资源结构和国际贸易因素。

2.4.1.1 需求结构

需求结构包括多方面的内容，如中间需求和最终需求结构、消费与投资需求结构等。需求结构直接影响产业结构变动。

2.4.1.2 分配结构

分配结构直接影响需求结构的变化。例如，居民分配比例上升，那么消费需求结构就可能受到收入较快增长的影响；企业分配比例上升，那么投资需求就可能受到影响。因此，分配结构变动通过储蓄倾向、投资倾向和消费倾向等经济行为变量，直接影响需求结构，从而影响产业结构变动。其中投资需求结构不仅从产品使用角度影响产业结构，而且从投资形成新的生产能力方面来改变产业结构。

2.4.1.3 资源结构

资源结构是指劳动力、资金、自然资源的存量结构和它们各自的价格结构，还包括生产技术体系的结构特征。

产业结构演化和均衡过程也包括劳动力和资金在产业之间的移动，这种移动不仅受需求结构变动的影响,而且取决于劳动力和资金的数量以及质量,即劳动力的教育和训练水平等。劳动力工资水平的产业关系和资金的产业价格结构,也对产业结构均衡有重要的影响。生产技术体系反映产业技术进步,如采用技术、工艺的种类和水平的结构差异,在需求结构变化一定的条件下,它也影响产业结构的均衡关系。

2.4.1.4 国际贸易因素

出口是最终需求的重要组成部分,出口及其结构的变化如同国内需求和结构变化一样,也决定着产业结构的变化。国外商品的进口可以弥补本国生产的产业发展的不足,并且一些新产品的进口具有开拓本国市场,推动国内同类产业发展的作用。在进出口国际贸易发展的背后,还会引起资本、技术、人力资源等在国家间的流动,这也对产业结构产生重要影响。

2.4.2 产业结构水平统计

产业结构水平统计,就是采用一系列相关指标计量和分析产业结构高级化的程度。根据产业结构变化的若干特征,提炼出了反映产业结构水平的六个主要指标。

2.4.2.1 霍夫曼比例

霍夫曼比例是产业结构研究中使用较早的指标。德国经济学家霍夫曼曾在1931年根据约20个国家的时间序列数据,分析了制造业中消费品工业和资本品工业之间净产值的比例关系,求出代表性的比值,对各国工业化过程中的工业结构演化规律作了开拓性的研究。其公式如下:

$$霍夫曼比例 = \frac{消费品工业的净产值}{资本品工业的净产值} \tag{2.21}$$

其中,消费品工业和资本品工业的划分是以产品用途的75%为标准。比如,产品用途75%以上用于消费的工业属于消费品工业。霍夫曼概括出代表性的比例值,依此将工业化过程分为四个阶段,如表2-4所示。

表2-4 工业化过程各阶段与霍夫曼比例

	霍夫曼比例
第一阶段	5(±1)
第二阶段	2.5(±1)
第三阶段	1(±0.5)
第四阶段	1以下

在霍夫曼看来,工业化第一阶段,消费品工业生产在制造业中占主导地位;第二阶段,资本品生产有迅速发展,但相比之下,消费品工业仍占优势;第三阶段,资本品与消费品工业生产比重大体相当,初步迈入工业化国家行列;第四阶

段，资本品生产超过消费品生产，基础工业高度发达。霍夫曼比例值越低，产业结构水平越高。通过霍夫曼比例的计算和分析对比，可以判明一个国家产业结构发展的水平。

霍夫曼比例的主要不足在于：其采用的经济总量指标比较落后，最好用增加值指标取代其公式中的净产值；阶段分界点不连续，带有很强的经验性。

2.4.2.2 重工业化程度系数

重工业化程度系数是重工业部门与轻工业部门的增加值之比。重工业化程度的指标设计思路与霍夫曼比例相近：

$$\text{重工业化程度系数}=\frac{\text{重工业部门增加值}}{\text{轻工业部门增加值}} \qquad (2.22)$$

但在一般经济含义上，霍夫曼比例是一个逆指标，而重工业化程度系数则是一个正指标，其数值越高，产业结构水平越高。

2.4.2.3 工业加工度和高加工化程度系数

(1)工业加工度是加工工业产值与原料工业增加值之比。它通过对第二产业内部结构的分析来反映整个产业结构水平。其计算公式为：

$$\text{工业加工度}=\frac{\text{加工工业增加值}}{\text{原料工业增加值}} \qquad (2.23)$$

(2)高加工化程度系数与工业加工度十分相近，但其分母的范围是整个基础产业，计算公式为：

$$\text{高工业化程度系数}=\frac{\text{加工工业增加值}}{\text{基础工业增加值}} \qquad (2.24)$$

其中，基础工业主要包括冶金、电力、煤炭、石油、基础化工、木材和铁路运输等；加工工业主要包括电子、日用金属品、食品、纺织、缝纫、皮革和造纸等。

这两个指标都是正指标，数值越高，通常表明产业结构水平也越高。但也必须注意不能使加工工业过度的盲目扩张，与本来就没有打好基础的原材料工业或基础工业的薄弱状况形成突出的矛盾。

2.4.2.4 第三产业增加值比重及其对比系数

随着产业结构水平的提高，第三产业增加值的比重应该呈不断上升的趋势。因而可以用这个比重及其与第一、第二产业增加值的对比系数来描述产业结构高级化的程度。其计算公式为：

$$\text{第三产业增加值比重}=\frac{\text{第三产业增加值}}{\text{国内生产总值}}\times 100\% \qquad (2.25)$$

$$\text{增加值对比系数}=\frac{\text{第三产业增加值}}{\text{第一产业增加值}}$$

$$\text{增加值对比系数}=\frac{\text{第三产业增加值}}{\text{第二产业增加值}} \qquad (2.26)$$

在产业结构高度化的过程中，三次产业增加值比重的依次递进要与国民经济发展对第一产业依赖度的降低和社会经济进步对第二、第三产业需求度的提高相一致。

2.4.2.5 新兴产业增加值比重

在国民经济发展过程中，一个产业会有兴起、发展、成熟和衰落的过程，新兴产业就是这一过程中处于上升阶段的产业。对发展中国家来说，新兴产业的确定可以参照发达国家的经验。新兴产业在国民经济中的地位反映一个国家产业结构水平的高低。其计算公式为：

$$\text{新兴产业增加值比重} = \frac{\text{新兴产业增加值}}{\text{国内生产总值}} \times 100\% \tag{2.27}$$

2.4.2.6 技术密集型产业增加值比重和技术集约化程度系数

(1)在国民经济发展过程中，技术密集型产业应逐渐处于主导地位。技术密集型产业增加值比重反映产业结构水平，其计算公式如下：

$$\text{技术密集型产业增加值比重} = \frac{\text{技术密集型产业增加值}}{\text{国内生产总值}} \times 100\% \tag{2.28}$$

一般的，比重数值越高，说明产业结构水平越高。

(2)技术集约化程度系数是一个比例相对数，其计算公式为：

$$\text{技术集约化程度系数} = \frac{\text{技术密集型产业增加值} + b \times \text{资金密集型产业增加值}}{\text{劳动密集型产业增加值} + (1-b) \times \text{资金密集型产业增加值}} \tag{2.29}$$

这个指标实际上是技术(知识)集约化程度较高的产业增加值与技术(知识)集约化程度较低的产业增加值之比。在整个国民经济被划分为技术、资本、劳动三类生产要素密集型产业的前提下，将其中资本密集型产业增加值按其平均技术化程度 b 分解为两部分：高于平均技术化程度的并入技术(知识)密集型产业；低于平均技术化程度的并入劳动密集型产业。与技术(知识)密集型产业增加值比重相同，技术(知识)集约化程度系数也是一个正指标。

2.4.3 主导产业的判定分析

主导产业在产业结构变动中发挥着重要的作用，也是产业政策研究的核心内容。美国经济学家罗斯托总结了主导产业对经济增长的三种作用，即回顾影响、前瞻影响和旁侧影响。回顾影响即主导产业对那些向自己供给生产资料的部门的影响；前瞻影响指主导产业对新工业、新技术、新材料、新能源出现的诱导作用；旁侧影响指主导产业对地区发展的影响，也就是说，主导产业能够带动国民经济比较快的发展。

主导产业本身的发展特点是：较高的经济增长率；快速的技术进步；对其他产业的发展有较大的带动作用，其他产业的发展反过来又将敏感地刺激该产业的进一步增长；具有较好的动态比较作用，加速出口的增长。在实际主导产业的判断分析中，一般都从上述四个方面对各产业进行比较分析，来选定具体的主导产业。具体可以采用以下四个统计指标。

2.4.3.1　产业收入弹性系数

产业收入弹性系数是从需求结构变化对产业结构的引动作用出发，分析随着人均国民收入的提高，各产业产品需求的变化程度，其变化越大，则收入弹性越大，说明该产业的发展将对经济增长产生较大的贡献。收入弹性系数的计算公式为：

$$\text{某一产业收入弹性系数} = \frac{\text{该产业产品需求增长率}}{\text{人均国民收入增长率}} \tag{2.30}$$

分别计算有关产业的收入弹性系数，然后比较分析其大小，来说明国民收入提高各产业发展的相对优势。

2.4.3.2　产业生产率增长率

这里的产业生产率一般指产业综合要素生产率。综合要素生产率的高低反映一产业的技术进步水平，产业综合要素生产率越高，则该产业的技术进步作用越大。一般说来，我们把较高的综合要素生产率增长率作为选择主导产业的判定标准之一。

2.4.3.3　产业关联度

产业关联度是对一产业带动其他产业发展作用的综合测度，以分析各产业对国民经济发展带动影响较大的部门或产业。一般用部门影响力系数和感应度系数来反映和分析。影响力系数越大，越说明本部门发展对其生产所投入中间产品的那些部门的生产发展有较大的带动影响；感应度系数越大，越说明该部门容易受相关联部门发展的影响，即其他部门的发展将刺激该部门更快的发展。主导产业一般选择影响力系数和感应度系数均较大的部门或产业。

2.4.3.4　动态比较费用

动态比较费用运用于在国际贸易中关于扶植相对幼小的新兴产业的理论，适合发展中国家追赶发达国家的需要。其基本原则是在国际市场条件下，一些相对幼小的新兴产业短期内的比较成本较高，难以在国际市场上竞争，但在一定的保护条件下，经过一定时期的努力，从动态上可以转变这种劣势局面，即产品的比较成本从较高发展到较低，并能够参与国际竞争，从中得到较高的比较利益。

主导产业的分析，就是通过上述四个方面的具体分析，综合比较出较为优势的产业部门，为制定产业政策提供科学依据。

2.5　国民收入分配与使用统计

生产形成收入，收入经过分配，然后进入使用。收入分配与使用是很复杂的经济问题，也是较复杂的计量和核算问题。本节扼要谈谈国民收入的分配与使用的问题。

2.5.1 收入分配统计

2.5.1.1 收入分配与国内生产总值

收入分配是指当期生产的价值分配给社会各方面形成的所有收支活动。收入分配活动和生产活动具有紧密的联系。生产是各种生产要素综合运用的结果。在市场经济的条件下,这些来自不同所有者的生产要素的运用都是有偿的,因此当生产过程结束,价值被创造出来后,必然面临价值分配活动。比如,劳动者由于提供了一定数量和质量的劳动,就应取得相应的劳动报酬;资本所有者由于提供了一定数量的资金,就应取得利息、红利等资金使用报酬。这些分配都是以交换形式发生的。除此之外,由于经济生活的社会化,在社会公平和均衡发展的原则下,还存在大量的非交换性分配活动,如纳税、馈赠、捐助、社会救济和罚款等名目下的各种单方面价值转移。所有这些都是以收支方式加以表现的,这样就在不同层次上形成了各种收入概念。

国民收入分配包括初次分配和再分配两个层次。

收入初次分配,是按照各要素所有者在生产中的参与状况和贡献,对生产成果(增加值)的分配。参与初次分配的基本前提是对生产的参与,因而产生的分配流量都与生产有关,初次分配都是生产性收入。

收入再分配是在初次分配的基础上,以多种再分配形式,广泛发生于国民经济范围内各机构部门之间和部门内部的分配活动。收入再分配过程中产生的收支流量是转移性"非交易"的收支。所谓"转移",指一个机构单位向另一个机构单位提供货物、服务或资产等各种资源,而不从后者那里收取任何资源作为对等回报的行为,是"单方面"的交易。转移收支从性质看可以分为经常性转移和资本转移。经常性转移一般是经常性和有规律发生的,会影响交易双方的当期收入水平,而资本转移通常数额较大,不经常发生。再分配的形式主要是财政、捐赠、救济等,因此核算的主要内容包括现期所得税收支,即各机构单位按照当期所得而应支付的税金;社会缴款收支,即居民部门为保证在某个时期能获得社会福利金,而对政府组织实施的社会保险计划或各机构单位建立的相关基金所缴纳的款项,如失业保险、医疗保险等;社会福利收支,包括社会保险福利和社会救济福利收支。社会保险福利是政府通过社会保险基金向居民提供的福利,如领取的失业金;社会救济福利是在保险计划外政府和其他机构向居民提供的福利,如救济金、助学金等;其他经常性转移收支,除上述以外的各种经常性转移收支,一般发生在各机构部门和国外部门之间和机构部门内部,如捐赠、罚款、援助等。

收入分配的对象,就是以价值形式表现的国民经济增加值,即国内生产总值,尤其是其中的国内生产净值。

国民经济生产过程结束后,首先在生产领域进行初次分配,然后在全社会进行再分配,初次分配和再分配叠加在一起,形成国民收入分配的最终格局。

收入分配活动和生产活动具有紧密的联系。分配是从生产到使用之间不可缺少的中间环节,因此分配的对象应该是当期生产成果,是生产中各种资源结合而创造的价值,具体来说就是各部门增加值所构成的国内生产总值。因此,往往把国内生产总值作为国民收入的来源,也作为国民收入分配的起点。

国民收入初次分配从国内生产总值开始,经过两个层次。第一层次是生产经营成果的直接分配。政府主要得到生产税净额,居民主要得到劳动报酬,企业主要得到固定资产折旧和营业盈余。第二层次是财产收入的分配,主要是财产的利息收入。经过初次分配,政府、企业和居民分别得到各自的原始收入。

在收入初次分配的基础上,各个原始收入的获得者或者按照分配制度的规定,或者按照自身的意愿,无偿转让其原始收入的一部分,同时也从其他收入主体那里获得一部分转移性收入,从而完成国民收入的再分配流程。再分配收支流量种类繁多,涉及范围广泛,主要包括三大类经常性转移收支:现期所得税、财产税等税收收支,社会缴款和社会福利,其他经常转移收支。

国内生产总值收入法公式(2.11)体现了这种分配关系,即从收入分配的角度来看,国内生产总值的价值构成包括四项内容:雇员报酬、固定资本消耗、生产和进口税净额及营业盈余或混合收入。也就是说,把国民经济的四项基本分配项目相加,其和就为国内生产总值。这时,国内生产总值可以定义为:整个国民经济各项分配收入之和。

如果考虑增加值在分配时要分配给不同的生产要素所有者,则其中一部分可能分配给非常住单位,同样,非常住单位创造的增加值也可能分配给本国的常住单位,从而形成了互有交叉的分配结果,形成了与国内生产总值的差异,产生了很重要的指标——国民总收入或国民生产总值,见式(2.13),(2.14)和(2.15)。

在国民总收入的基础上,可以得到原始收入。原始收入是各部门在初次分配过程中最终取得的生产性收入,它等于国民总收入加上财产收入净额,其公式为:

$$原始收入 = 国民总收入 + 财产收入净额$$

$$财产收入净额 = 财产收入 - 使用财产的支出$$

其中,财产收入是指拥有土地、资本或其他财产的机构单位,为各类生产者提供财产使用而获得的收入,对于有财产使用权的单位来讲,则是相应的支出。财产收入的内容有利息、股息、红利、地租和特许权使用费等。由于财产收入是通过提供财产参与其他单位生产获得的收入,因而它是生产性收入,是构成原始收入的一个因素。在整个国民经济范围内,财产收入与财产支出是相等的,即净额为零,所以,原始收入 = 国民总收入 = 全部初次分配收入。

2.5.1.2 国民可支配收入

在国民经济统计中,还有一个很重要的指标,那就是可支配收入。

可支配收入是一个部门、单位或个人,在一定时期内的原始收入,经过再分配收入和支出后,所得到的能够用于消费和储蓄的收入。其公式为:

$$\text{某机构部门的可支配收入}=\text{该部门的原始收入}+\text{该部门的再分配收入}-\text{该部门的再分配支出} \quad (2.31)$$

整个国民经济的可支配收入,为国民可支配收入。它是一个国家或地区的国民,在一定时期内可以用于消费和储蓄的全部收入。

$$\text{国民可支配收入}=\sum\text{原始收入}+\sum\text{再分配收入}-\sum\text{再分配支出}+\text{来自国外的经常转移收支净额}$$

由于:

$$\sum\text{原始收入}=\text{国民总收入}+\sum\text{财产收入}-\sum\text{使用财产支出}$$

$$\sum\text{财产收入}=\sum\text{使用财产支出}$$

$$\sum\text{再分配收入}=\sum\text{再分配支出}$$

所以:

$$\text{国民可支配收入}=\text{国民总收入}+\text{来自国外的经常转移收支净额} \quad (2.32)$$

根据国民净收入计算的国民可支配收入,称为国民可支配净收入。它不包括固定资产折旧,其公式为:

$$\text{国民可支配净收入}=\sum\text{机构部门可支配净收入}$$

$$=\text{国民可支配总收入}-\sum\text{固定资产折旧}$$

2.5.1.3 常用的国民经济分配中几个总量指标间的关系

它们之间的关系如表2-5所示。

表2-5 几个总量指标间的关系

1	国内生产总值	6	国民净收入(3+4或5-2)
2	固定资产折旧	7	来自国外的经常转移收支净额
3	国内生产净值(1-2)	8	国民可支配总收入(5+7)
4	来自国外的要素收入净额	9	国民可支配净收入(6+7)
5	国民总收入(1+4)		

2.5.1.4 对收入分配数据的分析

由于很多的分析方法在统计学原理中已有阐述,这部分内容只对分析的角度作一简单介绍。

对收入分配的分析,可以从收入分配水平的角度进行,如计算人均可支配收入,或观察其变化规律;也可以从计算分配的结构指标角度,如居民、非金融企业、金融机构和政府部门，按可支配收入计算的占有结构等，可以得到各类的比重，从而可以进行对比。在初次分配阶段，可以计算劳动报酬系数、生产税系数、营业盈余系数和财产收入系数。反映初次分配阶段各分配项目在收入分配中的作用程度均以各部门增加值为基数进行计算。例如，劳动报酬系数，即为各部门支付的劳动报酬在本部门增加值中所占的比重。在收入再分配阶段，为了反映各种再分配项目在收入再分配阶段的作用程度，可以计算现期所得税再分配系数、社会缴款再分配系数、社会福利再分配系数、其他经常性转移再分配系数等，且均以各部门的原始收入为基数计算。例如，现期所得税再分配系数，是各部门支付或收入的财产税占本部门原始收入的比重。根据收入分配的数据，可以对收入分配的公平程度进行分析，常用洛伦茨曲线、基尼系数，及计算财富分配系数。其中，财富分配系数是指收入最高的20%家庭户的收入占总收入的百分比与收入最低的20%家庭户的收入占总收入的百分比之比，用于反映收入分配的公平程度。系数为1，表示收入分配绝对平均；系数越大，分配越不公平。

复杂的账户分析，可参见本书第7章的内容，或参考有关书籍。

2.5.2 国民收入使用统计

2.5.2.1 国民收入的使用与国内生产总值

收入使用的中心是消费活动，即用于购买从而实现消费所花费的支出。从价值运动看，“收入—支出”体现了分配与使用的联系，即收入的形成是消费的前提，消费作为支出表现了收入的主要去向。从产品运动看，“生产—消费”体现了生产与使用的联系，消费以生产为前提，是对当期产品的使用，同时，消费又体现了生产的终极目的，即满足人们物质文化生活的需要。

国民收入的使用，指的是最终使用。最终使用的产品，也称最终产品，是本期生产、不需要被加工、可对其他产品进行加工或对生产发挥作用的产品，如厂房、设备等。最终使用的既有实物产品，也有劳务的使用，主要是投资和消费，还有一部分净出口。利用收入的货币，购买最终使用的货物和服务，就是支出，所以国民收入使用核算就是国内支出的核算。

国内支出的项目有：消费支出、投资支出和出口净额。总消费、总投资和出口净额的合计数就是国内生产总值，或者说，用支出法计算的国内生产总值，是国民经济各项支出再加上出口净额的总和，即支出法的公式(2.12)。下面再简要介绍一下这三个方面。

2.5.2.2 对消费的简要分析

消费是当期非生产过程中所耗用的货物和服务，并按消费价格计算的货物和服务的价值。消费核算需符合核算原则。

最终消费支出可以分为个人消费支出和公共消费支出。

(1)个人消费支出是由居民个人直接购买消费性货物和服务所花费的支出,用货币额表示。它主要包括以下内容:耐用消费品支出、非耐用消费品支出、各种文化生活服务费用支出等。这里要注意的是,居民购买住房或建房用材料所花费的支出不应计入消费,计入消费的只是代表住房服务的房租支出,包括实际住房房租支出和自有住房的虚拟房租支出。各种贵重物品(如首饰等)的购买支出不应计入消费,因为这种购买的主要目的并非消费而是保值,它是一种投资行为。依照消费目的,个人消费一般分为八大类:食品、饮料、烟草类;服装和鞋类;租金总额、燃料和动力;家具、陈设品、家庭设备和管理;医疗和保健费用;运输和通信;娱乐、教育和文化服务;杂项用品和服务。

(2)公共消费支出由政府最终消费支出和为居民服务的非营利机构最终消费支出组成,是指由政府和为居民服务的非营利机构承担费用,对社会公众提供的消费性货物与服务的价值,其中政府最终消费支出是主要部分。按照职能划分,公共消费支出包括教育、卫生保健、社会保险和福利、体育和娱乐、文化等方面。从消费提供方式或来源看,公共消费支出有两种情况:一种是由政府等部门自市场上购买产品,然后免费提供给特定居民;另一种是政府等部门作为非市场生产者,将自己的服务产出免费或以无经济意义的价格提供给居民和公众。

在我国,个人消费支出的核算办法有两种:第一种,利用居民消费品零售额与住户抽样调查资料相结合计算。个人消费支出包括居民个人商品性消费支出、自给性消费虚拟支出、实物收入消费和购买文化生活服务消费支出。第二种方法完全根据住户抽样调查资料进行推算。农村居民个人消费支出,根据农村住户抽样调查资料的有关数据推算;城镇居民消费支出,根据城市抽样调查资料的有关数据推算。

公共消费支出核算的主要方法也大致分为两种:第一种是以成本价格核算的公共消费支出,一般包括政府部门和为居民服务的非营利机构的物质消耗和活劳动机构人员的开支。第二种方法是以支付去推算公共消费支出。它是以一般行政开支和事业费开支中,扣除转移性支出和增加固定资产投资性支出,得到为居民和公众服务的经常性业务支出,即公共消费支出。

而个人的实际消费,就是个人的消费支出加上用于居民个人的公共消费支出。

2.5.2.3 投资及其核算

投资,也称资本形成,是指非金融资产的投资。它是各部门收入用于消费后余下的那部分收入的使用。非金融资产即非金融性的经济资产,它是为各机构单位集体或个人所拥有,能被获取经济利益的实体,是国民财产中的一种(见第6章)。非金融资产包括各种具有实物形态的有形资产,如机器设备、土地等,和各种不具有实物形态或依附于实物形态上的非金融性无形资产,如专利权、商标权等。在一个国家的经济资产中,非金融资产占主要部分,有形资产又是非金融资产的主要部分。

非金融资产可以从不同角度分类,如按其可否再生,可以分为非生产性资产(不可再生资产,如矿藏)和生产性资产(可再生资产,如机器设备)。人类财富的积累主要由可再生的生产性资产不断产出积累而得到。而生产性资产又可按耐用性、单位价值大小等区分为固定资产、存货和贵重物品三类。固定资产和存货用于再生产过程,为扩大再生产创造了条件,构成了投资核算的主要内容。贵重物品只是作为价值储存手段为所有者持有,可看成经济资产增加。

资本形成作为一个经济活动过程,是由核算期内各机构单位通过经济交易获得和处理生产性资产活动,达到增加非金融资产的结果。资本形成是当期最终产品的积累,是下一期扩大再生产的物质基础。它包括固定资本形成、存货增加、贵重物品净获得,以及土地等非生产性资产净增加。但在所占份额上,主要部分是固定资本形成,其次是存货增加,而贵重物品净获得和土地等非生产性资产的净增加则很少。所以在我国国民经济核算中,资本形成只核算固定资本形成和存货增加两项,即公式(2.12)中的资本形成总额主要包括固定资本形成和存货增减变化两个部分。前者是用于增加固定资产所花费的投资支出,如住房、机器设备等;后者则体现因增加存货而花费的投资支出,即核算期内各机构单位期末比期初所拥有的库存资产的净增加,如材料和供应品、在制品、产成品等。

固定资本的核算可通过下列核算公式进行:

$$\text{固定资本形成价值} = \text{活动的固定资产价值} + \text{非生产性资产价值} - \text{处置的固定资产价值}$$

库存增加核算方法,可用下面的公式表示:

$$\text{本期库存增加} = \text{期末库存价值} - \text{期初库存价值}$$

而从国民经济总体出发,贵重物品的净获得就是当期形成的贵重物品持有量;对于土地及其他非生产性资产,从国民经济总体看,各部门的净获得与净减少相互抵消,不影响资本形成总额。

公式(2.12)中,货物和服务出口减进口的差额称为货物和服务的净出口。

由于国民收入使用统计的主要对象是消费和投资,在这里我们暂不对净出口作详尽分析。

2.5.2.4 对收入使用数据的分析

按照支出法公式内容,对收入数据的使用,可以从消费、投资及消费和投资的关系角度进行。

从消费角度看,最终消费支出可以分为个人消费支出和公共消费支出,因此可以分析个人消费支出和公共消费支出的比例,及它们占总消费的比重。在个人消费支出中,根据消费状况,可以研究其消费用途构成,特别是根据其中的食品消费计算出的一个重要指标——恩格尔系数;可以计算人均消费水平,并从不同年份角度进行人均消费水平的对比,反映人均消费水平的变化情况。根据消费水平的变动,可以编制消费水平的指数并进行分析,也可对贫困进行测度;可以计算消费率(最终消费支出与可支配收入之比),及分析消费和储蓄比例及其变化情况;还可以通过消费函数研究国民消费与其他经济变量之间的关系,分析消费对经济增长的贡献率等。

从投资角度看,由于资本形成总额主要包括固定资本形成和存货增减变化两个部分,因此可以首先分析资本形成总额,即分析投资的总量,进而分析投资的结构;可以进行不同地区、部门和不同年份投资的比较;同时可以计算固定资本形成和存货增减变化的比重,观察其变化的状况;更详细地可以根据各个机构部门和三次产业情况分别进行分析;可对投资来源进行分析,也可对投资地区分布结构进行分析;可以从总量角度研究投资与经济增长的关系,或使用投资乘数理论,分析投资对国民经济增长的作用;同样,可以分析出口和进口情况,观察其收支变动;综合地,可从消费、投资和净出口等所有方面考虑,研究我国国民经济的发展变化状况,为制定政策提供依据。

复杂的账户分析可参见本书第7章的内容,或参考有关书籍。

本章小结

本章主要讨论了国民经济统计中的生产统计部分,介绍了生产统计涉及的一些基本问题,简单说明了决定经济生产总量的重要条件——人力资源和自然资源的统计问题,重点分析了国内生产总值的统计方法和其他总量指标的含义,及国内生产总值统计在我国的具体实践,并就经济产业结构中的统计问题作了简要分析,最后简要介绍了国民收入的分配和使用问题。本章的重点是对生产统计的基本问题的把握,掌握国内生产总值的含义及其统计方法,这也是本章的难点所在。

本章主要概念

生产　国内生产总值　国民总收入　国民可支配收入　初次分配和再分配　消费　投资

小知识

1. 为什么要调整 GDP

据国家统计局国民经济核算司介绍,由于核算 GDP 所需基础数据的差异,以及统计调查体系的差异,各国GDP数据的修订和发布程序有所不同。然而,相同的方面是各国GDP数据都不是一锤定音,必须根据更加完整、可靠的基础数据不断修订,这是GDP核算的国际惯例。每个国家都会根据自己的情况制定GDP数据修订程序和相应的发布程序。

2. GDP的一些缺陷

GDP作为衡量总产出的重要指标有其特殊的规定性和统计范围。从本质上讲它仅仅是一个数字,而对数字理解偏差或者过度崇拜都有可能落入“数字陷阱”。GDP在诸多领域存在缺陷,其中最引人注目的是现行GDP虽然综合反映了经济增长的成果,但却未能反映经济活动所付出的外部性代价和社会成本,焦点是不能衡量自然资源耗减和环境污染。

第一,GDP不能衡量社会成本尤其是环境代价。所谓社会成本,就是生产活动中所必需的,但市场价格机制不曾或无法计算进,因此转嫁给整个社会乃至未来负担的费用。生产中塑料废弃物、废水废气的产生会对社会以及未来产生怎样的影响?社会将为此负担多少成本?化肥农药造成的土地污染,一二十年后会显现出怎样可怕的后果?市场价格机制是无法核算这种损失的。比如,只要采伐树木,GDP就会增加,但过量采伐会造成森林资源的减少,GDP却不考虑相应的代价,且这部分代价对GDP的影响是很大的。近年来,中国成为单位GDP创造能耗最高的国家之一,中国万元GDP总能耗是世界平均水平的3.4倍,是日本的9.7倍;33种主要产品的单位能耗比国际平均水平高出46%!

从环境角度看,现行的国民核算将产生环境污染的经济活动收益计入GDP,即GDP没有扣减环境污染的代价和环境保护的投资支出,与此同时,现行的国民核算也未考虑环境降级成本。环境降级成本是指由于经济活动造成环境污染而使环境服务功能质量下降的代价,包括环保支出成本和环境退化成本。环保支出成本是指保护环境的实际支出;环境退化成本是指环境污染损失的价值和为保护环境应该支付的价值。GDP一方面没有扣减环境降级成本,一方面还将环境保护支出作为生产活动计入GDP,从两方面增加了GDP。结果是污染物排放越多,GDP越大;环保支出越多,GDP也越大。高估的GDP将导致对自然资源的过度消耗和对环境的严重污染,致使环境恶化,经济无法持续发展。

中国的环境污染和生态破坏损失占GDP的份额究竟有多大?世界银行计算的中国环境污染造成的经济损失相当于GDP的7%~15%。中国环境污染的不完全经济损失相当于当年GDP的2.1%~7.7%,生态破坏造成的经济损失相当于GDP的5%~13%,两种损失加起来占GDP的7%~20%。

第二,从社会影响角度看,GDP无法区分两类不同性质的经济活动——产出和破坏,因此不能反映经济发展对资源环境所造成的负面影响。GDP衡量的是经济过程中通过交易的产品和服务的增加值之和,而在交易过程中是增加社会财富还是减少社会财富，它并不能加以辨识。也就是说，GDP 将正面的还有负面的产出一视同仁地全部算在其指标中。

教育、服务儿童及老年人的劳务所得，与制造武器、香烟、毒品等具有同样的价值。造成社会无序和发展倒退的"支出"如犯罪、家庭解体的成本(如离婚、诉讼、财产分割、生活成本提高、另购房屋等)均能增加 GDP，随之而来的是救护车、医生、护士、意外事故服务中心、法律诉讼、亲属探视伤者、损失赔偿、保险代理、新闻报道等一系列活动，这类服务性劳动的增长对 GDP 的贡献不可小觑。

第三，GDP 不衡量社会财富，不能准确地反映一个国家财富的变化。GDP 的组成包括国内企业的投资支出、个人及家庭的消费支出、政府机关的购买支出、净出口等货币价值的总和，包括了人们全部的经济活动，但其能够准确反映的只是经济的规模。一般来讲，社会财富的增加必然是 GDP 增加的结果，但 GDP 的增加并不一定意味着社会财富的增加。天灾人祸和灾后重建能让 GDP 增长，豆腐渣工程的重建、"拉链工程"也能让 GDP 增长。

第四，GDP 不能反映某些重要的非市场经济活动。现行 GDP 的核算原则之一就是市场化原则，即经济活动是否进入 GDP 以其是否进入市场为界限。现行 GDP 只记录可以价格化的看得见的劳务，而如家庭妇女做饭、照顾老人、养育儿童等，这些活动没有发生支付行为，按照国际标准，GDP 不反映这些活动。

第五，GDP 不能衡量社会分配。人均 GDP 的增加代表一个国家人民平均收入水平的增加，但是，由于收入分配的不平等，一小部分人得到了更多的收入，大多数人的收入水平并没有增加，或增加得较少，因此他们的福利状况并没有得到改善，或没有得到明显的改善。从人均 GDP 中就看不出这种由于收入分配的差异状况而产生的福利的差异状况。

第六，GDP 不能反映经济增长的效益、效率和质量。GDP 只管增长，不管实现，即商品能否实现。即使产品烂在仓库里，GDP 照样把它算在自己身上。

第七，GDP 存在重复计算问题。它包括了折旧和各种形式的转移支付。

第八，GDP 不衡量幸福，不能全面反映人们的福利状况。GDP 不是一个令人满意的经济福利指标，有时国内生产总值的增加并不代表社会福利的增加。过分地追求国内生产总值，有时反而会降低人们的"效用"水平。

人们对 GDP 寄托了太多的期望，但要明白 GDP 不是万能的！我们应该知道 GDP 能够做什么，不能够做什么，在它的适用范围内，正确地使用它。同时，我们也希望绿色的、生态的、以人为本的总量指标能够尽快得以推广和应用。

3 投入产出分析

引例

奥运经济

随着2008年北京奥运会的临近，全球将对中国举办奥运会予以极大的关注，特别是以往在发达国家举办奥运会所出现的"奥运经济"现象是否会在北京重现？或者说北京奥运经济是否有特殊的成功模式让其他发展中国家予以借鉴？对北京来说，通过举办奥运会对北京经济的拉动作用如何？特别是北京奥运会的举办将对北京体育产业的发展起到怎样的作用，这更是体育界所关心的话题。

根据近年北京市投入产出表和相关的统计数据，建立相关预测模型，运用投入产出分析法，结合奥运经济影响的理论模型，分析2008年北京奥运会对促进北京经济增长的前期影响：初步预测"北京奥运"前期投资对北京整体经济拉动的作用，以及由此创造的就业数量；根据北京市体育产业对其他产业消耗的情况，结合北京市各产业间的产业关联与波及程度，提出未来发展北京市体育产业的政策建议。

投入产出分析是经济学研究中最重要的技术之一，也是国民经济统计学的重要内容之一。

案例来源：周毅，辛利，熊焰：《第29届奥运会对促进北京地区经济增长的分析》，《体育科学》，2006年第3期，引用时有改动。

本章主要学习目标

1. 掌握投入产出表的基本结构和平衡关系。
2. 掌握中间产品、最终产品、直接消耗系数和完全消耗系数的概念。
3. 掌握实物型与数值型投入产出数学模型的基本分析方法。

4. 了解投入产出分析应用的基本内容。

3.1 投入产出分析的基本概念

投入产出分析,是研究经济系统各个部分间表现为投入与产出的相互依存关系的经济数量方法。投入产出分析从一般均衡理论中吸收了有关经济活动的相互依存性的观点,并用代数联立方程体系来描述这种相互依存关系。

3.1.1 投入产出分析的产生

美国俄裔经济学家瓦西里·列昂惕夫(Wassily Leontief)于20世纪30年代利用美国国情普查资料,从宏观上研究了美国经济的均衡问题。1936年,列昂惕夫在哈佛大学工作时发表了《美国经济体系中投入产出的数量关系》一文,阐述了有关第一张美国1919年投入产出表的编制工作、投入产出理论和相应的数学模型,以及资料来源和计算方法。1941年出版了他的第一本权威性著作《美国经济结构(1919～1929年)》,详细地阐述了投入产出分析的内容。1953年,列昂惕夫与其他经济学家合作,出版了《美国经济结构研究》一书,进一步阐述了投入产出分析的基本原理及发展。目前,投入产出分析方法已在世界各国得到普遍的推广和应用。鉴于列昂惕夫是唯一的无可争议的投入产出方法的创始人,他被授予1973年度诺贝尔经济学奖。

第二次世界大战后期,投入产出分析受到美国政府和公众的重视。美国劳工部为了研究战后的生产和就业问题,聘任列昂惕夫为顾问,指导编制了1939年美国投入产出表,并根据此表作了1950年美国充分就业情况下各部门产业的预测。此后,美国空军又同劳工部合作,以150万美元的经费编制战后1947年200个部门的投入产出表。1959年,美国商业部决定配合国民经济核算体系定期编制美国全国投入产出表,早期公布的有1958年、1963年、1967年、1972年和1977年的投入产出表。

列昂惕夫和哈佛经济规划小组在对美国国民经济进行投入产出分析的同时,还把投入产出分析应用到了几个专门经济问题的分析中:①美国对外贸易。列昂惕夫的《国内生产和对外贸易:美国资本地位再审查》(1953年)一文发表后,西方经济学界曾为之震动。19世纪以来,国际贸易理论中比较利益原理一直被认为是无可非议的。根据这个原理,一般都认为美国既是资本丰富又是工资很高的国家,那么出口产品就应以资本密集的商品为主。但事实上,根据列昂惕夫对1947年美国投入产出情况的分析,如果把直接和间接投入都计算在内,美国出口产品中更多的都是劳动密集产品,而非资本密集产品。这是对传统国际贸易理论的一次严重挑战，是令人迷惑不解的“列昂惕夫之谜”。②地区经济平衡和裁军的经济影响。③环境污染问题。④世界范围的经济增长。这是20世纪70年代在联合国赞助下列昂惕夫所研究的课题，内容包括世界经济增长对环境的影响、对自然资源的需求，以及发达国家和发展中国家之间经济增长的关系问题。1973年，列昂惕夫在诺贝尔奖授奖大会上，发表了题为“世界经济的结构”的讲话，对这项大规模研究进行了概括论述。具体研究成果则是一个大型的2000年世界经济投入产出模型。此模型原来的目的是预测8组发达国家和7组不发达国家在2000年的经济增长，现已广泛应用于其他问题（如国际武器贸易对经济的影响、美国有色金属的生产和消费、农业和能源的发展等）的分析和规划。

1973年，瑞典皇家科学院在对列昂惕夫获得诺贝尔经济学奖表示祝贺时说，投入产出模型是研究近代经济“生产体系中复杂的相互依存关系的一项重要分析工具”，而列昂惕夫“不仅建立了投入产出方法的理论体系，而且还经过辛勤工作，对（如何）利用这个方法来研究重大经济问题和对各种经济理论的事实检验提供了所需要的实际经济数据”。这些话是对列昂惕夫到目前为止在经济科学方面成就的崇高和恰当的评价。有的西方经济学家称投入产出表为当代的魁奈《经济表》，把投入产出分析在经济学中的地位比作牛顿的万有引力在物理学中的地位，是经济学的一场革命。

列昂惕夫创立投入产出分析理论，是在吸取、改进和发展前人研究成果的基础上实现的。列昂惕夫在20世纪30年代首先提出的投入产出分析的起源有两个方面：一方面，它实质上可以被视为瓦尔拉斯（Walras）一般经济均衡理论的线性化；另一方面，也因为列昂惕夫受到了马克思的再生产理论的影响。此外，投入产出方法还与列昂惕夫在前苏联曾接触过的计划经济部门的经济平衡表方法有一定联系。但是把投入产出方法发展成系统的分析预测经济结构的框架，列昂惕夫是独一无二的创始人。

3.1.2 投入产出分析的基本概念

作为一种科学的方法来说，投入产出分析是研究经济体系（国民经济、地区经济、部门经济、公司或企业经济单位）中各个部分之间投入与产出的相互依存关系的数量分析方法。

投入，是指产品生产所消耗的原材料、燃料、动力、固定资产折旧和劳动力等生产性消耗。

产出，是指产品生产出来后的分配去向和流向。

投入、产出的概念具有相对性。

投入产出分析的基本内容包括编制投入产出表、建立相应的线性代数方程体系，综合分析和确定国民经济各部门之间错综复杂的联系，分析重要的宏观经济比例关系及产业结构等基本问题。

投入产出模型具有两种形式：投入产出表和投入产出数学模型。两者密不可分，形成一个完整的模型体系。

投入产出表，是反映各种产品生产投入来源和去向的一种棋盘式表格。表3－1是投入产出表的一般样式。

表3－1　简化的投入产出表

		中间需求				最终需求				总产出
		1 农业	2 工业	3 其他	合计	消费	资本形成	净出口	合计	
中间投入	1 农业	200	200	0	400	450	100	50	600	1 000
	2 工业	200	800	300	1300	500	250	－50	700	2 000
	3 其他	0	200	100	300	400	300	0	700	1 000
	合计	400	1 200	400	2 000	1 350	650	0	2 000	4 000
最初投入	固定资产折旧	50	100	50	200					
	工资	400	350	300	1 050					
	利税等	150	350	250	750					
	合计	600	800	600	2 000					
	总投入	1 000	2 000	1 000	4 000					

投入产出表的水平方向表示各部门产品的使用情况，其中：

中间产品（中间需求、中间使用）是指在本时期内、本系统内进行进一步加工的产品。

最终产品（最终需求、最终使用）是指在本时期内、本系统内已经最终加工完毕的产品。

最终需求包括：

（1）消费，包括居民消费和政府消费，居民消费＝农村居民消费＋城镇居民消费。

（2）资本形成总额，包括固定资本形成总额与增加库存。

（3）净出口，净出口＝出口－进口。

$$\text{总产出（总产品）} = \text{中间产品} + \text{最终产品} \tag{3.1}$$

投入产出表的垂直方向表示各部门产值的构成，或各部门生产过程中的消耗，即投入。

$$\text{中间投入} + \text{最初投入} = \text{总投入} \tag{3.2}$$

$$\text{各部门总投入} = \text{各部门总产出} \tag{3.3}$$

$$\text{最初投入总计（国内生产总值 GDP）} = \text{最终需求总计} \tag{3.4}$$

有关投入产出表的详细内容我们放在实物型投入产出表和价值型投入产出表中介绍。

投入产出模型是指用数学形式体现投入产出表所反映的经济内容的线性代数方程组。

投入产出分析的基本作用是通过编制投入产出表和模型,能够清晰地揭示国民经济各部门、产业结构之间的内在联系,特别是能够反映国民经济中各部门、各产业之间在生产过程中的直接与间接联系,以及各部门、各产业生产与分配使用、生产与消耗之间的平衡(均衡)关系。正因为如此,投入产出分析又称为部门联系平衡法。此外,投入产出分析还可以推广应用于各地区、国民经济各部门和各企业等类似问题的分析。当用于地区问题时,它反映的是地区内部之间的内在联系;当用于某一部门时,它反映的是该部门各类产品之间的内在联系;当用于公司或企业时,它反映的是其内部各工序之间的内在联系。

值得着重指出的是,理论上,投入产出表所反映的部门之间的联系是生产技术经济联系。因此,表中第一部分是投入产出表的核心部分,即所反映的主要是部门之间的生产技术联系,但也反映经济联系,特别是在价值形态表的条件下,因为这时表中各元素受价格和各种结构变动的影响。

投入产出表中有两个基本平衡关系式:

$$\text{中间产品}+\text{最终产品}=\text{总产品(实物)} \tag{3.5}$$

$$\text{物质消耗}+\text{净产值}=\text{总产值(价值)} \tag{3.6}$$

所谓投入产出模型,具体地说就是在上述两个基本平衡关系式上的线性代数的方程体系。

3.2 实物型投入产出模型

3.2.1 实物型投入产出表

简化的实物型投入产出表见表3-2,表中包括n类产品。

投入产出表由四个象限构成。这四个象限的内容各不相同。

第Ⅰ象限是投入产出表的核心,主要反映国民经济各产业部门之间相互依存、相互制约的技术经济联系。第Ⅰ象限反映按购买者价格计算的中间消耗:行表示产品,表明每个产业部门的产品提供给各个产业部门作为生产消耗使用的数量,称为中间产品或中间使用,行的总计反映产业部门的中间消耗;列表示产业,它表明每个产品部门在生产过程中消耗各个产业部门的产品数量,称为中间投入或中间消耗。

表 3-2　　简化实物型投入产出模型

		中间产品 1	2	…	n	最终产品	总 计
物质消耗	1	q_{11}	q_{12}	…	q_{1n}	y_1	Q_1
	2	q_{21}	q_{22}	…	q_{2n}	y_2	Q_2
	⋮	⋮	⋮	⋮	⋮	⋮	⋮
	n	q_{n1}	q_{n2}	…	q_{nn}	y_n	Q_n
劳动		q_{01}	q_{02}	…	q_{0n}	—	—

第Ⅱ象限主要反映按购买者价格计算的最终使用（最终产品的规模和结构），包括最终消费支出、资本形成总额（固定资产形成、库存增加）、净出口的结构和最终产品的产业部门结构。行表示产品，列表示各使用类别，总计行反映各使用类别的最终使用。

第Ⅲ象限主要反映按购买者价格计算的增加值或最初投入构成，包括劳动者报酬、生产税净额、固定资产折旧和营业盈余，主要反映各部门增加值分配或最初投入构成情况。行表示总增加值/GDP 构成，列表示产出类型。

第Ⅳ象限一般认为主要反映再分配关系，目前为空白栏。

第Ⅰ，Ⅱ象限连接在一起，通过各横行反映各产业部门的产品分配和使用去向；第Ⅰ，Ⅲ象限连接在一起，各纵列反映各产业部门在生产中的投入和来源，也反映生产过程的价值形成。

从行向看，投入产业表反映的是各类产品的分配使用情况。其中一部分作为中间产品供其他产品生产中使用（消耗），另一部分则作为最终产品供投资和消费使用，两部分相加就是一定时期内各类产品的生产总量。从列向看，投入产业表反映了各类产品生产中要消耗其他产品（包括自身）的数量。但应指出的是，由于列向各类产品的计量单位不一致，故不能进行运算，因此，实物投入产出模型只有行模型没有列模型。

实物型投入产出表的平衡关系式为：

$$中间产品 + 最终产品 = 总产品 \tag{3.7}$$

用符号表示则为：

$$\begin{cases} q_{11} + q_{12} + \cdots + q_{1n} + y_1 = Q_1 \\ q_{21} + q_{22} + \cdots + q_{2n} + y_2 = Q_2 \\ \vdots \\ q_{n1} + q_{n2} + \cdots + q_{nn} + y_n = Q_n \end{cases} \tag{3.8}$$

或写成：

$$\sum_{j=1}^{n} q_{ij} + y_i = Q_i \quad (i = 1,2,\cdots,n) \tag{3.9}$$

3.2.2 实物型投入产出表的特点

实物型投入产业表能综合反映特定的经济内容,它具有以下特点。

(1)实物型投入产业表以实物量为单位,各产品的计量单位并不相同。表的纵列不能相加。因此,实物型投入产业表的纵列只能反映各类产品生产过程中的各种具体消耗,不能反映各类产品的物耗总量。

(2)实物型投入产业表较确切地反映了国民经济中各类产品生产过程中的技术联系,它不受价格变动的影响。

3.2.3 实物型投入产出数学模型

3.2.3.1 直接消耗系数

$a_{ij}=\dfrac{q_{ij}}{Q_j}$被称为直接消耗系数,又称投入系数。它是两个部门间直接存在的投入产出关系的数量表现。直接消耗系数就是某部门为生产单位产品所消耗的各种中间投入的数量。

直接消耗系数含义清楚、计算简单,但其在投入产出分析中十分重要。因此,直接消耗系数的准确与否,是投入产出分析能否成功的基本前提。

直接消耗系数受以下因素的制约:①生产的技术水平;②产出的结构;③价格水平。

由直接消耗系数的定义,有:

$$q_{ij}=a_{ij}Q_j$$

又由:

$$\sum_{j=1}^{n} q_{ij}+y_i=Q_i \quad (i=1,2,\cdots,n)$$

得:

$$\sum_{j=1}^{n} a_{ij}Q_j+y_i=Q_i \quad (i=1,2,\cdots,n) \tag{3.10}$$

令:

$$A=\begin{pmatrix} a_{11} & a_{12} & \cdots & a_{1n} \\ a_{21} & a_{22} & \cdots & a_{2n} \\ \vdots & \vdots & \vdots & \vdots \\ a_{n1} & a_{n2} & \cdots & a_{nn} \end{pmatrix}, Q=\begin{pmatrix} q_1 \\ q_2 \\ \vdots \\ q_n \end{pmatrix}, Y=\begin{pmatrix} y_1 \\ y_2 \\ \vdots \\ y_n \end{pmatrix}$$

则有:

$$AQ+Y=Q \tag{3.11}$$

则:

$$Y=(I-A)Q \tag{3.12}$$

其中：

$$I - A = \begin{pmatrix} 1 - a_{11} & -a_{12} & \cdots & -a_{1n} \\ -a_{21} & 1 - a_{22} & \cdots & -a_{2n} \\ \vdots & \vdots & \vdots & \vdots \\ -a_{n1} & -a_{n2} & \cdots & 1 - a_{nn} \end{pmatrix}$$

在矩阵 $I - A$ 中，从列来看，说明了每种产品投入与产出的关系。若用“负”号表示投入，用“正”号表示产出，则矩阵中每一列的含义说明，为生产一个单位各种产品，需要消耗（投入）其他产品（包括自身）的数量，而主对角线上各元素则表示各种产品扣除自身消耗后的净产出比重。同时，也可看到，此矩阵的“行”没有经济含义，因为每一行的元素不能运算。

引入直接消耗系数后，可以建立总产品与最终产品的联系。

由 $Y = (I - A)Q$，得：

$$Q = (I - A)^{-1} Y \tag{3.13}$$

上式通过计算 $I - A$ 的逆矩阵来反映 Y 与 Q 之间的联系。

3.2.3.2　完全消耗系数

一般来说，任何产品在生产过程中，除了各种直接消耗关系外（直接联系），还有各种间接消耗关系（间接联系）。完全消耗系数则是这种包括所有直接、间接联系的全面反映。在国民经济各部门和各产品的生产中，几乎都存在这种间接消耗和完全消耗的关系，而充分理解各种间接消耗关系是充分理解宏观经济问题复杂性的有力工具。某些表面上看起来毫无联系的部门或产品，实际上都有着比较重要的间接联系。如果能将各部门间、产品间的间接消耗和完全消耗关系计算出来，则对了解和分析国民经济各部门间、产品间的内在联系十分有益。

完全消耗系数指每生产单位 j 种（部门）最终产品要直接、间接消耗（即完全消耗）i 种（部门）产品的数量，一般用 b_{ij} 来表示，用 B 来表示完全消耗系数矩阵。

下面用一个简单的实例来说明完全消耗系数的计算公式。假设国民经济只有农业（1）和工业（2）两个部门，并知它们之间的直接消耗矩阵为：

$$A = \begin{pmatrix} a_{11} & a_{12} \\ a_{21} & a_{22} \end{pmatrix}$$

首先，分别计算农业和工业的一次间接消耗系数。

农业产品对农业产品的一次间接消耗为：

$$a_{11}^2 + a_{12}a_{21}$$

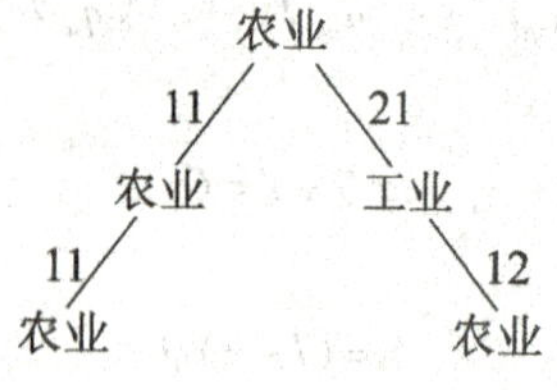

农业产品对工业产品的一次间接消耗为：

$$a_{11}a_{21}+a_{21}a_{22}$$

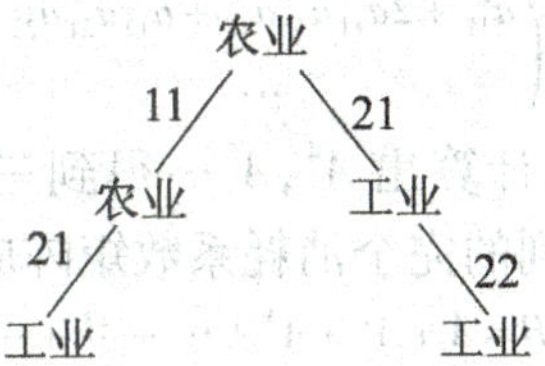

工业产品对农业产品的一次间接消耗为：

$$a_{12}a_{11}+a_{22}a_{12}$$

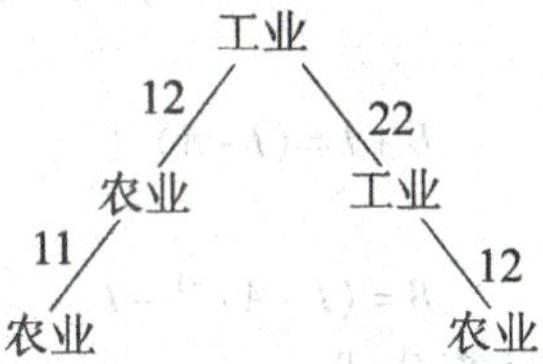

工业产品对工业产品的一次间接消耗为：

$$a_{12}a_{21}+a_{22}^2$$

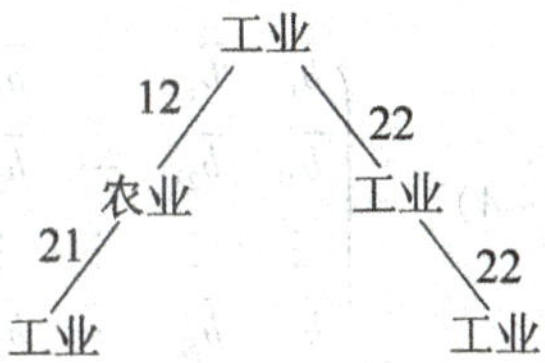

根据上面的分析和结果，我们就可以找到某种规律，由此得到这两个部门的一次间接消耗的系数矩阵为：

$$A^2=\begin{pmatrix} a_{11}^2+a_{12}a_{21} & a_{11}a_{12}+a_{12}a_{22} \\ a_{11}a_{21}+a_{21}a_{22} & a_{11}a_{21}+a_{22}^2 \end{pmatrix}$$

接下来计算农业和工业的二次间接消耗。

农业产品对农业产品的二次间接消耗为：

$$a_{11}^3+a_{11}a_{12}a_{21}+a_{12}a_{21}a_{11}+a_{12}a_{22}a_{21}$$

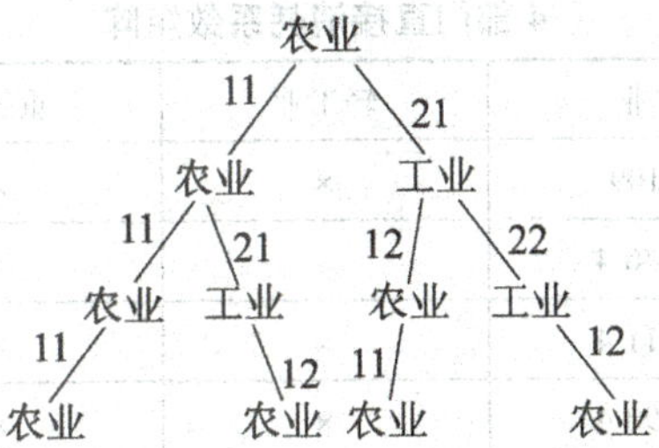

… … …

其他二次间接消耗的计算省略。同样,我们仍可找到某种规律性,并得到二次间接消耗系数矩阵为:

$$A^3=\begin{pmatrix} a_{11}^3+2a_{11}a_{12}a_{21}+a_{12}a_{21}a_{22} & \cdots \\ \cdots & \cdots \end{pmatrix}$$

由此我们还可以类似地计算出 A^4, $A^5\cdots$得到三次、四次……间接消耗系数的结果。所以,我们最终得到的完全消耗系数矩阵应为:

$$B=A+A^2+A^3+\cdots+A^k+\cdots$$

$$B+I=I+A+A^2+A^3+\cdots+A^k+\cdots$$

然而,由于:

$$(I-A)(I+A+A^2+\cdots+A^k+\cdots)=I-A^k(k\to\infty)\approx I$$

因此,我们得到:

$$B+I=(I-A)^{-1}$$

所以:

$$B=(I-A)^{-1}-I \tag{3.14}$$

这就是完全消耗系数的计算公式。

一般把矩阵$(I-A)^{-1}$中的元素b_{ij}称为最终产品系数或追加需要系数,即最终产品系数为:

$$(I-A)^{-1}=\begin{pmatrix} \bar{b}_{11} & \bar{b}_{12} & \cdots & \bar{b}_{1n} \\ \bar{b}_{21} & \bar{b}_{22} & \cdots & \bar{b}_{2n} \\ \vdots & \vdots & \vdots & \vdots \\ \bar{b}_{n1} & \bar{b}_{n2} & \cdots & \bar{b}_{nn} \end{pmatrix} \tag{3.15}$$

$(I-A)^{-1}$称为列昂惕夫逆矩阵。

最终产品系数的经济解释:从列来看,矩阵中主对角线上的元素一般来说都大于1,这表明 i 部门要生产一个单位最终产品,其部门的生产总量必须达到的数量。具体地说,要保证 i 部门能提供一个单位的最终产品,首先其生产总量就要有一个单位的产品,然后由于其自身和国民经济间的相互消耗关系,使得 i 部门的总产量要超过一个单位,其超过部分和非主对角线上的元素都体现了国民经济各部门间的完全消耗关系。这一意义可用表 3-3 所示的例子形象地说明。

表 3-3　　4 部门直接消耗系数矩阵

	农业	轻工业	重工业	其他
农业	1.109	×	×	×
轻工业	0.046 4	×	×	×
重工业	0.411 4	×	×	×
其他	0.090 4	×	×	×

上表的第一列表明：要保证农业部门能提供1亿元的最终产品，则农业部门的生产量要达到1.109亿元，轻工业部门要达到0.046 4亿元，重工业部门要达到0.411 4亿元，其他部门要达到0.090 4亿元。其中，农业部门生产总量超过最终产品的部分(0.109亿元)以及引起其他各部门生产的数量，都是因为农业生产对各部门(包括本部门)都存在着完全消耗关系。

3.2.4 实物型投入产出模型实例

表3-4是一张实物型投入产出表。

表3-4 简化实物型投入产出表

		中间产品				最终产品	总计
		1	2	3	其他		
物质消耗	产品1	40	30	40	10	80	200
	产品2	0	15	80	15	40	150
	产品3	20	15	40	25	100	200
劳动报酬		1 000	1 200	2 400	800		

依据表3-4的行向数量关系，可以建立实物型投入产出模型。

(1)计算直接消耗系数矩阵。第一象限其他列，由于无法得到未包括在模型中的总产出量，所以不能计算出直接消耗系数。

$$A=\begin{pmatrix}40/200 & 30/150 & 40/200\\ 0/200 & 15/150 & 80/200\\ 20/200 & 15/150 & 40/200\end{pmatrix}=\begin{pmatrix}0.2 & 0.2 & 0.2\\ 0 & 0.1 & 0.4\\ 0.1 & 0.1 & 0.2\end{pmatrix}$$

(2)建立引入直接消耗系数矩阵A的数学模型。由公式$Y=(I-A)Q$，得：

$$\begin{pmatrix}y_1\\ y_2\\ y_3\end{pmatrix}=\begin{pmatrix}0.8 & -0.2 & -0.2\\ 0 & 0.9 & -0.4\\ -0.1 & -0.1 & 0.8\end{pmatrix}\begin{pmatrix}Q_1\\ Q_2\\ Q_3\end{pmatrix}-\begin{pmatrix}10\\ 15\\ 25\end{pmatrix}$$

利用该模型，可以由总产品向量Q计算出最终产品向量Y。

(3)建立引入列昂惕夫逆矩阵$(I-A)^{-1}$的数学模型：

$$(I-A)^{-1}=\begin{pmatrix}1.312\,7 & 0.347\,5 & 0.501\,9\\ 0.072\,2 & 1.196\,9 & 0.617\,8\\ 0.173\,7 & 0.193\,1 & 1.390\,0\end{pmatrix}$$

由$Q=(I-A)^{-1}Y$，得：

$$\begin{pmatrix}Q_1\\ Q_2\\ Q_3\end{pmatrix}=\begin{pmatrix}1.312\,7 & 0.347\,5 & 0.501\,9\\ 0.072\,2 & 1.196\,9 & 0.617\,8\\ 0.173\,7 & 0.193\,1 & 1.390\,0\end{pmatrix}\left[\begin{pmatrix}y_1\\ y_2\\ y_3\end{pmatrix}+\begin{pmatrix}10\\ 15\\ 25\end{pmatrix}\right]$$

由列昂惕夫逆矩阵$(I-A)^{-1}$还可以计算出完全消耗系数矩阵B。

$$B=(I-A)^{-1}-I=\begin{pmatrix}0.3127 & 0.3475 & 0.5019\\0.0722 & 0.1969 & 0.6178\\0.1737 & 0.1931 & 0.3900\end{pmatrix}$$

显然,完全消耗系数矩阵B与列昂惕夫逆矩阵$(I-A)^{-1}$只在主对角线上差1,其余各元素均相等。

3.3 价值型投入产出模型

在价值型投入产出表中,将国民经济分成若干部门,是以货币为计量单位的,因而它比实物型投入产出表包括的范围更多、更全。一般来说,价值型投入产出表的行反映各部门产品的实物运动过程,而列则反映各部门产品的价值形成过程。简化的价值型投入产出表形式如表3-5所示。

表3-5 价值型投入产出表

分配去向 / 投入来源		中间产品				最终产品 y_i	总产品 X_i
		部门1	部门2	…	部门 n		
物质消耗	部门1	x_{11}	x_{12}	…	x_{1n}	y_1	X_1
	部门2	x_{21}	x_{22}	…	x_{2n}	y_2	X_2
	⋮	⋮	⋮	⋮	⋮	⋮	⋮
	部门 n	x_{n1}	x_{n2}	…	x_{nn}	y_n	X_n
净产值	劳动报酬 v_i	v_1	v_2	…	v_n		
	纯收入 m_i	m_1	m_2	…	m_n		
总产值		X_1	X_2	…	X_n		

3.3.1 按行建立的价值模型

从行的方向建立价值模型的过程与实物模型是完全类似的,它也反映各部门产品生产和分配使用的情况,建立最终产品与总产品之间的平衡关系。具体过程如下:

中间产品+最终产品=总产品

$$\sum_{j=1}^{n}x_{ij}+y_i=X_i\quad(i=1,2,\cdots,n)\tag{3.16}$$

将以价值形式表示的各部门直接消耗系数 a_{ij} 代入上式，则得：

$$\sum_{j=1}^{n} a_{ij}X_j + y_i = X_i \quad (i = 1,2,\cdots,n) \tag{3.17}$$

上式用矩阵形式表示为：

$$AX + Y = X \tag{3.18}$$

由此可得：

$$Y = (I - A)X \tag{3.19}$$

$$X = (I - A)^{-1}Y \tag{3.20}$$

3.3.2 按列建立的价值模型

按列建立的模型，反映的是各部门价值的形成过程，即反映生产与消耗之间的平衡情况，建立起净产值与总产值之间的平衡关系。根据投入产出表的列基本平衡关系式，有：

$$\text{物资消耗} + \text{净产值} = \text{总产值} \tag{3.21}$$

即

$$\sum_{i=1}^{n} x_{ij} + N_j = X_j \quad (j = 1,2,\cdots,n) \tag{3.22}$$

式中：N_j 为 j 部门净产值（新创造价值）。

引入直接消耗系数于上式，得：

$$\sum_{i=1}^{n} a_{ij}X_j + N_j = X_j \quad (j = 1,2,\cdots,n)$$

式中：$\sum_{i=1}^{n} a_{ij}$ 表示生产单位 j 部门产品的物资消耗系数。如果用 a_{cj} 来表示 $\sum_{i=1}^{n} a_{ij}$，则式(3.22)又可写成：

$$\begin{aligned} a_{cj}X_j + N_j &= X_j \\ (1 - A_{cj})X_j &= N_j \quad (j = 1,2,\cdots,n) \end{aligned} \tag{3.23}$$

式(3.23)用矩阵表示则为：

$$(I - A_c)X = N \tag{3.24}$$

式中：N 为各部门净产值列向量，A_c 为物资消耗系数矩阵，是一个对角矩阵。即

$$A_c = \begin{pmatrix} \sum_{i=1}^{n} a_{i1} & 0 & \cdots & 0 \\ 0 & \sum_{i=1}^{n} a_{i2} & \cdots & 0 \\ \vdots & \vdots & \ddots & \vdots \\ 0 & 0 & \cdots & \sum_{i=1}^{n} a_{in} \end{pmatrix} = \begin{pmatrix} a_{c1} & 0 & \cdots & 0 \\ 0 & a_{c2} & \cdots & 0 \\ \vdots & \vdots & \ddots & \vdots \\ 0 & 0 & \cdots & a_{cn} \end{pmatrix}$$

式(3.24)建立了总产值与净产值之间的联系,同样,还可以建立净产值与总产值之间的联系,即

$$X=(I-A_c)^{-1}N \tag{3.25}$$

由于$(I-A_c)$是对角矩阵,故其逆矩阵也是一对角矩阵,且其对角线上的元素为矩阵$(I-A_c)$对角线上元素的倒数。

$(I-A_c)$的经济解释为:一般称矩阵$(I-A_c)$为净产值系数矩阵,即由各部门净产值占总产值的比重所组成的矩阵。显然,$1-\sum_{i=1}^{n}a_{ij}$的含义为j部门净产值占其总产值的比重。

这里再引入两个基本概念:

其一,劳动报酬系数a_{vj}。它是j部门生产单位产品所需劳动报酬的数量,其计算公式为:

$$a_{vj}=\frac{v_j}{X_j}\quad (j=1,2,\cdots,n) \tag{3.26}$$

其二,净产值系数a_{mj}。它是j部门生产单位产品所带来净产值的数量,其计算公式为:

$$a_{mj}=\frac{m_j}{X_j}\quad (j=1,2,\cdots,n) \tag{3.27}$$

由此,结合前面物资消耗系数的概念,我们可以得到一个重要的结论:

$$a_{cj}+a_{vj}+a_{mj}=1\quad (j=1,2,\cdots,n) \tag{3.28}$$

这一结论表明的是一定时期内生产过程中产品价值的形成过程或组成部分。

3.3.3 投入产出行模型和列模型的总量关系

根据投入产出表的基本平衡关系,在不考虑进出口的情况下,投入产出表纵列中各部门产品的生产量应等于其横行中各部门产品的分配使用量。所以,国民经济中第k个部门有以下平衡关系式:

$$\sum_{i=1}^{n}x_{ik}+N_k=\sum_{j=1}^{n}x_{kj}+y_k\quad (k=1,2,\cdots,n) \tag{3.29}$$

因而,从整个国民经济的角度看,各部门生产的总量与分配使用的总量也应该相等,所以有:

$$\sum_{i=1}^{n}\sum_{j=1}^{n}x_{ij}+\sum_{j=1}^{n}N_j=\sum_{j=1}^{n}\sum_{i=1}^{n}x_{ij}+\sum_{i=1}^{n}y_i \tag{3.30}$$

所以:

$$\sum_{j=1}^{n}N_j=\sum_{i=1}^{n}y_i \tag{3.31}$$

式(3.31)的经济解释为:它说明在整个国民经济中,在不考虑进出口因素

的情况下，国民收入的生产量和最终使用量的平衡情况。

3.3.4 建立投入产出价值表中第 2 和第 3 部分之间联系的数学模型

根据简化的价值表，我们可设：

$$Y = Z + W$$

$$Z = \begin{pmatrix} z_1 \\ z_2 \\ \vdots \\ z_n \end{pmatrix}, \quad W = \begin{pmatrix} w_1 \\ w_2 \\ \vdots \\ w_n \end{pmatrix}$$

根据 a_{vj} 和 a_{mj} 的定义，又有：

$$V = \hat{A}_v X, \quad M = \hat{A}_m X$$

式中：$\hat{A}_v$ 为各部门劳动报酬系数 a_{vj} 的对角矩阵；$\hat{A}_m$ 为各部门净产值系数 a_{mj} 的对角矩阵。

由投入产出的基本模型，有：

$$\begin{aligned} X &= (I-A)^{-1}Y = (I-A)^{-1}(Z+W) \\ &= (I-A)^{-1}Z + (I-A)^{-1}W \\ V &= \hat{A}_v X = \hat{A}_v[(I-A)^{-1}Z + (I-A)^{-1}W] \\ &= \hat{A}_v(I-A)^{-1}Z + \hat{A}_v(I-A)^{-1}W \end{aligned}$$

令 $V = V_z + V_w$，所以：

$$V_z = \hat{A}_v(I-A)^{-1}Z$$

$$V_w = \hat{A}_v(I-A)^{-1}W \tag{3.32}$$

式中：V_z 为由积累而引起的各部门劳动报酬的列向量；V_w 为由消费而引起的各部门劳动报酬的列向量。

同理，可得到：

$$M = \hat{A}_m(I-A)^{-1}Z + \hat{A}_m(I-A)^{-1}W \tag{3.33}$$

令 $M = M_z + M_w$，则：

$$M_z = \hat{A}_m(I-A)^{-1}Z$$

$$M_w = \hat{A}_m(I-A)^{-1}W \tag{3.34}$$

式中：M_z 为由积累所带来的净产值的列向量；M_w 为由消费所带来的净产值的列向量。

由此可以得到反映价值表中第 2 和第 3 部分数量联系数学模型的一般形式：

$$N_l^r = \hat{A}_r(I-A)^{-1}Y_l \tag{3.35}$$

式中：N_l^r 为表示与第 l 项最终产品项目相对应的 r 项目净产值的列向量；$\hat{A}_r$ 表示各部门净产值中第 r 项目系数的对角矩阵，即各部门净产值中第 r 项目在各部门产品价值中所占比重的对角矩阵；Y_l 表示第 l 项目最终产品的列向量。

3.3.5 价值型投入产出模型实例

我们以简化的价值型投入产出表为例建立数学模型。表 3－6 包括 3 个物质生产部门，利用该表可以直接进行经济比例、经济结构和经济效益等方面的分析。

表 3－6 简化的价值型投入产出表

		中间需求				最终需求				总产出
		农业	工业	其他	合计	消费	资本形成	净出口	合计	
中间投入	农业	200	200	0	400	450	100	50	600	1 000
	工业	200	800	300	1300	500	250	－50	700	2 000
	其他	0	200	100	300	400	300	0	700	1 000
	合计	400	1 200	400	2 000	1 350	650	0	2 000	4 000
最初投入	固定资产折旧	50	100	50	200					
	工资	400	350	300	1 050					
	利税等	150	350	250	750					
	合计	600	800	600	2 000					
	总投入	1 000	2 000	1 000	4 000					

3.3.5.1 建立行向模型

首先，计算直接消耗系数矩阵：

$$A=\begin{pmatrix}0.2 & 0.1 & 0\\ 0.2 & 0.4 & 0.3\\ 0 & 0.1 & 0.1\end{pmatrix}$$

$$I-A=\begin{pmatrix}0.8 & -0.1 & 0\\ -0.2 & -0.6 & -0.3\\ 0 & -0.1 & 0.9\end{pmatrix}$$

再计算列昂惕夫逆矩阵 $(I-A)^{-1}$：

$$(I-A)^{-1}=\begin{pmatrix}1.307\,7 & 0.230\,8 & 0.076\,9\\ 0.461\,5 & 1.846\,2 & 0.615\,4\\ 0.051\,3 & 0.205\,1 & 1.179\,5\end{pmatrix}$$

由此建立行向模型：

$$\begin{pmatrix}y_1\\ y_2\\ y_3\end{pmatrix}=\begin{pmatrix}0.8 & -0.1 & 0\\ -0.2 & -0.6 & -0.3\\ 0 & -0.1 & 0.9\end{pmatrix}\begin{pmatrix}X_1\\ X_2\\ X_3\end{pmatrix}$$

$$\begin{pmatrix} X_1 \\ X_2 \\ X_3 \end{pmatrix} = \begin{pmatrix} 1.3077 & 0.2308 & 0.0769 \\ 0.4615 & 1.8462 & 0.6154 \\ 0.0513 & 0.2051 & 1.1795 \end{pmatrix} \begin{pmatrix} y_1 \\ y_2 \\ y_3 \end{pmatrix}$$

3.3.5.2 建立列向模型

首先计算直接物质消耗系数向量矩阵 A_c，而后得 $I-A_c$ 及其列昂惕夫逆矩阵：

$$A_c = \begin{pmatrix} 0.4 & 0 & 0 \\ 0 & 0.6 & 0 \\ 0 & 0 & 0.4 \end{pmatrix}$$

$$I - A_c = \begin{pmatrix} 0.6 & 0 & 0 \\ 0 & 0.4 & 0 \\ 0 & 0 & 0.6 \end{pmatrix}$$

$$(I - A_c)^{-1} = \begin{pmatrix} 1.6667 & 0 & 0 \\ 0 & 2.5 & 0 \\ 0 & 0 & 1.6667 \end{pmatrix}$$

得列向模型：

$$N = (I - A_c)X$$

$$X = (I - A_c)^{-1}N$$

得到：

$$\begin{pmatrix} N_1 \\ N_2 \\ N_3 \end{pmatrix} = \begin{pmatrix} 0.6 & 0 & 0 \\ 0 & 0.4 & 0 \\ 0 & 0 & 0.6 \end{pmatrix} \begin{pmatrix} X_1 \\ X_2 \\ X_3 \end{pmatrix}$$

$$\begin{pmatrix} X_1 \\ X_2 \\ X_3 \end{pmatrix} = \begin{pmatrix} 1.6667 & 0 & 0 \\ 0 & 2.5 & 0 \\ 0 & 0 & 1.6667 \end{pmatrix} \begin{pmatrix} N_1 \\ N_2 \\ N_3 \end{pmatrix}$$

3.3.5.3 计算价值模型的主要系数

直接固定资产折旧系数为：

$$A_d = (0.05 \quad 0.05 \quad 0.05)$$

直接劳动者报酬系数为：

$$A_v = (0.4 \quad 0.175 \quad 0.3)$$

直接生产税净额系数为：

$$A_m = (0.15 \quad 0.175 \quad 0.25)$$

完全消耗系数矩阵为：

$$B = (I - A)^{-1} - I = \begin{pmatrix} 0.3077 & 0.2308 & 0.0769 \\ 0.4615 & 0.8462 & 0.6154 \\ 0.0513 & 0.2051 & 0.1795 \end{pmatrix}$$

3.4 投入产出分析应用

投入产出技术的应用领域十分广泛,国家、地区、部门甚至企业都可以作为一个经济系统进行投入产出分析。目前,全世界已经有100多个国家编制了各种类型的投入产出表,投入产出技术已经获得普遍的研究和应用。

3.4.1 投入产出分析在宏观经济分析中的应用

3.4.1.1 结构分析

所谓结构分析,不仅指分析经济中的各种结构关系,如产业结构、消费结构和投资结构等,它更广义地指当一个或几个变量发生变化时,对其他变量和整个经济系统的影响。

3.4.1.2 制订计划

计划的制订必须有一个正确的出发点。在投入产出模型中,行模型的关系 $X=(I-A)^{-1}Y$ 就提供了一个由最终产品起制订计划的出发点。模型中的 X 是总产品,表示社会生产的手段;Y 与 X 构成了需要和可能的关系。当 Y 是计划目标数量,而其他条件不变时,可计算出计划的产量。投入产出分析不仅可以用于制订计划,而且可用于对已有计划的经济关系进行协调性分析和多个计划的比较。

3.4.1.3 经济预测

制订计划和预测的主要区别在于经济预测必须对预测对象的所有影响因素都要加以考虑。制订计划可以被看作有条件的预测。结构分析与经济预测相比,结构分析是假设在其他条件不变时,分析一个或几个变量发生变化对其他变量和整个经济系统的影响,而预测则要考虑某一因素变化所造成的所有可能变化及其最终结果。

3.4.1.4 政策影响研究

政策影响研究是指对经济发展的政策影响研究。例如,美国曾利用投入产出模型,研究如果采取把20%的军费转为民用的政策,美国经济各部门的产量和就业人数将会发生什么变动,对美国各个州的产量和就业趋势有什么影响。

通过构造动态投入产出模型、投入产出价格模型、投入产出税收模型等,研究产业政策、价格政策和税收政策等变化对国民经济整体及各产业部门的影响。在价格政策模拟方面,国家统计局及有关单位测算过一种或多种货物和服务价格变动对其他货物和服务价格的影响,为价格管理部门确定提价方案提供了科学依据。国家统计局还进行过入世对整个国民经济价格体系影响的研究。铁道部为了加强运输价格的科学性,利用投入产出价格模型进行了新型运价体制的研究,实践中取得了良好的效果。另外,我们还可以利用投入产出表提供的影响力和感应度系数进行产业关联分析,找出国民经济中制约经济发展或带动经济发展的产业部门,为有关部门制定相关政策提供依据。

3.4.1.5 产品的价格分析

产品的价格分析是指对各类产品的价格分析与研究。实际中,我们利用投入产出模型计算出产品的价值,为正确制定产品价格提供科学依据。

3.4.2 投入产出分析在资源利用和环境保护方面的应用

20 世纪 70 年代以来,西方一些经济学家为了研究经济发展与环境保护的关系,将投入产出分析方法应用到环境保护领域,建立了一系列包括环境内容的投入产出模型。在国家层次上,关于环境与经济的投入产出核算,国外从 20 世纪 80 年代末、90 年代初就开始了应用研究。如德国、泰国和美国在 SEEA 手册所解释的方法和概念的基础上,分别编制了各自的环境投入产出表。这三个国家所编制的环境投入产出表的特点是:德国和泰国的环境投入产出表的形式是不对称的,仅仅研究了生产部门对资源环境的消耗及其各种资源的供需平衡关系,而美国的环境经济投入产出表真正将环境和经济综合在一张表里,描述了环境与经济之间的综合平衡关系。

我国在环境经济投入产出模型的研究与应用方面起步比国外略晚。在研究过程中,一方面追踪国际绿色 GDP 理论研究的发展趋势;另一方面,结合本国实际,也作出了有中国特点的探索,主要表现为,较早地进行了区域和全国范围内环境污染损失的测算,研究结果受到政府综合经济研究机构的重视,并进入政府部门的视野。

我国最早的环境经济投入产出表是由天津市在 1990 年编制的,该表在传统的投入产出计算中增加了治污和产污两大部分,将投入产出表的 4 部分扩展到 9 部分,并据此分析了天津市 1989 年整个社会治理污染的规模、水平、强度,污染与部门结构、经济结构之间的关系,为天津市经济结构调整与宏观经济管理提出了建设性的建议。20 世纪 80 年代以后,我国的一些地区(如山西省、辽宁省、北京市、天津市)就相继开始按列昂惕夫的公害模型编制地区投入产出表。

3.4.3 地区及地区间投入产出模型及应用

3.4.3.1 地区投入产出模型

我国现行的宏观经济管理和统计资料主要是以行政区划来进行的,所以,所谓地区投入产出模型，指的是按行政区划（省、市、自治区）为标准而编制的各种投入产出模型。其编制的意义主要有以下几点：①了解地区生产的全貌；②了解本地区与其他地区之间的经济联系；③为制定地区战略、加强地区综合平衡提供一种分析的工具；④丰富全国投入产出表的内容；⑤反映某种经济政策对地区经济变化的影响。

地区投入产出模型中，调入、调出的数量所占比重较大，亦即调入、调出数量的变化对地区经济的影响将增大。因此，一般来说，处理调入、调出的方式，与全国模型中处理进出口的方式有所不同，即应该采用较为详细的处理方法来对待。地区投入产出模型中，部门（或产品）的分类应该比全国表更细。正是由于地区投入产出模型的上述特点，地区投入产出表的编制相对全国表来说将更加复杂。

表 3－7 所示为一张简单的地区投入产出表。

表 3－7　简单的地区投入产出表

		中间产品					最终产品								总计 X
		1	2	…	n	合计	地区内 Y_d			调出 F	调入 $-G$	出口 E	进口 $-M$	合计	
							积累	消费	合计						
物资消耗	1														
	2														
	⋮														
	n														
	合计														
净产值	劳动报酬 V														
	社会纯收入 M														
总产值 X															

3.4.3.2　地区间投入产出模型

地区间投入产出模型是在各地区投入产出模型的基础上建立起来的跨地区的投入产出模型，它可以全面、系统地反映各地区间和各产业间的经济联系，比较不同地区的产业结构和技术差异，分析地区间产业的相互关联和影响。

地区间投入产出联结表是地区间投入产出模型的基础。

地区间投入产出联结表是投入产出经济学在区域经济预测和规划中的具体应用,它与地区投入产出表不同。地区投入产出表仅反映了一个地区内部各部门在产品的投入和产出之间的依存关系;而地区间投入产出联结表不仅能够反映一个地区内部各产业间的生产依存关系,而且能够反映各地区、各产业之间的生产与投入的地区间经济联系。地区间联结投入产出表对于研究地区间经济联系、发挥各地区优势,确定生产力的合理布局具有重要的意义,在研究区域间经济关系尤其是研究区域间产业的经济关系上,具有独到的优势和无可比拟的地位。

地区间投入产出模型研究各个地区之间在产品的生产与使用上的相互联系。它是研究地区间经济联系和物流关系的重要工具,对研究如何发挥不同地区的经济优势,确定生产力合理布局,优化资源配置,特别是对研究中国西部大开发及与东、中部之关系,具有非常重要的意义。理想情况下,完整的地区间投入产出表可由各相应地区的地区投入产出表叠加整理得到,但一般地区投入产出表都只对本地区内的经济情况作细致描述,与地区外的经济联系一般只用"输入输出"笼统地表示,而不是详细列出该地区与其他相关的每个地区之间的贸易情况。编制地区间投入产出表恰恰对地区间贸易流量数据要求较多,因此,编制完整的地区间投入产出表除了有各地区的一般地区投入产出表外,还需要另建立一张地区间贸易流量表,在没有较为完善的经济统计系统支撑的情况下,这需要大规模调查工作,耗费大量人力和物力。而且,由于一般需要涉及企业间贸易往来状况的调查,因此,这项工作非常困难,调查所得数据的可靠性有时也不高。

因此,目前世界上很少有国家完全依靠统计数据来编制非竞争性地区间投入产出表,而会在编表过程中进行各种简化假设,以此得到各种模型,主要包括:列昂惕夫模型、阿柴尔特模型、行系数模型、列系数模型等。各种模型的假设基础不同,对数据的需要程度不同,模型测算结果的精度也不同。

本章小结

本章主要介绍了投入产出表的基本概念;投入产出分析的主要内容和方法;实物型投入产出表及其数学模型;价值型投入产出表及其数学模型;投入产出分析的基本应用方法和领域。

本章主要概念

投入产出表　中间产品　最终产品　直接消耗系数　完全消耗系数

小知识

国际投入产出学会

国际投入产出学会是由诺贝尔经济学奖获得者、投入产出技术发明者瓦西里·列昂惕夫教授发起建立的世界性学术组织，每两年举行一次大型国际学术会议，各国著名大学的投入产出研究专家、经济学家、计量经济学家、统计学家、环境经济学家，以及实际部门的专家都会参加大会。第15届国际投入产出大会，于2005年6月27日~7月1日在中国人民大学举行。

4 资金流量统计

引例

1997年7月，泰国银行出人意料地放弃了固定汇率制度，允许泰铢自由浮动，泰国铢很快贬值到只有原来价值的一半。在国际贷款人的一片恐慌中，20世纪90年代初期曾大量流向泰国的私人资本出现骤然逆转。于是，亚洲金融危机爆发了。危机迅速波及马来西亚、印度尼西亚及韩国，这些国家全都遭受了较大程度的经济下滑。直到目前，此次危机对经济和金融的不良影响仍然没有完全消除。

这次危机是一次金融危机，是一次涉及资金借贷、银行体系和金融市场的危机。如果从一开始就运用资金流量账户，对经济循环过程中各个部门的资金来源与运动情况以及资金在各个部门间的相互流动情况进行系统描述和分析研究，就可以有效地减轻危机对各亚洲国家金融系统所带来的重创。由此可见，资金流量核算是一种重要的经济分析工具。

资金流量核算是国民经济五大核算体系中的一个部分。国民经济核算不仅要研究经济循环过程的总量水平与总量关系，还应进一步深入分析再生产过程中所形成的国民经济部门结构和部门联系。国内生产总值核算是在国民经济总体层次上描述经济循环过程的总量水平与总量关系，国民经济部门的结构和联系则通过核算各部门的经济流量与存量的结构和相互关系来反映。国民经济部门间的流量关系包括产品流量关系和资金流量关系两大类，前者属于国民经济实物运动的范畴，由投入产出核算来揭示；后者属于国民经济价值运动的范畴，由资金流量核算进行研究和分析。可见，投入产出核算与资金流量核算是国民经济核算中两个并行的核算子体系。其相同点在于两者都以部门间的联系和部门间发生的流量为核算对象；其区别在于投入产出核算以产业部门间的实际流量为核算对象，而资金流量核算则以经济部门间的金融流量为核算对象。

本章主要介绍资金流量核算的基本原理与方法，包括资金流量核算的概念和内容、资金流量核算表的基本结构和基本编制方法、资金流量分析的基本方法与内容等。

本章主要学习目标

1. 了解资金流量核算的对象与基础分类方法。
2. 理解资金流量核算的基本原理。
3. 掌握资金流量核算表的基本结构和基本编制方法。
4. 熟悉资金流量核算中的基本概念。
5. 了解资金流量分析的主要内容。

4.1 资金流量统计的基本问题

4.1.1 资金流量统计的历史发展和演变过程

资金流量统计也称资金流量核算或资金循环核算，它是国民经济核算体系的重要组成部分，系统地反映了一个国家或地区中各主要机构部门的资金流量和流向(包括跨国和跨地区的资金活动)，是国家制定货币政策、财政政策、收入分配政策等宏观经济政策的重要工具。

资金流量核算最初产生于美国，是金融市场发展到一定阶段的产物。20世纪30年代后期，资本主义世界爆发了历史上空前的经济危机，整个资本主义世界经济秩序陷入严重紊乱，经济严重衰退，失业率急剧上升，资本主义社会的基本矛盾进一步尖锐。为了使经济尽快恢复正常运行，凯恩斯主义主张国家直接干预经济生活，通过“赤字财政”政策刺激投资需求，使储蓄转化为投资，进而带动消费需求，扩大就业，增加供给，最终实现供需平衡。金融市场在储蓄转化为投资的过程中起着重要的作用，客观上需要对国民经济各部门的收入来源、收入支配、储蓄水平、投资规模以及融资过程进行全面系统地追踪和考察，由此引发经济学界对于货币政策的关注和研究，资金流量核算也应运而生。

20世纪40年代，资金流量核算的研究在美国首先取得了突破性进展。1944年，美国康奈尔大学柯普兰(Morris A. Copeland)教授应美国经济研究局的邀请，对美国经济中的货币流量资料进行统计归纳和描述。1947年1月，柯普兰在美国经济学年会上发表了《通过美国经济跟踪货币流通》的论文，引起了人们的关注。同年，另一位美国经济学家米切尔(W. C. Mitchell)在《支付流量、概念和数据的初步调查》一文中,首次使用“资金流量”这一概念,并提出了从整体上考察资金动态的观点。柯普兰于1952年出版了《美国货币流量的研究》。在这部专著中他阐述了资金流量核算在国民经济核算中的重要地位和作用,对美国1936~1942年的资金流量进行了估算,并将国民经济分为不同的交易者集团和不同的交易类别,用会计复式记账的方法记录了各种交易者集团之间的货币流量,分析和描述了美国的经济现象,提出了比较完整的资金流量模型,基本确立了资金流量核算的理论框架。

其后,美国联邦储备委员会也开始具体研究资金流量核算及编制资金流量表的方法,并对柯普兰提出的资金流量核算框架进行了局部修改。1955年,美国联邦储备委员会出版了《美国的资金流量表:1939~1953年》,以后随着实际应用的需要,又进行了反复修改和扩充,于1959年8月在《联邦储备公报》上发表了《资金流量、储蓄和投资季报的编制》。该研究报告提出了按季度编制资金流量表的方法,并按季度(滞后四个月)公布资金流量表,大大提高了资金流量核算资料的实用性和有效性。另外,该报告将储蓄统计与资金流量核算结合起来进行研究,把储蓄与投资关系的描述作为资金流量表的一个重要组成部分,既反映经常收支的资金运动,又描述资本收支的资金融通过程,并把二者紧密联系在一起,完善了资金流量核算的方法,丰富了资金流量核算的内容,扩展了资金流量表的应用功能。

20世纪50年代后期,伴随世界经济的飞速发展,资金运动的范围和流动速度均发生了急剧的变化。出于宏观调节经济与合理制定货币政策的需要,资金流量核算受到许多国家的重视,逐渐成为政府统计的一项重要内容,英国、加拿大、日本、苏联等国家开始着手建立资金流量核算制度。英国于1959年开始编制资金流量表,1963年9月,英格兰银行公布了英国第一份完整的资金流量表;1955年,加拿大银行开始进行建立资金流量核算的研究,1959年发表第一张资金流量表;1954年,日本银行调查统计局以柯普兰的《美国货币流量的研究》为依据,以各部门相互间的货币流量为对象编制资金流量表,1974年日本银行《调查月报》发表了有关年度的资金流量动向分析,《经济统计月报》开始逐年逐季发表有关资金流量的资料。

资金流量核算作为一种对资金运动的描述手段得到了绝大多数国家的认可,20世纪70年代以后,资金流量核算在世界许多国家得到推广和应用。1968年联合国对国民经济核算体系(SNA)进行修订,把资金流量核算纳入到SNA中,完善了SNA,并使资金流量核算逐步国际化。联合国在1969年出版的《国民生产和收入核算体系》中规定了资金流量核算的指标。此后,联合国每年出版的《国民生产和收入核算体系》中也包含了资金流量的统计资料。1993年,联合国重新修订SNA,对资金流量核算进行充实和完善,世界许多国家也纷纷仿效并结合本国国情对SNA进行修订和补充,建立了自己的资金流量表,定期发表资金流量核算的相关数据。

我国对资金流量核算的研究起步较晚,始于20世纪80年代初。改革开放前,一方面由于经济落后,经济生活相对比较简单;另一方面,我国经济管理中采用的是高度集中的计划经济管理体制,社会资金中用于扩大再生产的投资资金绝大多数由国家计划统一筹集、统一使用,资金融通方式十分简单,全社会资金流量显得不很重要。随着经济的发展,尤其是随着分配格局的变化和经济体制改革的深入,我国的资金融通方式和数量出现了很大变化,宏观经济管理对资金流量核算提出了迫切要求。1985年起,国务院国民经济核算领导小组发起成立了由国家计委、财政部、中国人民银行和国家统计局四家组成的联合研制组,开始研究我国的资金流量核算。国家统计局在1986年试编了全国资金流量简表,1987年组织7个省市统计局开展资金流量核算的试编工作,经过从理论到实践的过程,初步形成了符合我国国情的资金流量表及其编制方案,并纳入到我国新国民经济核算体系中。1992年,国家统计局、中国人民银行、财政部、国家计委四家联合下发《关于编制资金流量表的通知》,确定了各部门的组织分工情况。同年,国家统计局核算司和中国人民银行召开全国资金流量核算工作会议。至此,我国的资金流量核算工作正式开始。为增强国际可比性,提高国民经济核算体系的协调性和一致性,在借鉴1993年SNA的基础上,于1997年对我国资金流量表进行了较大的修订,包括对宾栏的机构部门和主栏的交易项目进行调整,进一步规范了资金流量核算工作,并于当年首次在《中国统计年鉴》上公布了1992年以来的资金流量表。

根据国民经济核算的实施计划,中国人民银行经过多年准备和5年试编,在1996年核算体系全面转轨之际,开始正式编制中国资金流量表(金融交易部分)。中国人民银行在1998年第一期季报中向社会公布资金流量表,目前已发布了1996~2009年资金流量表。表中部门划分与国际标准一致,金融交易项目的设置基本接近国际标准,个别交易项目根据我国的实际情况设置;核算的方法采用SNA的账户方法。编表所需的大部分数据来源稳定可靠。

目前,资金流量表(实物交易)通过中国统计年鉴向社会公布。资金流量表(金融交易)通过中国人民银行季报、中国人民银行年报、中国金融年鉴、中国统计年鉴向全社会发布。

4.1.2 资金流量核算的对象和范围

4.1.2.1 资金流量核算的对象

资金流量核算以全社会的资金运动和收入分配流量为核算对象,系统研究国民经济各部门的资金来源与运用、部门间资金的流量与流向和资金余缺的调剂情况。资金流量是指一定时期内这些资金的增减变动量；收入分配流量主要表现为收入分配、再分配、消费、投资和资金融通等活动中的收入与支出。因此，资金流量核算中的资金，特指上述活动中的资金，包括这些活动中的货币资金和实物分配所体现的资金，而不包括生产活动的资金。

在市场经济条件下，实物运动(即商品运动)是价值运动(即资金运动)的基础，两者错综复杂地交织在一起，构成国民经济运行过程紧密联系的两个方面。实物运动形成商品流量，价值运动形成资金流量。资金的流量对社会总需求的形成有重要影响，资金的使用方向则直接关系到合理产业结构的形式，影响社会生产的比例结构和各部门的增长速度。当然，资金运动又相对地独立于商品运动，国民收入分配与再分配所需要的各种货币支付(如生产企业向职工支付工资、向国家上缴税收等)就是一种暂时脱离商品运动的单向资金运动；储蓄向投资的转化过程中也会出现单向的资金运动；银行的存贷款、股票债券买卖、货币等金融资产无偿转移等金融交易活动也都没有对应的实物运动。随着金融市场的深入发展，资金运动的独立性也愈加明显。资金运动的过程可用图4-1描述。

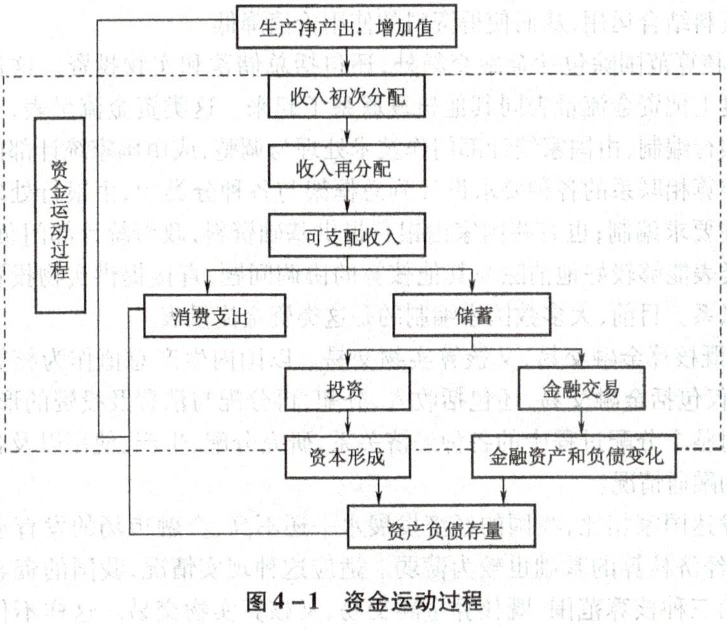

图4-1 资金运动过程

从图4-1看，资金运动过程上连生产活动，下接期末资产负债存量。它以生产活动的产出——增加值(也是国民收入初次分配的来源)为初始变量，国民收入经初次分配后进入再分配，从而形成国民可支配收入。国民可支配收入一部分用于最终消费支出，剩余部分形成储蓄，即可用于投资的资金。然而，各部门的储蓄与投资往往是不平衡的，储蓄大于投资的部门，其多余的资金进入金融市场成为金融交易的资金来源；而储蓄小于投资的部门，其短缺资金则通过金融交易得以筹集以满足投资的需要。经过投资和金融交易，最终带来资本形成和金融资产负债变化，它们又与资产负债存量相联系。

4.1.2.2 资金流量核算的范围

资金流量核算范围因各国国民经济核算的完善程度、国民经济核算工作在各经济管理机构中的分工情况、国民经济运行机制和管理方式以及金融市场发育程度的不同而有所区别。目前，各国资金流量核算的范围大致可分为三种情况。

（1）只核算金融交易。一般来说，统计组织和管理系统较为松散的国家大多采用这种方式。资金流量表通常由中央银行独立编制和发表，政府综合统计部门不再加工、整理。用这种方式编制的资金流量表的优点是银行的统计资料较为完整，编表的时间短，可按季度编制，实用性强。但存在着与国民经济其他核算的协调问题，如部门划分一般直接使用金融统计的分类方法，与一般的国民经济分类有差别。另外，资金运用与来源也缺乏与国民总支出的消费与投资（收入分配部分资料）之间的联系。使用者难以将资金流量核算资料与其他经济核算资料结合运用，从而使得资料的使用价值降低。

（2）核算范围除包括金融交易外，还包括总储蓄和实物投资。这种情况在一定程度上把资金流量表同其他核算联系了起来。这类资金流量表，有的国家由中央银行编制，由国家统计部门作技术处理与调整，或由国家统计部门直接把与其他核算相联系的各种要求设计到总框架与各种分类中，由银行处理资料时根据上述要求编制；也有些国家由银行提供基础资料，政府统计部门负责编制。采用这类表能够较好地消除与其他核算的协调问题，直接提供实物投资与金融投资的联系。目前，大多数国家编制的是这类资金流量表。

（3）既核算金融交易，又核算实物交易。以国内生产总值作为核算的初始流量，不仅包括金融交易，还包括收入、分配、再分配与消费及投资的形成，用于观察探讨整个分配过程中的各种经济关系，研究分配、生产、使用以及各机构部门资金的融通情况。

与发达国家相比，我国的经济发展水平还不高，金融市场的发育还很不完善，国民经济核算的基础也较为薄弱。适应这种现实情况，我国的资金流量表选择了第三种核算范围，既核算金融交易，又核算实物交易。这样不仅能够反映国民经济各部门的资金来源与运用，部门间资金的流量、流向与余缺，还可以清楚地反映收入分配与资本融通之间的联系，满足我国宏观经济管理的需求。

4.1.3 资金流量核算的基础分类

资金流量核算必须进行适当地分类。从核算主体的角度看，必须进行国民经济的部门分类；而从核算对象或客体的角度看，还必须进行资金流量的交易或项目分类。二者相辅相成，都是组织资金流量核算的基础和前提条件。

在国民经济五大核算中，投入产出核算与资金流量核算都需要进行部门分类，但应该分别采用不同的部门分类标准。投入产出核算研究部门之间的技术经济联系，强调各分类单位的投入产出资料的纯粹性和经济活动性质的同类性，故宜于对基层型单位进行部门分类。而资金流量核算则不同，它所研究的是国民经济各部门之间以及国民经济总体与国外之间的经济收支关系，这里必须强调各分类单位的财务收支和财务决策的同类性，以及有关财务核算资料的完整性，所以，应该对机构单位进行适当的机构部门分类。

简单说，机构型单位就是具有财务决策权的独立核算单位。只有这样的核算单位，才能够实际提供资金流量核算所需要的各种基础数据；也只有对这样的核算单位进行适当分类，才能够反映出国民经济各部门在资金运动过程中的基本行为特征，以便深入研究部门间的资金流向、流量和余缺调剂等关系，为宏观经济管理和分析提供必要的依据。

4.1.3.1 SNA 资金流量核算中机构部门的划分

在 1993 年修订的 SNA 中，根据各机构单位在经济中的作用与功能不同，机构部门划分为：①非金融公司（非金融企业）部门，包括私营与国有企业；②金融公司（金融企业）部门，包括中央银行、其他货币机构、保险公司和养老基金、其他金融机构；③政府（或一般政府）部门，包括中央政府和地方政府；④住户（或居民）部门，包括私人非金融、非公司组织的企业；⑤为居民服务的非营利性机构部门；⑥国外部门。

在编制资金流量表时，一般只保留前四个部门。对于非营利机构，原则上把为市场生产服务的非营利性机构划分到非金融公司和金融公司中，其余的划分到一般政府和居民部门中；国外部门指与本国常住单位发生经济往来的所有非常住单位的总和，其地位与一国的“国民经济总体”相对应，严格地说，它不能算作一个真正的机构部门，出于方便核算的目的才将其视同为一个机构部门。

4.1.3.2 我国资金流量核算中机构部门的划分

在机构部门和交易项目设置上，我国既向 SNA 靠拢，同时又充分考虑到自己的实际情况。因此，我国的资金流量核算中对机构部门的划分与 SNA 的分类不完全一致，所采用的资金流量表也不尽相同。在我国，货币收支活动主要在以下五个范围内进行:一是居民货币收支活动;二是企业从事生产经营活动而发生的货币收支活动;三是政府预算的货币收支活动;四是金融机构从事经营而发生的货币收支活动;五是国际对外往来的货币收支活动。根据我国经济管理的特点及需要,我国的资金流量核算将机构部门划分为:

(1)住户部门,包括城乡居民和城镇个体劳动者。

(2)非金融企业部门,指金融机构以外的所有从事生产经营活动,提供物质产品与服务的独立核算的经济实体(企业)。

(3)政府部门,由各种具备法人资格的常住行政单位、事业单位组成,它包括军事单位、行政事业单位附属的不具备法人资格的企业,不包括行政事业单位附属的法人企业。我国现行的政府部门划分,实际上是将以前的行政事业部门和财政部门两者合在了一起。

(4)金融机构部门,指开展资金借贷和保险业务活动的部门。

(5)国外部门,指所有与我国有货币活动往来的国家和地区,反映对外资金往来中的货币收支活动,包括国际贸易和非贸易发生的货币活动。

4.1.3.3　交易项目的分类

资金流量核算通常把商品生产过程与金融交易过程联系在一起进行分析,因而,资金流量表的经济交易项目又分成实物交易和金融交易两部分。

(1)实物交易项目。实物交易是指与货物和服务的生产与使用、收入分配和无偿转移有关的交易活动,可分为经常账户和投资账户(详见表4-3),主要包括下列交易项目。

第一,收入。收入表示从生产中得到的国内生产总值。

第二,净转移收入。净转移收入是各部门通过再分配取得和付出货币的净额。二者之和构成可支配收入,即可用于消费和积累的资金。

第三,消费。消费指居民消费和社会消费。

第四,储蓄。储蓄是可支配收入减去消费后的余额。需要注意的是,这里的储蓄与我们日常生活中的居民储蓄概念是不同的,它是指可用于积累的资金数量。

第五,实物投资。实物投资包括新增固定资产和流动资产增加额。

第六,储蓄投资差。储蓄投资差是每个部门可用于投资资金与实际用于投资资金的差额,反映出部门的资金状况是资金盈余还是不足或者平衡。

(2)金融交易项目。金融交易是指以现金、信用、证券等金融资产负债为交易对象的交易活动。金融交易也可划分成不同的账户和项目,主要包括:

第一,金融资金使用。它是一个总计项目,表示一个部门通过各种融资渠道所获得金融债权的合计数。

第二,金融资金来源。它是金融资金使用的对应项目,表示一个部门通过各种融资渠道获得的资金合计数。

金融交易的具体项目,可以分成国内金融交易和国外金融交易两大部分。国内金融交易的主要形式有通货、存款、贷款、证券准备金和结算资金等,国外金融交易项目实际上是国际收支平衡表的金融部分。

4.2 资金流量表统计

4.2.1 资金流量表的基本结构

资金流量表的表式一般有标准式和投入产出式(矩阵式)两种。标准式资金流量表采用机构部门与交易项目相互交叉的矩阵结构,一般用行(也称主栏)表示交易项目,用列(也称宾栏)表示机构部门,每个机构部门下面列出两栏,即"来源"栏与"使用"栏,分别代表机构部门资源的筹集和资源的使用,"来源"放在右端,"使用"在左端。主栏交易项目按交易的不同性质分为实物交易和金融交易,这样资金流量表就分为主栏不同、宾栏相同的两大部分。一部分为实物交易,反映商品的流转状况,通常称为收入分配部分;另一部分为金融交易,反映资金的流转状况。实物交易部分资金流量表的表式如表 4 - 1 所示,金融交易部分资金流量表的表式如表 4 - 2 所示。

表 4 - 1 和表 4 - 2 是我国的资金流量表表式。考虑到实际情况,我国的资金流量核算在机构部门和交易项目设置上与 SNA 的分类不完全一致,所采用的资金流量表也不尽相同。在机构部门和交易项目设置上,与其他国家相比,我国的资金流量表中机构部门分为非金融企业、金融机构、政府、住户和国外 5 个部门,交易内容不仅包括金融交易项目,还包括收入与分配等转移项目。

4.2.2 资金流量表的基本记录原则

资金流量表采用复式记账原理,对每笔交易都作双重反映。在实物交易方面,一个部门的收入同时是对应部门的支出,收入记录在来源方,支出记录在使用方;在金融交易方面,一个部门金融资产的增加(减少),一般伴随着对应部门负债的增加(减少),金融资产的增加或减少记录在使用方,负债的增加或减少记录在来源方。这一记录原则使资金流量表中的各种收入、支出和金融流量始终保持收支相等、借贷对应的平衡关系,整张表的上下左右相互衔接,形成了一个严密的平衡系统。各个机构部门发生的各种交易都能得到一致的反映,社会资金运动的来龙去脉一目了然。

表 4－1　　　　　　　　资金流量表（实物交易）

机构部门／交易项目	非金融企业部门		金融机构部门		政府部门		住户部门		国内合计		国外部门		合计	
	使用	来源	使用	来源	使用	来源	使用	来源	使用	来源	使用	来源	使用	来源
1. 净出口														
2. 增加值														
3. 劳动者报酬														
(1)工资及工资性收入														
(2)单位社会保险付款														
4. 生产税净额														
(1)生产税														
(2)生产补贴														
5. 财产收入														
(1)利息														
(2)红利														
(3)土地租金														
(4)其他														
6. 初次分配总收入														
7. 经常转移														
(1)收入税														
(2)社会保险缴款														
(3)社会保险福利														
(4)社会补助														
(5)其他														
8. 可支配总收入														
9. 最终消费														
(1)居民消费														
(2)政府消费														
10. 总储蓄														
11. 资本转移														
(1)投资性补助														
(2)其他														
12. 资本形成总额														
(1)固定资本形成总额														
(2)存货增加														
13. 其他非金融资产获得减处置														
14. 净金融投资														
15. 统计误差														

表 4－2　　资金流量表(金融交易)

机构部门 / 交易项目	非金融企业部门		金融机构部门		政府部门		住户部门		国内合计		国外部门		合计	
	使用	来源	使用	来源	使用	来源	使用	来源	使用	来源	使用	来源	使用	来源
1. 净金融投资														
2. 资金运用合计														
3. 资金来源合计														
(1)通货														
本币														
外币														
(2)存款														
活期存款														
定期存款														
住户储蓄存款														
财政存款														
外汇存款														
其他存款														
(3)贷款														
短期贷款														
中长期贷款														
财政贷款														
外汇贷款														
其他贷款														
(4)证券														
债券														
国债														
金融债券														
中央银行债券														
企业债券														
股票														
(5)保险准备金														
(6)结算资金														
(7)金融机构往来														
(8)准备金														
(9)库存现金														
(10)中央银行贷款														
(11)其他(净)														
(12)国外直接投资														
(13)其他对外债权债务														
(14)国际储备资产														
(15)国际收支净误差与遗漏														

4.2.3 资金流量表中的基本概念

资金流量表涉及许多基本概念，主要包括实物交易和金融交易两个部分。

4.2.3.1 实物交易

实物交易核算中涉及的基本概念有：

(1)增加值。它是指各机构部门的总产出减去中间消耗的价值。国内各部门增加值之和即为国内生产总值。

(2)劳动者报酬。它是指劳动者提供劳动而获得的各种收入，包括职工工资、职工保险和福利费、农民货币收入、农民自产自用、城镇个体劳动者收入和其他职业者收入等。

(3)生产税净额。生产税又称间接税，是指各单位和城乡个体劳动者从事生产经营活动时向国家缴纳的各种税金，如产品税、增值税、营业税、关税和房产税等。生产税净额是指生产税扣除生产税补贴后的余额。

(4)财产收入。它是指因财产的提供和使用所形成的收入转移。财产包括金融资产、实物资产、土地及无形资产。

财产收入包括利息、红利和租金。利息是指居民、企业、金融机构等部门因存款、贷款和其他债券的发放、购买而发生的利息收入或利息支付。红利是指企业股东和股票持有人按股金和股票取得的利润。租金是指因土地及无形资产的租借而取得的收入和支付。土地租金是指租金净额，即土地租金总额减去土地税后的余额。

(5)初次分配总收入。初次分配指生产活动形成的收入在参与生产活动的生产要素所有者及政府之间的分配。生产要素包括劳动力、土地和资本。劳动力所有者因提供劳动而获得劳动报酬；土地所有者因出租土地而获得地租；资本所有者因资本的形态不同而获得不同形式的收入，借贷资本所有者获得利息收入，股权所有者获得红利或未分配利润。政府因对生产活动或生产要素征税而获得生产税或因对生产进行补贴而支付生产补贴。初次分配的结果形成各个机构部门的初次分配总收入，各机构部门的初次分配总收入之和就等于国民总收入，也即国民生产总值。

(6)经常转移。转移是指一个机构向另一个机构提供货物、服务或资产，而同时并没有从该机构获得任何货物、服务或资产作为回报的一种交易。经常转移包括除资本转移以外的所有转移，即指机构部门之间因履行社会义务而发生的现金和实物的无偿转移。其形式有收入税、社会保险付款、社会补助(如抚恤金、困难补助)和其他经常转移。其中收入税也称直接税，是指机构部门支付的除生产税以外的所有税金，包括企业和个人支付的所得税、调节税和奖金税等。

(7)可支配总收入。在初次分配总收入的基础上，通过经常转移的形式对初次分配总收入进行再分配。再分配的结果形成各个机构部门的可支配总收入,即指各机构部门通过分配和再分配而形成的可用于最终消费和储蓄的收入。各机构部门的可支配总收入之和称为国民可支配总收入。

可支配总收入 = 初次分配总收入 + 经常转移收入 - 经常转移支出

(8)最终消费。最终消费是指各机构部门在一定时期内对于货物和服务的全部最终消费,具体分为居民消费和政府消费。

(9)总储蓄。总储蓄是指可支配收入减去最终消费后的余额,它反映各机构部门的资金积累,具体分为净储蓄和固定资产折旧。各机构部门的总储蓄之和称为国民总储蓄。

总储蓄 = 可支配总收入 - 最终消费

(10)资本转移。资本转移是指一个部门无偿地向另一个部门支付用于非金融投资的资金,是一种不从对方获取任何对应物作为回报的交易。具体分为投资性补助和其他资本转移。

资本转移包括实物转移和货币转移。实物转移是指某一机关部门将其固定资产、其他非金融资产的所有权无偿转移给另一机构部门。货币资本转移是指某一机构部门将货币无偿转移给另一机构部门用于增加固定资产和其他非金融资产。我国的资本转移主要是投资性的财政拨款(中央或地方财政对机构部门非金融资产投资的拨款支付),包括基本建设拨款、更新改造拨款、大修理拨款等。

资本转移具有不同于经常转移的两个特征:一是转移的目的是用于投资,而不是用于消费;二是其实物形式往往涉及除存货和现金以外的资产所有权转移,其现金形式往往涉及除存货以外的资产的处理。

(11)资本形成总额。资本形成总额包括固定资产形成总额和存货增加。固定资产形成总额是指各机构部门一定时期内能够形成固定资产价值的全部投资和费用。具体包括城乡居民建造住房投资和生产性投资;企业和行政事业单位的基本建设、更新改造、大修理、其他固定资产投资等。存货增加是指一定时期内库存物资价值的增加部分,它是入库货物总价值与出库货物总价值的差额。

(12)其他非金融资产获得减处置。它包括土地和无形资产购买净额,以购买额减去销售额后的净额计入“资本使用”栏。土地包括流经地面的河流和地下未经勘探的自然资源,但不包括地面上的房屋和其他建筑物。无形资产是指国家或法律所赋予的生产某种特殊货物或服务、从事某些特殊活动、销售或购买某些货物的特殊权力,主要有版权、专利权和商标权。

(13)净金融投资。它反映机构部门或经济总体资金富余或短缺的状况。从实物交易的角度看,净金融投资是指总储蓄加资本转移收入减非金融投资后的差额。非金融投资包括资本形成总额和其他非金融资产获得减处置。其计算公式为:

$$\text{净金融投资} = (\text{总储蓄} + \text{资本转移净额}) - (\text{资本形成总额} + \text{其他非金融资产获得减处置})$$

从金融交易的角度看,净金融投资是金融资产增加额减负债增加额的差额。其计算公式为:

净金融投资 = 金融资产增加 - 金融负债增加

4.2.3.2 金融交易

金融交易核算中涉及的基本概念有:

(1)通货。它是指以现金形式存在于市场流通领域中的货币。它由人民银行累计发行货币减去国家银行库存现金计算得出,包括居民手持现金和企事业单位的库存现金。它是金融部门的负债,是其他部门的资产。

(2)存款。它是指金融机构接受客户存入的货币款项,存款人可随时或按约定时间支取款项的信用业务,包括活期存款、定期存款、住户储蓄存款、财政存款、外汇存款和其他存款。

活期存款是指存款期限不受限制,可以随时存入和提取的存款。包括居民的活期储蓄存款、企业的结算存款、行政事业单位(现归属于政府部门)的经费存款。

定期存款是指有一定期限的存款。包括居民的定期储蓄存款、企事业单位的定期存款。

(3)贷款。它是指金融机构将其所吸收的资金按一定的比率贷放给客户并约期归还的信用业务。它反映金融机构向非金融部门提供的各种形式的所有贷款,包括短期贷款、中长期贷款、财政贷款、外汇贷款和其他贷款。

(4)证券。它包括债券和股票。其中,债券是指由债券购买者承购的或因销售产品而拥有的、可在金融市场上交易并代表一定债权的书面证明。包括政府债券、金融债券、企业债券、商业票据、支付固定收入但不提供法人企业残余价值分享权的优先股等。其中,政府债券是指政府为了筹集资金而发行的有价证券,包括国库券和各种公债。股票是指股份公司签发的证明股东投资并按其所持股份享有权益和承担义务的权益性证券。

(5)保险准备金。它是指人寿保险准备金和养恤基金的净权益、保险费预付款和未结索赔准备金。

(6)结算资金。它是指金融机构用于结算目的的汇兑在途资金。

(7)金融机构往来。它是指各金融机构之间的资金往来,包括同业存放款和同业拆借款。

(8)准备金。它是指各金融机构在中央银行的存款及缴存中央银行的法定准备金。

(9)中央银行贷款。它是指中央银行向各金融机构的贷款。

(10)国外直接投资。它是指外国、中国香港、中国澳门、中国台湾地区在中国内地和中国内地在外国、中国香港、中国澳门、中国台湾地区以独资、合资、合作及合作勘查开发方式进行的投资。

(11)储备资产。它是指我国中央银行拥有的可随时动用并有效控制的对外资产。它反映我国可直接对外支付的各种金融资产,包括中央银行的黄金储备、外汇储备、在国际货币基金组织的储备头寸、特别提款权和其他债权等。

(12)国际收支净误差与遗漏。它是指在国际收支统计中由于资料不完整,统计时间、统计口径、统计分类、计价标准和汇率折算办法不一致等原因造成的误差与遗漏,它等于国际收支表中的经常账户差额加资本和金融账户差额减储备资产增减额。

此外,按融资方式的不同,金融交易还可以分为直接融资和间接融资。直接融资主要有债券和股票,是企业、政府等从金融市场上直接募集资金,金融机构只提供发行销售等服务,不起资金的中间借贷人的作用。间接融资主要是贷款,金融机构扮演了筹集资金和运用资金的中介角色。金融市场通过直接融资和间接融资的方式对分散在各个机构部门的资金进行调剂。

4.2.4 资金流量表中的基本平衡关系

资金流量表中的基本平衡关系主要有部门内部的平衡关系和部门外部的平衡关系,表4-3清楚地显示了这些平衡关系。

表4-3　　资金流量表(简表)

			住户		企业		行政事业		财政		金融		国外		所有部门合计		国内部门合计	
			U	S	U	S	U	S	U	S	U	S	U	S	U	S	U	S
实物交易	经常账户	收入 Y																
		净转移收入 T																
		消费 C																
	投资账户	储蓄 S																
		实物投资 I																
		储蓄投资差 $S-I$																
金融交易	金融账户	金融资金使用 F_U																
		金融资金来源 F_S																
		存款																
		贷款和证券																
		货币																
		国外资本往来																
		储备资产																

注:表中U表示使用,S表示来源。

4.2.4.1 部门内部的平衡关系

部门内部的平衡关系是从资金流量表纵向上显示出来的列平衡关系，也就是单个部门金融账户所显示的一个部门当期金融资产净获得与负债净发生之间的平衡，因此一般称为部门内部平衡关系，主要包括以下四种。

经常账户平衡关系：

$$Y+T=C+S$$

投资账户平衡关系：

$$S=I+(S-I)$$

金融账户平衡关系：

$$(S-I)+F_S=F_U$$

部门内总体平衡关系：

$$Y+T+F_S=C+I+F_U$$

式中：Y 表示收入；T 表示净转移收入；C 表示消费；S 表示储蓄；I 表示投资；F_S 表示金融资金来源；F_U 表示金融资金使用。

从资金流量表的纵向平衡关系，可以得出以下几点认识：

(1)经常账户的来源和使用之差是“储蓄”$S=(Y+T)-C$，它转入投资账户作为资金来源；投资账户的来源和使用之差是“储蓄投资差”$(S-I)$，又叫作金融盈余，它转入金融账户作为资金来源。资金流量表中的三大账户，从经常收支到实物投资再到金融交易是逐步展开、逐层深入的。

(2)资金流量表在纵向上把各部门的可支配收入、消费和投资与其金融资产(负债)的增减变化结合起来，使各部门的“储蓄投资差”与其金融资产负债增量差相等，其公式分别如下：

$$Y+T+F_S=C+I+F_U$$

$$(Y+T-C)-I=F_U-F_S$$

也即

$$S-I=F_U-F_S$$

(3)如一个部门有资金余额，必然要借给其他部门以增加本部门的金融资产，使金融资产增量与负债增量的差额等于该部门的资金余额。反之，如一个部门有资金差额，就必须从其他部门筹措，这将增加本部门的负债，使负债增量超过金融资产增量的数额等于该部门的资金差额。

(4)在资金流量表中，任何一个部门的资金来源总额($\sum_{i=1}^{n}S$)必然等于资金使用总额($\sum_{i=1}^{n}U$)，即部门内总体上是平衡的。这种平衡关系还可以扩展到全社会，即全社会所有部门的资金来源总和($\sum_{j=1}^{m}\sum_{i=1}^{n}S$)与其资金使用总和

$(\sum_{j=1}^{m}\sum_{i=1}^{n}U)$必然相等(其中,$i$ 为交易项目数,j 为机构部门数)。

由此可知,部门内总体平衡式为:

$$Y+T+F_S=C+I+F_U \tag{4.1}$$

全社会总体平衡式为:

$$\sum_{j=1}^{m}Y+\sum_{j=1}^{m}F_S=\sum_{j=1}^{m}C+\sum_{j=1}^{m}I+\sum_{j=1}^{m}F_U \tag{4.2}$$

式中:$\sum_{j=1}^{m}T=0$,即全社会净转移收入为0。

4.2.4.2 部门外部的平衡关系

部门外部的平衡关系也称项目平衡关系,表现为表中的横向关系,任一项目各机构部门的资产变化总计等于负债变化总计。

资金流量表金融交易部分的每一种交易项目,都代表一种金融活动。每一种金融活动都会引起一些部门的金融负债变动,而且这两类变动在数量上必然相等。同样,资金流量的部门间平衡关系可以扩展到全社会,即全社会金融资产的总和等于全社会金融负债的总和。由于每一种金融交易在部门间是平衡的,所以,全社会各种金融交易之和在部门间也必然是平衡的,这种平衡体现整个金融市场的平衡,即

$$\sum F_U=\sum F_S \tag{4.3}$$

4.2.4.3 储蓄投资总体平衡关系

资金流量表中"储蓄投资差"项在各机构部门间也是平衡的。储蓄投资差是资金流量分析的重要指标。根据储蓄投资差的数值,可将部门分为三类:$S-I>0$,为盈余部门;$S-I<0$,为赤字部门;$S-I=0$,为平衡部门。盈余部门的资金流向金融市场,赤字部门则从金融市场获得资金。各部门的储蓄投资差之和最后应为0,即$S-I=0$。

尽管储蓄投资在各部门往往存在差额,但从全社会看,二者在总体上是平衡的。这种平衡是实物市场与金融市场的总体平衡,也是部门内平衡关系与部门间平衡关系的综合。把内部平衡式(4.2)与外部平衡式(4.3)左右两端分别相加再约去同类项,就得到了$\sum S=\sum I$,即$\sum(S-I)=0$。

由此可见,资金流量表作为一种严谨的核算形式,既受制于各部门内部的平衡关系,也受制于各部门之间的平衡关系。表中任何一项数据的变动,都会在纵横两个方向上引起牵一发而动全身的连锁反应,这就是通常所说的"资金流量表的连锁特性"。

4.2.5 资金流量表的编制方法

4.2.5.1 我国资金流量表的编制方法

我国目前主要通过直接分解各种宏观经济流量的方式来编制资金流量表。

其基本思路是:在现有的核算基础上,广泛搜集和充分利用有关专业的统计资料,以及财政、税收、工商、金融、外贸和外汇管理等业务部门的会计、统计和其他核算资料,依据资金流量核算的部门分类和交易分类要求,对有关各种核算资料进行审核和甄别、分解和归并、调整和整理、推算和补充,然后进行组装与平衡,最后编制成所需要的资金流量表。

我国资金流量表分为实物交易和金融交易两大部分,分别由国家统计局和中国人民银行编制。2002 年,中国国民经济核算体系对资金流量表的基本编表方法作出如下要求:①按照交易的项目和机构部门的类别,逐项、逐部门收集原始资料;②按照国民经济核算的概念和原则对原始资料进行加工整理,对遗漏或有缺口的数据进行必要的调查或参考有关指标方法推算,对同一交易项目的两种以上资料进行比较、对照,选取最佳资料;③将分项资料按照各个部门的特点分摊到各机构部门,并在此基础上得到资金流量表初表;④对资金流量表初表的实物交易部分进行反复平衡,得到实物交易与金融交易平衡后的资金流量表;⑤将经过实物交易与金融交易平衡后的资金流量表与国民经济核算的其他部分,如投入产出表、国际收支表以及资产负债表进行协调,得到最终的资金流量表。

这种直接分解宏观经济流量的方式,优点是能够直接利用现有的各种专业和部门核算资料,无须另行展开全面调查,容易操作,且实效性较强。在我国现有的核算基础和条件下,较为适合国家综合统计部门采用。但这种编表方式由于受到既有资料的限制,反映问题一般较为粗略,尤其对于一些特殊部门和特殊问题,难以按照国民经济核算的要求恰当处理。故从长远看,这种方式仍然只是一种过渡性方法。

4.2.5.2 国外资金流量表的编制方法

在国外,编制资金流量表采用的是账户方式。通常是首先编制有关各部门的收入和支出账户、储蓄和投资账户等,然后将其归纳起来得到国民经济的资金流量表。也有一些是首先编制各部门的资产负债表,然后由期初、期末资产负债差额推算出核算期内的有关金融和非金融投资流量,据以编制出所需的资金流量表,这其实是账户方式的一个变种。

但是,由资产负债表推算资金流量表也存在一些不足之处。比如,期初、期末的资产负债差额只能反映金融资产和负债的变化以及非金融资产的变化,不能反映有关收入分配和支出的情况,因而无法据此编制出完整的资金流量表。期初、期末的资产负债差额并非都是由于经济交易引起的资金流量,其他如价格变化、资源的发现、资产的重大损失等非交易因素也会对其产生影响,而后面这些变化则不属于资金流量核算的范畴。此外,由于资产负债的价格变化引起的持有损益本身也是一个非常复杂的核算问题,需要通过另外的方式给予专门处理。从某种意义上说,编制国民资产负债表要比编制资金流量表更为困难一些,各国在宏观层次上的资产负债核算一般也相对薄弱,所以,完全依靠第二种方式很难编制出高质量的资金流量表。当然,这并不否定通过资产负债存量推算个别资金流量指标的可行性与合理性。

总之,编制资金流量表的最好方式,还是首先编制各部门的完整账户。通过一整套账户,可以规范核算结构,沟通数据关系,提高数据质量,进而促进整个核算体系朝着科学化的方向不断完善。这是联合国设计 SNA 的一个基本思路,也应该是今后我国资金流量表工作的发展方向。

4.3 资金流量分析

资金流量核算是国民经济核算体系的重要组成部分,其主要功能是描述和揭示国民经济各机构部门之间一定时期资金往来或交易的流量和流向。通过资金流量分析,我们可以深入研究各经济主体的收入分配关系、资金余缺程度、融资规模和融资结构,为制定分配政策、财政政策和金融政策,加强宏观调控提供依据。

4.3.1 资金流量分析的基本方法

资金流量分析就是利用资金流量表的核算结果,分析收入、储蓄、消费和投资之间的关系及资金盈余情况,发现问题,找出原因,并提出建议。其基本方法主要如下。

4.3.1.1 资金总量分析法

根据资金流量表所提供的数据,我们可以从总量上分析社会资金总流量的变化情况,分析积累与消费的关系、投资与储蓄的关系等宏观经济变量之间的关系。

4.3.1.2 资金结构分析法

资金结构分析法是从各部门资金的构成或经济指标的结构方面进行分析。比如,研究非金融投资的内部结构和部门分布,以及金融交易流量的内部结构和部门分布;分析投资率、储蓄率和消费率等。通过各种金融交易项目的金额占融资总额的比重,可以分析各机构部门对金融投资的偏好;通过对金融交易流量结构进行动态比较,可以分析各种金融工具的发展趋势;通过计算各机构部门的储蓄率和投资率,可以发现机构部门之间资金的余缺和不平衡情况。

4.3.1.3 因素分析法

因素分析法是对影响各项资金变动的因素进行分析,找出原因,提出对策。

4.3.2　资金流量分析的主要内容

资金流量表提供了极为丰富的国民经济核算资料，可以满足多方面的分析需要。通过资金来源和运用分析，可以考察各机构部门、经济总体和国外的资金来源和运用情况，以及原始收入、可支配收入和储蓄等重要指标的形成过程；通过资金流量和流向分析，可以深入考察各机构部门之间、经济总体和国外之间在各种经济交易上的收支流量和流向，分析资金余缺情况，充分揭示社会资金运动的来龙去脉及其平衡关系。具体来讲，资金流量分析主要包括以下几个方面的内容。

4.3.2.1　分析社会总供给与总需求的关系

增加值经过初次分配和再分配形成各部门的可支配收入。可支配收入中的一部分用于消费，另一部分形成储蓄，而储蓄是投资的资金来源。通过资金流量表，分析积累与消费的比例关系，研究投资与储蓄的关系，揭示国际收支状况，进而分析社会总供给与总需求的关系。

4.3.2.2　分析金融市场的变化情况

通过资金流量表提供的数据，可以分析不同部门在金融市场上的资金流入流出的关系，分析该部门是净流入还是净流出，资金的取得主要有哪些来源；可以考察各机构部门和经济总体在积累过程中的资金余缺情况，以及资金余缺的调剂和弥补过程。通过对金融资产增减变化的分析，还可以反映利息率的变化并进行预测。

4.3.2.3　分析货币供应量

资金流量表提供了测算货币供应量的指标，通过对各层次货币量增长的分析，可以反映出货币供应是否适度，货币政策执行的效果如何，社会总需求是否过大，为政府采取相应措施，控制货币供给、稳定通货和保持国际收支平衡提供帮助。

4.3.2.4　分析收入分配的去向

通过资金流量表，可以分析国内生产总值初次分配在部门和劳动者之间的分配关系，也可分析机构和劳动者之间的再分配关系，还可以分析部门间可支配收入的结构比例，从而为制定宏观经济分配政策、调整利益格局提供依据。

4.3.3　资金流量模型分析

资金流量模型是基于投入产出式（矩阵式）资金流量表的平衡关系和有关系数建立起来的，该模型旨在探明积累过程中储蓄与投资、金融负债与金融投资、资金来源与资金运用诸现象之间的数量关系。其基本建模思想是：如果已经掌握的金融结构系数和金融分布系数是相对稳定的，就可以借助投入产出分析的一般原理，通过模型测算出各部门的储蓄（或非金融投资）变动对有关资金流量的影响。

根据给定资料条件和分析要求的不同可以建立两种资金流量模型。在介绍这两种资金流量模型前，我们首先需要讨论矩阵式资金流量表。

4.3.3.1　矩阵式资金流量表

矩阵式资金流量表与一般标准式资金流量表不同。在形式上，它是一种更为规范、对称的矩阵表；在范围上，它只限于考察积累过程中的资金筹集和运用情况。我们主要介绍英国剑桥大学斯通（R. Stone）教授研制的资金流量模型。依据该模型，可以分析资金在各部门的流量规律，研究储蓄、投资、金融资产和负债的联系。

矩阵式资金流量表的表式如表4－4所示。

表4－4　　资金流量表

		机构部门				金融负债				储蓄	总负债
		1	2	…	n	1	2	…	m		
机构部门	1					u_{11}	u_{12}	…	u_{1m}	y_1	g_1
	2					u_{21}	u_{22}	…	u_{2m}	y_2	g_2
	⋮							⋮		⋮	⋮
	n					u_{31}	u_{32}	…	u_{3m}	y_n	g_n
金融投资	1	s_{11}	s_{12}	…	s_{1n}						f_1
	2	s_{21}	s_{22}	…	s_{2n}						f_2
	⋮			⋮							⋮
	m	s_{31}	s_{32}	…	s_{3n}						f_m
实物投资		z_1	z_2	…	z_n						
总投资		g_1	g_2	…	g_n	f_1	f_2	…	f_m		

表中行表示资金来源，列表示资金使用。共有 n 个机构部门，m 种金融工具，2 个矩阵，6 个向量。

（1）2 个矩阵。

①U 为金融负债流量矩阵，行表示机构部门，列表示金融工具，u_{ij} 表示第 i 个部门在第 j 种金融工具上形成的金融负债。

$$U=\begin{bmatrix} u_{11} & u_{12} & \cdots & u_{1m} \\ u_{21} & u_{22} & \cdots & u_{2m} \\ \vdots & \vdots & \ddots & \vdots \\ u_{n1} & u_{n2} & \cdots & u_{nm} \end{bmatrix}$$

②S 为金融投资流量矩阵,行表示金融工具,列表示机构部门,s_{ij}表示第 j 个部门在第 i 种金融工具上的投资。

$$S=\begin{bmatrix} s_{11} & s_{12} & \cdots & s_{1n} \\ s_{21} & s_{22} & \cdots & s_{2n} \\ \vdots & \vdots & \ddots & \vdots \\ s_{m1} & s_{m2} & \cdots & s_{mn} \end{bmatrix}$$

(2)6 个向量。

①储蓄向量:

$$Y'=(y_1,y_2,\cdots,y_n)$$

②总负债向量:

$$G'=(g_1,g_2,\cdots,g_n)$$

③实物投资向量:

$$Z=(z_1,z_2,\cdots,z_n)$$

④总投资向量:

$$G=(g_1,g_2,\cdots,g_n)$$

⑤金融投资向量:

$$F'=(f_1,f_2,\cdots,f_m)$$

⑥金融负债向量:

$$F=(f_1,f_2,\cdots,f_m)$$

4.3.3.2 资金流量模型矩阵表的平衡关系和分析系数

(1)资金流量模型矩阵表的平衡关系。

①各部门的金融负债加储蓄等于总负债,即

$$\sum_{j=1}^{m} u_{ij}+y_i=g_i \quad (i=1,2,\cdots,n)$$

②各部门的金融投资加实物投资等于总投资,即

$$\sum_{i=1}^{m} s_{ij}+z_i=g_j \quad (j=1,2,\cdots,n)$$

③任一部门的总投资等于总负债,即

$$g_i=g_j \quad (i=j) \quad 或 \quad G=G'$$

④某一金融工具引起的投资等于各部门在该金融工具上的投资之和,即

$$f_i=\sum_{j=1}^{n} s_{ij} \quad (i=1,2,\cdots,m)$$

⑤某一金融工具引起的负债等于各部门在该金融工具上的负债之和,即

$$f_i=\sum_{j=1}^{n} u_{ij} \quad (i=1,2,\cdots,m)$$

⑥某一金融工具的负债总和等于投资总和,即

$$f_i=f_j \quad (i=j) \quad 或 \quad F=F'$$

(2)资金流量模型矩阵表的分析系数。

①金融结构系数。它包括金融投资结构系数和金融负债结构系数，它们分别表明各部门总投资或总负债的内部结构情况。

a. 金融投资结构系数是某部门的各种金融投资在其总投资中所占的比重。计算公式为：

$$b_{ij} = \frac{s_{ij}}{g_j} \quad (i=1,2,\cdots,m;j=1,2,\cdots,n)$$

式中：b_{ij} 表示第 i 种金融投资在第 j 个部门总投资中的比重。

b. 金融负债结构系数用 a_{ij} 表示，说明第 j 种金融负债在第 i 个部门总负债中的比重。

$$a_{ij} = \frac{u_{ij}}{g_i} \quad (i=1,2,\cdots,n;\ j=1,2,\cdots,m)$$

②金融分布系数。它包括金融投资分布系数和金融负债分布系数，与金融结构系数不同，它们分别表明每种金融工具的金融投资或负债总额在各部门之间的分布情况。

a. 金融投资分布系数的计算公式如下：

$$b_{ij}^{*} = \frac{s_{ij}}{f_i} \quad (i=1,2,\cdots,m;\ j=1,2,\cdots,n)$$

金融投资分布系数说明第 j 个部门第 i 种投资在整个国民经济第 i 种投资中所占的比重。

b. 金融负债分布系数的计算公式如下：

$$a_{ij}^{*} = \frac{u_{ij}}{f_j} \quad (i=1,2,\cdots,n;j=1,2,\cdots,m)$$

金融负债分布系数说明第 i 个部门第 j 种负债在整个国民经济第 j 种负债中所占的比重。

4.3.3.3 资金流量模型

它包括行模型和列模型。

(1)行模型。当金融投资结构系数和金融负债分布系数已知且相对稳定时，可由各部门的储蓄测算出其他有关资金流量。根据资金流量模型矩阵表的行平衡关系，可以有方程组：

$$g_t = \sum_{j=1}^{m} u_{ij} + y_i \quad (i=1,2,\cdots,n)$$

由于 $u_{ij} = a_{ij}^{*} f_i$，所以 $G = A^{*}F + Y$。

又由于 $f_i = \sum_{j=1}^{n} s_{ij} = \sum_{j=1}^{n} b_{ij} g_j$，所以 $G = A^{*}BG + Y$。整理后得：

$$G = (I - A^{*}B)^{-1}Y \tag{4.4}$$

这是部门负债模型。在这个模型中，建立了储蓄与部门总负债的联系，可利用它来测算各部门储蓄的变动对总负债及流量的影响。

(2)列模型。当金融投资分布系数和金融负债结构系数已知且相对稳定时,也可由各部门的非金融投资测算出其他有关资金流量。根据资金流量模型矩阵表中各部门的列平衡关系,利用前面类似的方法,可以推导出下面的公式:

$$G = [I - (B^*)'A']^{-1}Z \tag{4.5}$$

这是部门投资模型。这个模型建立了部门实物投资与总投资的联系,可据以测算实物投资变动对总投资及各种流量的影响。

本章小结

本章首先介绍了资金流量核算的简要历史、核算对象和核算范围等资金流量统计的基本问题;其次阐述了资金流量表的结构、记录原则、平衡关系和编制方法;最后就资金流量分析的基本方法、资金流量分析的主要内容以及资金流量模型进行了分析和研究。

本章主要概念

实物交易　金融交易　初次分配总收入　经常转移　可支配总收入
最终消费　总储蓄　资本转移　资本形成总额　净金融投资　储备资产

小知识

资金流量分析和资金流量指标

资金流量分析是传统金融统计的发展,它着眼于整个国民经济的高度,对国民经济各部门的各种资金来源和使用进行全面的核算与分析。其中一个重要的方面便是对金融交易部门的统计分析,为国家制定行之有效的财政政策、货币政策提供依据。

2007 年,美国爆发的"次贷危机"不断升级,逐步波及全球。2009 年 1 月 6 日,标准普尔公司通过对涵盖全球 46 个主要股指的"标普全球市场指数"进行统计分析得出:2008 年全球股市在暴跌中蒸发大约 17 万亿美元市值。新兴市场指数下跌 54.72%,发达市场指数下跌 42.7%。我国的证券市场从 2007 年 11 月份开始告别了连续 2 年多的大牛市,股价指数出现大幅下跌。沪深 300 指数从 2008 年初的 5 605 点一路下跌至 2008 年年底的 1 817 点,整个股市犹如"过山车"一般,股民们一下子跌入了万丈深渊。随着金融危机不断加剧,各国政府和中央银行纷纷采取救市措施,股市的下跌趋势有所缓解,但是,股市一直低迷不振。一时之间,市场开始议论纷纷:"次贷危机"的影响到底还有多远?中国证券市场是否还存在泡沫的争论也是此起彼伏。投资者可以借助于资金流量指标来研判股票走势。

资金流量指标(Money Flow Index,简称 MFI)具有评估价格、评估资金、评估大盘等作用,有助于人们衡量资金及整体市场的脉动,理性地认识和把握股市的走势。它是测算资金投入证券并从证券市场中收回时的速率的技术指标。其计算方法与步骤为:

(1)选择代表性股票,并计算其典型价格,计算公式为:

$$典型价格=\frac{最高价+最低价+收盘价}{3}$$

(2)计算资金的流量,计算公式为:

$$资金流量=典型价格\times成交量$$

如果当天的典型价格高于昨天的典型价格,则资金流量为正;反之为负。

(3)计算资金比率,计算公式为:

$$资金比率=\frac{正资金流量}{负资金流量}$$

正资金流量是在一定时段里(一般为 14 天)正资金流量的总和,负资金流量是一定时段里(一般为 14 天)负资金流量的总和。

(4)计算资金流量指数,计算公式为:

$$资金流量指数=100-\frac{100}{1+资金比率}$$

如果资金流量指数值超过 80 或者是低于 20 的话,则分别可以表明市场潜在的上升或探底趋势。

5 国际收支统计

引例

促进中国国际收支平衡

在"经济增长、就业、物价、国际收支平衡"四大宏观调控目标中，促进国际收支平衡，是国际金融危机以来的重要议题。中央经济工作会议着重指出，必须把促进国际收支平衡作为保持宏观经济稳定的重要任务。

本章学习目标

1. 掌握国际收支、国际投资头寸和常住性的概念
2. 掌握国际收支平衡表的基本结构及其平衡关系
3. 掌握国际投资头寸表的基本内容

国际收支统计又称国际收支核算，它以国际收支平衡表为核心，是对一国核算期内国际收支状况的系统记录。从世界范围来看，国际收支统计体系得到重视始于第一次世界大战之后。第一次世界大战以前，世界各国间的经济交易规模有限，基本处于平衡状态。在此之后，特别是20世纪30年代大危机之后，国际经济秩序动荡不安，各国被迫相继放弃了金本位，国际经济往来受到严重阻碍，使得国际收支统计和分析开始引起关注。第二次世界大战以后，尤其是20世纪50年代后，世界经济的高速发展，不仅对国内经济稳定同时也对国际经济关系产生了重大影响，因此国际收支统计和分析日益引起各国的重视，各国纷纷建立了国际收支统计制度，以制定有效的对内和对外经济政策。国际组织，主要是国际货币基金组织(IMF)，也开始系统研究国际收支统计，以期对各国国际收支统计进行规范。

中国自1982年起开始编制和公布国际收支统计资料。当时主要依靠从各行政主管部门获得数据，如从海关获得进出口数据，从财政部获得外债发行数据

等,然后由国家外汇管理局进行汇总,编制国际收支平衡表。随着改革开放的不断深入,这种统计制度的弊端日益突出。为此,1995 年 8 月,经国务院批准,公布了《国际收支统计申报办法》,自 1996 年开始陆续实施。目前,中国已经建立了一套完整、系统的国际收支统计申报系统,包括通过金融机构进行逐笔申报、直接投资企业按季度进行直接申报、金融机构按季度进行直接申报,以及按季度进行的证券投资统计申报。

国际收支统计是对一个国家与其他国家在经济交流过程中实际发生的商品、劳务、利息、股息、援助、直接投资和证券投资以及储备资产的交易结果所作的系统记录和分析。它是国际收支的一种反映方式,其主要内容是编制和分析国际收支平衡表,以及用来系统地反映一国一定时期内所发生的各项国家收支交易(流量)和反映存量的国际投资头寸统计。

5.1 国际收支与国际投资头寸统计的基本问题

《国际收支手册》将国际收支定义为"一个经济体综合描述其常住单位与非常住单位之间经济关系的国际账户,主要包括:(a)国际投资头寸——在特定时点编制的一种统计表,用来记录一经济体常住单位的金融资产或作为储备资产的黄金对非常住单位债权存量的价值和构成,以及负债存量的价值和构成;(b)国际收支平衡表——一种统计报表,记录一定时期内常住单位与非常住单位之间的经济交易;(c)金融与资产负债账户的其他变化——一种统计报表,是记录其他流量(如估价变化)的,来协调一定时期由于交易以外的经济因素变化导致的国际收支平衡表与国际投资头寸发生的变化[①]"。

5.1.1 常住性

上述定义中的"经济体",不仅包括行政区域意义上的有独立主权、有自己的货币制度的国家,也包括虽然没有主权、但是由于某些原因拥有自己独立的货币制度而自成为一个经济实体的地区。因此,国家与国家、国家与地区、地区与地区之间发生的收支行为都属于国际收支的范围。这里"常住单位"与"非常住单位"就是明确划分"一经济体"(即国内)与"世界其他地方"(即国外)界限的标准。

常住概念不是基于国际或法律标准,出于政治目的而确定的一国的边界也

① International Monetary Fund. Balance of Payments and International Position Manual. Sixth Edition (BPM6),2008:2.2.

不适用于经济目的，因此，在国际收支统计中采用一个国家“经济领土”的概念，作为适用于常住概念的有关地理区域。也就是说，对于一个机构单位，当它在一个国家的经济领土内具有一个经济利益中心时，就称为一个常住单位。常住性概念示意图如图5-1所示。

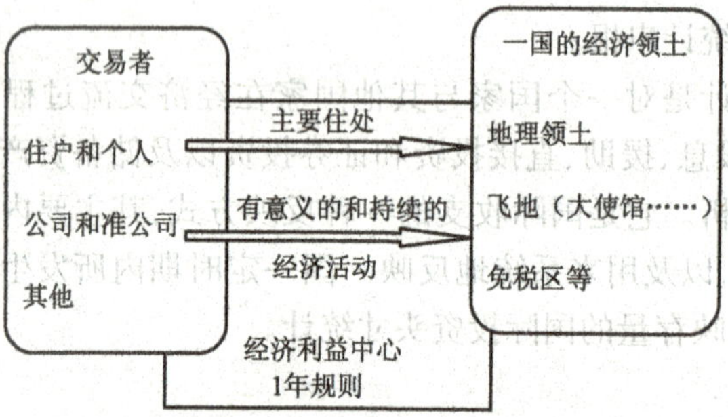

图5-1 常住性概念示意图

一国的经济领土（Economic Territory）是由一国政府控制或管理的、其公民及货物和资本可在其中自由流动的地理领土组成，包括以下几方面。

（1）领土、领空、领海和该国对其享有专利权或对其具有或有权管辖的有关捕鱼权、海底采油权的位于国际水域的大陆架。

（2）在国外的飞地，如位于其他国家中，经与所在国政府签订正式政治协议，由本国政府拥有或租借的用于外交、军事、科研或其他目的，明确划出的地域：大使馆、领事馆、军事基地、科研站、新闻或移民办事处及援助机构等。在这些飞地中，货物与公民可以自由流动。

（3）任何免税区，或者在海关监控下由境外企业经营的保税仓库或工厂。

同时，一国的经济领土不包括位于该国地理边界内由国外政府或国际组织使用的飞地。

经济利益中心（Center of Economic Interest）是判断常住性的另外一个关键因素，如果一个单位在一国经济领土内的某个地点——如住宅、生产场所或其他房屋，从事并拟继续从事相当规模的经济活动或交易，无论是无期限的还是较长期限的，都可以说该单位在该国具有一个经济利益中心。

（1）居民户及个人的经济利益中心。如果一个居民户在一个国家内保留一套或几套住宅，其成员把它看作和用作主要住房，那么该居民户就在该国具有经济利益中心，其成员是常住居民；反之，如果某个成员不再是常住居民，则这个人也不应再是该居民户的成员。

一个常住居民户的成员，即使离开经济领土在外旅行，仍然在国内具有经济利益中心，只要他在有限的时间内返回到原居民户。一个人不再在该国具有经济利益中心是指他在国外生活或工作一年以上(留学及公派人员除外)。

(2)公司的经济利益中心。如果公司在一国从事相当规模的货物或服务的生产,或在那里拥有土地或建筑物,则可称该公司在该国具有一个经济利益中心。

这样的公司通常在当地注册,有一套完整而独立的反映当地经济活动的账户,支付所在国的所得税,拥有一个相当规模的实际场所,以自己的名义筹集工作所需的资金等。值得指出,一个核算单位只能有一个经济利益中心。

[例5-1] 常住生产者在国外进行的建筑服务

建筑服务指的是在一家企业所属领土之外的地点,该企业雇员从事建筑项目和安装工作①。SNA认为当A国的一个建筑公司在B国得到一个建筑合同时,该公司就必须在B国设立一个现场办事处来管理和从事建筑活动,虽然该现场办事处可能不具有独立的法人地位,但可认为是为建筑目的的准公司。

不过SNA的这种处理方法值得商榷,因为一般来说现场办事处只在某个特定的工程项目期间成立,工程结束时即被取消,因而它不能被解释为A国公司在B国具有持久经济利益的原因。如果不将现场办事处看作准公司,那么建筑现场就必须视为A国在B国内的飞地,在此飞地内的增加值可被看作A国国内生产总值的一部分,而建筑物本身的价值,即生产的最终产出则被看作是A国向B国的出口。建筑物可以认为是分阶段完成,向委托人交付。这种方法虽然解决了现场办事处常住性的问题,但还存在严重缺陷:因为通常一个较大的建筑工程,例如需要几年才能完成的大坝或桥梁,按照上面的处理方法,它所产生的增加值不能归于建筑活动实际发生的国家。当工程项目实际使用的大部分劳动力和原材料均来自当地,而工程项目本身对当地的收入和支出产生重大的影响时,这种处理方法就违背常理,因为此时这种大型建筑的现场办事处在东道国1年或1年以上,具有一个经济利益中心,其生产应被视为常住单位的生产,并构成所在国生产的一部分,而不是向该国的出口。

因此,对于持续1年或1年以上的大型建筑项目,即使建筑单位在所在国可能不具有持续的经济利益,也应该成立准公司。如果按照常住性准则,由常住单位从事的短期建筑项目不足1年,实际生产过程发生在经济领土之外,那么该建筑活动就应当归类为常住企业的出口服务。

《国际服务贸易统计手册》(MSITS,2002)建议将"建筑服务"分为"国外建筑"和"编表经济体中的建筑"两类。这种分类方式的优点在于:可以在总量基础上记录非常住企业提供的建筑服务及其在东道国经济体购买的货物和服务。因此,"国外建筑"包括编表经济体的常住企业向非常住单位提供的建筑服务(贷方),和这些企业在东道国经济体购买的货物和服务(借方)。"编表经济体

① 罗平译,《国际收支手册》第五版254段,中国金融出版社1995年版。

中的建筑”包括非常住建筑企业向编表经济体的常住单位提供的建筑服务(借方),和这些非常住企业在编表经济体购买的货物和服务(贷方)。但是,《国际收支手册》第五版(BPM5)将企业在东道国经济体购买货物和服务的支出归类在“其他商业服务”内①,这是BPM5与MSITS(2002)在处理这一点上的差别。

“建筑服务”在总量基础上估价,即对其进行估价时把用于提供建筑服务投入的所有货物和服务都计算进去,并把所有其他生产成本和给建筑企业带来的营业盈余也计算进去。这项估价原则与SNA中估价所有产出(货物和服务)使用的估价原则相同。下面举例说明建筑服务价值的计算问题。

假设居所位于A国的企业A在B国提供估计价值10 260个单位的建筑服务。为了提供这些服务,企业A购买了材料和人工投入,其中包括:

在A国购买的材料(货物和服务)和人工	1 200
其中:货物	645
服务	120
人工	435
在B国购买的材料(货物和服务)和人工	6 655
其中:从A国进口	525
从C国进口	1 730
从B国获得	2 290
人工	2 110
购买投入的成本总额	7 855
此外,企业A带来的营业盈余总额	2 405
因此,建筑服务的总价值	10 260

生产的建筑服务总价值是投入生产过程的成本总额和给生产企业带来的营业盈余的总和,因此建筑服务的价值为10 260个单位。

在常住单位与非常住单位之间的建筑服务贸易中,

在A国:		在B国:	
国外建筑		编表经济体中的建筑	
贷方	10 260②	贷方	4 545③
借方	4 545④	借方	10 260⑤

① 罗平译,《国际收支手册》第五版254段,中国金融出版社1995年版。

② 建筑服务的总价值。

③ A企业在B国(东道国经济体)购买的货物和服务的数额等于525 +1 730 +2 290个单位,这个数额在BPM5中记录在“其他商业服务”中。

④ A企业在B国(东道国经济体)购买的货物和服务的数额等于525 +1 730 +2 290个单位,这个数额在BPM5中记录在“其他商业服务”中。

⑤ 建筑服务的总价值。

如果在A国购买价值645个单位的货物运到B国供在建筑中使用，那么这些货物不包括在国际收支货物组成部分中，因为它们是A国常住单位向A国常住单位购买的货物，而不是在B国购买的货物。

从事制造业（包括在其他地方生产的零部件的组装）的离岸企业，是离岸企业所在地经济体的常住单位。这说明对公司或准公司所处的特别免税区或其他规定或优惠条件均不考虑。这也适用于非制造业的业务活动（如贸易和金融企业），包括所谓的特别项目的企业。

根据《国际收支统计申报办法》，中国国际收支统计中的常住单位主要包括以下四类①。

（1）在中国（不含港澳台）境内居留1年以上的自然人，不包括外国及香港、澳门、台湾地区在境内的留学生、就医人员、外国驻华使馆及领馆外籍工作人员及其家属。

（2）中国短期出国人员（在境外拘留时间不满1年）、在境外留学人员、就业人员和中国驻外使馆及领馆工作人员及其家属。

（3）在中国境内依法成立的企业、事业法人（含外商投资企业及外资金融机构）及境外法人的驻华机构（不含国际组织驻华机构、外国驻华使馆及领馆）。

（4）中国国家机关（含中国驻外使馆及领馆）、团体、部队。

5.1.2 国际收支统计一般原则

为了加强世界各国数据之间的国际可比性，国际货币基金组织（International Monetary Fund，IMF）制定了统一的国际收支核算的一般原则和方法，这些原则和方法已经被绝大多数国家接受和采纳。

5.1.2.1 交易与资产负债存量的计价

“市场价格”是经济统计中交易和存量估价的基础。因此，国际收支统计中，常住单位与非常住单位间货物和服务的提供，按照供应者和消费者协议的实际价格估价。交易的市场价格是在自愿的基础上消费者从产品提供者手中消费（获取）货物或服务时支付的货币金额。

应该注意：①国际收支中交易的市场价格仅仅反映的是某种特定交易的价格；②在条件基本相同的情况下，同等数量的其他交易可能形成不同的市场价格；③这种市场价格完全不同于市场报价、国际市场价格、现价、公平市价或者其他任何反映类似交易的交换价格，因为这些价格都不是特定的交换价格；④这种市场价格不等于自由市场价格，即国际收支的市场交易不一定是在完全竞争的市场环境下进行的，实际上，它可以在买方垄断、卖方垄断或其他形式的市场结

① 国家统计局国民经济核算司，《中国国民经济核算》，中国统计出版社2004年版，第96页。

构下进行。

5.1.2.2 交易的记录时间

在国际收支统计中，交易的记录时间同样按照"权责发生制"，即在经济价值产生、转换、交换、转移或消失时进行记录。如果所有权发生变更，不论是法律上的变更，还是只涉及控制或占有变更（实物的或经济的变更），如根据融资租赁协议运出的货物及母公司与其分支或附属机构间的一些交易，即认为产生了债权和债务。涉及所有权变更的资源交换要求在账户中对交易双方进行记录。这种记录交易的时间不同于现金收付制，因为支付或领取款项的时间既可能在进行交易之前，也可能在交易发生之后（或同时）。因此，国际收支交易应该按照权责发生制而非现金收付制记录。接受货物和服务属于支出，记录为借方项目；提供货物和服务属于收入，记录为贷方项目（见图5-2）。

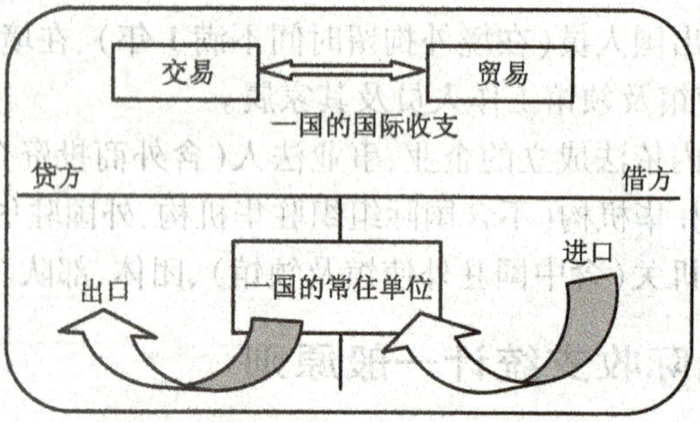

图5-2 国际收支交易示意图

5.1.2.3 记账单位和折算方法

在国际收支平衡表和国际投资头寸表的编制中，实际资源和金融项目的交易价值以及外部金融资产和负债存量的组成部分价值最初都是用各种不同的货币或价值尺度来表示的。将这些价值量折算成一个参照记账单位（通常是本国货币），是编制前后统一且便于分析的统计报表的先决条件。另外，同时还需要一个标准或通用的记账单位，以便将全球或地区的统计数据进行汇总，进行国际比较。目前，中国的国际收支平衡表一般采用美元和人民币两种记账单位分别编制。

进行货币单位转换离不开汇率。把交易价值折算为记账单位的最适当汇率是进行交易时的通行市场汇率，如果没有交易时的市场汇率，则采用最短时期的平均汇率，即买入汇率和卖出汇率之间的中间值，这样就可以不包括服务费（中间值和买入与卖出汇率之间的差价）。如果得不到发生交易时的实际平均汇率，可以取数据编制期间的平均汇率。

5.2 国际收支平衡表

国际收支平衡表记录了一定时期内常住单位与非常住单位之间的交易，它包括经常账户、资本账户和金融账户。其基本组成部分如表 5－1 所示。

表 5－1　国际收支平衡表

	贷方	借方	余额
经常账户			
货物	462	392	70
服务	78	107	－29
货物和服务	540	499	41
雇员报酬	6	2	
利息	13	21	
公司分配收入	36	17	
再投资收益	14	0	
初次收入	69	40	29
收入、财产等经常税	1	0	
非寿险保费净额	2	11	
非寿险债权	12	3	
国际经常转移	1	31	
各种经常转移	1	10	
二次收入	17	55	－38
经常账户余额	32		
资本账户			
非生产资产的获得减处置	0	0	
资本转移	1	4	
资本账户余额			－3
净借出（＋）/净借入（－）（来自经常账户和资本账户）			29
金融账户（按功能分类）	金融资产净获得	负债净发生	余额
直接投资	－4	8	
证券投资	17	7	
金融衍生工具（除储备资产）和 ESOs	3	0	
其他投资	42	22	
储备资产	8		
资产/负债总变化	66	37	
净借出（＋）/净借入（－）（来自金融账户）			29
净误差与遗漏			0

资料来源：IMF. Balance of Payments and International Position Manual，Sixth Edition（BPM6），2008：2.1.

5.2.1 经常账户

经常账户又称经常项目,记录货物和服务的进出口以及收入分配交易,具体区分为货物和服务、收入初次分配和收入二次分配(即经常转移)三个项目。这些项目的平衡项称为经常账户余额。经常账户余额是出口与应收收入总和扣除进口与应付收入总和之后的差额(出口和进口指的是货物和服务,收入指的是初次收入与二次收入)。经常账户余额的值等于一经济体的储蓄—投资缺口,因此,经常账户余额与理解国内交易有关。

5.2.2 资本账户

资本账户又称资本项目,涉及各种非金融投资,记录的是常住单位与非常住单位之间非生产非金融资产和资本转移的交易。它记录非生产金融资产的获得与处置,例如出售给大使馆的土地、租约与许可证;以及资本转移,例如一方出于资本目的提供的资源,而不要求给该方任何直接回报的经济价值。

5.2.3 金融账户

金融账户又称金融项目,记录各种金融资产的获得与处置。金融账户交易出现在国际收支平衡表中,其关于资产和负债存量的影响也出现在国际投资头寸表中。经常账户与资本账户余额的和表示本国经济体对国外的净借出(盈余)或净借入(赤字)。这在概念上等于金融账户的净余额。换句话说,金融账户测度了来自非常住单位的净借出或净借入是如何被提供资金的。

5.2.4 净误差与遗漏

从国际收支统计原理上看,国际收支平衡表应该是平衡的,但在实践中常常出现不平衡的现象,这主要是由于数据来源和编制上存在缺陷。不平衡已经成为国际收支平衡表数据的一个常见特征,通常记录为净误差与遗漏。净误差与遗漏是根据金融账户减去经常账户和资本账户的相同项目而得到的净借出(净借入)的剩余。因此,净误差与遗漏为正表明总体趋势为:经常账户与资本账户的贷方值太低;经常账户与资本账户的借方值太高;金融账户的资产净增加值太高;金融账户的负债净增加值太低。反之亦然。

通过国际收支平衡表中的不同项目,可以使对外经济交易得到分类记录和统计,提供各种分类资料。

中国国际收支统计目前基本上沿用《国际收支手册》的表式①,但也有自己的特点,主要体现在储备资产部分的处理。其储备资产与《国际收支手册》不同,没有包括在金融账户中,而是作为独立的项目列示。受此影响,其金融账户所记录的内容仅限于除储备资产之外的金融交易。也就是说,中国的国际收支平衡表实际上包括以下三个部分:经常账户、资本和金融账户、储备资产。

[例5-2]《国际收支手册》不同版本对货物和服务交易统计的差异

中国目前的国际收支统计执行的依然是《国际收支手册》(第五版)的标准,然而第六版在文字编辑、争论的澄清、概念解释、框架的变化四个方面都有了一定的修订,尤其是经常账户中的货物和服务交易的变化(如表5-2所示)。其主要变化体现在以下几个方面。

表5-2　货物和服务交易:《国际收支手册》第五、六版与中国的比较

第六版	第五版	中国
A. 货物和服务	A. 货物和服务	A. 货物和服务
a. 货物	a. 货物	a. 货物
货物贸易差额	1 一般货物	1 一般货物
1 一般货物	2 加工货物	2 用于加工的货物
2 中介货物净出口	3 维修货物	3 货物修理
3 非货币黄金	4 货运公司港口采购货物	4 各种运输工具在港口购买的货物
b. 服务	5 非货币黄金	5 非货币黄金
服务贸易差额	b. 服务	b. 服务
1 制造服务	1 运输	1 运输
2 保养和维修服务	2 旅行	2 旅行
3 运输	3 通信服务	3 通信服务
4 旅游	4 建筑服务	4 建筑服务
5 建筑服务	5 保险服务	5 保险服务
6 保险和养老金服务	6 金融服务	6 金融服务
7 金融服务	7 计算机和信息服务	7 计算机和信息服务
8 知识产权使用费	8 特许使用费和许可费	8 专有权利使用费和许可费
9 通信、计算机和信息服务	9 其他商业服务	9 其他商业服务
10 其他商业服务	10 个人、文化和娱乐服务	10 个人、文化和娱乐服务
11 个人、文化和娱乐服务	11 别处未提及的政府服务	11 别处未提及的政府服务
12 别处未提及的政府服务		

① 中国国际收支统计工作创建于1981年。1997年以前中国使用的标准国际收支平衡表表式是按《国际收支手册》第四版进行划分的。随着新的国际收支申报办法(1996年1月1日开始实行)的实施和不断完善,中国已于1998年(公布的是1997年的国际收支数据)开始按《国际收支手册》第五版的口径和表式来公布国际收支平衡表。

第一,第六版分别增加了"货物贸易差额"和"服务贸易差额"两项指标,体现了第六版较第五版而言,对国际社会更加关注不同收支项目地位(或头寸)的回应。

第二,将加工货物(Goods for Processing)和维修货物(Repairs on Goods)从货物贸易移到服务贸易项下。这是第六版对第五版的重大调整。在第五版中,对于没有发生货物所有权转移的加工货物和维修货物,实行所有权原则的例外处理,将它们算入货物贸易中。而第六版则删除了加工货物和维修货物所有权例外这一规定。第六版明确提出了制造服务(Manufacturing Service)的概念,即在货物没有发生所有权转移的情况下,委托其他国家进行加工的货物。原材料和配件的出口不能算作一般货物出口,加工成品的进口也不能算作一般货物进口,而是将它看成受委托加工国家对委托国家的实物(或劳动力)投入的服务出口,即制造服务的出口。

第三,第六版将第五版的保险服务扩展为保险(Insurance)和养老金(Pension)服务。这是为了使概念内涵更加完备和准确,在概念与定义方面作出的修订。

第四,第六版将第五版的特许使用费和许可费(Royalties and License Fees)修改为知识产权使用费(Charges for the Use of Intellectual Property)这一概念与定义的修订,使得第六版的概念更加完备。

第五,第六版将第五版中的通信服务和计算机、信息服务两项合并为一项,称为通信、计算机和信息服务(Communications, Computer and Information Services)。事实上,通信服务与计算机、信息服务具有很大相似性,尤其是在当前的数字化通信时代,将它们合并在一起更具科学性。

经过上述调整与重新定义,第六版与第五版相比,货物交易项目从5项减少为3项,服务交易项目从原来的11项调整为12项。总体来看,BPM6中的服务交易项目有了较大的扩展,而对货物交易项目进行了简化。这主要是因为在当前经济全球化深入发展的背景下,一些货物的进出口本质上体现为生产要素服务的进出口,因此,原来的商品贸易体现为生产要素的服务贸易更为合理。

5.3 国际投资头寸表

国际投资头寸表(International Investment Position, IIP)是反映特定时点上(如年末)一个国家或地区对世界其他国家或地区的金融资产和负债存量(余额)的统计报表。国际投资头寸的变动由特定时期内的国际收支交易、价格变化、汇率变化等引起。该表中对外金融资产和负债的差额就是净头寸,表明此国家或地区是对外净债权国还是净债务国。

5.3.1 国际投资头寸表的基本组成

国际收支统计强调国际投资头寸表是在特定时点编制的一种统计报表,用来记录一经济体常住单位的金融资产或作为储备资产的黄金对非常住单位债权存量的价值,以及该经济体常住单位负债存量的价值。资产与负债的差额是国际投资头寸表中的净头寸,表示对国外的净债权或净负债。其基本表式见表5-3。对于一经济体的资产负债表,国际投资头寸加上一经济体非金融资产的存量等于该经济体的净值。

表5-3 国际投资头寸表

	期初头寸	交易	其他物量变化	重估价	期末头寸
资产(按功能分类)					
直接投资	42	-4	0	1	39
证券投资	40	17	0	2	59
金融衍生工具(除储备资产)和ESOs	0	3	0	0	3
其他投资	152	42	0	0	194
储备资产	63	8	0	0	71
总资产	297	66	0	3	366
负债(按功能分类)					
直接投资	132	8	0	2	142
证券投资	180	7	0	5	192
金融衍生工具(除储备资产)和ESOs	0	0	0	0	0
其他投资	261	22	0	0	283
总负债	573	37	0	7	617
净IIP	-276	29	0	-4	-251

资料来源:IMF. Balance of Payments and International Position Manual. Sixth Edition(BPM6),2008:2.1.

在表5-3的横栏中,主要突出的是资产和负债之间的区别,两者之间的差额反映了净头寸的规模,这同国际收支平衡表金融账户的标准组成部分完全一致,详细划分是按功能进行。资产细分为直接投资、证券投资、金融衍生工具、其他投资和储备资产;负债以同样的方式划分(储备资产除外)。

在表5-3的纵栏中,期初期末造成头寸变化的各种因素都被记录下来。第一个项目是同标准组成部分(即对于直接投资和证券投资等而言)联系在一起的各项交易。重估价影响各组成部分的计价变化,如直接投资和储备资产项下的股本和债务证券在一个时期的期末记录投资头寸之前,还要加进第四个项目(其他物量变化)。其他物量变化中包括特别提款权分配/撤销所引起的变化、黄金货币化/非货币化所引起的变化,重新分类(如在股本额达到10%的界限时,证券投资转变为直接投资),债权人单方面取消债务,和没收或不加偿还的占有。

国际投资头寸统计包括两个主要内容:一是期初、期末的投资头寸存量;二是核算期内引起投资头寸变化的各种流量。原则上,金融资产和负债都应该按照统计时点(期初和期末)的当期市场价格估价,但在实践中全面贯彻该原则并不容易。具体来说,直接投资常常按照直接投资企业资产负债表的账面价值确定,如果资产负债表按照历史成本记录,就需要将搜集的数据予以价格转换;证券投资要以适当的参考日期根据当期市场价格计价,对那些在有组织的市场上挂牌或可随时交易的股票和债务证券,应该按实际价值计价,否则就要参照类似股票的价值计价,或者按照预期未来收款/付款的净现值计价;在各种其他投资中,贷款、存款、其他应收/应付款项和货币一样,一般要按照名义价格或面值计价;储备资产也要按适当的参考日期的市场价格计价,其中货币黄金按照当前的市场价格计价,特别提款权按照基金组织公布的市场汇率计算,在基金组织的储备头寸按照基金组织的计算方法计算,外汇资产和其他债权按照参考日期的市场价格计价。

5.3.2 中国国际投资头寸表的组成

2000年国家外汇管理局内部已经开始编制中国国际投资头寸表。国家外汇管理局2006年6月25日发布2005年末中国国际投资头寸表,这是中国首次公布国际投资头寸统计数据。发布中国国际投资头寸表可以使国际社会对中国利用国际资本和输出本国资本有一个清晰了解。

目前中国国际投资头寸表(见表5-4)根据国际货币基金组织《国际收支手册》(第五版)的标准编制并公布,记录的是特定时点上(每年12月31日)中国(不含中国香港、澳门和台湾,下同)对世界其他国家或地区的金融资产和负债存量状况。其项目按资产和负债设置。资产细分为对外直接投资、证券投资、其他投资和储备资产四部分;负债细分为来华直接投资、证券投资、其他投资三部分。净头寸是指对外资产减去对外负债。

表 5-4 中国国际投资头寸表 单位:亿美元

项目	2004 年末	2005 年末	2006 年末	2007 年末
净头寸	2 928	4 226	6 621	10 220
A. 资产	9 299	12 226	16 266	22 881
1. 对外直接投资	527	645	824	1 076
2. 证券投资	920	1 167	2 292	2 395
2.1 股本证券	0	0	15	189
2.2 债务证券	920	1 167	2 278	2 206
3. 其他投资	1 666	2 157	2 420	4 061
3.1 贸易信贷	670	900	1 161	1 415
3.2 贷款	590	719	670	888
3.3 货币和存款	323	429	474	503
3.4 其他资产	83	109	116	1 255
4. 储备资产	6 186	8 257	10 729	15 349
4.1 货币黄金	41	42	43	46
4.2 特别提款权	12	12	11	12
4.3 在基金组织中的储备头寸	33	14	11	8
4.4 外汇	6 099	8 189	10 663	15 282
B. 负债	6 371	8 001	9 645	12 661
1. 外国来华直接投资	3 690	4 715	5 442	7 424
2. 证券投资	566	766	1 207	1 426
2.1 股本证券	433	636	1 065	1 250
2.2 债务证券	133	130	142	176
3. 其他投资	2 115	2 519	2 996	3 810
3.1 贸易信贷	654	908	1 040	1 323
3.2 贷款	880	870	985	1 033
3.3 货币和存款	379	482	589	981
3.4 其他负债	202	260	382	473

资料来源:国家外汇管理局,http://www.safe.gov.cn.

注:从 2006 年开始采用商务部、财政部等六部门开展外商投资企业联合年检中的外国来华直接投资存量数据作为本表外国来华直接投资数据源,并相应调整了 2004 年和 2005 年数据。净头寸是指资产减负债,“+”或无标注表示净资产,“-”表示净负债。

具体的项目含义如下。

5.3.2.1 直接投资

直接投资指以投资者寻求在本国以外运行企业获取有效发言权为目的的投资，分为对外直接投资和来华直接投资。其中，对外直接投资中包括中国境内非金融部门对外直接投资存量和境内银行在境外设立分支机构所拨付的资本金和营运资金存量，以及从境内外母子公司间的贷款和其他应收及应付款的存量。来华直接投资包括中国非金融部门吸收来华直接投资存量（即历年中国非金融部门吸收来华直接投资累计数据扣减历年来华直接投资撤资、清算的累计数据）和金融部门吸收境外直接投资存量（包括外资金融部门设立分支机构、中资金融部门吸收外资入股和合资金融部门中外方投资存量），以及境内外母子公司间的贷款和其他应收及应付款的存量。

5.3.2.2 证券投资

证券投资包括股票、中长期债券和货币市场工具等形式的投资。证券投资资产是指中国居民持有的非居民发行的股票、债券、货币市场工具、衍生金融工具等有价证券。证券投资负债为非居民持有中国居民发行的股票和债券。

(1)股本证券，包括以股票形式为主的证券。

(2)债务证券，包括中长期债券和一年期（含一年）以下的短期债券；货币市场工具或可转让的债务工具，如短期国库券、商业票据、短期可转让大额存单等。

5.3.2.3 其他投资

其他投资指除直接投资、证券投资和储备资产之外的所有金融资产/负债，包括贸易信贷、贷款、货币和存款、其他资产/负债四类形式。其中“长期”指合同期为一年期以上的金融资产/负债，“短期”为一年期（含一年）以下的金融资产/负债。

(1)贸易信贷，指中国与世界其他国家或地区间，伴随货物进出口产生的直接商业信用。资产表示中国出口商的出口应收款以及中国进口商支付的进口预付款；负债表示中国进口商的进口应付款，以及中国出口商预收的货款。

(2)贷款，资产表示中国境内机构通过向境外提供贷款和拆放等形式而持有的对外资产；负债表示中国机构借入的境外各类贷款，如外国政府贷款、国际组织贷款、国外银行贷款和卖方信贷。

(3)货币和存款，资产表示中国金融机构存放境外资金和库存外汇现金，负债表示中国金融机构吸收的海外私人存款、国外银行短期资金及向国外出口商和私人的借款等短期资金。

(4)其他资产/负债，指除贸易信贷、贷款、货币和存款以外的其他投资，如非货币型国际组织认缴的股本金，其他应收和应付款等。

5.3.2.4 储备资产

储备资产指中国中央银行可随时动用和有效控制的对外资产，包括货币黄金、特别提款权、在基金组织的储备头寸和外汇。

(1)货币黄金，指中国中央银行作为储备持有的黄金。

(2)特别提款权，是国际货币基金组织根据会员国认缴的份额分配的，可用于偿还国际货币基金组织债务、弥补会员国政府之间国际收支逆差的一种账面资产。

(3)在基金组织的储备头寸，指中国在国际货币基金组织普通账户中可自由动用的资产。

(4)外汇，指中国中央银行持有的可用作国际清偿的流动性资产和债权。

本章小结

本章主要介绍了国际收支、国际投资头寸和常住性的基本概念，在此基础上介绍了国际收支平衡表的基本结构及其平衡关系，国际投资头寸与国际收支的关系，以及国际投资头寸分析。

本章主要概念

国际收支统计　国际投资头寸　常住性　国际收支平衡表

小知识

1. 国际收支平衡表

国际收支平衡表是反映一定时期一国同外国的全部经济往来的收支流量表。它是对一个国家与其他国家进行经济技术交流过程中所发生的贸易、非贸易、资本往来以及储备资产的实际动态所作的系统记录，是国际收支核算的重要工具。通过国际收支平衡表，可综合反映一国的国际收支平衡状况、收支结构及储备资产的增减变动情况，为制定对外经济政策，分析影响国际收支平衡的基本经济因素，采取相应的调控措施提供依据，并为其他核算表中有关国外部分提供基础性资料。

2. 编制国际收支平衡表的用途

(1) 进行国际收支平衡状况分析。国际收支平衡状况分析，重点是分析国际收支差额，并找出原因，以便采取相应对策，扭转不平衡状况。

(2) 进行国际收支结构分析。对国际收支结构进行分析，可以揭示各个项目在国际收支中的地位和作用，从结构变化中发现问题、找出原因，为指导对外经济活动提供依据。

6 国民财产统计

引例

财富要“革命”

“财富要‘革命’”，这个颇有几分火药味的标题脱胎于未来学家阿尔文·托夫勒的新著《财富的革命》(中信出版社2006年版)。其实，财富自己并不会革命，也没有谁能够革财富的命，只不过是我们对什么是财富、哪些属于财富的认识发生了变化，是关于财富观的革命。

既然是革命，肯定就有变化，因此需要说清楚原来是怎么认识的，现在又形成或出现了什么新的认识。以下我们可以从国民经济核算所定义的经济资产出发，观察现代生活逐渐衍生出了哪些新的财富种类，财富组成结构发生了何种变化。

这就需要我们了解什么是国民财富，其主要的组成部分国民财产又有哪些分析方法。

案例来源：高敏雪：《财富要“革命”》，《中国统计》，2006年第6期(有改动)。

本章主要学习目标

1. 掌握非金融资产、无形资产、金融资产与负债的含义。

2. 正确计算国民财产统计中的分析指标。

3. 掌握固定资产统计分析中各指标的计算方法、无形资产总量指标的含义、金融资产与负债的总量关系。

4. 掌握资产负债表的平衡关系。

6.1 国民财产统计相关问题

本章的主要内容为国民财产统计，但为更深入地了解国民财产统计，本节首先介绍国民财产统计相关问题，包括国民财富及其统计、国民财产的概念及分类等。

6.1.1 国民财富的概念、分类及统计分析

6.1.1.1 国民财富的概念

国民财富是指一个国家在特定时点上所拥有的一切财富的总和，是衡量一个国家国情、国力及反映一定经济实力的主要指标。

国民财富的概念具有以下三个方面的规定性。

(1)国民财富是物质财富与精神财富的总和。精神财富是指科学技术、生产技能、文学艺术和文化遗产等。

(2)国民财富既含有已开发出来的财富，又含有存在于大自然中的财富。从物质角度讲，财富是指有价值的物质，价值是一般人类劳动的凝结。从大自然中开发出来的物质资料，含有人类劳动，具有价值，理应属于国民财富的范畴。而存在于大自然中的物质，虽然大多数并没有加入人类劳动，但其是人类生存繁衍的必要条件，是国民经济得以持续运行的物质保障，因而也将其纳入国民财富的范畴。

(3)国民财富中物质财富是实物资产与金融资产的融合体。金融资产是国民财富的一个组成部分，但国民财富中的金融资产仅包括国外金融资产净值(含储备资产)，并没有将国内金融资产与负债列在其中。其原因除了一个国家范围内的金融资产和负债可以互相抵消外，更重要的是国外金融资产净值和储备资产的增减反映一个国家财富的变化。

6.1.1.2 国民财富的分类

国民财富按照不同的标准有不同的分类，主要有以下几种。

(1)按来源分为国民财产和自然资源。自然资源被定义为由大自然作用而成的国民财富。相应的，由人类劳动创造的国民财富就称为国民财产。自然资源是国民财富与国民财产间的差额，它是非人力创造的国民财富。自然资源可分为土地资源、森林资源、矿产资源和水利资源等，对于自然资源的统计，见第二章。

(2)按机构部门分为企业部门、金融部门、政府部门和居民部门占有的国民财富。

(3)按产业部门分为第一产业、第二产业和第三产业拥有的国民财富。

(4)按经济用途分为物质生产部门用国民财富和非物质生产部门用国民财富。

6.1.1.3　国民财富统计的内容

在运用机构部门资产负债账户和国民经济资产负债表的基础上,进行有关国民财富的统计分析。

从宏观经济分析的角度看,对于国民财富首先要对其总量进行分析,通过总量分析了解一国的经济实力状况,并从动态角度分析其变化。其次是对国民财富的结构进行分析,通过结构分析把握国民财富的内部构成特征及在国民经济各部门的分布情况,以便于制定相应的经济发展策略。其次要对国民财富的使用效益及国民财富体现的居民生活质量进行分析。概括而言,国民财富统计分析的内容包括以下几方面。

(1)国民财富的总量分析。国民财富是衡量一国国情、国力的重要数据。进行国情、国力的分析研究,可为制定宏观经济决策和经济发展战略提供科学的依据。国民财富的总量分析可从静态(横向)、动态(纵向)两方面进行。

资产负债表测算一国、地区或部门在某一核算时点上所拥有的资产与负债总量,反映了核算国所拥有的资产、负债及净资产的规模和水平,是反映一国国情、国力的重要数据。某一特定时点的国民资产的总量规模,既是前期经济运行积累的结果,又是下一期国民经济运行的物质前提。因此,对期末国民资产的总量数据进行分析,可为正确制定下一期国民拥有的净资产规模奠定基础。因此,为了更全面地反映一国的经济实力,在资产负债表的基础上,可根据国民财产测算公式(国民财产 = 非金融资产 + 对外金融净资产 + 储备资产),进行国民财产总量规模测算分析。也可进一步将某一时期期末国民财产与相应的人口数对比,求得人均国民财产指标,反映国民资产达到的相对水平是多少,进一步分析一国的经济实力及其经济发展水平,进行国民财产的横向对比分析。

另一方面,可利用资产负债核算的历史资料进行动态对比,可以进行不同国家和不同历史时期的对比分析。利用不同时期的国民资产负债表资料进行总量变动分析,从动态角度分析国民财产的增长变动情况,如对国民财产的发展速度、平均发展速度、增长速度、平均增长速度及实际增长率进行分析计算。

(2)国民财富的结构分析。国民财富的构成分析可以从国民财富的各个组成项目的构成、机构部门和地区分析构成情况等方面进行研究。一国国民财富的各种构成分布特征反映了一国的资源配置特点,在一定程度上影响着一国的经济发展。因此,国民财富的结构分析是宏观经济分析中不可缺少的一部分。

国民财富的结构分析主要包括两方面：国民财富的构成分析和国民财富的部门分布结构分析。

第一，国民财富的构成分析。国民财富构成分析一般是通过计算结构相对指标、比例相对指标来进行的。计算国民财产与国民财富的比率、资源资产与国民财富比率、无形非生产资产与国民财富比率，可以分析国民财富中人类劳动所积累的财富、可利用的自然资源及无形非生产资产的构成特点及变动特征，为进一步合理利用国民财富提供依据。计算有形资产与国民财富比率，无形资产与国民财富比率，生产资产与国民财富比率，金融资产与国民财富比率，非生产资产与国民财富比率，有形资产中可再生产的有形资产、不可再生产有形资产与国民财富的比率，固定资产与国民财富比率，可以从不同角度分析国民财富的结构特征。例如，可通过计算不可再生产有形资产中土地与国民财富的比率，分析国民财富的结构特征。以往的经济发展历史表明，在一般情况下，可再生产的有形资产在国民财富中的比重将不断上升，不可再生产的有形资产在国民财富中的比重不断下降。就目前而言，在经济发达国家，土地在国民财富中的比率较低，而在经济发展中国家则较高。例如，经济发达的美国在19世纪中叶土地与国民财富的比率为45%，而到了1975年则降为11.3%。在发展中国家印度，1950年土地与国民财富的比率为51%，仍略高于美国19世纪的结构水平。

在分析中，还可以计算分析资产负债各组成项目的构成，主要包括：非金融资产与金融资产的构成比重，非金融资产内部生产资产与非生产资产的构成比重，以及生产资产内部的固定资产与库存的构成比重等。国民资产的非金融资产与金融资产构成比重，在不同部门间表现为不同特征。例如，非金融企业、居民的全部资产中占比重较大部分的为非金融资产。对于非金融资产的内部构成，一般来讲，生产资产占非金融资产的比重较大。关于生产资产内部的固定资产、库存的比重构成，在资产构成分析中也占有重要地位。这方面的分析一般应结合期内固定资产能否充分发挥作用、流动资产能否正常周转来进行。

计算分析金融资产、负债的内部构成，首先是分析存款、有价证券、票据的构成，以及贷款、债券、股票的构成。它们反映了整个国民经济和各个机构部门中金融活动的各项组成比重，及各项金融手段发挥作用的状况。其次是把流动性较大的金融资产如通货、存款、政府债券与全部资产进行对比，主要用于分析金融资产的流动性程度以及偿债能力。再次是计算金融负债与资产的比率，即债务资产比率，主要用于分析债权人权益保障程度和通过债务手段筹集资金的程度，也可为国家控制通货膨胀，制定正确的金融政策提供依据。

在资产结构分析中，有必要计算国民财产与资源资产比率、有形资产与无形资产比率、生产资产与金融资产比率、金融资产与有形资产比率、可再生产的有形资产与不可再生产的有形资产比率、土地价值与有形资产比率、固定资产与流动资产比率、金融资产中各类资产的比率、金融负债与净值比率，分析国民财富内部的比例关系。其中，金融资产与有形资产比率称为金融相互关系比率。它表明一个国家金融市场的活跃程度，可以分析一国金融活动在经济活动中的地位和作用。例如，美国 1900 年金融相互关系比率为 0.77，以后渐趋上升，到 1958 年后达到 1.26。英国在 1900 年金融相互关系比率为 1.9，1937 年最高达到 2.58 后开始下降，1958 年降为 1.26。由于资料所限，可以以金融资产与非金融资产比率近似估算金融相互关系比率。金融资产与非金融资产的比率反映了一个国家金融发展与其物质财富之间的关系，是衡量金融活动在内部比例关系上的依据，通过此研究，一可以掌握一国国民财富各组成部分的构成特点，二可以制定相适应的经济发展战略。

第二，国民财富的部门分布结构分析。这里的部门主要指机构部门和产业部门。从理论上讲，我们不仅要分析国民财富在机构部门中的分布特点，而且要分析国民财富在产业部门中的分布特点。然而，由于按产业部门分类测算国民财富实际很困难，因此目前的经济核算只按机构部门分类进行测算。

①国民财富在各机构部门的分布特征分析。国民经济按机构部门分为：居民部门、企业部门、政府部门、金融部门和国外。各机构部门所拥有的资产数量反映了该部门的经济实力，而各部门资产在总量中所占比重则反映了其对经济的影响程度，是制定相关政策的重要依据。

分别计算各机构部门所拥有的国民财富占整个国民财富的比重，分析说明各机构部门的资源配置及其在经济运行中的地位和所起的主导作用；分析资产负债在各部门的分布，分别计算各机构部门资产负债占全部资产负债的比率；分析说明各机构部门所拥有的资产负债状况及其在经济活动中的作用。

分析非金融资产、国内金融资产在各部门中的分布，说明非金融资产、国内金融资产的分布特征。进一步还可以对各类资产的分布结构进行对比分析，为合理利用各部门资源、安排合理的投资结构和提高资金使用效率提供科学依据。

②各机构部门财富的构成特征分析。分别分析计算各部门非金融资产、负债的地区分布构成，通过分析可说明整个国民资产在各地区的分布状况，反映各地区的经济实力及其对经济的影响程度。各地区的资产构成特点及发展变化趋势是研究各地区经济发展的重要依据，也是国家制定地区发展战略的依据。

(3)国民财富效益分析。国民财富是存量指标，也是经济活动的投入指标，将它与相关流量产出指标结合，可进行经济效益分析。

概括而言，国民财富效益分析可分为两类。

其一是根据一定的经济理论进行分析。在宏观经济分析理论中，生产函数理论、经济增长模型理论、凯恩斯效应及庇古效应理论，从某种角度说，都是将经济存量与经济流量结合起来进行经济效益分析的理论。可以根据这些理论对国民财富的效益进行分析。

其二是通过测算一些指标进行分析。可进行以下三方面的指标测算分析。

①利用资产投入与社会最终产出指标之比，综合分析资产投入效益：

$$\text{国民财产所创造的国内生产总值} = \frac{\text{国内生产总值}}{\text{国民财产}} \tag{6.1}$$

$$\text{国民财产所创造的国民收入} = \frac{\text{国民收入}}{\text{国民财产}} \tag{6.2}$$

$$\text{国民资产产值率} = \frac{\text{国内生产总值}}{\text{国民资产}} \times 100\% \tag{6.3}$$

$$\text{实物资产产值率} = \frac{\text{国内生产总值}}{\text{实物资产}} \times 100\% \tag{6.4}$$

②分析国内资金使用效益：

$$\text{金融资产产值率} = \frac{\text{国内生产总值}}{\text{金融资产}} \times 100\% \tag{6.5}$$

$$\text{贷款利税率} = \frac{\text{利率总额}}{\text{国内贷款总额}} \times 100\% \tag{6.6}$$

③分析国外资金使用效益：

$$\text{国外资金利税率} = \frac{\text{国外资金创造的利税额}}{\text{利用国外资金总额}} \times 100\% \tag{6.7}$$

国民财富的效益分析不仅可利用上述静态指标进行，而且可进行横向比较分析，并结合历史资料进行动态的分析对比，研究其内在的发展变化规律，分析影响效益的主要因素，寻找出资源配置中发展生产力的潜力和有效途径，为宏观经济调控和经济政策制定提供现实依据。

(4)国民财富与居民生活质量分析。一国所拥有的国民财富数量，体现了国家的强弱和人民的贫富，正所谓国富民强。国民财富的状况与居民的生活质量休戚相关。中国是一个人口大国，人口是制约经济发展的重要因素。从分析的角度看，居民生活的质量不仅与国民财富的数量有关，也与人口总量有关，抛开人口数量分析居民的生活质量，必然会导致片面或错误的结论。

居民生活质量分析可从以下三方面进行。一是静态分析。在计算人均国民财富的基础上，将反映居民教育、医疗、文化娱乐、体育、居住条件、收入等方面的存量指标，与人口数量进行对比分析。二是动态分析。在静态分析的基础上，进一步考察一定时期内居民生活质量的变化情况。三是与国外进行对比分析。我们不仅要分析本国居民的生活质量，更要了解国外居民的生活质量，了解差距所在，避免做井底之蛙。针对我国的实际情况制定相应的经济发展战略，使我国早日跨入世界强国之列。

6.1.2 国民财产的概念及其分类

6.1.2.1 国民财产的概念

国民财产的概念有狭义和广义的理解。狭义的国民财产仅指实物资产，即多年劳动积累的社会产品，这是 MPS 关于国民财产的概念，也是过去较长时期我国国民经济核算采用的概念；广义的国民财产包括了实物资产、金融资产以及无形资产等，这是 SNA 关于国民财产的概念，也是我国现行的国民经济核算体系分析所用的概念。本书采用的是广义的概念。国民财产表明一个国家或地区在一定时间所拥有的经济实力、达到的经济发展水平，它是进一步进行社会扩大再生产和提高人民生活水平的基础。统计要反映国民财产的状况，为研究国家的经济实力、调整产业结构、制定投资政策提供依据。

6.1.2.2 国民财产的分类

国民财产的分类方式主要有以下三种。

(1)按性质分为非金融资产和金融资产两类。非金融资产包括资产、存货与其他非金融资产。其中，其他非金融资产是指除固定资产、存货以外的实物资产和非金融无形资产，如历史文化建筑、遗址、古董珍宝和其他文化遗产以及专利权、版权、商标权和商誉等。金融资产包括国内金融资产、国内金融与储备资产。

(2)按机构部门分为企业部门、金融部门、政府部门和居民部门占有的国民财产。

(3)按经济用途分为固定资产、流动资产和其他资产。其他资产指国外长期金融资产、其他非金融无形资产及固定资产、存货以外的有形资产。

6.2 国民财产统计分析框架

6.2.1 实物资产统计

作为国民财产中非金融资产的实物资产，包括固定资产和流动资产，它们各具不同的性质和特点。

6.2.1.1 固定资产统计

固定资产是指在生产过程中被重复或连续使用一年以上，单位价值在规定标准以上的生产资产，包括住宅、非住宅建筑物、机器设备、种畜、果园、多年生经济林木和大牲畜等。为反映固定资产的结构，除按产业部门、机构部门、经济类型分类外，还可按经济用途分为生产经营用资产和非生产经营用资产两类，按使用状况分为使用中、未使用和不需用三类。

(1)固定资产总量指标。固定资产的数量指标分实物量指标和价值量指标两类。实物量指标对于了解社会扩大再生产的物质技术条件和制订计划有重要意义。但要统计一定范围内的固定资产总量,就需用固定资产价值指标。这里我们着重介绍固定资产总量指标。

固定资产总量指标是用于反映固定资产拥有的总规模的指标。由于时期不同和计价当时的完好程度不同,固定资产总量的价值指标具体分为四个,即固定资产原值、固定资产净值、固定资产完全重置价值和固定资产残存重置价值。

①固定资产原值。固定资产原值是指建造或购置固定资产所发生的全部支出,包括买价、包装费、运杂费和安装费等。

②固定资产净值。固定资产净值是指固定资产原值中扣除累计折旧额以后的价值。

固定资产折旧是指固定资产在使用过程中逐渐损耗并转移到产品价值中去的那部分价值。我国一般采用"使用年限平均法"来计算折旧额,即将固定资产价值均匀地分摊于使用期内的各个期间,形成各期间的折旧额,计算公式为:

$$\text{固定资产折旧额} = \frac{\text{固定资产原值} - \text{预计残值} - \text{预计清理费用}}{\text{固定资产预计使用年限}} \tag{6.8}$$

在实际工作中,通常采用固定资产原值乘以折旧率而求得折旧额。固定资产折旧率的计算公式为:

$$\text{固定资产折旧率} = \frac{\text{固定资产折旧额}}{\text{固定资产原值}} \times 100\% \tag{6.9}$$

③固定资产完全重置价值。固定资产完全重置价值是按重新估价时期的价格核算的,重新购置或建造同样的全新的固定资产所需的全部费用。

④固定资产残存重置价值。固定资产残存重置价值是指按重新估计时期的价格水平及固定资产的新旧程度核算的固定资产尚存价值,用固定资产完全重置价值减去累计折旧额的方法来计算。

以上四种价值指标,在实际工作中通常用原值和净值对固定资产进行核算和分析。至于完全重置价值和残存重置价值,由于取得这两种价值资料的工作量较大,所以只有在清产核资和必要时才采用。

(2)固定资产统计分析。这主要包括以下三方面的分析内容。

①固定资产现状分析。固定资产在投入使用后,随着时间的推移会不断磨损,且固定资产使用的时间越长,磨损越严重,使用价值就越低。为了反映生产过程中固定资产的磨损程度和有用程度,以便合理安排固定资产更新计划,有必要对固定资产的现状进行分析。常用的分析指标有固定资产磨损率和固定资产

有用率。

固定资产磨损率是用于表现固定资产磨损程度的指标，是固定资产磨损额占固定资产原值的比重，亦称固定资产磨损系数。其计算公式为：

$$固定资产磨损率=\frac{固定资产磨损额（累计折旧额）}{固定资产原值}\times 100\% \tag{6.10}$$

固定资产有用率亦称固定资产有用系数，是指固定资产净值与固定资产原值的比值，反映固定资产的有用程度。其计算公式为：

$$固定资产有用率=\frac{固定资产净值}{固定资产原值}\times 100\% \tag{6.11}$$

新投入使用的固定资产损耗小，有用程度大，因此在一定时期内固定资产的磨损率和有用率，既受原有固定资产磨损情况的影响，还受该时期新投入使用的固定资产数量及比重变化的影响。

②固定资产变动分析。主要包括固定资产增产速度分析和固定资产平衡变动分析。

固定资产增长速度分析是为考察固定资产的总规模和水平变动情况而进行的统计分析，主要分析指标是固定资产动态指标，即固定资产发展速度指标。其计算公式为：

$$固定资产动态指标=\frac{报告期固定资产原值（或净值）}{基期固定资产原值（或净值）}\times 100\% \tag{6.12}$$

对固定资产的平衡变动分析，要借助于如下平衡关系式：

$$年初固定资产+本年增加固定资产-本年减少固定资产=年末固定资产$$

式(6.12)中的各项固定资产可用原值或净值。在实际分析过程中，根据分析任务的需要，可将上述平衡关系中的各项进一步细化，便于对其变动情况作更为具体的分析。

③固定资产利用程度分析。一般是从投入产出角度来设置固定资产利用程度分析指标，以单位固定资产（百元、千元、万元）带来的生产成果来表示。其计算公式为：

$$固定资产利用指标=\frac{一定时期生产成果价值}{一定时期生产经营性固定资产平均价值}\times 100\% \tag{6.13}$$

式(6.13)中的生产成果可采用总产出、国内生产总值及国内生产净值等指标。

6.2.1.2 流动资产统计

流动资产是指一年或超过一年的一个营业周期变现或者耗用的资产。其特点是流动性强，在参加生产经营活动时，形态转移快，其价值总量一次性地转移到产品成本费用中去。流动资产既包括存货这种实物资产，又包括现金、存款、短期投资、应收及预存款等多种形式的金融债权。存货是国民财产统计中的一项重要内容，它是指用于生产耗用、经营消费、行政管理而储存的各种产品，如原材料、在制品、半成品和产成品、商品库存及国家物资储备等，反映流动资产的结构。与固定资产分类相同,流动资产也可按不同的机构部门、不同的经济用途分组;同时也可按流动资产所处的环节分为生产单位的材料储备、加工过程中的存货、产成品存货、批零贸易单位的商品存货及国家物资储备等。

(1)流动资产总量统计。要得到流动资产的总量,同样要借助价格,以统计各环节的流动资产总额,表现为各单位的流动资产总额或整个国家的流动资产总额。从一个国家或地区来说,流动资产总额由存货和国外短期金融资产负债净额构成。所谓国外短期金融资产,是指国外金融资产负债“其他投资”项目中,按合同规定偿还期为一年或一年以下的对国外的资本往来,如短期存贷款等。

(2)流动资产统计分析。流动资产的货币表现是流动资金,对其利用是否合理、其周转速度的快慢会直接影响到生产经营效益的好坏。因此,对流动资产周转速度的分析是流动资产分析的主要内容,通常采用的指标是流动资产周转次数和周转日数。

流动资产周转次数是指在一定时期内,流动资产周转(货币形态—实物形态—货币形态)的次数。周转日数是指流动资产周转一次所需的时间。其计算公式为:

$$\text{流动资产周转次数}=\frac{\text{生产经营收入额}}{\text{流动资产平均价值}} \tag{6.14}$$

$$\text{流动资产周转日数}=\frac{\text{报告期日历日数}}{\text{流动资产周转次数}}=\frac{\text{日历日数}\times\text{流动资产平均价值}}{\text{生产经营收入额}} \tag{6.15}$$

在利用上述指标进行分析时,应注意对影响流动资产周转速度的原因的分析。既要注意调节流动资产的构成比例,又必须采取措施加强产品销售和结算工作。

在对流动资产的统计分析中,还应对流动资产的构成、变动及效益情况进行分析。流动资产构成情况分析一般以生产经营性流动资产占流动资产总额的比重为依据;流动资产变动情况分析以期初流动资产加本期新增流动资产减本期减少流动资产等于期末流动资产的平衡关系为主要内容;流动资产效益则是以投入产出原理计算资产产值率,其计算公式为:

$$\text{资产产值率}=\frac{\text{一定时期的生产成果}}{\text{一定时期流动资产平均占用额}} \tag{6.16}$$

流动资产占用额即结存额,反映一定时点上所占用的流动资产数。若要反映一定时期内所占用的流动资产,则需要采用序时平均数方式求得流动资产平均占用额。式(6.16)中的分子可采用总产出、国内生产总值或国内生产净值等。

6.2.2 无形资产统计

非金融资产中,除实物资产外还有无形资产,它是不具有实物形体的资产,是能够为占有者在较长时间内提供某种特殊权利，并能获取较高收益的资产。

无形资产就其内容可划分为四类。①开发地下资产或矿藏（包括国际水域的地下资产或矿藏）的权利，以及从事其他一些活动如公共交通运输、在某地捕鱼或狩猎等的权利。②使用某种特定的生产工艺或工业设计或模型的权利，以及生产某一特定类型商品的权利。这些权利通常体现为专利、商标、商标名、特许权，以及其他依法律程序创立的，或至少法律认可的类似权利。③生产和销售独一无二的商品的复制品的权利，如书籍、音乐作品、绘画、剧本、戏剧和计算机程序等。④两个机构单位按照事先商定的条件，购买或出售某种商品的买卖选择权。

目前，我国的无形资产主要包括第二类，如专利权、专有技术、出版权、商标和商业特许权等。各部门、单位取得这些无形资产的途径主要是外购、自创或自身拥有和其他单位投资转入或转让。对无形资产的计价通常按照取得各项无形资产时发生的实际支出计算。

无形资产数量指标有实物量和价值量两种指标，无形资产实物量，如国内和国际通行的发明专利的统计，有发明专利权申请件数、发明专利批准件数（国内批准与国外批准分别统计）等各类无形资产数量。无形资产价值指标统计的关键是价格的确定，无形资产的价格是在交易过程中形成的，对其计价并无统一标准，通常是按照取得各项无形资产时发生的实际支出计价。对于外购和自创的无形资产计价，应考虑它们可能具有的获利能力。对其他单位投资转入或转让的无形资产，应按经营双方确定的价格计算。当无形资产因使用而进行推销时，已计入成本费用中的价值被作为无形资产价值的减少处理，即这样处理的无形资产价值实际上是扣除已抵消价值的净价值。作为国民财产的应当是无形资产的净值。

在统计资料具备的情况下，对无形资产可进行结构分析和动态分析，对较早建立统计制度的发明专利统计，还可以从不同角度计算更多的分析指标，如将已批准的发明专利数与已接受的发明专利申请数相比计算专利批准率（又称专利有效率），将出售专利件数与批准专利件数相比计算专利出售率，将向国外出售专利数与出售专利总数相比计算专利出口率，等等。

6.2.3 金融资产负债统计

金融资产是国民财产的重要组成部分。金融资产与负债是产生于各种金融交易活动中所形成的债权债务关系的概念。在一对金融交易关系中，一方是资金出借者，即债权人，持有金融资产，另一方是资金借入者，即负债人，承担债务，二者相互对应。就一个单位而言，它可能一方面拥有金融资产，另一方面又承担负债。一个具体单位在某一特定时点上所持有的金融资产和所承担的负债不一定相同，由金融资产减去负债的差额是金融净资产，净资产既可以是正值，也可以是负值。

6.2.3.1 金融资产负债类型

整个国民经济和金融交易活动就其所属国内外关系，可分为国内金融资产负债、国外金融资产负债与储备资产。

(1)国内金融资产负债。它是指常住机构单位互相持有或承担的除非金融资产以外的资产和负债，是在一定范围内由金融交易关系所形成的。主要类型有：①通货，指现金，是持有者的金融资产，金融机构的负债。②存款，是存款人的金融资产，金融机构的负债。③贷款，是金融机构的资产，贷款人的负债。④证券，是持有者的金融资产，发行者的负债。⑤股票及其他股权，是持有者的金融资产，发行者的负债。⑥保险准备金，是投保者的金融资产，保险公司等金融机构的负债。⑦应收应付款，是应收者的金融资产，应付者的负债。

(2)国外金融资产负债。它是指常住机构单位与非常住机构单位之间的债权和债务，是在一国与他国或境外之间的金融交易关系中形成的，主要包括直接投资、证券投资和贸易信贷、货币、存款及贷款、其他投资等。

(3)储备资产。它是指中央银行拥有的可以随时使用并有效控制的对外资产，包括货币黄金、特别提款权、外汇储备，在基金组织的储备头寸和其他债权等。

6.2.3.2 金融资产和负债总量统计

金融资产和负债总量统计，主要是在特定时点上就不同的机构单位和一国整体分别统计金融资产总量、负债总量和金融净资产总量。

对一个机构单位来说，其金融资产总量就是在上述所有资产类型上持有量的总和，其负债总量是上述所有负债总量的总和，其金融净资产总量是所持有的资产总量减去负债总量后的净值。

从整个国民经济的角度看，如不考虑国外机构单位的参与，国内各机构单位之间金融资产与负债的总量是平衡的，二者差额为零。

在有国外机构单位参与的情况下，国内各机构单位之间的金融交易就会形成金融资产与负债的差额，通常称为国外金融资产净额，它属于国民财产的一个组成部分。

6.3 资产负债表：应用与分析

资产负债核算是以经济资产存量为对象的核算。它反映某一时点上机构部门及经济总体所拥有的资产和负债的历史积累状况。期初资产负债规模和结构是当期经济活动的初始条件,经过一个核算期的经济活动(生产、分配、消费、投资、资金融通等)和非经济活动(如自然灾害、战争等)形成了期末资产负债的规模和结构。因此,资产负债核算与经济流量核算之间有着密切的联系。

6.3.1 资产负债表

表6-1所示是中国国民经济核算体系(2002)下的资产负债表。

表6-1 资产负债表

	非金融企业部门				金融机构部门				政府部门		住户部门		国内部门合计				国外部门		总计	
			国有企业				国有机构								国有单位					
	使用	来源	使用	来源	使用	来源	使用	来源	使用	来源	使用	来源	使用	来源	使用	来源	使用	来源	使用	来源
一、非金融资产																				
(一)固定资产																				
其中:																				
在建工程																				
(二)存货																				
其中:																				
产成品和商品																				
库存																				
(三)其他非金融资产																				
其中:																				
无形资产																				
二、金融资产与负债																				
(一)国内金融资产与负债																				
通货																				
存款																				
长期																				
短期																				
贷款																				
长期																				
短期																				

续表

	非金融企业部门		其中：国有企业		金融机构部门		其中：国有机构		政府部门		住户部门		国内部门合计		其中：国有单位		国外部门		总计	
	使用	来源	使用	来源	使用	来源	使用	来源	使用	来源	使用	来源	使用	来源	使用	来源	使用	来源	使用	来源
证券(不含股票)																				
股票及其他股权																				
保险准备金																				
其他																				
(二)国外金融资产与负债																				
直接投资																				
证券投资																				
其他投资																				
(三)储备资产																				
其中：																				
货币黄金																				
外汇储备																				
三、资产负债差额(资产净值)																				
四、资产、负债与差额总计																				

6.3.1.1 基本结构

我国资产负债表采用国际上通用的矩阵结构，主栏为资产和负债项目，宾栏为机构部门和经济总体，并下设使用项和来源项，其中使用项目记录资产，来源项目记录负债和资产负债差额。

资产负债表的主栏包括三个部分：①非金融资产项目，反映国内各机构部门、经济总体的非金融资产总规模及构成情况。②金融资产与负债项目。其中，国内金融资产与负债项目，反映国内各机构部门、经济总体的金融资产与负债的状况及机构部门之间的债权债务关系；国外金融资产与负债项目，反映国内各机构部门与国外部门由于资本往来和金融交易形成的资产负债存量状况；储备资产项目，反映国家的对外支付能力。③资产负债差额项目，反映各机构部门和经济总体的资产与负债相抵后的净值，它是各机构部门及经济总体的主要财富和经济实力的最终体现。上述每一类项目中，又包含着若干个子项目。

资产负债表宾栏中的机构部门包括：非金融企业、金融机构、政府、住户和国外。

6.3.1.2 基本核算原则

资产负债核算采用复式记账原则，机构部门之间的资产负债交易必须在同一时点记入交易双方的资产负债表。机构部门在记录资产负债交易时，遵循“权责发生制”原则。

资产负债表按核算时点分为期初资产负债表和期末资产负债表。目前，我国资产负债核算采用的时点为日历年初和年末两个时点，以此确定资产负债核算的起点和终点。

资产负债表中非金融资产只在持有者的资产方（即使用方）反映。不同机构部门的金融债权与债务同时发生、数量相等、方向相反，某一机构部门或几个机构部门拥有的债权数额，必然与相应的另一机构部门或几个机构部门所承担的债务数额相等。在国民经济总体范围内，国内金融资产与负债数额相等，相互抵消。国内各机构部门的国外金融资产（或负债）之和等于国外部门的负债（或金融资产），国外金融资产减去负债后的差额为国外金融资产净值。

6.3.1.3 基本概念

基本概念主要包括五部分。

(1)核算范围。资产负债的核算范围是我国常住单位拥有的资产、负债和资产净值。

(2)资产。资产指经济资产。经济资产必须同时具备以下两个条件：①资产的所有权已经确定；②其所有者由于持有或使用它们而能够在目前或可预见的将来获得经济利益。

不属于任何机构单位，或即使属于某个机构单位但不在其有效控制下，或不能在可预见的将来获得经济利益的自然资源，如空气、公海、部分原始森林，以及在可预见的将来不具有商业开发价值的地下矿藏等，不能视为经济资产，因而不属于我国资产负债核算的范围。

(3)负债。负债是指一个机构单位或机构部门对其他机构单位或机构部门的债务。负债是金融债权的对应体。

(4)资产负债差额。资产负债差额是指某个机构单位或机构部门所拥有的全部资产减去全部负债后的差额（亦称资产净值），同时也是资产负债表的平衡项。资产大于负债用正数表示，反之用负数表示。

(5)资产分类。资产分为非金融资产和金融资产两大类。非金融资产可细分为固定资产、存货和其他非金融资产；金融资产可细分为国内金融资产、国外金融资产和储备资产。详细分类如图6-1所示。

- 资产
  - 非金融资产
    - 固定资产
    - 存货
    - 其他非金融资产
  - 金融资产
    - 国内金融资产
      - 通货
      - 存款
      - 贷款
      - 证券(不含股票)
      - 股票及其他股权
      - 保险准备金
      - 其他
    - 国外金融资产
      - 直接投资
      - 证券投资
      - 其他投资
    - 储备资产

图6-1 资产分类

6.3.1.4 资产负债表中各指标之间的关系

资产负债表中各指标之间具有如下关系：

非金融资产 + 国内金融资产 + 国外金融资产 + 储备资产 = 国内负债 + 国外负债 + 资产负债额(资产净值)

非金融资产 = 固定资产 + 存货 + 其他非金融资产

金融资产 = 国内金融资产 + 国外金融资产 + 储备资产

负债 = 国内负债 + 国外负债

资产负债差额(资产净值) = 资产总额 - 负债总额

6.3.1.5 基本编表方法

编制资产负债表的基本方法有两种：直接法和间接法。

直接法指以充分搜集现有的宏观、微观资产负债核算(会计、统计、业务)资料为主，如国有、集体、外商投资、私营等企业的资产负债年报，金融、证券企业的资产负债年报，国际收支表，专业统计年报，有关部门业务核算年报，辅之以各种形式的非全面调查资料，如抽样调查资料，以获得相关总量及结构资料编制资产负债表的方法。

间接法指以直接法编制的基准年度资产负债表为基础，通过有关流量核算资料，利用“外推法”和“内插法”编制资产负债表的方法。

上述两种编表方法，直接法是基本方法，间接法是直接法的延伸，目前，编制国民资产负债表时一般采用直接法。

编制资产负债表的主要资料来源是：全国各地区资产负债表，全国汇总会计决算报表(国有经济单位和集体经济单位)，全国外商投资企业资产负债汇总表，国家资金流量表，国际投资头寸表，国内有价证券发行情况表，中国金融年鉴,中国统计年鉴,城市市政建设投资表,全国城乡私营企业基本情况统计表和全国城乡个体工商业基本情况统计表,城乡住户抽样调查资料及其他统计调查资料。

国民资产负债核算主要是通过编制各种资产负债表来进行的。实际操作过程,可以按机构单位、机构部门和经济总体分别编制资产负债表。就机构单位或机构部门而言,资产负债表是以净值指标这一形式,来概括反映机构单位和机构部门的非金融资产的状况,表明自身的债务偿还能力、举债能力、经营活动、经济效益等。就经济主体或一个国家而言,资产负债表则以非金融资产与对国外净债权这两项主要指标之和,显示该国的国民财富及总体经济实力水平。

一般在编制表的过程中,将机构单位的资产负债表按机构部门加以合并(将部门内各机构单位之间的金融资产和负债关系相互抵消),便可得出机构部门的资产负债表。将机构部门的资产负债表加以排列合计,便可得出经济总体资产负债表,即国民资产负债表。因此可以说,国民资产负债表是所有机构单位和机构部门资产负债表的总和。

6.3.1.6 资产负债的估价

为了使存量表与流量表在核算原则和计价方法上保持一致,在核算期末资产存量时,对每一类资产项目都应按编表时点的现期市场价格估价:固定资产一般用“永续盘存法”进行重置估价;存货、其他非金融资产按现期市场价格估价,或按预计未来收益的净现值估价;在有组织的金融市场上交易的金融资产和负债,一般按现期市场价格估价;不在有组织的金融市场上交易的金融资产和负债,按债务人为清偿债务必须向债权人支付的当期金额估价;储备资产和其他对外交易的金融资产与负债按国际市场价格和官方公布的外汇汇率的中间价估价。

目前,我国已开始了对国有经济固定资产存量按住宅、机器设备、市政工程、其他建筑物等资产进行分类,按现期市场价格估价的研究及编表工作。但是,由于我国目前总的资产存量核算基础比较薄弱,搜集其他经济类型存量数据资料困难,因而已编制的资产负债表中的项目仍然是按历史成本价格估价的,今后需要在实践中逐步完善。

6.3.2 资产负债表的特点

国民资产负债表的结构及内容有以下特点:

第一,一国(或一地区)在一定时点上的资产负债表是由其各机构部门及国外(或地区外)的资产负债表合并而成的。所以,一张全国的资产负债表不仅能够反映全国的资产负债存量状况,也可反映各机构部门及国外的资产负债状况。其中,国外的资产负债存量状况反映的是非常住机构单位(国外)与常住机构单位(国内)之间,通过一定时期内各种流量的交易而形成的期末资产负债存量。

第二,资产负债表中每一部门下分设来源和使用两栏,其中,来源栏记录各负债项目的存量,使用栏记录各资产项目的存量,资产负债的差额计入来源方。各部门及全国的来源项目合计与使用项目合计相等。

第三,各部门的非金融资产各项目的存量计在其使用方,其国内合计则为一国的非金融资产总量。各部门金融资产及负债各项目分别记录在其使用和来源方,反映了各部门金融资产负债存量间的关系。由于金融资产负债关系是在各部门对应存在的,一部门的负债就是其他部门的金融资产,反之,一部门的金融资产又是其他部门的负债,因此,金融资产与负债的来源方合计与运用方合计相等。从国内的金融资产与负债的核算上看,这些部门间的金融资产与负债就相互抵消了。国外金融资产负债的存量分别计入国内各部门与国外的使用与来源方,以反映本国与外国的金融资产负债关系。国内来源方合计即本国所承担的对外负债,它与国外的使用方所记录的金融资产量相对应;国内使用方合计即本国所拥有的金融资产,它对应于国外的来源所记录的负债量。

第四,记录在来源方的资产负债差额,反映了各部门及一国在期末所拥有的国民财产总量的状况。一个国家的国民财产等于非金融资产与国外金融资产净额之和,相当于国内各部门的资产负债差额之和。

第五,如果将国内与国外综合为一体,由于国内对国外的资产与负债和国外对国内的负债与资产相对应,国内外合计的国外金融资产与负债的使用方就与来源方数额相等。但国外部门的资产负债差额反映了国内部门最终形成的非金融资产净额的数量。

6.3.3 资产负债表的分析

6.3.3.1 资产负债总量分析

一个国家的国民财富与资产总量是这个国家最基本的核算指标,它的大小是国情、国力的主要标志。研究资产负债总量规模,看其拥有多少资产,承担多少债务,可以全面分析一个国家或地区的国民财富、经济实力和生产能力,了解综合国力和基本国情。比如,将各年的国民财富和资产总量列成时间数列,分别计算定基增长速度和环比增长速度,可以反映国民财富在某一较长时期内总的增长情况和各个不同时期的财富增长情况,即可进行存量总规模的总量变动分析。另外,把国民财富总量和人口数量联系起来,就可算出平均的国民财富水平;把固定资产总量和劳动力数量联系起来,就可得出劳动力的技术装备程度指标;再依据行政区划和城乡分组的国民财富资料,便可研究地区间和城乡间经济发展水平的差异程度及其发展变化趋势,便于比较不同地区国民财富总量、人均财富与存量、财富类别结构的特点等。

6.3.3.2　资产负债结构分析

资产负债表提供了有关经济存量的分类指标，以此为基础，可计算各种结构指标，从两个方面分析资产负债的结构状况。

（1）资产和负债项目内容结构分析。例如，分析在全部资产中金融资产与非金融资产各自所占的比重；非金融资产中，固定资产、存货等各自所占比重；金融资产中，各类金融工具所形成的资产及其对金融资产所占比重等。

（2）资产和负债的部门分布结构分析。例如，分析资产负债的部门构成、产业构成、地区构成和所有制构成等。这些分析对研究经济结构、实现资源最佳配置有重要意义。

结构分析通常采用一些比率来进行。

①通过对非金融资产中生产资产与全部资产总值的比率计算，可以掌握国民经济的物质基础和生产能力，了解固定资产等重要生产资料的设备更新、技术水平和技术进步程度，把握各行业资本有机构成的变化趋势。

②通过对固定资产与存货的比率计算，可分析国家、地区和部门的固定资产与存货规模与结构，从而制定正确的生产、流通和投资政策。

③通过对国内金融资产的各种比率计算，结合资金流量表，可以分析金融资产与负债在各机构部门中的流量与流向，了解通货、存款、贷款、股票和证券的分布和规模、来源和使用。

④通过对国外金融资产与负债的比率计算，可了解在某一时点上国内通过向国外投资、借款或购买国外股票、债券等各种债权，以及国外向国内投入金融资本、国内向国外发行投资债券等各种债务，从而正确制订利用外资计划，合理安排使用外资。

⑤通过对流动资产与全部资产的比率计算，可分析资产的流动性程度。

⑥负债比率的计算。它可用来分析一个国家的债务负担，表明在资产总值中，有多少资产是通过举债获得的。其公式为：

$$负债比率=\frac{负债}{资产总值}\times 100\% \tag{6.17}$$

$$负债对净值比率=\frac{负债}{净值}\times 100\% \tag{6.18}$$

6.3.3.3　资产负债的经济效益分析

通过资产负债存量与其他流量资料相对比，分析计算相对比指标，分析它们之间的相互关系，从资产负债角度反映经济效益。例如，通过计算亿元国民财产创造的国内生产总值（国内生产总值/国民财产）、国内资金综合使用效益（国民财产/国内金融资产）、贷款利税率（利税总额/国内贷款额）、国外资金利税率（国外资金创造的利税额/使用的国外资金总额）等指标，可以分析各类资产的使用状况及效益，衡量一个国家或地区的经济技术发展水平。

6.3.3.4 居民生活质量水平的分析

将资产负债表资料与有关资料结合起来,可以进行居民生活质量水平的分析。例如,将资产负债资料中各文化生活服务部门占有的实物资产价值与有关人口、劳动力等指标相对比,可研究居民享受的教育、医疗等方面的生活质量与生活环境等状况;将资产负债核算资料中的居民金融资产与相关指标相结合,分析数年居民人均存款额的变化,可反映居民收入水平的发展状况。这对实现国家现代化的目标有重要意义。

6.3.4 资产负债表平衡关系举例

我们以简化的资产负债表为例,讨论国民资产负债平衡关系(见表6-2)。

表6-2 简化的期初资产负债表

	非金融企业		金融机构		政府		居民		国内合计		国外部门		总计	
	使用	来源	使用	来源	使用	来源	使用	来源	使用	来源	使用	来源	使用	来源
非金融资产	5 700		210		1 130		10 220		17 260				17 260	
生产资产	4 600		202		1 000		5 670		11 482				11 482	
非生产资产	1 090		8		130		4 550		5 778				5 778	
金融资产	4 300		10 800		1 600		4 700		21 400		2 600		24 000	
负债		6 600		10 700		1 900		2 000		21 200		2 800		2 400
净值		3 400		310		830		12 920		17 460		-200		17 260

由表6-2,可看出如下一些关系。

(1)国内各机构部门和国民经济列的全部资产与金融负债之差为净值。

(2)国民经济列的资产、负债是各个机构部门列的相应资产、负债分别相加之和,国民经济列的资产负债差额(即净值)也是各机构部门净值相加之和,它反映了一国所拥有的国民财产,如17 460。一国国民财产也可以等于一国非金融资产加上国外金融资产净额(含储备资产),即17 460=17 260+200。

(3)国民经济列的金融资产通常都不等于金融负债,如21 400≠21 200,其差额是国外金融资产净额,即21 400-21 200=200。

(4)国内各金融机构部门金融资产和负债通常都不相等,一般来说,非金融企业部门由于资金不足,其金融资产小于负债;居民部门由于资金充足,其金融资产大于负债;金融机构部门主要是金融中介机构,其金融资产可能小于负债,也可能大于负债;政府部门由于常参与资金分配,它的金融资产常常小于负债。

(5)国外部门一般不核算其非金融资产,只核算其金融资产和负债,二者的差额即其净值。如金融资产大于负债,表明国内净借入,以弥补国内资金不足;

相反,如金融资产小于负债,表明国内净贷出,即向国外贷出多余资金。

(6)将国民经济列与国外列合并的总计列,其金融资产与金融负债是恒等的。其中,各项金融手段的资产与负债也是相等的,而总计列的非金融资产额就是国内的非金融资产额。

本章小结

本章主要介绍了国民财富和国民财产的含义;国民财富及国民财产的分类;非金融资产、无形资产、金融资产与负债的含义;国民财产统计中的分析指标的计算方法;固定资产统计分析中各指标的计算方法;无形资产总量指标的含义;金融资产与负债的总量关系;资产负债表的平衡关系及分析方法等。

本章主要概念

国民财富　国民财产　金融资产　非金融资产　固定资产　无形资产　负债　资产负债表

小知识

固定资产投资的资金来源

固定资产投资根据其资金来源不同,可分为国家预算内资金、国内贷款、利用外资、自筹资金和其他资金来源。

(1)国家预算内资金,指中央财政和地方财政中由国家统筹安排的基本建设拨款和更新改造拨款,以及中央财政安排的专项拨款中用于基本建设的资金和基本建设拨款改贷款的资金等。

(2)国内贷款,指报告期内企、事业单位向银行及非银行金融机构借入的用于固定资产投资的各种国内借款。它包括银行利用自有资金及吸收的存款发放的贷款、上级主管部门拨入的国内贷款、国家专项贷款(包括煤代油贷款、劳改煤矿专项贷款等)、地方财政专项资金安排的贷款、国内储备贷款、周转贷款等。

(3)利用外资,指报告期内收到的用于固定资产投资的国外资金,包括统借统还、自借自还的国外贷款,中外合资项目中的外资,以及对外发行债券和股票等。国家统借统还的外资指由我国政府出面同外国政府、团体或金融组织签订贷款协议、并负责偿还本息的国外贷款。

(4)自筹资金,指建设单位报告期内收到的,用于进行固定资产投资的上级主管部门、地方和企事业单位自筹的资金。

(5)其他资金来源,指报告期内收到的除以上各种拨款、固定资产投资按国民经济行业分建设项目归哪个行业,按其建成投产后的主要产品或主要用途及社会经济活动性质来确定。基本建设按建设项目划分国民经济行业,更新改造、国有单位其他固定资产投资及城镇集体投资根据整个企业、事业单位所属的行业来划分。一般情况下,一个建设项目或一个企业、事业单位只能属于一种国民经济行业。为了更准确地反映国民经济各行业之间的比例关系,联合企业(总厂)所属分厂属于不同行业的,原则上按分厂划分行业。

7 国民经济账户与矩阵

引例

《中国国民经济核算体系》(2002)将国民经济账户分为生产账户、收入分配及支出账户、资本账户、金融账户、资产负债表和国外部门账户。如果说整个国民经济统计是从不同方面对国民经济进行的统计,那么国民经济账户则是侧重于对国民经济循环过程的描述。正确解读国民经济账户,可以对国民经济的运行过程有更为深刻的理解,对生产、收入分配及使用、积累和对外经济交易的脉络把握得更加清晰和准确。

本章主要学习目标

1. 掌握国民经济账户的特点及组成和平衡项
2. 掌握国民经济账户的内容与结构
3. 了解国民经济矩阵表的构造原理

国民经济核算是从"National Accounting"翻译过来的,它可被直译为国民会计或国民账户。通常,这些账户是环环相扣的,形成了一个体系,我们也把它们称为国民经济核算体系(System of National Accounts,SNA)。按照SNA自身的定义,SNA由一套逻辑严密、协调一致而完整的宏观经济账户、资产负债表和表式组成,它的基础是一套符合国际惯例的概念、定义、分类和核算规则。这些账户以凝缩的方式提供根据经济理论和观念组织的有关经济运行的大量而详尽的信息,它们细致而全面地记录了经济中发生的不同经济机构之间、经济机构的集团之间的相互作用,并基于此向社会各界提供经济信息。

国民经济账户是国民经济核算体系(SNA)的基础和核心内容。从层次上看,国民经济账户包括两部分内容,即国民经济总量账户和国民经济机构部门账户。国民经济总量账户是从国民经济运行出发,运用账户描述国民经济产品和服务来源与使用、生产、收入分配和消费使用、积累、资产负债和对外经济联系。机构部门账户主要是了解机构部门之间的数量关系,以及它们与国民经济总量的联系,目的是达到深入理解国民经济核算结果所反映的国民经济运行过程和内容。

国民经济总量账户与机构部门账户在体系上的设置基本是一致的。为便于从整体角度来把握经济运行的全貌,以及体现出国民经济统计所特有的宏观分析特性,所以在账户序列体系介绍上,我们以国民经济总量账户为主进行考察。

7.1 国民经济账户结构描述

7.1.1 国民经济账户的特点

学习国民经济核算账户的特点,目的是为了更好地理解国民经济核算账户体系。概括来讲,国民经济核算账户的特点有以下五个。

(1)国民经济核算采用的是T形账户。国民经济核算中使用的账户从形式上看,与会计上使用的账户是一致的。形状类似T字形,左右分列。右方为资源(或负债与净值),左方为使用(或资产)。资源方合计值等于使用方合计值,这是国民经济核算平衡计算的基础。

(2)国民经济核算账户是以活动序列的形式出现的。从内容上看,国民经济核算账户包括生产账户、收入分配与使用账户、资本形成账户、金融账户等。这些账户的排列并非随意而是有序的,这种有序排列的方式说明国民经济核算账户是以序列的形式出现的。从经济运行过程来看:生产创造财富、形成了收入,收入通过分配与再分配最终用于居民消费和资本形成与金融交易。该运行过程包括了这样几类具体的活动:生产活动、收入分配活动、收入使用活动、资本形成活动、金融交易活动。可以看出,国民经济的运行过程是由不同的活动构成的,如果将每一种经济活动都用一个账户表示出来的话,则用该账户序列表示的活动序列就反映了国民经济运行的完整过程。国民经济核算账户正是这样一种反映整个国民经济运行过程的活动序列。

(3)国民经济核算账户序列具有可分性。国民经济核算账户序列在纵向上的可分性由经济活动序列的特点决定,在横向上的可分性由国民经济活动总量的可加性决定。从经济活动序列的角度来看,国民经济核算反映的基本活动指的是一类活动,这类活动可以再进行细分。例如,可以将收入分配与使用活动细分为初次分配、再分配、实物再分配和收入使用等活动,相对应地可以将收入分配与使用账户分解为收入初次分配账户、收入二次分配账户、实物收入再分配账户和收入使用账户。依此类推，可将国民经济核算账户序列按研究问题的需要不断地分解，使之在更为详细和具体的层面上反映国民经济运行的过程与状态。从国民经济活动总量可加性的角度来看，如果以整个国民经济为总体编制账户，就可以得到国民经济总量账户（国民经济账户）；以不同部门（如机构部门、产业部门）或以不同单位（如机构单位）为总体编制，就可以得到部门账户或机构单位账户。在实际编制过程中，国民经济核算账户主要是从国民经济总体和部门的角度来编制的，即编制的主要是国民经济总量账户（国民经济账户）与机构部门账户（和产业部门账户）。机构部门账户可以看成是国民经济账户的分解结果，国民经济总量账户（国民经济账户）可以看成是对机构部门账户的汇总与综合。

（4）国民经济账户综合起来可以采用两种方式。一个账户反映的仅是一种活动，为了将国民经济活动过程全部再现出来，必须用到若干个账户。如果将这些账户单独列出来，形成的就是上面所提到的生产账户、收入分配与使用账户等具体的T形账户。为了对国民经济活动过程有一个总体的了解，还可以将这些单个的账户综合到一起。如果将这些账户用T形账户的方式综合起来，就形成了综合经济账户；如果将账户用矩阵平衡表的方式综合起来，就形成了矩阵表。

（5）国民经济账户记录的变量既可以是流量也可以是存量。国民经济核算账户中所记录的变量，不仅仅是流量，也可以是存量。

7.1.2　国民经济账户结构

从账户核算的内容来看，国民经济核算账户体系由经常账户、积累账户和资产负债表三大部分构成；从核算账户的属性来看，国民经济核算账户体系包括流量账户和存量账户，经常账户和积累账户是流量账户，资产负债表是存量账户。国民经济核算账户体系中的每一部分都可以根据实际分析的需要进行进一步细分，从而得到细分的子账户；相应地，细分的子账户也可以根据实际分析的需要进行必要汇总综合，从而得到较为综合的账户。

图7－1列示了一国国民经济总体的主要账户结构。

图7－1表明，资产负债表对存量进行核算，而流量核算通过经常账户和积累账户进行。交易账户由经常账户和积累账户中的资本账户和金融账户组成，而其他流量账户由重估价账户和资产物量其他变化账户构成。期初存量在期初资产负债表里反映，期初存量加上期内的流量变化，就得到了在期末资产负债表里反映的期末存量。

需要说明的是，在图7－1中未单列国外账户。除非必要的情况下，国外账户的有关内容可以融入整个国民经济总体的相关账户中，并不单独表示，但也可

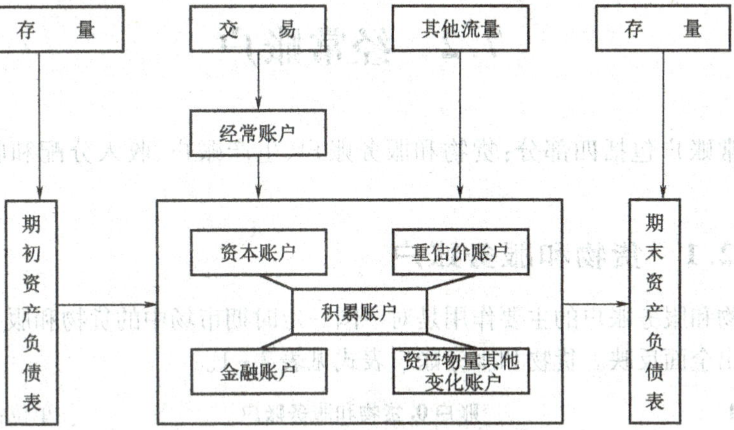

图 7－1　SNA(1993)的账户结构图

根据实际分析的需要，单独列示有关涉外交易情况的国外账户。图 7－2 和后述各表正是基于这样的考虑而作了不同列示。

根据 SNA 中心框架的账户体系，我们在图 7－1 的基础上也可给出更为详细的国民经济账户体系，这样做的好处在于对国民经济核算账户体系有一个更为全面的了解。图 7－2 列示了国民经济账户的分类体系。

- 经常账户
  - Ⅰ.生产账户
  - Ⅱ.收入分配与使用账户
    - Ⅱ.1.收入初次分配账户
      - Ⅱ.1.1.收入形成账户
      - Ⅱ.1.2.原始收入分配账户
        - Ⅱ.1.2.1.业主收入账户
        - Ⅱ.1.2.2.其他原始收入分配账户
    - Ⅱ.2.收入二次分配账户
    - Ⅱ.3.实物收入再分配账户
    - Ⅱ.4.收入使用账户
      - Ⅱ.4.1.可支配收入使用账户
      - Ⅱ.4.2.调整后可支配收入使用账户
- 积累账户
  - Ⅲ.积累账户
    - Ⅲ.1.资本账户
    - Ⅲ.2.金融账户
    - Ⅲ.3.资产其他变化账户
      - Ⅲ.3.1.资产物量其他变化账户
      - Ⅲ.3.2.重估价账户
        - Ⅲ.3.2.1.中性持有收益/损失
        - Ⅲ.3.2.2.实际持有收益/损失
- 资产负债表
  - Ⅳ.资产负债表
    - Ⅳ.1.期初资产负债表
    - Ⅳ.2.资产负债变化表
    - Ⅳ.3.期末资产负债表

图 7－2　国民经济账户分类体系图

7.2 经常账户

经常账户包括四部分：货物和服务账户、生产账户、收入分配和收入使用账户。

7.2.1 货物和服务账户

货物和服务账户的主要作用是对一国一定时期市场中的货物和服务来源和使用作出全面反映。货物和服务账户表式见表 7－1。

表 7－1 **账户 0. 货物和服务账户** 单位：亿元

使用		资源	
P.1 总产出	3 737	P.2 中间消耗	1 883
P.7 货物和服务的进口	499	P.3 最终消费	1 399
		P.5 资本形成总额	414
		P.6 货物和服务的出口	540
总资源	4 236	总使用	4 236

货物和服务账户因其在 SNA(1993) 中有特殊的作用，因此有一个特殊的编号，为 0 账户。SNA(1993) 对货物和服务的定义规定如下：货物是对其有某种需求，且能够确定其所有权的有形实体。它有两个特点：①货物的生产和交换是完全独立的两种活动；②货物的生产可以与其随后的销售或再销售分离。这是货物显著的经济特征。服务则不具有这种特征，服务是不能够确定其所有权的独立存在实体。服务有以下特点：①它不能脱离生产单独进行交易；②当生产完成时，它们必须已经提供给消费者。

货物和服务账户有两个特点，这是与其他账户所不同的：①货物和服务账户是总体平衡的，即在总使用和总资源之间存在着平衡关系，而不是就每种类型交易的平衡，因此它没有平衡项；②货物和服务账户的收支方向与其他账户相反，其使用列在右方，资源列在左方，而其他账户一般都是使用列在左方，资源列在右方。

从货物和服务账户可以得到按支出法计算的国内生产总值，即最终消费加上资本形成总额加出口减进口：

$$支出法国内生产总值 = 1\ 399 + 414 + 540 - 499 = 1\ 854$$

货物和服务账户所反映的内容是国民经济多方面运行的结果，因而该账户中的各项指标必然会在生产账户、收入分配和使用账户、积累账户、对外交易账户中进一步得到反映。在表 7－1 中，总产出 3 737 和中间消耗 1 883 与生产账户（表 7－2）相连，最终消费 1 399 与国民可支配收入使用账户（表 7－7）相连，资本形成总额 414 及构成数据与积累账户中的资本交易（表 7－9）相连，进口 540 和出口 499 与对外经常交易账户（表 7－17）相连。

7.2.2 生产账户

生产账户是对一国一定时期生产成果和价值形成的核算，如表 7－2 所示。

表 7－2　　账户 I．生产账户　　单位：亿元

使用		资源	
P.2 中间消耗	1 883	P.1 总产出	3 737
B.1g 总增加值	1 854		
K.1 固定资本消耗（－）	222		
B.1n 净增加值	1 632		
合计	3 737	合计	3 737

生产账户测算的目的是计算增加值。生产账户概括地表达了增加值计算的生产法。总产出 3 737 是生产成果，也是生产收入的来源；中间消耗 1 883 是生产的中间使用，也是转移；总增加值 1 854 是生产账户的平衡项，它是总产出 3 737减去中间消耗 1 883 的剩余项，也就是按生产法计算的国内生产总值，它与按支出法计算得到的数值是一致的。总增加值与固定资本消耗的差额是增加值净额，也就是国内生产净值。国内生产净值也被认为是雇员报酬、生产税净额和营业盈余等之和。生产账户通过增加值与收入分配和使用账户相联系。上述经济总量关系用公式表示为：

生产法国内生产总值 1 854 = 总产出 3 737 － 中间消耗 1 883

国内生产净值 1 632 = 国内生产总值 1 854 － 固定资本消耗 222

7.2.3 收入分配和使用账户

7.2.3.1 收入分配账户

收入分配被分解为三个步骤：初次分配、二次分配和实物收入再分配。初次分配是指增加值针对劳动力和资本要素的分配以及对政府的分配，表明总增加值如何分配给劳动力和资本两个要素以及政府，必要时还表示来自国外的流量和流向国外的流量（这部分内容一般在国外账户中反映），测算结果是为了得到原始收入总额（原始总收入）。二次分配包括主要通过现金转移进行的收入再分配，它测算可支配收入。实物收入再分配是对收入的第三次分配，测算结果是为了得到调整后的可支配收入。相应地，收入分配账户包括收入初次分配账户、

收入二次分配账户和实物收入再分配账户三部分。其中,收入初次分配账户又包括收入形成账户、原始收入分配账户两部分。

(1)收入形成账户。收入形成账户从生产者角度记录直接与生产过程相联系的分配交易。收入形成账户的收入资源方是生产账户的平衡项总增加值,该账户的使用方是生产创造的收入,这包括雇员报酬、生产税净额、营业盈余总额或混合总收入,所以它反映了增加值要素的构成。这里,混合总收入是对住户部门而言的,因为其劳动报酬与营业盈余在实际中无法明确区分,所以称之为混合总收入。营业盈余(混合收入)是增加值减去雇员报酬、生产税净额之后的平衡项。

收入形成账户表式见表7-3。

表7-3　　Ⅱ.1.1.收入形成账户　　单位:亿元

使用		资源	
D.1 雇员报酬	762	B.1g 总增加值	1 854
D.2-D.3 生产、进口税减生产、进口补贴	191		
B.2/B.3 营业盈余/混合总收入	459/442		
收入形成使用总额	1 854	收入形成来源总额	1 854

收入形成账户从要素角度反映了国内生产总值的构成,即

收入法国内生产总值 1 854 = 雇员报酬 762 + 生产税净额 191 +
营业盈余总额 459 + 混合总收入 442

(2)原始收入分配账户。原始收入分配账户的表式如表7-4所示。

表7-4　　Ⅱ.1.2.原始收入分配账户　　单位:亿元

使用		资源	
D.4 财产收入支出	391	B.2/B.3 营业盈余/混合总收入	459/442
B.5 原始收入总余额/国民总收入	1 883	D.1 雇员报酬	766
		D.2-D.3 生产、进口税减生产、进口补贴	191
		D.4 财产收入	416
合计	2 274	合计	2 274

原始收入分配账户展示收入初次分配的剩余部分,它是对一国一定时期国民所分配生产收入的核算。它与收入形成账户所核算的收入都是初次分配收入,只是核算主体不同,其中主要涉及对外经常交易账户的部分内容。其记录的

内容可归纳为两部分:一部分是各部门作为收入接受者从收入形成账户中所获得的生产性收入,另一部分是各部门之间进一步发生的账户收入流量。

在收入形成账户中(表7-3),雇员报酬762记录的是国内生产支付的部分,它包含了支付给国内和国外劳动要素所有者两块,却没有包括国内要素所有者从国外得到的劳动收入。在对外经常交易账户(表7-18)中记录着国内支付国外雇员要素报酬2,国内从国外得到雇员要素报酬收入6。所以,该期国民所得到的雇员报酬数量为762-2+6=766,记在原始收入分配账户上。由此可见,对外雇员要素收入净额将收入形成账户中雇员报酬支出与原始收入分配账户中的劳动报酬收入之间的核算关系联系了起来。

生产、进口税减生产、进口补贴的处理也是如此。对外经常交易账户(表7-18)中,由于支付给国外和从国外获得的生产、进口税减生产、进口补贴都为0,所以生产、进口税减生产、进口补贴仍为191,并记入原始收入分配账户的资源方。

营业盈余或混合总收入从收入形成账户使用方转到原始收入分配账户资源方,数量是完全一致的。

在封闭经济下,财产收入应与财产支出相等,但在开放经济下,两者可能是不等的。两者的差额(416-391=25)等于对外经常交易账户中对应项目的差额,即支付给国外财产收入减来自国外的财产收入(63-38=25)。

原始收入总余额是原始收入分配账户平衡项。国内各机构部门的原始收入总和,一般又称为国民总收入(GNI)。这样,国民总收入的计算就有两种不同的方法。

第一种,从原始收入分配账户角度来计算。原始收入总余额既然是原始收入分配账户的平衡项,那么必然存在账户左右平衡的关系,则资源方总计减去财产收入支出等于原始收入总余额,有:

国民总收入1 883=2 274-391

亦即国民总收入1 883=雇员报酬766+生产、进口税减生产、进口补贴191+营业盈余总额459+混合总收入442+财产收入416-财产收入支出391。

第二种,从收入形成账户的联系角度来计算。收入形成账户的增加值总额1 854分别扣除来自国外的雇员要素收入净额-4(即2-6),来自国外生产税净额0(即0-0),来自国外的财产收入净额-25(即38-63),得国民总收入1 883。换算过程为:

$$1\,883=1\,854-(2+0+38)+(6+0+63)$$

(国民总收入)=(增加值总额)-(付给国外的原始收入)+(来自国外的原始收入)

即为: GNI=GDP+国外净要素收入

(3)收入二次分配账户。收入二次分配账户的表式见表7-5。

表 7-5　　Ⅱ.2. 收入二次分配账户　　单位:亿元

使用		资源	
D.5 所得、财产等经常税	212	B.5 原始收入总余额/国民总收入	1 883
D.61 社会缴款	322	D.5 所得、财产等经常税	213
D.62 实物社会转移以外的社会福利	332	D.61 社会缴款	322
D.7 其他经常转移收入	269	D.62 实物社会转移以外的社会福利	332
B.6 国民可支配总收入	1 854	D.7 其他经常转移收入	239
合计	2 989	合计	2 989

收入二次分配账户的主要目的是核算出国民可支配总收入,它与原始收入分配账户紧密联系。原始收入总余额 1 883 作为收入二次分配账户的来源,资源方列示了各种再分配收入:所得、财产等经常税 213,社会缴款 322,实物社会转移以外的社会福利 332,其他经常转移收入 239。同样账户在使用方也列示了各种再分配支出:所得、财产等经常税 212,社会缴款 322,实物社会转移以外的社会福利 332,其他经常转移收入 269。于是,国民可支配总收入就作为平衡项出现在账户的使用方。其平衡式为:

国民可支配总收入 1 854 = 国民总收入 1 883 + 再分配收入总额(213 + 322 + 332 + 239) − 再分配支出总额(212 + 322 + 332 + 269)

国民可支配总收入也可以通过与国外经常交易账户对应项目的联系而得到。由于国内再分配收支差额与来自国外经常转移收支净额相等,所以国民可支配总收入可以是国民总收入加上来自国外经常转移收支净额的结果,即

国民可支配总收入 1 854 = 国民总收入 1 883 + 自国外转移收入(1 + 0 + 9) − 对国外转移支出(0 + 0 + 39)

(4)实物收入再分配账户。实物收入再分配是对收入的第三次分配。核算该账户的目的有四个:第一,更清楚地说明政府的作用;第二,更全面地计算住户收入;第三,便于进行国际比较;第四,更全面地反映子部门之间或其他住户之间的再分配过程。实物收入再分配账户的表式见表 7-6。

表 7-6　　Ⅱ.3. 实物收入再分配账户　　单位:亿元

使用		资源	
D.63 实物社会转移	228	B.6 国民可支配总收入	1 854
B.7 调整后国民可支配总收入	1 854	D.63 实物社会转移	228
合计	2 082	合计	2 082

7.2.3.2 收入使用账户

收入使用账户显示具有某种最终消费的部门的可支配收入(调整后可支配收入)是如何在最终消费和储蓄之间进行分配的。收入使用账户也可分为国民可支配收入使用账户和调整后国民可支配收入使用账户。

(1)国民可支配收入使用账户。国民可支配收入使用账户的表式见表7-7。

表7-7 **Ⅱ.4.1.国民可支配收入使用账户** 单位:亿元

使用		资源	
P.3 最终消费支出	1 399	B.6 国民可支配总收入	1 854
D.8 对住户养恤基金净权益变化的调整	11	D.8 对住户养恤基金净权益变化的调整	11
B.8g 总储蓄	455		
K.1 固定资本消耗(-)	222		
B.8n 净储蓄	233		
合计	1 865	合计	1 865

国民可支配收入使用账户资源方是收入再分配账户的平衡项国民可支配收入,使用方是最终消费支出和总储蓄。总储蓄是国民可支配收入使用账户的平衡项,即

总储蓄455=国民可支配总收入1 854-最终消费支出1 399

净储蓄233=总储蓄455-固定资本消耗222

(2)调整后国民可支配收入使用账户。调整后国民可支配收入使用账户的表式见表7-8。

表7-8 **Ⅱ.4.2.调整后国民可支配收入使用账户** 单位:亿元

使用		资源	
P.4 实际最终消费	1 399	B.7 调整后国民可支配总收入	1 854
D.8 对住户养恤基金净权益变化的调整	11	D.8 对住户养恤基金净权益变化的调整	11
B.8g 总储蓄	455		
K.1 固定资本消耗(-)	222		
B.8n 净储蓄	233		
合计	1 865	合计	1 865

7.3 积累账户

积累账户反映资产、负债、净值方面的所有变化。由于积累账户的这种特点,因此它的账户表述形式类似于资产负债表本身。在积累账户中,资产的所有变化,不论是正的还是负的,都记录在左方,负债的所有变化及净值的变化则在右方。积累账户分四个子账户进行核算:资本账户、金融账户、资产物量其他变化账户、重估价账户。

7.3.1 资本账户

资本账户记录与非金融资产获得有关的交易和涉及财产再分配的资本转移,它是对实物投资及其资金来源的全面核算。具体表式见表7-9。

表7-9 Ⅲ.1.资本账户 单位:亿元

资产变化		负债和净值变化	
P.5g 资本形成总额	414	B.8n 净储蓄	233
K.1 固定资本消耗(-)	222	D.9 应收资本转移收入	62
P.5n 资本形成净额	192	D.9 应付资本转移支出(-)	65
B.9 净借出(+)/净借入(-)	38		
资产变化合计	230	净值变化合计①	230

资本交易账户中的净储蓄、资本转移收入净额是投资资金来源的重要部分,前者与国民可支配收入使用账户(表7-7)相连,后者与对外积累账户(表7-19)中的资本转移收入净额3相对应。资本形成总额414与货物和服务账户(表7-1)相连。净借出/净借入是平衡项,账户中净借出38表明资金盈余,它直接转入金融交易账户的负债方。

在账户B.9中,资本形成净额为资本形成总额414减去固定资本消耗222为192,与净储蓄233相比,还有41个单位的资金剩余,但该经济又有对外资本转移净额-3,二者相抵,最后是净借出为38,其公式为:

净借出(+)/净借入(-)38=净储蓄233+资本转移净额(62-65)-资本形成净额192

① "净值变化合计"一项,在SNA(1993)中实指"B.10.1由储蓄和资本转移引起的净值变化"项。它本身不是一个平衡项,对应于资本账户"负债和净值变化"一方的合计值。

7.3.2 金融账户

金融账户按金融手段类型记录交易，反映所有发生在各机构单位及国外之间的金融交易所引起的金融资产和负债的变动，具体见表7-10。负债净额603加上净贷出/净借入38就等于金融资产购买净额641。金融账户与对外账户的联系，在本例中，反映在国内投资资金总量所缺部分正好来自对外金融负债筹集。对外金融账户（表7-20）上对外金融资产净获得50，金融负债净额88，净借入-38，正好与国内净借出38相对应。

表7-10 **Ⅲ.2.金融账户** 单位：亿元

资产变化		负债变化	
F.金融资产净获得	641	B.9 净借出（+）/净借入（-）	38
F.1 货币黄金和特别提款权	-1	F.金融负债净发生	603
F.2 通货和存款	119	F.2 通货和存款	132
F.3 股票以外的证券	138	F.3 股票以外的证券	123
F.4 贷款	244	F.4 贷款	217
F.5 股票及其他权益	44	F.5 股票及其他权益	43
F.6 保险专门准备金	36	F.6 保险专门准备金	36
F.7 其他应收账款	61	F.7 其他应付账款	52
合计	641	合计	641

7.3.3 资产物量其他变化账户

资产物量其他变化账户记录那些不仅引起资产和负债价值发生变化而且会引起其物量也发生变化的异常事件，如表7-11所示。

表7-11 **Ⅲ.3.1.资产物量其他变化账户** 单位：亿元

资产变化		负债与净值的变化	
AN.非金融资产	10	AF.负债	-2
AF.金融资产	5	B.10.2 资产物量其他变化引起的净值变化	17
合计	15	合计	15

这个账户记录由非积累交易引起的资产数量变化，包括地下资源的发现或

损耗、战争、自然灾害及核算本身造成的资产数量上的变化。

7.3.4 重估价账户

重估价账户专门记录一定时期内资产负债完全由于价格变化而形成的持有资产(或负债)的收益和损失,如表 7 - 12 所示。

表 7 - 12　　Ⅲ.3.2. 重估价账户　　单位:亿元

资产变化		负债与净值变化	
AN. 非金融资产	280	AF. 负债	76
AF. 金融资产	84	B. 10. 3 名义持有收益/损失引起的净值变化	288
合计	364	合计	364

重估价账户表明资产的持有损益,在本例中有:

净值持有收益 288 = 非金融资产持有收益 280 + 金融资产持有净收益(84 - 76)

7.4 资产负债表

资产负债表主要是对国民经济存量的核算,它一般有期初资产负债、本期资产负债变化和期末资产负债三部分,分别如表 7 - 13 至表 7 - 15 所示。期初和期末资产负债表把资产列在左方,负债和净值列在右方。净值,即资产与负债之差,是资产负债表的平衡项,它相当于一个单位或一个部门所持有的经济价值存量的现值。就每类资产和负债而言,期初和期末资产负债之间的变化产生于积累。净值变化等于资产变化减去负债变化。

表 7 - 13　　Ⅳ. 1. 期初资产负债表　　单位:亿元

资产		负债与净值	
AN. 非金融资产	9 922	AF. 负债	6 298
AF. 金融资产	6 792	B. 90 净值	10 416
合计	16 714	合计	16 714

资产负债变化表概述了积累账户的内容,即资产和负债的总变化,以及按主要来源列出的净值变化等。

表 7－14　　Ⅳ.2. 资产负债变化表　　单位:亿元

资产		负债与净值	
AN. 非金融资产	482	AF. 负债	677
AF. 金融资产	730	B. 10 净值	535
合计	1 212	合计	1 212

表 7－15　　Ⅳ.3. 期末资产负债表　　单位:亿元

资产		负债与净值	
AN. 非金融资产	10 404	AF. 负债	6 975
AF. 金融资产	7522	B. 90 净值	10 951
合计	17 926	合计	17 926

对资产负债表可以从以下几个方面来分析。

首先是表内关系。即净值(从整个国民经济角度来看就是国民财富)等于非金融资产存量加上金融资产负债净额(从整个国民经济角度来看就是对国外净债权)。在本例的三个表中:

$$10\ 416 = 9\ 922 + 6\ 792 - 6\ 298$$

$$535 = 482 + 730 - 677$$

$$10\ 951 = 10\ 404 + 7\ 522 - 6\ 975$$

其次是从期初到期末的纵向平衡关系。从期初到期末,资产负债表三部分的对应关系是一致的,即期初资产或负债存量加上本期资产或负债变化等于期末资产或负债存量。如期初资产负债表中的非金融资产 9 922 加上资产负债变化表中的非金融资产变化 482,等于期末资产负债表中非金融资产 10 404。其他都是如此。

最后是从分量到总量的对应关系。资产负债变化表实际是对积累账户的四个子账户——资本账户、金融账户、资产物量的其他变化账户和重估价账户的汇总。如资产负债变化表中的负债总额 677 是金融账户中负债变化 603 与资产物量其他变化账户负债变化－2、重估价账户中负债变化 76 之和。资产负债变化表中的净值 535 是资本交易账户中净值 230 与资产物量其他变化账户中净值 17 以及重估价账户中净值变化 288 之和。资产负债变化表中的非金融资产 482 是资本账户形成净额 192,加上资产物量其他变化账户中非生产资产变化 10,加上重估价账户中非金融资产变化 280 的结果。

资产负债变化表与积累账户各个项目的对应关系可以通过下述资产负债变化构成表(见表 7－16)揭示。

表 7-16　资产负债变化构成表　单位:亿元

账户名称	项目内容	资产		负债和净值	
		非金融资产	金融资产	负债	净值
Ⅲ.1.资本账户	P.5g 资本形成总额	414			
	K.1 固定资本消耗	-222			
	由储蓄和资本转移引起的净值变化				230
Ⅲ.2.金融账户	F.金融资产净获得		641		
	F.金融负债净发生			603	
Ⅲ.3.1.资产物量其他变化账户	资产变化	10	5		
	负债变化			-2	
	B.10.2 资产物量其他变化引起的净值变化				17
Ⅲ.3.2.重估价账户	资产变化	280	84		
	负债变化			76	
	B.10.3 名义持有收益/损失引起的净值变化				288
Ⅳ.2.资产负债变化表	资产负债总变化	482	730	677	535

7.5　对外交易账户(国外账户)

对外交易账户包括常住和非常住机构单位之间的交易及有关的资产和负债的存量。由于国外在核算结构中起着类似于一个机构部门的作用,因此国外账户是从国外的角度设立的。它的体系设置与国内账户是一致的,其联系也涉及各个方面,前面已经讲述。

对外交易账户体系一般包括对外经常交易账户、对外资本交易账户、对外金融交易账户和对外重估价账户,以及反映相应资产负债状况的资产负债表,如国外期初资产负债表、国外资产负债变化表和国外期末资产负债表。对外经常交易账户又可以分为货物和服务对外账户、原始收入和经常转移对外账户。

对外交易账户的基本表式如表7－17至表7－20所示。

表7－17　　V. Ⅰ.货物和服务对外账户　　单位:亿元

使用		资源	
P.货物和服务出口	540	P.7货物和服务进口	499
B.11货物和服务对外差额	－41		
合计	499	合计	499

表7－18　　V. Ⅱ.原始收入和经常转移对外账户　　单位:亿元

使用		资源	
D.1雇员报酬	6	B.11货物和服务对外差额	－41
D.2－D.3生产、进口税减生产、进口补贴	0	D.1雇员报酬	2
D.4财产收入	63	D.2－D.3生产、进口税减生产、进口补贴	0
D.5所得、财产等经常税	1	D.4财产收入	38
D.6社会缴款和社会福利	0	D.5所得、财产等经常税	0
D.7其他经常转移	9	D.6社会缴款和社会福利	0
D.8对住户养恤基金净权益变化的调整	0	D.7其他经常转移	39
B.12对外经常差额	－41	D.8对住户养恤基金净权益变化的调整	0
合计	38	合计	38

表7－19　　V. Ⅲ.1.对外资本账户　　单位:亿元

资产变化		负债与净值变化	
B.9净借出(＋)/净借入(－)	－38	B.12对外经常差额	－41
		D.9应收资本转移	4
		D.9应付资本转移	－1
合计	－38	合计	－38

表 7－20　　V.Ⅲ.2. 对外金融账户　　单位:亿元

资产变化		负债变化	
F. 金融资产净获得	50	B.9 净借出(＋)/净借入(－)	－38
F.1 货币黄金和特别提款权	1	F. 金融负债净发生	88
F.2 通货和存款	11	F.2 通货和存款	－2
F.3 股票以外的证券	5	F.3 股票以外的证券	20
F.4 贷款	10	F.4 贷款	37
F.5 股票及其他权益	2	F.5 股票及其他权益	3
F.6 保险专门准备金	0	F.6 保险专门准备金	0
F.7 其他应收账款	21	F.7 其他应付账款	30
合计	50	合计	50

资产负债变化表概述了积累账户的内容,即资产和负债的总变化,以及按主要来源列出的净值变化等。对外期初、期末资产负债表及对外资产负债变化表如表 7－21 至表 7－23 所示。

表 7－21　　V.Ⅳ.1. 对外期初资产负债表　　单位:亿元

资产		负债与净值	
AN. 非金融资产	0	AF. 负债	297
AF. 金融资产	573	B.90 净值	276
合计	573	合计	573

表 7－22　　V.Ⅳ.2. 对外资产负债变化表　　单位:亿元

资产		负债与净值	
AN. 非金融资产	0	AF. 负债	91
AF. 金融资产	57	B.10 净值	－34
合计	57	合计	57

表 7－23　　V.Ⅳ.3. 对外期末资产负债表　　单位:亿元

资产		负债与净值	
AN. 非金融资产	0	AF. 负债	388
AF. 金融资产	630	B.90 净值	242
合计	630	合计	630

对一国国民经济核算而言,国外经济的绝对量如何并不是其所关心的,但对国外与国内经济联系的核算却是不可缺少的部门。实际上,把对外联系作为一个机构部门去理解各种经济联系相对容易,因为国内持有的金融资产或购买的金融资产,不是来自国内就是来自国外,财产收入也是如此。国外的交易是国民经济总量的构成部分。

7.6 综合经济账户

将前述经常账户、积累账户、资产负债表和国外账户这些单独列示的国民经济账户序列表综合在一张表里面,我们就可以得到综合经济账户。综合经济账户就是将相对独立的生产账户、收入分配和使用账户、资本账户、金融账户、资产物量其他变化账户、重估价账户、资产负债表等综合在一起形成的账户平衡表。根据综合经济账户反映内容的层次来看,综合经济账户也可进一步分为:国民经济总体综合经济账户和按机构部门分组的综合经济账户。

7.6.1 国民经济总体综合经济账户

以国民经济为统计总体可以编制出国民经济总体综合经济账户。国民经济总体综合经济账户是对本节前述国民经济总量账户序列的综合。表 7 – 24 给出的是一个基于所有经济交易的国民经济总体综合经济账户,这张表里所包括的交易涵盖了一国所有的经济交易,如国内经济交易和涉外的经济交易。

7.6.2 按机构部门分组的综合经济账户

国民经济总体是由不同的机构部门组成的,因此,更为详细的综合经济账户可以在国民经济总体综合经济账户的基础上按照机构部门分组的形式给出。实际工作中,国民经济总体综合经济账户是在按机构部门分组的综合经济账户基础上汇总得到的。

表 7 – 25 是我们给出的按机构部门分组的综合经济账户。在这张表中,可以看到一国经济活动及其结果更为详细的数据。就表格的内容来看,表 7 – 25 提供了包括资产负债表在内的经济总体账户的全面内容;就账户内容形式来看,表 7 – 25 综合了机构部门账户、国外账户、交易账户及资产负债表。因此,从更为严格的意义上来说,表 7 – 25 才是更为完整的国民经济账户序列。

表 7 – 25 中,纵列列示的是机构部门、国外、经济总体、货物和服务,横行显

示交易和其他流量、资产负债表的资产和负债、平衡项和一些重要的经济总量。按照SNA(1993)的惯例,使用、资产变化和资产列在表的左方,资源、负债变化、净值和负债列在右方。

表7-24　　国民经济总体综合经济账户　　单位:亿元

账户名称	使用(或资产)			交易项目和平衡项	资源(或负债和净值)			账户名称
	货物和服务(来源)	国外	经济总体		经济总体	国外	货物和服务(使用)	
Ⅰ.生产账户/货物和服务账户	499			货物和服务进口		499		Ⅰ.生产账户/货物和服务账户
		540		货物和服务出口			540	
	3 737			产出	3 737			
			1 883	中间消耗			1 883	
			1 854	国内生产总值	1 854			
		−41		货物和服务对外差额		−41		
Ⅱ.收入分配和使用账户		69		对外原始收入		40		Ⅱ.收入分配和使用账户
		10		对外经常转移		39		
			1 399	最终消费支出			1 399	
			455	总储蓄	455			Ⅲ.1. 资本账户
		−41		对外经常差额		−41		
Ⅲ.1. 资本账户			414	资本形成总额			414	
				应收资本转移	62	4		
				应付资本转移	−65	−1		
		−38	38	净借出(+)/净借入(−)	38	−38		Ⅲ.2. 金融账户
Ⅲ.2. 金融账户		50	641	金融资产净获得/负债净发生	603	88		

表 7－25 **按机构部门分组的综合经济账户** 单位：亿元

账户名称	使用（或资产）								交易和其他流量、存量及平衡项	资源（或负债和净值）								账户名称
	货物和服务（来源）	国外	经济总体	为住户服务的非营利机构	住户	一般政府	金融公司	非金融公司		非金融公司	金融公司	一般政府	住户	为住户服务的非营利机构	经济总体	国外	货物和服务（使用）	
Ⅰ.生产账户/货物和服务账户	499								货物和服务进口							499		Ⅰ.生产账户/货物和服务账户
		540							货物和服务出口								540	
	3 604								产出	1 753	102	440	1 269	40	3 604			
			1 883	9	694	252	29	899	中间消耗								1 883	
	133								产品税减产品补贴						133			
			1 854	31	575	188	73	854	总增加值/国内生产总值	854	73	188	575	31	1 854			Ⅱ.1.1.收入形成账户
			222	3	42	30	10	137	固定资本消耗									
		－41							货物和服务对外差额							－41		
Ⅱ.1.1.收入形成账户		6	762	23	39	140	15	545	雇员报酬				766		766	2		Ⅱ.1.2.原始收入分配账户
		0	191	0	2	2	3	51	生产进口税减生产进口补贴			191			191	0		
			459	8	92	46	55	258	营业盈余总额	258	55	46	92	8	459			
			442		442				混合总收入				442		442			

续表

账户名称	使用(或资产)								交易和其他流量、存量及平衡项	资源(或负债和净值)								
	货物和服务(来源)	国外	经济总体	为住户服务的非营利机构	住户	一般政府	金融公司	非金融公司		非金融公司	金融公司	一般政府	住户	为住户服务的非营利机构	经济总体	国外	货物和服务(使用)	
Ⅱ.1.2.原始收入分配账户		63	391	6	41	42	167	135	财产收入	86	141	32	150	7	416	38		Ⅱ.1.2.原始收入分配账户
			1 883	9	1 409	227	29	209	原始收入总余额/国民总收入	209	29	227	1 409	9	1 883			Ⅱ.2.收入二次分配账户
Ⅱ.2.收入二次分配账户		10	1 135	3	571	430	84	47	经常转移	24	88	589	368	37	1 106	39		
			1 854	43	1 206	386	33	186	可支配总收入	186	33	386	1 206	43	1 854			Ⅱ.3.实物收入再分配账户
Ⅱ.3.实物收入再分配账户			228	16		212			实物社会转移				228		228			
			1 854	27	1 434	174	33	186	调整后可支配总收入	186	33	174	1 434	27	1 854			Ⅱ.4.收入使用账户
Ⅱ.4.收入使用账户									可支配总收入	186	33	386	1 206	43	1 854			
									实际最终消费								1 399	
			1 399	16	1 015	368			最终消费								1 399	
			11	0		0	11	0	对住户养恤基金净权益变化的调整				11		11	0		
			455	27	202	18	22	186	总储蓄	186	22	18	202	27	455			Ⅲ.1.资本账户
									净储蓄	49	12	-12	160	24	233			
		-41							对外经常差额							-41		

续表

账户名称	使用(或资产)								交易和其他流量、存量及平衡项	资源(或负债和净值)								账户名称
	货物和服务(来源)	国外	经济总体	为住户服务的非营利机构	住户	一般政府	金融公司	非金融公司		非金融公司	金融公司	一般政府	住户	为住户服务的非营利机构	经济总体	国外	货物和服务(使用)	
Ⅲ.1. 资本账户			414	20	72	42	9	271	资本形成总额								414	Ⅲ.1. 资本账户
			-222	-3	-42	-30	-10	-137	固定资本消耗(-)									
		0	0	1	4	2	0	-7	非生产非金融资产的获得减处置									
									应收资本转移	33	0	6	23	0	62	4		
									应付资本转移(-)	-16	-7	-34	-5	-3	-65	-1		
									储蓄和资本转移引起的净值变化	66	5	-40	178	21	230	-38		
		-38	38	4	148	-52	6	-68	净借出(+)/净借入(-)	-68	6	-52	148	4	38	-38		Ⅲ.2. 金融账户
Ⅲ.2. 金融账户		50	641	32	181	120	237	71	金融资产净获得/负债净发生	140	232	170	33	28	603	88		
Ⅲ.3.1. 资产物量其他变化账户		0	15	0	2	1	-2	14	非金融资产、金融资产/负债	-3	2	-1	0	0	-2	0		Ⅲ.3.1. 资产物量其他变化账户
									资产物量其他变化引起的净值变化	17	-4	2	2	0	17	0		

续表

账户名称	使用(或资产)								交易和其他流量、存量及平衡项	资源(或负债和净值)								账户名称
	货物和服务(来源)	国外	经济总体	为住户服务的非营利机构	住户	一般政府	金融公司	非金融公司		非金融公司	金融公司	一般政府	住户	为住户服务的非营利机构	经济总体	国外	货物和服务(使用)	
Ⅲ. 3. 2. 重估价账户			364	9	96	46	61	152	非金融资产、金融资产/负债	18	51	7	0	0	76	3		Ⅲ. 3. 2. 重估价账户
									名义持有收益/损失引起的净值变化	134	10	38	96	10	288	4		
Ⅳ. 1. 期初资产负债表		573	16 714	496	4 641	1 987	3 652	5 938	非金融资产、金融资产/负债	1 817	3 384	687	289	121	6 298	297		Ⅳ. 1. 期初资产负债表
									净值	4 121	268	1 300	4 352	375	10 416	276		
Ⅳ. 2. 资产负债变化表		57	1 212	58	309	179	295	371	非金融资产、金融资产/负债变化	155	285	176	33	28	677	91		Ⅳ. 2. 资产负债变化表
									净值变化	216	10	2	276	31	535	-34		
Ⅳ. 3. 期末资产负债表		630	17 926	554	4 950	2 166	3 947	6 309	非金融资产、金融资产/负债	1 972	3 669	863	322	149	6 975	388		Ⅳ. 3. 期末资产负债表
									净值	4 337	278	1 302	4 628	406	10 951	242		

7.7 国民经济矩阵

矩阵形式表示的国民经济核算账户又叫作国民经济矩阵。国民经济矩阵，是所有国民经济账户的综合，因此，它可以反映经济运行的全貌和运行的全过程。国民经济矩阵包含了一系列国民经济综合指标，可以为国民经济管理提供一系列的重要调控参数。国民经济矩阵可以提高国民经济核算水平。国民经济矩阵本身就是一个宏观经济模型，其表式能否编制，编制的质量高低，是衡量一个国家国民经济核算水平高低的重要标志。其编制工作可以促进国民经济核算水平的提高。

7.7.1 矩阵表及国民经济矩阵的特点

7.7.1.1 矩阵表的特点

矩阵表是一个行数和列数相等且行列对应、平衡的棋盘式表格。矩阵表中的每一对应行列可以代表一个账户，这是由于账户的两个记账符号(借与贷，或支与收)恰好可以很方便地用矩阵表的行、列方向来表示，通常纵列表示账户的借方(支方)，横行表示账户的贷方(收方)。矩阵表中每一登录的含义由其所处的行、列位置来规定，这种定义方式立即使它们获得了两重意义：每一登录既是一个账户的借方项目，同时又是另一账户的贷方项目，从而，我们在解释一个表值的具体含义时，必须考虑其方向。矩阵表值的方向性规定使其成为连接各有关账户的有效手段，只要适当分解、归并、排列这些账户，就能逻辑地展现账户之间的有机联系以及整个体系的内在结构。因此，相对于普通的"T"型账户，矩阵表既能简化记账程序，又能突出诸账户间的整体联系性。

矩阵表中有关项目或类别的归并、分解和扩充一般不会影响到它的基本结构。在此基础上，我们就能通过不同处理得到详略程度不同的矩阵——把一个小矩阵扩展为一个大矩阵，或者，把一个大矩阵简化为一个小矩阵。这样，一个高度浓缩的小矩阵中的元素，实际上就代表了一个适当展开的大矩阵中的某个子阵。这种描述形式为资料的表达提供了相对更多的灵活性。

普通账户一旦被表述为矩阵表的形式，账户的概念也就自然被补充进了新的内容。一个适当展开的矩阵中不仅包括通常的"交易者账户"，而且还包括"交易账户"。交易者账户的概念类同于会计学意义上的账户，即以特定交易者为主体的账户，在宏观经济核算中，它以国民经济或其各部门、分部门为主体，反映与之有关的经济交易过程及其对交易主体经济状况的影响。所谓交易账户则不同,它不以特定交易者为主体,而以交易本身为核心内容,概括反映所有交易者账户上涉及的某类交易的全部记录,反映该类交易的收与支、贷与借、来源与运用的总量平衡过程和关系。

7.7.1.2　国民经济矩阵的特点

国民经济矩阵实质上是将国民经济各类账户——国民经济总量账户、机构部门账户、产业部门账户的内容都排列在一张综合的矩阵表中。在国民经济矩阵中,包括了从存量到流量变化的所有各种经济信息,通过它可以直观地看到各个账户之间的联系。它可以形象地描述国民经济循环过程,特别是由于它采用了矩阵形式,从而可以依赖它直接建立国民经济运行的数学模型,用以进行综合预测和决策。相对于"T"形表达的账户形式,矩阵形式的国民经济矩阵表达方式具有一些独特的特点,这反映在以下几方面。

(1)国民经济综合矩阵可以描绘出整个宏观经济的全貌,即在一张纸上完全展示出构成国内和国民平衡项的主要交易类之间的相互关系。对按支付单位和获取单位对交易分类的账户来说,矩阵比其他方法要简明得多。

(2)从在矩阵中可以进行多主体分类和多部门分类的角度看,细化的矩阵表示具有很强的应用目的和应用需求基础。

(3)细化的矩阵表示可以利用矩阵代数进行数学运算,这一点对分析应用及账户的平衡非常有用,特别有利于计算机的应用。

(4)细化的矩阵给出了按支付单位和获取单位对相关交易的同样分类。这使得它是描述中观层次经济流量之间关系的理想形式。

(5)细化的矩阵相当适合检验关系不够密切的账户交易的各种表示。

7.7.2　国民经济矩阵的扩展与分解

矩阵式平衡表实际上是将综合经济账户反映的内容用矩阵的形式表示出来。所不同的是,综合经济账户既可以从纵向上按账户序列分组,又可以同时从横向上按机构部门分组,形成一个更为完整的综合经济账户。由于矩阵表的特点之一是横行和纵列分组标志应该相同,如果同时按这两个标志分组,形成的矩阵表就会过于复杂以至于很难解读。为此,矩阵式平衡表只按账户序列分组,不再同时按机构部门分组。这样虽然可以通过主对角线上的数字反映出机构部门间的流量值,但它反映的只是一个总量,无法反映出每个具体部门的资源(或负债)到底是多少。

7.7.2.1　国民经济总体矩阵简表

为了便于理解,我们首先以一个简表为例,说明矩阵表的特点,在此基础上,再引入较为复杂的矩阵表。

结合表7-26的数例,我们可以更好地了解到国民经济矩阵的有关特点。

表 7－26　　　　国民经济总体矩阵简表　　　　单位：亿元

使用(资产)资源(负债和净值)	序号	0. 货物和服务(资源)	Ⅰ. 生产	Ⅱ. 收入分配和使用	Ⅲ.1 资本	Ⅲ.2. 金融	Ⅴ. 国外	总计
		1	2	3	4	5	6	7
0. 货物和服务(使用)	1		中间消耗 1 883	最终消费 1 399	资本形成总额 414		出口 540	4 236
Ⅰ. 生产	2	产出 3 737						3 737
Ⅱ. 收入分配和使用	3		国内生产总值 1 854				来自国外的原始收入 69 和经常转移 10	1 933
Ⅲ.1 资本	4			储蓄 455			来自国外的应收资本转移－3	452
Ⅲ.2 金融	5				经济总体净借出 38		对外负债净发生 50	88
Ⅴ. 国外	6	进口 499		流向国外的原始收入 40 和经常转移 39		对外金融资产净获得 88	①	622
总计	7	4 236	3 737	1 933	452	88	622	

(1)矩阵中的一对行和列代表一个账户。比如账户 0，即货物和服务账户由第 1 行和第 1 列表示，其中横行表示使用，纵列表示资源。资源方的合计值等于使用方的合计值 4 236。该行和该列表述的内容与表 7－1 中表述的内容是相同的。

生产账户由第 2 行和第 2 列表示，其中横行表示资源，纵列表示使用，资源方合计值等于使用方合计值 3 737。该行和该列表述的内容与表 7－2 中表述的内容是一致的。

收入分配和使用账户由第 3 行和第 3 列表示，如果不考虑对外交易部分，该行和列表述的内容与表 7－3 至表 7－8 表述的内容是一致的。换句话说，由于矩阵表将“国外”单列一列，所以，第 3 行和第 3 列不仅反映了国内机构部门间的

① 货物和服务对外差额－41，对外经常差额－41，国外的净借入 38。

原始收入和经常转移流量，还包括了来自国外的原始收入和经常转移收入 79、流向国外的原始收入和经常转移支出 79。

资本账户由第 4 行和第 4 列表示，其中横行表示负债和净值变化，纵列表示资产变化。该行和该列表述的内容与表 7 - 9 表述的内容是一致的。

金融账户由第 5 行和第 5 列表示，其中横行表示负债和净值变化，纵列表示资产变化。该行和该列表述的内容与表 7 - 10 表述的内容应该是一致的。但是，金融账户（见表 7 - 10）反映的资产净获得 641 和负债净发生 603 指的是国民经济总体，它既包括国内机构部门之间的金融交易，也包括与国外非常住单位进行的金融交易。由于矩阵平衡表中单列了“国外”一项，因此，矩阵平衡表是将表 7 - 10 中的有关内容分开表示的。其中，国内常住单位之间的金融交易反映在主对角线上，常住单位与非常住单位之间的金融交易反映在“金融账户”与“国外账户”交叉处。为简化起见，表 7 - 26 未将主对角线上的数字反映出来（国外账户除外），因此，表面上看起来，该行和列表述的内容与表 7 - 10 表述的内容不一致。对此，我们将在下文中作进一步的解释。

国外账户由第 6 行和第 6 列表示，其中横行表示资源（或负债和净值），纵列表示使用（或资产）。该行和列表述的内容与表 7 - 17 至表 7 - 20 表述的对外交易内容是一致的。其中第 6 行反映的是表 7 - 17 至表 7 - 20 中资源（或负债和净值）方的内容，第 6 列反映的是表 7 - 17 至表 7 - 20 中使用（或资产）方的内容。

由于矩阵中的一对行和列代表一个账户，所以矩阵表实际上是将账户序列综合成了一张表，因此，矩阵表实际上是账户的综合表现形式。

(2) 在 T 形账户中表述两次的登录在矩阵表中只表述一次，但每一笔数值既可以从横行来理解，也可以从纵列来理解。

在账户平衡表中，每笔交易或活动都要分别从资源（或负债与净值）角度、和使用（或资产）角度进行登录，所以一笔交易要登录两次。而在矩阵表中，只需表述一次，但是每一笔数值既可以从横行来理解，也可以从纵列来理解。

如货物和服务列（第 1 列）表示资源，货物和服务行（第 1 行）表示使用。从第 1 列可以看出，该经济总体按市场价格计算的产出为 3 737（3 604 + 133），从国外进口的货物和服务为 499，总计为 4 236。第 1 行反映了货物和服务的使用去向，其中，中间消费 1 883，最终消费 1 399，资本形成总额 414，出口 540，总计也为 4 236。

其余各纵列表示使用（或资产和净值），各横行表示资源（或负债）。如第 2 行反映了当期生产的总成果，总资源为 3 737。第 2 列反映了生产的使用去向，其中中间消耗 1 883，国内生产总值 1 854，总使用也为 3 737。

（3）生产账户、收入分配和使用账户、资本账户的平衡项列示在主次对角线上。我们知道，生产账户、收入分配和使用账户、资本账户的平衡项分别为国内生产总值 1 854、储蓄 455 和经济总体净借出 38，这几个平衡项分别列在矩阵平衡表的主次对角线上，分别表示各自账户的使用（或资产），和下一个账户的资源（或负债和净值），它们分别连接着生产账户与收入分配和使用账户、收入分配和使用账户与资本账户、资本账户与金融账户。

表面上看，“国外”账户的主对角线上有数字，而且我们列示的也是一些平衡项的内容，它们并非列在主次对角线上，这是不是不符合我们所说的矩阵式平衡表的特点呢？如果认真进行分析就会发现，这主要是由于未对“国外”账户进行细分组造成的，如果与“经济总体”一样，将“国外”再细分为“对外货物和服务账户”、“原始收入和经常转移对外账户”、“资本账户”和“金融账户”等，这些平衡项就不会出现在主对角线上了。

（4）主对角线上的数值表示常住机构部门之间的交易。表 7－26 中主对角线上的位置并未列出具体的数值（国外账户除外），这只不过为了表式的简化，实际上，它是有具体内容的，它反映的是常住机构部门之间的交易。我们在这里强调“常住”二字，即不包括由常住单位和非常住单位之间进行的交易所形成的流量。

7.7.2.2 国民经济总体矩阵表的扩展

表 7－26 中账户的设立都是最基本的账户，为了更为详细地反映国民经济运行过程，可以在此基础上进行分解。但是，如果账户分解的过细，编制出来的 $n \times n$ 阶矩阵就过于庞大，既不利于分析也不利于学习。为了既要说明问题，又不至于使矩阵阶数过多，下面我们只对国内（即国民经济总体）账户进行分解，对国外账户未进行分解，表 7－27 就是按这样的思路编制出来的国民经济总体矩阵表。

7.7.3 国民经济总体矩阵表的解读

扩展后的国民经济总体矩阵表相对复杂一些，对初学者来说，一般不易理解。因此，我们先给出一种读表的方法，这就是流向线读表法，然后再结合数例，具体解读国民经济总体矩阵表中的有关项目。

7.7.3.1 流向线读表法

在矩阵表中，每一项数字都代表了收和支的双重经济含义，各项数字组合起来，就构成了经济运行网络。但这样一来就有个问题：学习者一般不容易一下子就掌握矩阵表的要领，这种情况在阅读高阶矩阵时经常出现。为便于更有条理、准确、迅速地领会国民经济矩阵表的经济含义，我们提出流向线读表法。

表 7-27 扩展后的国民经济总体矩阵表 单位:亿元

	序号	0. 货物和服务（资源）	经济总体 I. 生产	Ⅱ.1. 收入初次分配	Ⅱ.2./Ⅱ.3. 收入再分配	Ⅱ.4. 收入使用	Ⅲ.1. 资本	Ⅲ.2. 金融	Ⅲ.3. 资产其他变化	Ⅳ.1. 期初资产负债表	Ⅳ.2. 资产负债变化表	Ⅳ.3. 期末资产负债表	净值	V. 国外	合计
序号		1	2	3	4	5	6	7	8	9	10	11	12	13	14
0. 货物和服务（使用）	1		中间消耗 1 883			最终消费 1 399	资本形成总额 414							出口 540	4 236
经济总体 I. 生产	2	产出、生产进口税减生产进口补贴 3 737													3 737
经济总体 Ⅱ.1. 收入初次分配	3		国内生产总值 1 854	常住机构部门间原始收入流量 1 304										来自国外的原始收入流量 69	3 227
经济总体 Ⅱ.2./Ⅱ.3. 收入再分配	4			国民总收入 1 883	常住机构部门间经常转移 1 096，1 324①									来自国外的经常转移 10	2 989 3 217

① 不包括实物社会转移的常住机构部门间经常转移为 1 096，包括实物社会转移的常住机构部门间经常转移为 1324。

续表

		序号	0. 货物和服务（资源）	经济总体 I. 生产	Ⅱ.1. 收入初次分配	Ⅱ.2./Ⅱ.3. 收入再分配	Ⅱ.4. 收入使用	Ⅲ.1. 资本	Ⅲ.2. 金融	Ⅲ.3. 资产其他变化	Ⅳ.1. 期初资产负债表	Ⅳ.2. 资产负债变化表	Ⅳ.3. 期末初资产负债表	净值	Ⅴ. 国外	合计
经济总体	Ⅱ.4. 收入使用	5				可支配总收入、调整后可支配总收入 1 854	对住户养恤基金净权益变化的调整（常住机构部门间）11	固定资本消耗 -222								1 643
	Ⅲ.1. 资本	6					净储蓄 233	常住机构部门间资本转移 61				非金融资产净获得 -192	非金融资产净获得 192		来自国外的应收资本转移 -3	291
	Ⅲ.2. 金融	7						经济总体净借出 38	常住机构部门间金融资产交易 553			金融资产净获得 -641	金融资产净获得 641		对外负债净发生 50	641
	Ⅲ.3. 资产其他变化	8											其他变化引起的资产变化 379			379

续表

		序号	0. 货物和服务（资源）	经济总体											V. 国外	合计
				I. 生产	Ⅱ.1. 收入初次分配	Ⅱ.2./Ⅱ.3. 收入再分配	Ⅱ.4. 收入使用	Ⅲ.1. 资本	Ⅲ.2. 金融	Ⅲ.3. 资产其他变化	Ⅳ.1. 期初资产负债表	Ⅳ.2. 资产负债变化表	Ⅳ.3. 期末初资产负债表	净值		
经济总体	Ⅳ.1. 期初资产负债表	9											期初资产 16 714			16 714
	Ⅳ.2. 资产负债变化表	10								其他变化引起的净值变化 305		储蓄和资本转移引起的净值变化 230				535
	Ⅳ.3. 期末资产负债表	11								其他变化引起的负债变化 74	期初负债 6 298	金融负债净发生 603		期末净值 10 951		17 926
	净值	12									期初净值 10 416	净值变化 535				10 951
V. 国外		13	进口 499		流向国外的原始收入流量 40	流向国外的经常转移 39			对外金融资产净获得 88						①	622
合计		14	4 236	3 737	3 227	2 989 3 217	1 643	291	641	379	16 714	535	17 926	10 951	622	

① 货物和服务对外差额 -41，对外经常差额 -41，国外的净借入 38。

所谓流向线读表法，是指根据矩阵表行列间的平衡关系，划出流向线作为读表辅助线，以理清数字平衡关系的一种方法。其主要点如下。

(1)将各行与列的平衡点确定在矩阵表的主对角线上。

(2)一般地，可在每行数字的下边和每列数字的右边划出流向线，行流向线与列流向线在平衡点处连接。

(3)流向线一方面表明线上数字(行合计数)与线左数字(列合计数)是平衡相等的，另一方面也表明经济变量的流动方向，比如从货物和服务的来源到其使用。

(4)由于矩阵表有不少空白子阵，并且我们画流向线只是为了更准确地理解数字间的平衡关系，所以流向线的长度可随数字的分布而定，每行(列)的数字在哪里终止，流向线也就划到那里。

(5)划出的流向线通常有 ┌、┤、├、└、┐、┬、┘ 等形状，在阅读高阶矩阵表时，要将所画流向线归类，同样形状且并列在一起的流向线，通常表明了同样的平衡关系，读表时可归为一类。

(6)根据矩阵表中各行(列)的名称来理解各类流向线所代表的平衡关系和经济含义。

一般来说，矩阵表阶数越高，所包含的经济关系越复杂，流向线读表法的作用就越明显。另外，对已经掌握了矩阵表方法的人员来说，流向线读表法还有助于迅速地判断一个矩阵表的构造是否正确。

需要说明的是，这种方法是一种针对矩阵表的分析解剖方法，所以在应用时，还要注意对矩阵表的整体理解。

下面，我们就表 7－27 中货物和服务的来源与使用一块举例说明，从中了解流向线读表法的基本思想。

表 7－28 是表 7－27 的一个局部分析，表中，行列反映了一个经济一定时期内的货物和服务来源与使用流向。就整个经济来说，国内总产出(包括生产进口税减生产进口补贴)3 737，进口 499，合计 4 236，这是货物和服务的来源。其中，中间消耗 1 883，最终消费 1 399，资本形成总额 414，出口 540，这是货物和服务的使用，合计也为 4 236。用平衡式表示为：

国内总产出(包括生产进口税减生产进口补贴) + 进口 = 中间消耗 + 最终消费 + 资本形成总额 + 出口

$$3\,737+499=1\,883+1\,399+414+540$$

其他部分的流向线分析也是如此。把各个部分的流向线分析所得出的流向线表综合起来，便可得到关于表 7－27 的整个流向线表。

7.7.3.2　国民经济矩阵表的解读

在流向线读表法基础上，我们下面对国民经济矩阵表中的有关项目进行解读。

表 7-28　　货物和服务来源与使用流向线表　　单位:亿元

	0.货物和服务	Ⅰ.生产账户	Ⅱ.4收入和使用账户	Ⅲ.1资本账户	Ⅴ.国外	合计
0.货物和服务		中间消耗 1 883	最终消费 1 399	资本形成总额 414	出口 540	4 236
Ⅰ.生产账户	产出、生产进口税减生产进口补贴 3 737				使用	
Ⅴ.国外	进口 499				来源	
合计	4 236				(图例)	

(1)常住机构部门间原始收入流量(1 304)。表 7-27 中第 3 行第 3 列中列示的是"常住机构部门间原始收入流量 1 304",可以从横纵两个角度来理解。

横行表示资源,因此,从横行来看,它表示原始收入的来源。通过表 7-4 可以看出,原始收入来源包括雇员报酬 766、生产进口税减生产进口补贴 191、财产收入 416,三者相加等于 1 373。再看表 7-18 原始收入和经常转移对外账户中使用方的原始收入 69,国外的使用即为国内的资源,也就是说,在国民经济总体原始收入总资源的 1 373 中包括了来自国外的原始收入 69,这部分资源反映的是常住机构单位与非常住机构单位之间的交易行为,将此扣除后,反映的才是常住机构部门间的交易,因此,1 304 = 1 373 - 69。

纵列表示使用,从纵列来看,1 304 表示原始收入的支出去向。从表 7-3 和表 7-4 可以看出,原始收入的使用去向包括支付的雇员报酬 762、支付的生产进口税减生产进口补贴 191、支付的财产收入 391,三者相加为 1 344。再看表 7-18 资源方的原始收入 40,国外的资源即为国内的使用,这说明,在国民经济总体原始收入总使用的 1 344 中包括了支付给国外的原始收入 40,这部分使用反映的是常住机构单位与非常住机构单位之间的交易行为,将此扣除后,反映的才是常住机构部门间的交易行为,为此,1 304 = 1 344 - 40。

如果进一步观察表 7-25 就会发现,来自国外的原始收入 69(见使用方)包括来自国外的雇员报酬收入 6 和来自国外的财产收入 63;流向国外的原始收入 40(见资源方)包括支付给国外的雇员报酬 2 和支付给国外的财产收入 38。

(2)常住机构部门间经常转移(1 096,1 342)。表 7-27 中第 4 行第 4 列中列示的是"常住机构部门间经常转移 1 096,1 342",下面对此进行说明。

从横行来看,1 096 表示经常转移收入。通过表 7-5 可以看出,国民经济总体的经常转移收入为 1 106(所得、财产等经常税 213 + 社会缴款 322 + 实物社会转移以外的社会福利 332 + 其他经常转移收入 239)。再看表 7 - 18 使用方的经常转移支出 10,国外的使用即为国内的资源,也就是说,在国民经济总体经常转移收入 1 106 中,包括了来自国外的经常转移 10,这部分资源反映的是常住机构单位与非常住机构单位之间的交易行为,为此,应该扣除,扣除后的经常转移收入 1 096(1 106 - 10)反映的才是常住机构部门间的经常转移收入。

从纵列来看,1 096 表示经常转移支出。通过表 7 - 5 可以看出,国民经济总体的经常转移支出为 1 135。再看表 7 - 18 资源方的经常转移收入 39,国外的资源即为国内的使用。这就是说,在国民经济总体经常转移支出 1 135 中,包括了支付给国外的经常转移支出 39,这部分支出反映的是常住机构单位与非常住机构单位之间的经常转移支付,应该扣除,扣除后的经常转移支出 1 096(1 135 - 39)反映的才是常住机构部门间的经常转移支出。

如果将实物社会转移也包括进去的话,横行的经常转移收入就变成了 1 324(1 096 + 228),纵列的经常转移支出也变成了 1 324。

(3)常住机构部门间对住户养恤基金净权益变化的调整(11)。表 7 - 27 中第 5 行第 5 列交叉处列示的是"对住户养恤基金净权益的调整 11(常住机构部门间)",该数值与表 7 - 7 或表 7 - 8 中的相关数值相对应。通过表 7 - 7 或表 7 - 8 可以看出,资源方和使用方的"对住户养恤基金净权益变化的调整"均为 11,如果再观察表 7 - 25 就可以看出,该项目的获得是住户部门,该项目的支出是金融公司。

(4)常住机构部门间资本转移(61)。从横行来看,矩阵表中第 6 行第 6 列的数字表示应收资本转移。表 7 - 9 中记录的国民经济总体应收资本转移为 62,其中来自国外的应收资本转移为 1(见表 7 - 19,国外的应付资本转移是国内的应收资本转移),它反映的是常住机构单位与非常住机构单位之间的资本转移,将此扣除后的余额 61(62 - 1)反映的才是常住机构部门间的应收资本转移。

从纵列来看,矩阵表中第 6 行第 6 列的数字表示应付资本转移。通过表 7 - 9 可以看出,国民经济总体的应付资本转移为 65,其中支付给国外的应付资本转移为 4(见表 7 - 19,国外的应收资本转移是国内的应付资本转移),这部分反映的是常住机构单位与非常住机构单位之间的资本转移,将这部分扣除后的剩余 61(65 - 4)反映的才是常住机构部门间应付资本转移。

(5)常住机构部门间的金融交易(553)。从横行来看,矩阵表中第 7 行第 7 列的数字表示金融负债净发生。表 7 - 10 中记录的国民经济总体金融负债净发生为 603,其中对外负债净发生为 50(见表 7 - 20,国外的金融资产是国内的金融负债),这 50 反映的是常住机构单位与非常住机构单位之间的金融交易,将此扣除后的 553(603 - 50)反映的才是常住机构部门间发生的金融负债。

从纵列看,矩阵表中第 7 行第 7 列中的数字表示金融资产净获得,表 7 - 10 中记录的国民经济总体金融资产净获得为 641,其中对外金融资产净获得为 88

（见表 7－20，国外的金融负债就是国内的金融资产），这 88 反映的是常住机构单位与非常住机构单位之间的金融交易，将此扣除后的 553（641－88）反映的才是常住机构部门间获得的金融资产。

（6）虚拟项目和净值账户的引入。前面列举的例子中，涉及的都是有对应项的交易，这样才能保证一笔登录既可以从横行理解，也可以从纵列理解。但是，账户中的有些项目并没有对应项。如资产物量其他变化账户和重估价账户中的项目，为了将这些账户也引入到矩阵表中，需要作两点调整。一是引入虚拟项目，每一个虚拟项目用相反的符号表示两次，以做到在同一账户中自相抵消。这一调整会影响到矩阵表中的积累账户和资产负债表。如资本账户记录的"非金融生产和非生产资产获得减处置－92"和"非金融生产和非生产资产的获得减处置 92"、金融账户记录的"金融资产净获得－641"和"金融资产净获得 641"便是引入的虚拟项目。二是引入净值账户，以反映期初净值与期末净值之间的变化。虚拟项目和净值账户的引入是为了达到账户的平衡。

（7）第 6 行和第 6 列。对第 6 行和第 6 列的理解关键在于对"非金融资产净获得－192"和"非金融资产净获得 192"的理解（其他各项的解读前面已经涉及）。这两个项目便是引入的虚拟项目。通过表 7－9 可知，资本形成净额（即非金融生产资产）为 192（414－222）①，非生产非金融资产获得减处置为 0，二者相加为 192。

还有一个值得注意的问题是第 6 列的固定资本消耗－222，由于该数值出现在第 5 行和第 6 列交叉处，因此，在资本账户之前出现的平衡项均是以总额的形式表示出来的，而非用净额的形式表示出来，即经常账户的平衡项分别为国内生产总值、国民总收入、国民可支配总收入、调整后国民可支配总收入。只有资本账户的平衡项才以净额的形式表示出来，即记录为净储蓄。

（8）第 8 行和第 8 列。资产其他变化账户的横行表示资产，纵列表示负债和净值。从横行来看，资产及其他变化 379 等于资产物量其他变化账户中资产变化量 15（非金融资产10＋金融资产 5）（见表 7－11）加上重估价账户中资产变化量 364（非金融资产 280＋金融资产 84）（见表 7－12）。从纵列看，其他变化引起的净值变化 305 等于资产物量其他变化引起的净值变化 17（见表 7－11）和名义持有收益/损失引起的净值变化 288（见表 7－12）之和。其他变化引起的负债变化 74 等于资产物量其他变化账户中的负债－2（见表 7－11）和资产物量重估价账户中的负债 76 之和。资产变化 379＝负债变化 74＋净值变化 305。

（9）第 9 行和第 9 列。期初资产负债表的横行表示资产，纵列表示负债和净值。从横行来看，期初资产为 16 714，它等于非金融资产 9 922 和金融资产 6 792

---

① 它又等于固定资本形成净额 154（376－222）、存货变化 28 与珍贵物品的获得减处置 10 之和。为了简化表式，表 7－9 并未对此进行分解。

之和(见表7－13)。从纵列来看,期初负债为6 298,期初净值为10 416。期初资产16 714＝期初负债6 298＋期初净值10 416。

(10)第10行和第10列。从横行来看,其他变化引起的净值变化为305(资产物量其他变化引起的净值变化17和名义持有收益/损失引起的净值变化288之和),它已在前面进行了解释。储蓄和资本转移引起的净值变化为230(见表7－9)。行总和为535,它表示总的净值变化。

从纵列来看,储蓄和资本转移引起的净值变化为230(见表7－9)。金融负债净发生为603(见表7－10)。这两项加总起来为833,它与非金融资产净获得－192和金融资产净获得－641相抵消。所以,该列就剩下了第12行与第10列交叉处的“净值变化535”。从这个意义上看,该行和该列表示的平衡关系为:净值变化＝净值变化。

在对该行和该列的分析中,我们可以看出两个问题:一是对平衡关系的反映上。根据表7－14可知,资产负债变化表反映的平衡关系应该是:资产变化＝负债变化＋净值变化,或者净值变化＝资产变化－负债变化,但是该行和该列反映的平衡关系实际上是净值变化＝净值变化。二是对具体内容的反映上。由于该行只反映了净值变化,因此,该列就应该反映资产和负债的变化。但是该列对资产变化的记录是以负值的形式表示的,而且未反映资产物量其他变化引起的资产变化和重估价引起的资产变化。该列对负债的变化也只是记录了金融负债的净发生,未记录资产物量其他变化引起的负债变化和重估价引起的负债变化。该列对净值变化的记录有一定的重复成分,净值变化535反映的就是总的净值变化,再单列一项“储蓄和资本转移引起的净值变化230”未免有些重复。

正因为存在这些问题,所以,单从该行和该列来看,与表7－14中反映的资产负债变化不十分一致。其中很重要的一个原因是在本列中引入了两个虚拟项目——非金融生产和非生产资产获得减处置－192和金融资产净获得－641。只有这样处理才能达到账户的平衡(即保证每行和每列平衡)。也正因为这种处理,使得矩阵表中的积累账户和资产负债表与表7－25中反映的账户之间的关系并不完全对应。

我们对此进行说明,并不是说矩阵表没有反映综合经济账户中的所有内容,而是单从一对行和列来说,该对行和列反映的内容与相应账户中的内容不完全一致。为了做到既要反映综合经济账户中的所有内容,又要实现每一单一账户的平衡,矩阵表作了一些调整,调整后的矩阵表是可以反映综合经济账户中的所有内容的。如上面提到的其他变化引起的负债变化记录在第11行和第8列的交叉处。

(11)第11行和第11列。该横行表示的是“期末负债”＋“期末净值”,其中,期末负债为期初负债6 298与本期负债变化677(其他变化引起的负债变化74＋金融负债603)之和。

该纵列表示的是“期末资产”。期末资产 = 期初资产 16 714 + 本期资产变化 1 212（非金融资产净获得 192 + 金融资产净获得 641 + 其他变化引起的资产变化 379）= 17 926。

该行和该列表示的平衡关系为：期末负债 + 期末净值 = 期末资产。

（12）第 12 行和第 12 列。该横行表示的是期初净值 10 416；本期净值变化 535，它等于储蓄和资本转移引起的净值变化 230（见表 7 - 9）、资产物量其他变化引起的净值变化 17（见表 7 - 11）和名义持有收益/损失引起的净值变化 288 之和。

该纵列表示的是期末净值 10 951。

该行和该列表示的平衡关系为：期初净值 + 本期净值变化 = 期末净值。

本章小结

本章主要介绍了国民经济账户的特点、账户的组成关系及平衡项，介绍了综合经济账户及其组成部分、资产负债表、账户的解读和矩阵表示。

本章主要概念

国民经济账户　生产账户　收入分配账户　收入使用账户　资本账户　金融账户　资产负债账户

小知识

数据与“交易矩阵”

对外在世界的认识，不能仅依赖于感觉和感性，特别是对错综复杂的宏观经济世界，需要有数据来理性地说明情况到底是怎么回事？如果我们将国民经济核算体系看成是一个关于数据与信息交流的平台，那么，在国民经济核算体系的输出端口上，提供的正是这样的数据。在建立国民经济核算体系之初，“国民经济核算之父”R. Stone 的意图也是利用核算条例去发展一个以“交易矩阵”形式表现的国民经济核算主张，这个“交易矩阵”形式提供了或多或少发生在经济活动中的全部交易总量。通过这个体系，可以创造一种系统的数据库，并可用于许多不同的经济分析，人们可以根据各自的所需和偏好，利用这一资料库，却并不损害它。正如瑞典皇家科学院指出的那样：“国民经济核算……创立了一个基于大量经济分析水平之上的系统数据，这些经济分析包括不同经济活动类型的分析、通货膨胀分析、经济结构分析、增长分析，特别是各国之间的国际比较。”

下　篇

国民经济专题统计

8

国民经济价格统计

引例

据国家统计局公告，2011 年 11 月，中国居民消费价格总水平同比上涨 4.2%，其中城市价格上涨 4.2%，农村价格上涨 4.3%；食品价格上涨 8.8%，非食品价格上涨 2.2%；消费品价格上涨 5.0%，服务项目价格上涨 2.4%。另据国家统计局对全国 3.1 万个农业生产经营单位的生产价格调查结果显示，2011 年上半年全国农产品生产价格（指农产品生产者直接出售其产品时的价格）同比上涨 17.06%，其中种植业、林业、畜牧业和渔业产品价格分别上涨 11.21%，16.29%，22.98% 和 9.8%。以上数据说明什么问题？它们是如何计算的？再如，同样一种麦当劳套餐在美国的价格不足 5 美元，在中国是 20 元左右人民币，显然 1 美元的购买力与 1 元人民币的购买力是不同的，它们之间有怎样的数量关系？如何来衡量这种数量关系？这些都是本章要解释和讨论的问题。

本章主要学习目标

1. 了解国民经济价格核算中的不同价格形式。
2. 掌握衡量价格变动的基本思想与统计方法。
3. 理解居民消费价格指数、股票价格指数、工业品价格指数、农产品生产价格指数、固定资产投资价格指数的编制原理与方法。
4. 掌握通货膨胀的测定方法。
5. 了解购买力平价的基本原理与方法。

8.1 国民经济价格统计基本问题

8.1.1 国民经济价格统计的意义

价格是商品价值的货币表现,也是价值规律的表现,价值规律的作用通过价格的作用表现出来。价格的作用关系到生产关系的各个方面、再生产的一切领域,以及国民经济的一切部门。国民经济核算体系是按现行市场价格进行核算的,相同的物量、不同的价格可能会导致经济总量的巨大差异。可见,价格是影响一个国家或一个地区经济总量的重要因素。一个国家或一个地区不同时期的核算数据存在可比性问题,同一时期不同国家或地区的核算数据同样也存在可比性问题。因此,对国民经济价格及其变动进行深入的研究和分析具有重要的意义。

经常系统地收集、积累和整理国民经济价格水平的资料,可以正确反映各种价格水平,分析国民经济价格体系,研究商品差价和比价,为合理定价、调价提供依据;通过计算和分析各种价格指数,不仅可以反映价格变动的趋势和程度,使国民经济核算体系全面而准确地反映国民经济的运行情况,还能对通货膨胀、经济波动和经济增长进行系统分析和研究,也可获得不同国家国民经济总量之间的物量关系指标,对不同国家的生活水平、经济发展水平或生产力水平进行国际比较。

8.1.2 国民经济价格核算

在国民经济核算中,根据研究的不同要求和内容,可以采用不同的价格形式来估价经济活动的投入和产出。国民经济价格体系中的各种价格,具有不同的含义和作用。

8.1.2.1 生产者价格与购买者价格

生产者价格是生产环节包含在单位产出中直接和间接累计支付的雇员报酬、固定资本消耗、营业盈余和生产税净额的总和。其计算公式为:

$$\text{生产者价格} = \text{基本价格} + \text{生产税净额}$$
$$= \text{基本价格} + (\text{应付产品税} - \text{应收补贴})$$

根据联合国 1993 年 SNA 中的定义,基本价格是生产者生产单位货物和服务所应得到的价格,减去该单位货物和服务的生产或销售所应支付的产品税,加上该单位货物或服务所应得到的产品补贴。它不包括生产者在发票上单列的货物运输费用。

购买者价格是指流通环节包含在单位产出中直接和间接累计支付的雇员报

酬、固定资本消耗、营业盈余、商品税净额、商业费用和运输费用的总和。其计算公式为：

购买者价格 = 生产者价格 + 商业费用 + 运输费用

可见，生产者价格和购买者价格同属市场价格。前者是从生产者角度进行的估价，是商品进入市场的价格；后者是从购买者角度进行的估价，是购买者获得商品所支付的价格。工业品出厂价格、农业产品收购价格等属于生产者价格，而工农业生产中原材料等商品的购进价格、商品的零售价格等属于购买者价格。

8.1.2.2　批发价格与零售价格

批发价格与零售价格是由商品在流转过程中所处商业环节的不同所决定的。商品在出厂价格或收购价格的基础上，每经过一个商业环节，就需要加上一次运输费和商品附加费，就形成一种批发价格。批发价格是商品在企业之间进行交易所形成的价格，是商品在流通领域周转的价格。在进出口贸易中，进出口商品的到岸价格（CIF）和离岸价格（FOB）都是批发价格；在工业品方面，商业部门对轻工业所需原材料单位的供应价格，都属于批发价格。合理的批发价格能够促进各地区间的物资交流，使零售商业企业获得合理的利润。

零售价格又称消费者价格，是商品直接卖给消费者或其他使用者的价格，是商品流转至最后一个环节的最终价格。零售价格是商品出厂价格或收购价格加上不同层次商业环节的商品流通费用的结果，可以是商业部门向消费者销售商品的价格，或工农业生产者直接向消费者销售商品的价格。

8.1.2.3　当年价格与可比价格

当年价格是指经济行为发生时货物或服务的价格，即实际成交价格。按当年价格计算的经济总量指标直接用物量乘以其实际成交价格，它包括数量和价格两个因素的变动。不同的生产环节有不同的现行价格，如按当年生产者价格计算的产品出厂价格，按当年购买者价格计算的商品零售价格等。

在国民经济核算中，为了剔除由于通货膨胀而造成的核算结果虚增，真实地反映经济发展水平和状况，往往需要按可比价格进行核算。可比价格是指以某一固定时期的价格为基准，在一定时期不予变动的价格。按可比价格计算的经济总量指标不包括价格因素变动，仅包括数量因素变动，因而能确切地反映物量的变化。计算可比价格的经济总量指标一般采用价格指数进行换算。一般是利用平减物价指数对当年价格指标进行缩减，进而得到可比价格指标。例如，将当年价格国内生产总值换算为可比价格国内生产总值，可以采用双缩和单缩两种方法进行。双缩法是分别对总产出、中间投入用相应的平减物价指数缩减，得到可比价格总产出、中间投入，二者之差即为实际国内生产总值；单缩法是用总产值或中间投入的平减物价指数直接缩减国内生产总值。在实际工作中，由于总产出、中间投入详细的价格资料难以获取，多采用单缩法推算实际国内生产总值。

需要指出,2000 年以前,我国采用过直接用物量乘以其不变价格的方法来计算可比价格的经济总量指标。不变价格是指政府统计机构规定同类产品的年平均价格作为固定价格,在一定时期内,不论实际成交价格如何,不变价格都保持不变。如我国的工业总产值、农业总产值就是以产品产量乘以其不变价格计算的。国家统计局先后五次制定了全国统一的工业产品和农业产品不变价格,规定 1949 ~ 1957 年使用 1952 年不变价格,1957 ~ 1971 年使用 1957 年不变价格,1971 ~ 1981 年使用 1970 年不变价格,1981 ~ 1990 年使用 1980 年不变价格,1990 年开始使用 1990 年不变价格。由于不变价格主要与计划经济相适应,其编制工作也十分复杂,产品价格的地区差异又较大,所以现在已经取消了全国统一的不变价格。

8.2 价格变动统计

价格的变动主要是通过编制价格指数来测度的。当前我国统计部门编制的价格指数主要有居民消费价格指数,商品零售价格指数,农产品生产价格指数,农产品批发价格指数,农业生产资料价格指数,工业品出厂价格指数,原材料、燃料和动力购进价格指数,固定资产投资价格指数,进出口商品价格指数以及房地产价格指数等。它们反映了生产、流通、消费与投资等环节的价格变动趋势和变动幅度。此外,随着我国证券市场的不断发展和完善,股票价格指数也得到了较为广泛的使用。许多价格指数的编制方法都是相同的,限于篇幅,这里仅介绍几种有代表性的价格指数。

8.2.1 居民消费价格指数

8.2.1.1 编制居民消费价格指数的意义

居民消费价格指数(Consumer Price Index,CPI)也称消费者价格指数,它是反映一定时期内城乡居民所购买的生活消费品价格和服务项目价格变动趋势和程度的相对数。居民消费价格指数可以按照城市和农村分别编制,全国居民消费价格指数是对城市居民消费价格指数和农村居民消费价格指数进行综合汇总计算的结果。目前,全国、省、自治区、直辖市和 550 多个市县按月度和年度编制,国家统计局定期发布居民消费价格指数。

编制居民消费价格指数可以观察和分析消费品的零售价格和服务价格变动对城乡居民实际生活费支出的影响程度,为各级政府和部门掌握消费品价格状况,研究和制定价格、工资、货币和消费等政策,进行宏观经济调控提供依据。同时,它也是反映通货膨胀、进行国民经济核算的重要指标和根据。

8.2.1.2 编制居民消费价格指数的方法

编制居民消费价格指数一般需要经过下列步骤。

(1)对生活消费品和服务项目进行分类。现行的居民消费价格指数编制方案将生活消费品和服务项目分为食品、烟酒及用品、衣着、家庭设备用品及服务、医疗保健及个人用品、交通和通信、娱乐教育文化用品及服务和居住八大类;在八大类中划分中类,如医疗保健及个人用品分为医疗保健、个人用品及服务两类,医疗保健又分为医疗器具及用品、中药材及中成药、西药、保健器具及用品、医疗保健服务等类别;再在中类中划分小类,如医疗器具及用品可进一步分为血压计、体温计、健身球、医用胶布和磁化杯五类。于是,价格指数也有了总指数、类指数和个体指数三个层次。

(2)选取代表商品和代表规格品及服务项目。商品种类繁多,要定期调查每种商品的价格水平难以办到。因此,国家统计局在各类商品中选定300多种必报商品和服务项目编制居民消费价格指数。有些商品规格繁多,其价差也较大,因此需要从中选择若干规格品作为该商品的代表,通过调查其价格,计算个体价格指数,用以反映该商品价格水平的变化情况。大约有700个规格品种的商品和服务项目入选居民消费价格指数。

在选择代表规格品时要遵循下列原则:①与社会生产和人民生活关系密切;②销售量大;③生产前景较好,市场供应比较稳定;④价格变动趋势和程度具有较强的代表性,即价格变动趋势和程度对其他规格品具有较强的影响与牵引力;⑤所选的代表规格品之间差异大,即选中的规格品之间,性质相隔愈远愈好,价格变动特征的相关性愈低愈好。

(3)选择指数公式。居民消费价格指数的汇总计算采用加权算术平均式指数公式:

$$\text{单项商品或服务项目的价格指数} = \frac{\bar{p}_1}{\bar{p}_0} \tag{8.1}$$

式中:$\bar{p}_1$ 代表报告期平均价格;$\bar{p}_0$ 代表基期平均价格。

类指数的计算公式为:

$$\text{类指数} = \sum k_i \cdot \frac{w_i}{\sum w_i} \tag{8.2}$$

对于式(8.2),在计算小类指数时,k_i 为个体指数,w_i 为各项商品或服务项目的权数;在计算中类指数时,k_i 为小类指数,w_i 为各小类商品或服务项目的权数;在计算大类指数时,k_i 为中类指数,w_i 为各中类商品或服务项目的权数;在计算居民消费价格总指数时,k_i 为大类指数,w_i 为大类商品或服务项目的权数。

(4)确定权数。权数是权衡价格指数中各个类别、每一种商品或服务项目重要性的统计指标,其科学、准确与否直接影响着价格指数的科学性和准确性。

居民消费价格指数中的权数是指居民用于各类商品或服务项目的支出额在消费总支出中所占的比重。我国确定权数主要以全国城乡家庭消费调查资料为依据,其中城市居民家庭4万户,农村家庭7万户。权数一般用千分数表示,各类商品和服务项目的权数之和应等于1 000。按国际通行方法,权数确定后5年保持不变,5年后根据新的城乡住户调查资料计算。考虑到我国处于经济转型时期,居民消费行为、结构、内容及水平不断变化,因此,我国的CPI权重每年都会根据近期资料进行部分调整,5年作一次大的计算调整,以准确反映消费结构变化,确保价格指数计算的准确性。

为了取得商品和服务项目的价格资料,我国采用分层抽样的方式,在全国抽选出550多个市、县作为调查地区,从中选择了约35 000个商店和农贸市场作为调查点进行经常性的调查,以取得商品和服务项目的价格等资料。在选择调查地区时,国家和省两级所抽选调查市(县)不是人为的、主观的选定,而是为满足计算全省(自治区、直辖市)价格指数的需要,各省(自治区、直辖市)按照大中小兼顾以及地区分布合理原则,采用分层划类选择法抽选出来的;在选择调查点时,以大中型商业企业为主,兼顾其他,并尽量选择地处繁华区域的商店或农贸市场。通常采用派员的方式直接到调查点登记调查。

[例8-1] 某市2010年食品、烟酒及用品、衣着、家庭设备用品及维修服务、医疗保健及个人用品、交通和通信、娱乐教育文化用品及服务、居住的指数(%)分别为120.2,116.3,107.9,115.5,101.6,108.6,126.7,136.4,相应的权数(‰)为460,150,90,30,20,60,150,40。试计算居民消费价格指数。

解:居民消费价格指数的计算过程如表8-1所示。

表8-1 居民消费价格指数 2009年=100

序号	项　目	指数(%) k_i	权数(‰) w_i	指数×权数 $k_i \times w_i$
1	食品	120.2	460	55 292
2	烟酒及用品	116.3	150	17 445
3	衣着	107.9	90	9 711
4	家庭设备用品及维修服务	115.5	30	3 465
5	医疗保健及个人用品	101.6	20	2 032
6	交通和通信	108.6	60	6 516
7	娱乐教育文化用品及服务	126.7	150	19 005
8	居住	136.4	40	5 456
合　计		—	1 000	118 922

$$\text{居民消费价格指数} = \frac{\sum k_i w_i}{\sum w_i} = \frac{118\,922}{1\,000} = 118.92\%$$

需要指出，商品零售价格指数(Retail Price Index，RPI)与居民消费价格指数的编制方法和步骤基本相同，只是二者包括的内容有所不同。居民消费价格指数是反映城乡居民支付生活消费品和服务项目消费价格的综合变动；而商品零售价格指数反映的是工业、商业、餐饮业和其他零售企业向城乡居民、机关团体出售生活消费品和办公用品价格的综合变动，其调整变动直接影响到城乡居民的生活支出和国家的财政收入，影响居民购买力和市场供需平衡，影响消费与积累的比例。因此，计算零售价格指数，可以从一个侧面对上述经济活动进行观察和分析。目前，我国一般用商品零售价格指数衡量通货膨胀的程度。

8.2.2 工业品出厂价格指数

8.2.2.1 编制工业品出厂价格指数的意义

工业品出厂价格指数(Producer Price Index，简称 PPI)也称生产者物价指数，主要用以衡量各种商品在不同生产阶段的价格变化情形。它是反映一定时期内全部工业产品出厂价格总水平的变动趋势和程度的相对数，包括工业企业售给本企业以外所有单位的各种产品和直接售给居民用于生活消费的产品。该指数可以及时地观察工业品出厂价格的变化情况，反映出厂价格变动对工业总产值及增加值的影响，研究国民经济运行情况，为制定价格政策、改革价格体系提供依据。全国、省、自治区和所有被选中市按月度和年度编制，国家统计局定期发布工业品出厂价格指数。

8.2.2.2 工业品出厂价格指数的编制方法

工业品出厂价格指数将工业品划分为生产资料和生活资料两大类，又细分为采掘工业、原材料工业、加工工业、食品工业、衣着工业、一般日用品工业和耐用消费品工业 7 类；按工业部门分为冶金工业、电力工业、煤炭工业、石油工业、化学工业、机械工业、建材工业、森林工业、食品工业、纺织工业、缝纫工业、皮革工业、造纸工业、文教艺术用品工业和其他工业 15 类。从划分的各类别中选取近 800 种代表产品，5 000 多种代表规格品，以其价格的变动反映全部工业产品价格的变动趋势。在选择代表产品时要遵循下列原则：①各主要工业行业均有足够的代表产品；②对国计民生影响较大，其销售额所占比重较大；③产品价格变化趋势在同类产品中代表性较大。

对每种代表产品和规格品，一般应选择两个以上的企业调查其价格。代表企业主要在重点城市中选择，在选择时还应遵循下列原则：①注意合理分布，使各行业的代表产品均有代表企业；②兼顾大中小型企业；③中选企业应保持相对稳定。

工业品出厂价格指数一般采用加权算术平均数公式计算，具体步骤是：

(1)计算平均单价。先用简单算术平均法求得各代表产品(或代表规格品)基期和报告期的平均单价 $\bar{p}_0$ 和 $\bar{p}_1$。

(2)采用式(8.1)计算单项工业品即代表产品(或代表规格品)的出厂价格指数 k_i。

(3)采用式(8.2)计算工业品出厂价格类指数和总指数。式中:k_i 为单项工业品出厂价格指数(或类指数);w_i 为各工业产品的权数,权数来源于工业产品销售额统计资料。

8.2.3 固定资产投资价格指数

8.2.3.1 编制固定资产投资价格指数的意义

固定资产投资价格指数(Price Indices for Investment in Fixed Assets)是反映一定时期内固定资产投资品及取费项目的价格变动趋势和程度的相对数。编制固定资产投资价格指数,可以准确地反映固定资产投资中涉及的各类投资品和取费项目价格的变动趋势和幅度,消除按现行价格计算的固定资产投资指标中的价格变动因素,从而真实地反映固定资产投资的规模、速度、结构和效益,为编制和检查固定资产投资计划、有效实施宏观调控、进行国民经济核算提供科学依据。

8.2.3.2 固定资产投资价格指数的编制方法

固定资产投资额是由建筑安装工程投资完成额、设备工器具购置投资完成额和其他费用投资完成额三部分组成的。所以,固定资产投资价格指数将固定资产投资分为建筑安装工程投资、设备工器具购置和其他费用投资三大类,再在每大类投资中划分中类、小类。先分别计算小类、中类、大类的价格指数,最后再按式(8.2)计算固定资产投资价格总指数。式中:k_i 为分类价格指数;$\frac{w_i}{\sum w_i}$ 为建筑安装工程投资、设备工器具购置和其他费用投资的前三年(不包括本年)投资完成额之比重,即权数。

在选择调查样本时应注意遵循下列原则:样本单位应当具有一定的覆盖面,其投资经济活动的代表性比较强,要兼顾不同的经济类型、国民经济各门类及不同工程类别,要选择重点工程和投资额大的工程。固定资产投资价格指数的价格及权数资料依靠重点调查与典型调查相结合的方式搜集。

8.2.4 股票价格指数

8.2.4.1 股票价格指数的概念和作用

股票价格指数(Stock Market Index)简称股价指数,它是反映股票市场价格变动趋势和程度的综合性指标。由于政治、经济、股票供求关系以及投资者预期等诸多因素的影响,股票价格经常处于变动之中。为了能够综合地反映这种变化,世界各地的股票市场都编制股票价格指数。

通过观察个股股票价格指数的升降,我们可以了解各个股票价格的变动情况,在此基础上结合股票价格总指数的涨跌,即可迅速把握股市总体价格水平的变化趋势。此外,股市是经济发展的"晴雨表",通过股票价格指数的变动,我们可了解一国(地区)的经济状况。2007 年源自于美国的金融危机严重影响了世界各国的经济发展,这种现象在股市上反映得十分突出。从这里我们可以充分认识到股价指数的变化能够十分灵敏地映射出某一国家或地区的经济运行状况。

8.2.4.2　股票价格指数的编制要求及方法

股票价格指数的编制应符合客观、准确、灵敏的要求。在编制过程中,要处理好以下几个问题。

(1)正确选择具有代表性的若干种股票(又称样本)作为计算对象。在选择样本股票时,必须综合考虑行业分布、市场影响力、股票等级和数量适当等原则。

(2)采用恰当的计算方法进行编制计算。计算方法应具有高度适应性和较好的敏感性,能对不断变化的股市行情作出相应的调整或修正。此外,还需要有科学的计算依据和手段,计算依据的时间间隔必须一致,计算手段也须不断完善,使股价指数能客观、准确地反映股市行情。

(3)选好计算股价指数的基期。基期应具有较好的代表性和均衡水平,使各个不同时期的股价指数具有可比性,如实反映股市活动的变化情况。

一般说来,全世界各个股市的股票价格指数的具体编制过程都不完全相同,采用的编制方法也多种多样,但基本的编制方法是简单指数法和加权指数法,加权公式中的权数既可以是发行量,也可以是成交量。目前世界上大多数股价指数都是以报告期的发行量为权数的帕氏指数,也有少数证券交易所采用拉氏公式编制股票价格指数(如香港恒生指数、德国法兰克福证券交易所的股价指数、美国的标准普尔指数等)。

8.2.4.3　几种有代表性的股票价格指数

有代表性的股价指数包括:道—琼斯股价指数、标准普尔股价指数、纽约证券交易所股价指数、金融时报股价指数、恒生指数、上证指数和深证成指等。

(1)美国的股票价格指数。

A. 道—琼斯股票价格指数(Dow Jones Stock Average)。道—琼斯股票价格平均指数是美国道—琼斯公司编制并公布的,用以反映美国纽约股票市场行情变动的一种股票价格指数。它不仅是美国最重要的股价指数,而且是世界金融市场上最著名、影响最大、最具权威性的股价指数。

1884 年,美国道—琼斯公司创始人之一查尔斯·道首次公开发表了根据 11 种有代表性的股票价格以简单算术平均法计算而成的股价平均指数。100 多年来,道—琼斯股价指数几经变动,采样股票由最初的 11 种增加到目前的 65 种(其中工业股票 30 种,运输业股票 20 种,公用事业股票 15 种)。现在的道—琼斯股价指数共分四组。

第一组:工业平均指数。它由 30 种有代表性的大工业公司的股票组成,埃克森公司、通用汽车公司和美国钢铁公司等均在其内。

第二组:运输业平均指数。它包括 20 种有代表性的运输业公司的股票,如泛美航空公司、环球航空公司等。

第三组:公用事业平均指数。它以 15 家著名的公用事业公司股票为编制对象。

第四组:综合指数。即根据以上三组中的 65 种股票计算出来的股价平均指数。

现在各新闻媒体中公布的道—琼斯股价平均指数通常指第一组工业平均指数,即 Dow Jones Industrial Average,简称 DJIA。随着经济的发展及产业与行业结构的不断调整,特别是发生样本股票变更和增资除权时,如仍采用简单算术平均法,就无法反映股价的真实变化,因此,道—琼斯公司从 1928 年 9 月 10 日开始,采用"修正平均法"计算股价平均指数。

道—琼斯股价平均指数历史悠久,问世百余年来,从未间断编制和公布,具有良好的连贯性、可比性和参考性。它所选择的样本股票均为美国经济界实力雄厚的大股份公司的股票,这些股票价格的变动对股票市场具有举足轻重的影响。因此,道—琼斯平均股价指数历来为世界各证券交易所和投资者所看重。不过,它所选择的样本股数量过少且多为热门股,也未包括近年来发展迅速的服务性行业和金融业公司,缺乏广泛的代表性,而且计算时未加权,故样本股中少数几种股票价格的暴涨暴跌对股价平均指数的影响较大。

B. 标准普尔股票价格指数(Standard and Poor's Composite Index)。标准普尔股价指数又称标准普尔 500 指数,它是美国最大的证券研究组织——标准普尔公司从 1923 年开始编制发表的,用以反映美国股票市场行情变化的股票价格指数。最初采用的股票样本共 233 种,1957 年扩大到 500 种,其中工商业股票 400 种,运输业股票 20 种,公用事业股票 40 种,金融业股票 40 种。标准普尔股票价格指数由于采样面广(它是根据占纽约证券交易所市价总额 75% 以上的普通股票计算出来的),而且其随机抽样计算对象中包括上、中、下各类股票,因此具有较强的代表性和敏感性。此外,相较于道—琼斯股票价格指数,标准普尔股票价格指数是采用市值加权,能更精确地反映股票市场的变化。

C. 纽约证券交易所股票价格指数(New York Stock Exchange Stock Price Index)。该指数简称 NYSE 指数,由纽约证券交易所于 1966 年 6 月开始编制与公布,成分股为在纽约证券交易所上市的 1 570 种股票,具体包括工业类股票1 093 种,金融业股票 223 种,运输业股票 65 种,公用事业股票 189 只。

纽约证券交易所股票价格指数是以 1965 年 12 月 31 日为基期,基点确定为

50 点，由纽约证券交易所每半小时公布一次指数的变动情况。该指数虽然编制时间不长，但因为能全面及时地反映股票市场活动的综合状况，因而较受投资者欢迎。

D. 纳斯达克综合指数（Nasdaq Composite Index）。纳斯达克（NASDAQ）是美国全国证券交易商协会于1968年着手创建的自动报价系统名称的英文简称，其特点是收集和发布场外交易非上市股票的证券商报价，现已成为全球最大的证券交易市场，目前的上市公司有5 200多家。纳斯达克又是全世界第一个采用电子交易的股市，它在55个国家和地区设有26万多个计算机销售终端。

纳斯达克综合指数是反映纳斯达克证券市场行情变化的股票价格平均指数，基本指数为100。纳斯达克的上市公司涵盖所有新技术行业，包括软件和计算机、电信、生物技术、零售和批发贸易等。主要由美国的数百家发展最快的先进技术、电信和生物公司组成，包括微软、英特尔、美国在线、雅虎这些家喻户晓的高科技公司，因而成为美国“新经济”的代名词。

纳斯达克代表着金融产品行业的创新和影响新势力，纳斯达克综合指数是代表各工业门类的市场价值变化的晴雨表，因此，纳斯达克综合指数相比标准普尔500指数、道—琼斯工业指数更具有综合性。目前，纳斯达克综合指数包括5 000多家公司，超过其他任何单一证券市场。因为它有如此广泛的基础，已成为最有影响力的证券市场指数之一。

(2)其他国家和地区的股票价格指数。

A. 金融时报股票价格指数（Financial Times Ordinary Shares Index）。该指数全称为“伦敦《金融时报》工商业普通股股票价格指数”，用来反映伦敦证券交易所行情的变动。它由英国《金融时报》于1935年7月1日起编制，并以该日期作为指数的基期，基点为100点，采用几何平均法进行计算。

该指数最早选取在伦敦证券交易所挂牌上市的30家代表英国工业的大公司的股票为样本，是欧洲最早和最有影响的股票价格指数。目前的金融时报指数由30种、100种和500种等各组股票价格平均数构成，范围涵盖各主要行业。通常所讲的金融时报指数指的是由30种有代表性的工商业股票组成并采用加权算术平均法计算出来的价格指数。

由于1888年创刊的英国《金融时报》每天都详细登载伦敦金融市场，特别是证券交易所的行情变化、市场动向及国内外的政治、经济动态，发行量很大，因此，该指数不仅是英国股票市场，而且也是世界金融市场上颇有影响的股价指数。

B. 德国法兰克福DAX指数（DAX Index of Germany Frankfurt）。该指数又称DAX30指数，是由德意志交易所集团（Deutsche Börse Group）推出的一个包含30家主要的德国公司的蓝筹股指数。它是全欧洲与英国伦敦金融时报指数齐名的重要证券指数，也是世界证券市场中的重要指数之一。DAX30 指数的期货和期权合约在欧洲期货期权交易所(EUREX)挂牌买卖。

DAX30 指数于 1987 年推出，1988 年 7 月 1 日起开始正式交易，基准点为 1 000点，以市值加权。指数以“整体回报法”进行计算，即在考虑公司股价的同时，考虑预期的股息回报。与其他指数不同的是，DAX30 指数试图反映德国股市的总收益情况，而其他指数则只反映市场价格的变化。DAX30 指数考虑到股息收入，名义上将所有股息收入(按成分股的比重)再投资在股票上。如此，即便德国股票价格没有变动，DAX30 指数仍可能因股息收入而上涨。

C. 日经股票价格指数(Nikkei Stock Average)。该指数由日本经济新闻社从 1950 年 9 月开始编制并公布，用以反映日本股票市场价格的变动，简称日经指数。日经指数按采样数目的不同，分为两类：一是日经 225 指数，包括 225 种在东京证券交易所第一市场上市的股票，样本选定后原则上不再更改；另一类是日经 500 指数，从 1982 年 1 月 4 日开始编制，样本股有 500 只，并且每年 4 月份要根据上市公司的经营状况、成交量、成交金额和市价总值等因素进行更换。

D. 香港恒生指数(Hong Kong's Benchmark Hang Seng Index)。恒生指数是香港股票市场上历史最久、影响最大的股票价格指数，它是由香港恒生银行所属的恒指服务有限公司于 1969 年 11 月 24 日开始编制和公布的，用以反映香港股市的变化。恒生指数最初选定的成分股有 30 种，1980 年 12 月改为 33 种，分别代表不同的行业，其行业分布是：金融业 4 种，公用事业 6 种，地产业 9 种，工商业(包括航空和酒店)14 种。恒生指数的样本股票是具有行业代表性、经济实力雄厚且有一定影响的大公司，其股票价格的升降足以牵动整个香港股市价格的涨跌。特别是 1986 年 4 月，香港原来的 4 家证券交易所(香港证券交易所、远东交易所、金银证券交易所和九龙证券所)合并为香港联合交易所正式开业，结束了香港股票市场原来的 5 种指数(恒生指数、远东指数、金指数、银指数、金银综合指数)并存的局面，现在只编制恒生指数和香港指数两个指标。但新编制的香港指数 45 种成分股中，半数以上为恒生指数的成分股，而且缺乏连贯性和可比性，因此恒生指数目前是香港股市反映股价变动情况的重要指标。

恒生指数的编制以 1964 年 7 月 31 日为基期，因为这一天香港股市运行正常，成交值均匀，可反映整个香港股市的基本情况，基点确定为 100 点。其计算方法是将 33 种股票按每天的收盘价乘以各自的发行股数为计算日的市值，再与基期的市值相比较，乘以 100 就得出当天的股票价格指数。由于恒生指数所选择的基期适当，因此，不论股票市场狂升或猛跌，还是处于正常交易水平，恒生指数基本上能反映整个股市的活动情况，所以一直是衡量香港股市的主要尺度。

(3)中国内地的股票价格指数。

A. 上证综合指数(简称上证指数，Shanghai Composite Index)。该指数是由上海证券交易所编制，反映上海证券交易所上市股票价格变动的动态指标。上证指数以开业时上市的全部 8 种股票为样本，以正式开业日 1990 年 12 月 19 日为基期，采用市价总额加权计算得到。其计算公式为：

$$\text{股价指数}=\frac{\text{报告期市价总值}}{\text{基期市价总值}}\times 100 \tag{8.3}$$

上证指数的具体计算方法是，用基期和报告期股票的市价分别乘以其发行量，相加后求出基期和报告期市价总值，再相除后乘以 100 得出报告期股价指数。如遇报告期前一日出现增资扩股或新增股票（删除旧股），则须相应修正，式(8.3)中的分母成为新基准市价总值，其计算公式为：

$$\text{新基准市价总值}=\frac{\text{修正前基期}}{\text{市价总值}}\times\frac{\text{修正前基期市价总值}+\text{市价总变动额}}{\text{修正前市价总值}}\times 100$$

上证指数采用股票发行量作为权数，基本符合目前上海证券市场的股价状况，从而成为分析上海股市变化的重要依据。

随着上市品种的逐步丰富，上海证券交易所在这一综合指数的基础上，从 1992 年 2 月起分别公布 A 股指数和 B 股指数，1993 年 5 月 3 日起正式公布工业、商业、地产业、公用事业和综合五大类分类股价指数。

B. 深证成分股指数（简称深证成指，Shenzhen Component Index）与深证综合指数（简称深证综指，Shenzhen Composite Index）。深证成指与深证综指均是深圳证券交易所编制和发布的股价指数，只是前者是一种成分股指数，是从上市的所有股票中抽取具有市场代表性的 40 家上市公司的股票作为计算对象，并以流通股为权数计算得出的加权股价指数，综合反映深交所上市 A、B 股的股价走势；后者以深圳证券交易所挂牌上市的全部股票为计算范围，以计算日总股本数（即发行量）为权数加权计算股价指数，综合反映深交所全部 A 股和 B 股上市股票的股价走势。此外，深证综指以 1991 年 4 月 3 日为基日，基日指数定为 100 点，1991 年 4 月 4 日开始发布；深证成指的基日为 1994 年 7 月 20 日，基日指数定为 1 000 点，于 1995 年 1 月 23 日开始试发布，1995 年 5 月 5 日正式启用。

深证成指的基本公式为：

$$\text{股价指数}=\frac{\text{报告期成分股总市价}}{\text{基期成分股总市价}}\times 1\,000$$

当有新股上市时，在其上市后的第二天即纳入成分股计算。当某一成分股暂停买卖时，便将其剔除于指数计算之外，若有成分股在交易时间突然停盘，将取其最后成交价格计算即时指数，直到收市后再进行必要的调整。

上证指数和深证成指是反映我国沪深股票市场股票价格走势的基本指标。除此之外，目前，反映上海证券交易所股票价格变动的指数还有上证 A 股指数、上证 B 股指数、上证 180、上证 50 以及上证工业指数、商业指数、地产指数、制造指数、纺织指数等行业指数；反映深圳证券交易所股票价格变动的指数有深证 A

股指数、深证B股指数等综合指数，以及成分A股指数、成分B股指数、工业类指数、商业类指数、金融类指数、地产类指数、公用事业类指数、综合企业类指数等分类成分股指数。这些指数的编制原理和方法基本相同，只是编制和发布单位、入选股票样本、股指基日和基日指数等有所区别，这里不再赘述。

C. 沪深300指数(Hushen 300 Index)。沪深300指数是由上海证券交易所和深圳证券交易所共同开发的中国A股市场股价指数，用以综合反映沪深市场A股整体走势的跨市场股票价格指数。它的样本选自沪深两个证券市场，覆盖了沪深市场6成左右的市值，其成分股票为我国A股市场中代表性强、流动性高、交易活跃的主流投资股票，涉及银行、钢铁、石油、电力、煤炭、水泥、家电、机械、纺织、食品、酿酒、化纤、有色金属、交通运输、电子器件、商业百货、生物制药、酒店旅游、房地产等数十个主要行业的龙头企业，具有良好的市场代表性，能够反映A股市场总体发展趋势。

指数成分股的选择空间是：上市交易时间超过一个季度；非ST，*ST股票，非暂停上市的股票；公司经营状况良好，最近1年无重大违法违规事件，财务报告无重大问题；股票价格无明显的异常波动或市场操纵；专家委员会没有异议。入样股票的选取标准是：规模大、流动性好。为此，首先要计算样本空间股票最近1年(新股为上市以来)的日平均总市值、日均流通市值、日均流通股份数、日均成交金额和日均成交股份数5个指标，再将上述指标的比重按2:2:2:1:1进行加权平均，然后将计算结果从高到低排序，选取排名在前300的股票。此外，依据样本稳定性和动态跟踪相结合的原则，沪深300指数每半年调整一次成分股，每次调整比例一般不超过10%。样本调整设置缓冲区，排名在240名内的新样本优先进入，排名在360名之前的老样本优先保留。当样本股公司退市时，自退市日起，从指数样本中剔除，由过去最近一次指数定期调整时的候选样本中排名最高的尚未调入指数的股票替代。

沪深300指数以2004年12月31日为基日，以该日300只成分股的调整市值为基期，基期指数定为1 000点，自2005年4月8日起正式发布。计算公式为：

$$股价指数=\frac{报告期成分股的调整市值}{基期成分股的调整市值}\times 1\,000$$

其中，调整市值 = $\sum$(市价×调整股本数)。调整股本数采用分级靠档的方法对成分股股本进行调整。例如，某股票流通股比例(流通股本/总股本)为7%，低于20%，则采用流通股本为权数；某股票流通比例为35%，落在区间(30,40)内，对应的加权比例为40%，则将总股本的40%作为权数。

8.2.5 农产品生产价格指数与房地产价格指数

农产品生产价格指数(Price Index of Agricultural Production)是反映一定时

期内,农产品生产者出售农产品价格水平变动趋势及幅度的相对数。该指数可以客观反映全国农产品生产价格水平和结构变动情况,满足农业与国民经济核算需要。其中,某代表品生产价格指数是通过对全部有出售该产品行为的调查单位的个体指数进行几何平均求得的,类价格指数是通过对其所属的类(或代表品)的价格指数进行加权平均求得的。季度累计价格指数的计算方法与分季指数的计算方法相同。

国家统计局自2002年开始编制并发布农产品生产价格指数,之前一直编制和发布农副产品收购价格指数。农副产品收购价格指数是反映国有商业、集体商业、个体商业、外贸部门、国家机关和社会团体等各种经济类型的商业企业和有关部门收购农产品的价格变动趋势和程度的相对数。编制农副产品收购价格指数可以观察和研究农产品收购价格的变动情况及其对农产品生产者、收购者货币收支的影响,研究工农业产品比价关系,为国家制定和检查农产品收购政策、实行国民经济核算提供重要依据。但是,随着农副产品价格的全面放开,编制农副产品收购价格指数的意义已不大,因此,自2001年起《中国统计年鉴》中取消了农副产品收购价格指数。

8.2.6 房地产价格指数

房地产价格指数(Price Index of Real Estate)是反映一定时期内房地产价格变动趋势和程度的相对数,包括房屋销售价格指数、房屋租赁价格指数、土地交易价格指数和物业管理价格指数,它们全面反映了土地出租、房屋销售和房屋租赁价格的变动趋势和程度,对于推动我国住房制度改革、制定有关政策、实施宏观调控都具有重要意义。这四套指数的计算方法相似,均采用由下到上逐级汇总的方法,即由细项到小类,由小类到中类,再由中类到大类,最后由大类汇总出总指数。这里仅介绍房屋销售价格指数的编制步骤。

(1)计算细项、小类、中类价格指数。其计算公式为:

$$K_{细、小、中} = \frac{\sum W_i}{\sum \frac{W_i}{K_i}}$$

式中:K_i 为细项、小类或中类中第 i 个调查对象的个体指数,即第 i 个调查对象的报告期与基期单价之比;W_i 表示权数,即不同调查对象的报告期销售额。

(2)计算大类价格指数。其计算公式为:

$$K_{大} = \sum K_{中} \cdot \frac{W_{中}}{\sum W_{中}}$$

式中:$K_{中}$ 为该大类下某中类的价格指数;$\frac{W_{中}}{\sum W_{中}}$ 为中类权数,即某中类上年的销售额占全社会销售额的比重。

(3)编制房屋销售价格总指数。根据计算出的商品销售、公房销售和私房销售三大类的类指数,汇总计算总指数,计算公式为:

$$K_{总} = \frac{K_1 \times W_1 + K_2 \times W_2 + K_3 \times W_3}{W_1 + W_2 + W_3}$$

式中:K_1,K_2,K_3 分别为商品房销售、公房销售和私房销售三大类类指数;W_1,W_2,W_3 分别表示上年度商品房销售、公房销售和私房销售的金额。

我国于 1998 年 4 月 17 日首次编制并向社会发布房地产价格指数,当时国家计委和国家统计局联合发布了 1998 年 1 季度全国 35 个大中城市房地产价格指数,以后定期编制并发布房地产价格指数。

8.3 通货膨胀统计

通货膨胀是宏观经济管理中的一个难题,是各国政府、学者和民众共同关注的重要问题。过度的通货膨胀将引发物价飞涨、民众实际生活水准降低,引起收入和财富的再分配,扭曲商品相对价格,降低资源配置效率,促发泡沫经济,乃至损害一国的经济基础和政权基础。然而,为抑制通货膨胀而采取的货币政策和财政政策通常又会导致高失业和 GNP 的低增长。因此,研究什么是通货膨胀、如何测度通货膨胀、怎样对通货膨胀的成因和效应进行分析等问题具有重要的意义,这些问题正是本节所要阐述和讨论的。

8.3.1 通货膨胀的基本概念

8.3.1.1 通货膨胀的定义

西方经济学对通货膨胀的定义是多种多样的,这主要是因为对通货膨胀下定义的角度不同。不过,众多的说法虽有一定差别,但大致可分为两大类。一类观点是侧重通货膨胀造成的结果,认为通货膨胀是指一般物价水平出现持续性普遍上升的过程,或者从同等意义上说,通货膨胀是货币不断贬值的一种过程;另一类观点是强调通货膨胀产生的原因,认为当货币量增长的速度超过了生产增长的速度,即流通中货币供应量超过实际需求量时就发生了通货膨胀。由此可见,通货膨胀现象应该包含两个方面的内容:流通中货币数量的持续和过度增长,以及由此引起的物价水平全面和持续的上涨。所以,目前越来越多的经济学家倾向于把这两方面的内涵结合起来定义通货膨胀。

从上述定义看,通货膨胀不是指个别商品价格上涨,而是指价格总水平(即所有商品价格的加权平均)的上涨;通货膨胀也不是一次性或短期的价格总水平上升,只有当价格持续上升,趋势不可逆转时,才可称之为通货膨胀。

作为一般意义上的价格持续且显著的上涨，通货膨胀被认为是宏观经济运行中的一种病态。通货膨胀给经济增长、收入分配、消费等经济运行和发展等诸多方面带来了许多负面的影响，对经济运行产生了许多不利的作用。不过，也有经济学家对通货膨胀的积极意义予以关注。

8.3.1.2　通货膨胀的分类

按照不同的标准，对通货膨胀有不同的分类。

(1)按价格上升的速度，通货膨胀可区分为爬行的通货膨胀、温和的通货膨胀、奔腾的通货膨胀和恶性通货膨胀。物价上涨在2%～3%为爬行的通货膨胀；温和的通货膨胀是指每年物价上升的比例在10%以内；每年物价上升的比例达到两位数即为奔腾的通货膨胀；若物价每月的上升速度超过50%就属于恶性通货膨胀，恶性通货膨胀也称超级通货膨胀。

(2)按价格变动的程度，通货膨胀被区分为平衡的和非平衡的通货膨胀。平衡的通货膨胀是指每种商品的价格都按相同的比例上升；非平衡的通货膨胀是指各种商品价格上升的比例不完全相同。

(3)按人们预料的程度区分，通货膨胀有未预期到的和预期到的通货膨胀。未预期到的通货膨胀是指价格上升的速度超出人们的预料，或者人们根本没有想到价格会上涨；预期到的通货膨胀又称惯性的通货膨胀，在实际中，一旦形成通货膨胀，便会持续一段时期，预期到的通货膨胀就是指在一个较为稳定的环境中，人们根据以往历史数据预计到未来的物价水平将会按照某一比例变动。

8.3.1.3　通货膨胀的成因

通货膨胀产生的原因十分复杂，西方经济学家提出了种种解释，大体可以分为三个方面：第一个方面为货币数量论的解释，这种解释强调货币在通货膨胀过程中的重要性，每一次通货膨胀的背后都有货币供给的迅速增长，货币流通速度的变化、货币增长和产量增长是通货膨胀的三个主要来源，而货币供给的增加是通货膨胀的基本原因；第二个方面是用总需求与总供给来解释，包括从需求的角度和供给的角度来解释；第三个方面是从经济结构因素变动的角度来说明通货膨胀的原因。相应的，通货膨胀也大体分为需求拉动通货膨胀、成本推动通货膨胀、需求拉动与成本推动混合型通货膨胀、结构性通货膨胀等类型。

(1)需求拉动通货膨胀又称超额需求通货膨胀，是指总需求超过总供给所引起的一般价格水平的持续显著的上涨，过多的货币对既定商品和劳务过度需求。

(2)成本推动通货膨胀又称成本通货膨胀或供给通货膨胀，它是指在没有超额需求的情况下，由于供给方面成本的提高所引起的一般价格水平持续和显著的上涨。工资过度上涨、利润过度增加、进口商品价格上涨是造成成本向上移动的主要原因。

(3)需求拉动与成本推动混合型通货膨胀是指造成通货膨胀的原因并不是

单一的,而是各种原因同时推进价格水平的持续上涨,比如,通货膨胀是由需求拉动开始的,即过度的需求增加导致价格总水平上涨,价格总水平的上涨又成为工资上涨的理由,工资上涨又形成成本推动的通货膨胀。

(4)结构性通货膨胀是指在没有需求拉动和成本推动的情况下,只是由于社会经济部门结构失衡而引起的物价普遍上涨,这种类型的通货膨胀一般在发展中国家较为突出。

8.3.1.4 通货膨胀的经济效应

通货膨胀的经济效应主要从下面三个方面来考察。

(1)对经济发展的影响。通货膨胀时物价上涨,使价格信号失真,容易使生产者的生产活动误入歧途,导致生产的盲目发展,造成国民经济的非正常发展,使产业结构和经济结构畸形化,从而导致整个国民经济的比例失调。当通货膨胀所引起的经济结构畸形化需要矫正时,国家必然会采取各种措施来抑制通货膨胀,结果会导致生产和建设的大幅度下降,出现经济的萎缩,因此,通货膨胀不利于经济的稳定、协调发展。

(2)对收入分配的影响。通货膨胀导致货币贬值,使一些收入较低的居民的生活水平不断下降,使广大居民的生活水平难以提高。当通货膨胀持续发生时,就有可能造成社会的动荡与不安宁。

(3)对对外经济关系的影响。通货膨胀会降低本国产品的出口竞争能力,引起黄金外汇储备的外流,从而使本币贬值。

8.3.2 通货膨胀的统计测定

8.3.2.1 从价格变动角度测定通货膨胀

通货膨胀在经济过程中表现为价格水平的上涨,测定通货膨胀的主体指标为通货膨胀率。通货膨胀率被定义为一般价格总水平在一定时期(通常是一年)内的上涨率,它反映通货膨胀的幅度。如果价格指数增长率大于零,说明存在通货膨胀;如果价格指数增长率小于零,则说明这一时期出现了通货紧缩。通货膨胀率可以按月、季、年度来计算,但以年度指标为主。其计算公式为:

$$\text{通货膨胀率}(\%)=\frac{\text{报告期价格指数}}{\text{基期价格指数}}\times 100\%-100\% \qquad (8.4)$$

采用物价总水平上涨率这种简单、实用而有效的方法来测度通货膨胀是目前世界上许多国家的通行做法。但是,测定通货膨胀时,需要选择一种价格指数来代表一般价格水平的变动,可供选择的价格指数主要有以下几种。

(1)批发价格指数,即生产者价格指数。它反映不同时期商品批发价格水平的变动情况,包括的商品范围较广,既有消费资料,又有生产资料。由于它反映了商品流通过程初始阶段的价格水平及其变化,因而对经济周期变化较为敏感,用它来计算通货膨胀率,便于对通货膨胀进行早期预警,特别是对成本推进型通货膨胀的测定效果更好。选用这种指数的缺点是,不能反映劳务价格水平的变化,不适应劳务活动比重上升的发展趋向。另外,我国现行的批发价格指数的编制也有待进一步开发。

(2)零售价格指数。它是用零售价格指数变动率来反映通货膨胀。优点是零售价格指数在我国的编制历史较长,时效性强,有较好的实践基础,资料也容易获取。但零售价格指数范围较窄,生产资料价格不在其内,也不包括劳务价格,难以反映一般价格水平的变动,特别是短期通货膨胀变动。

(3)居民消费价格指数(CPI)。世界上大多数国家都把居民消费价格指数作为通货膨胀指标,并根据 CPI 的变化来制定货币政策以及相关的宏观经济政策,以实现物价稳定的宏观经济目标。CPI 反映了商品经过流通各环节形成的最终价格,其倒数就是货币购买力指数,可以反映价格上涨后居民拥有货币的贬值程度,能直接反映价格变动对居民生活的影响。

(4)国内生产总值价格指数,也称 GDP 平减物价指数。GDP 平减物价指数是名义 GDP(以当年价格计算)与实际 GDP(以可比价格计算)之商,它实际上是派氏价格指数。用名义 GDP 除以平减物价指数,就可得出实际 GDP,将 GDP 平减物价指数与拉氏物量指数相乘,就可得到名义 GDP 指数。其公式为:

$$\text{GDP 平减物价指数}(k_p)=\frac{\text{名义 GDP}}{\text{实际 GDP}}=\frac{\sum q_1p_1}{\sum q_1p_0}$$

$$\text{实际 GDP}=\frac{\text{名义 GDP}}{\text{GDP 平减物价指数}(k_p)}$$

$$\frac{\sum q_1p_1}{\sum q_1p_0}\times\frac{\sum q_1p_0}{\sum q_0p_0}=\frac{\sum q_1p_1}{\sum q_0p_0}$$

式中:p_1 代表报告期现行价格;p_0 代表基期价格;q_0 代表基期数量;q_1 代表报告期数量。

通货膨胀发生后,国民经济各部门所消耗的产品和劳务的价格也会受到影响而发生波动。国内生产总值是总产出减去中间消耗之后的余额,国内生产总值价格指数恰好可以综合反映投入和产出两方面价格变动对国民经济的影响,所以能够全面地反映通货膨胀程度。

GDP 平减物价指数的最大长处在于其统计范围包括了所有产品和劳务,因而最适于描述一般价格水平的变动,是测度通货膨胀常用的价格指数。但是,它的编制方法较复杂,搜集资料较困难,不仅编制间隔较长,而且编制时间也较长,时效性差,这些不利于对通货膨胀的早期预警;GDP 平减物价指数是以报告期产量为权数计算的,包含了国内生产总值的构成变化,而不仅仅是纯价格的变动,这对准确反映通货膨胀也有影响。此外,国内生产总值价格指数不能专门反映通货膨胀对居民家庭消费的影响,从直观的操作性上看,不如居民消费价格指数。

以上几种价格指数都各有特点和局限。如果采用价格指数上涨率来测定通货膨胀,则应根据研究目的和实际资料的可能,综合考虑加以选择,以得出更准确的判断。

[例8-2] 根据我国2000~2010年的居民消费价格指数和零售物价指数(1978年=100),利用式(8.4)计算通货膨胀率。计算结果列在表8-2的第3和第4栏中。

表8-2 通货膨胀率计算表 单位:%

年份	居民消费价格指数	商品零售价格指数	通货膨胀率	
			按居民消费价格指数计算	按商品零售价格指数计算
甲	(1)	(2)	(3)	(4)
2000	434	354.4	—	—
2001	437	351.6	0.7	-0.8
2002	433.5	347	-0.8	-1.3
2003	438.7	346.7	1.2	-0.1
2004	455.8	356.4	3.9	2.8
2005	464	359.3	1.8	0.8
2006	471	362.9	1.5	1.0
2007	493.6	376.7	4.8	3.8
2008	522.7	398.9	5.9	5.9
2009	519	394.1	-0.7	-1.2
2010	536.1	406.3	3.3	3.1

资料来源:《中国统计年鉴》(2011)。

从表8-2中可以看出,2000~2006年我国的总体价格水平一直处于低位状态,宏观经济基本呈现通货膨胀状态,但上涨幅度较为温和,处在可控范围内,2007和2008年价格总水平出现大幅上升,2009年之后又降回可控范围内;按居民消费价格指数和商品零售价格指数计算的通货膨胀率稍有差异,主要是由于这两种价格指数的含义、范围等不尽相同所致。需要注意,式(8.4)中的价格指数应当采用定基指数,实际中人们也常常直接用居民环比消费价格指数减1来判断通货膨胀或通货紧缩。

8.3.2.2 从货币数量角度测定通货膨胀

尽管国际上普遍采用价格指数上涨率来表现通货膨胀,但是,国内有些学者认为,这种测量是有条件的:在市场经济条件下,自由价格程度越高,价格上涨幅度对通货膨胀的反映才越充分;反之,在实行一定程度价格管制的条件下,通货膨胀往往是隐蔽的、抑制性的,表现为商品短缺、供应紧张。这样,仅用价格指数上涨率来反映通货膨胀就存在很大的局限性,需要寻求新的方法。因此,这些学者主张从货币数量的角度来测定通货膨胀。

按照货币数量论的观点，每一次通货膨胀的背后都有货币供给的迅速增长，货币流通速度的变化、货币增长和产量增长是通货膨胀的三个主要来源，而货币供给的增加是通货膨胀的基本原因。所以，通货膨胀的实质是货币过多，即货币供应量超过了国民经济运行实际需要的货币量，引起了货币贬值和物价上涨。因而，可以通过比较货币供应量与货币需求量来设计测定通货膨胀的方法。从货币数量角度来测定通货膨胀的方法有很多，包括社会货币流通量测度法、货币购买力测度法、货币供求比较测度法和货币数量公式测度法等。每种方法都各具特点，也存在一定的不足和局限，有兴趣的读者可以阅读相关的参考文献，这里不再赘述。

8.3.3 通货膨胀形成的统计分析

8.3.3.1 通货膨胀形成过程统计分析的方法

要对复杂的通货膨胀形成过程进行系统分析，建立反映总体框架的计量经济模型体系比较合适，但这需要具备反映通货膨胀过程的长期、系统、可比的统计资料。我国现阶段还不具备建立系统地分析通货膨胀形成过程的统计分析模型体系的条件，因而采用弹性分析方法较为合适。

弹性系数分析方法是一种对通货膨胀形成的间接测定方法，主要通过测算和对比两个相互关联的经济变量之间的动态关系来测定。计算与通货膨胀相关的一些弹性系数，说明在其他条件不变的情况下，该种因素每增长1%相应使价格上涨的百分点。

如前所述，尽管通货膨胀形成的因素有很多种，但直接引起通货膨胀的基本原因是需求拉动、成本推进以及需求拉动和成本推进的相互作用。所以，可以利用弹性系数从需求拉动、成本推动、需求拉动和成本推动相结合三个方面分析通货膨胀的成因。

8.3.3.2 需求拉动通货膨胀形成的统计分析

按照凯恩斯的解释，如果总需求上升到大于总供给的地步，此时，由于劳动和设备已经充分利用，因而要使产量再增加已经不可能，过度的需求会引起物价水平的普遍上升。总需求由消费需求、投资需求、政府部门需求和净出口四部分构成，其中消费需求和投资需求是两个主要的组成部分，因此我们将着重从这两个方面对通货膨胀的形成进行统计分析。

(1)消费需求增长—价格上涨的统计分析。消费需求可以分为居民消费需求和社会集团消费需求，其中，居民消费所占的份额通常高达85%以上，居民消费水平的变动对价格变动的影响相对于社会集团消费的影响要大得多。因此，可以用下列公式近似反映消费需求增长对价格上涨的影响。这里侧重研究居民消费水平每增长1%对价格上涨会产生多大的影响，其弹性分析公式为：

$$\frac{\text{消费需求对价格}}{\text{上涨的弹性系数}} = \frac{\text{居民消费价格上涨率}}{\text{居民消费水平增长率}} \tag{8.5}$$

式(8.5)的计算结果表明居民消费水平每增长1%对价格上涨所产生的影响。表8-3反映了2000~2010年我国居民消费需求对价格上涨所产生的影响。

表8-3　消费需求对价格上涨的弹性系数

年份	居民消费水平增长率(%)	居民消费价格上涨率(%)	消费需求对价格上涨的弹性系数
	(1)	(2)	(3)=(2)/(1)
2000	8.9	0.4	0.04
2001	7.1	0.7	0.10
2002	8.2	-0.8	-0.10
2003	7.4	1.2	0.16
2004	8.9	3.9	0.44
2005	9.4	1.8	0.19
2006	11.3	1.5	0.13
2007	11.1	4.8	0.43
2008	9.2	5.9	0.64
2009	10.3	-0.7	-0.07
2010	6.5	3.3	0.51

从表8-3看，2000~2010年我国居民消费水平对生活费用价格指数弹性系数的平均值为0.23，这表明居民消费水平每提高1%可能带来生活费用价格水平上涨23%。需要指出，不同时期居民消费水平对生活费用价格指数的弹性系数可能有较大的差别，通货膨胀时期与通货紧缩时期的弹性系数差别会更大。

(2)投资增长—价格上涨的统计分析。投资增长可以直接形成过度需求，直接推动投资品的价格上涨；也可以通过工资渠道推动收入增长，从而形成对价格的推动。投资增长对价格上涨的弹性系数公式为：

$$\frac{\text{投资增长对价格}}{\text{上涨的弹性系数}} = \frac{\text{价格上涨率}}{\text{投资增长率}} \tag{8.6}$$

投资增长对价格上涨的弹性系数表示投资每提高1%可能带来价格水平上涨多少百分点。由于固定资产投资在总投资中所占的份额较大(75%左右)，因此为简单起见，式(8.6)中的分母可以采用全社会固定资产投资增长率，分子的价格上涨率采用零售价格指数增长率，具体的分析过程同上。

8.3.3.3　成本推动通货膨胀形成的统计分析

如前所述，成本推动通货膨胀的主要原因是工资过度上涨、利润过度增加以及进口商品价格上涨。工资是生产成本的主要部分，如果工资增加超过了劳动生产率的提高，则提高工资就会导致成本增加，从而导致一般价格总水平上涨，而且这种通胀一旦开始，还会引起“工资—物价螺旋式上升”，工资与物价互相推动，形成严重的通货膨胀。

利润推动的通货膨胀是指厂商为谋求更大的利润导致的一般价格总水平的上涨。与完全竞争市场相比，不完全竞争市场上的厂商可以减少生产数量而提高价格，以便获得更多的利润，为此，厂商都试图成为垄断者，结果导致价格总水平上涨。

我们以工资成本推动价格上涨为例来分析。在其他条件不变时，如果工资的增长低于或与劳动生产率的增长保持一致，工资增长一般不会影响利润水平，因而不会推动按成本加价原则定价的价格上涨。但是，如果工资增长超过劳动生产率的增长，则成本会提高，利润将减少，从而对价格上涨形成推力。我们可以通过分析工资增长率与劳动生产率的差额对价格的弹性来分析工资推动价格上涨的作用。其计算公式为：

$$\frac{\text{工资成本推动价格}}{\text{上涨的弹性系数}}=\frac{\text{价格上涨率}}{\text{工资增长率}-\text{劳动生产率增长率}} \tag{8.7}$$

从成本角度说，工资上涨直接影响产品出厂价格，所以式(8.7)中的价格增长率采用出厂价格增长率。

8.3.3.4　需求拉动和成本推动混合型通货膨胀形成的统计分析

虽然从理论上可以区分需求拉动和成本推动型的通货膨胀，但是许多经济学家认为，任何一次通货膨胀都很难从实际上把它们区别开。在实际中，造成通货膨胀的原因并不是单一的，因各种原因同时推进的价格水平上涨，就是供求混合推进的通货膨胀。假设通货膨胀是由需求拉动开始的，即过度的需求增加导致价格总水平上涨，价格总水平的上涨又成为工资上涨的理由，工资上涨又形成成本推动的通货膨胀。

由于混合型通货膨胀是多种因素共同作用的结果，所以在对于混合型通货膨胀的形成分析中我们可以使用需求拉动型通货膨胀和成本推动型通货膨胀的指标和方法，也可用这些指标做自变量建立计量经济方程，以分析各种作用的程度。

8.3.4　通货膨胀的效应分析

在不同的国家，通货膨胀的效应影响的主要方面、作用方向以及程度大小都是不同的，因此，对通货膨胀效应影响的分析结论完全是实证统计检验和分析后的结论。从宏观经济的主要方面来说，通货膨胀效应影响分析主要集中于通货膨胀对经济增长、收入分配和消费的影响。

8.3.4.1　通货膨胀对经济增长的影响分析

通货膨胀对经济增长的影响存在两种观点：一是“有利论”，一是“有害论”。“有利论”认为，通货膨胀的收入分配效应，有利于提高财政收入，从而扩大政府投资；有利于高收入阶层，从而提高储蓄率，加速扩大再生产过程。著名的

"费尔德斯坦曲线"提出了通货膨胀率与资本形成下相关的变化规律。

"有害论"认为,通货膨胀对于实行固定汇率的国家将导致贸易收支恶化;政府在通货膨胀期间对各名义利息率和食品等的价格实行控制,将扰乱资金流向,降低经济效率和资源有效配置;通货膨胀会增加生产投资的风险和加大经营风险,减少整个社会的投资,降低经济增长率。

世界银行对127个国家1960~1992年间的资料研究发现:1960~1972年当通货膨胀率低于20%时,通货膨胀和经济增长呈正相关关系;当通货膨胀率上升至20%~25%时,其对经济增长率下降的影响已经显现;当通货膨胀率上升至25%~30%时,经济增长率下降的幅度增大;当通货膨胀率超过30%,甚至40%时,经济增长率就成为负数。可见,通货膨胀率越低,对经济增长和物价上涨的影响力越小;反之则越大。

8.3.4.2 通货膨胀对收入分配的影响分析

通货膨胀的收入分配效应表现在三个方面。

(1)通货膨胀不利于靠固定货币收入维持生活的人群。对于固定收入阶层来说,其收入是固定的货币数额,落后于物价的上升,其实际收入因货币贬值而减少,导致实际生活水平下降;相反,那些依靠变动收入维持生活的人,则会从通货膨胀中得益,这些人的货币收入会走在价格水平和生活费用上涨之前。

(2)通货膨胀不利于储蓄。随着价格上涨,存款的实际价值或购买力就会降低。我国的实证研究表明,在通货膨胀率较高的时期,居民的存款积极性降低。

(3)通货膨胀可以在债权人和债务人之间发生收入再分配的作用,即通货膨胀靠牺牲债权人的利益而使债务人获利。

此外,我们还可以利用居民消费水平和消费支出的数据分析通货膨胀对消费水平和消费结构的影响。

8.4 价格国际比较统计

以上介绍的价格指数反映价格的变化情况,主要解决一国或地区经济的价格和物量比较,是一种纵向对比、历史对比。进行国际价格和物量的横向比较时,首先要消除由于各国货币单位不同而导致的不可比问题。购买力平价法就是解决两国之间、多国之间对比问题的基本方法。

8.4.1 购买力平价法的意义和作用

8.4.1.1 购买力平价法的意义

在对不同国家的国内生产总值、价格水平或收入水平进行比较,或者对一些国家的价值指标进行汇总时，由于各国币制不同，就需要按照一定的方法对各国的货币进行换算。长期以来，人们一直采用汇率换算法。汇率换算法包括直接汇率法、转换系数法和调整汇率法。以直接汇率法为例，我国 2010 年平均汇率为 1 美元兑换 6.769 5 元人民币，全年国内生产总值为 401 202 亿元人民币，按照这种方法计算，我国 2010 年按美元计算的国内生产总值为 401 202 ÷ 6.769 5 = 59 266.1 亿美元。转换系数法和调整汇率法在直接汇率法的基础上作了一些改进。但是，无论是直接汇率法、转换系数法，还是调整汇率法，都有十分明显的缺陷，就是汇率很难准确反映不同国家货币购买力的真实比率，从而造成所换算的价值指标偏差较大，甚至严重扭曲一个国家的经济状况。

汇率难以准确反映不同国家货币购买力的真实比率的主要原因如下。

(1)汇价与汇率只代表进出口商品和服务的价格水平，其大小及波动幅度固然与货币购买力或物价水平有关，但它主要受国际市场上货币购买力和物价水平的影响，而与各国的国内市场状况并无显著关系。

(2)汇率的形成与波动不仅受国际市场状况的影响，还在很大程度上受各国经济政策、政治形势以及人们心理预期等因素的影响。例如，在当今世界，贸易壁垒和外汇限制比比皆是，特别是一些国家非贸易性官方汇率制度的存在，货币汇率与其实际购买力相去甚远。

(3)国际上的经济往来并不限于商品交易，还包括国际金融市场上的国际信贷、国际投资等资本交易，后者的状况对汇率的形成和波动也有很大影响，却不属于货币购买力的范围。因此，汇率的形成只是部分地与货币购买力有关，因而无法准确地反映不同国家货币购买力的实际差别。

既然运用汇率换算法不能准确地进行国际比较，就需要用一种更为有效的方法来代替汇率换算法，购买力平价法便应运而生。从 20 世纪 60 年代后半期开始，联合国统计委员会、世界银行、美国宾州大学研究组综合多年的研究成果，提出了购买力平价计算方法。联合国统计委员会决定采用购买力平价法逐步开展国际生产、收入和支出总量的比较，从而揭开了国际比较项目(International Comparison Programmer，ICP)的序幕。国际比较项目的主要工作内容是测算支出法购买力平价，然后根据购买力平价计算出各国的 GDP 或人均 GDP，并进行比较。在世界银行、美国宾州大学专家的参与下，至 1993 年，国际比较项目(ICP)已完成了 6 个阶段的工作，以后又被作为联合国的一项长期研究工作来开展，加入国际比较项目(ICP)的国家已由 1970 年第一阶段的 10 个增加到 123 个。由于经费不足以及成员国太松散，协调起来非常困难，联合国于 1993 年终止了 5 年一次的国际比较项目，随后的工作由世界银行组织。在世界银行的组织下，以 2005 年为基准年份的第七阶段的国际比较项目(ICP)研究已经展开，参加国家有 160 个。中国自 1993 年起开始参与国际比较项目工作。

所谓购买力平价法，是指在国际比较项目中，通过价格调查并利用以支出法或生产法计算的国内生产总值为基础，测算出不同国家货币购买力之间的真实比率，以取代官方汇率，从而顺利实现国际比较的一种方法。购买力平价法的基本思想是：两种货币对于一定数量的商品购买力之比，相当于两种货币在购买同样数量和质量的商品时的价格比率。例如，购买同等数量和质量的商品和劳务，在 A 国用 20 个 A 国货币单位，在 B 国用 10 个 B 国的货币单位，则两国的货币购买力平价为 20∶10，即 2∶1。购买力平价有绝对购买力平价和相对购买力平价两种形式，相对购买力平价是指绝对购买力平价的变动。实践中相对购买力平价的数据更容易取得，只需要对比各国的物价指数，而绝对购买力平价则需要庞大的国际数据比较才能得到，因此在实际中多使用相对购买力平价。可见，购买力平价（Purchasing Power Parity，PPP）就是按照基准国单位货币实际购买力来确定不同币种之间的货币购买力。尽管购买力平价法还存在一些需要完善的地方，但其理论框架和具体计算方法的科学性已基本获得国际统计界和经济界的认可。

8.4.1.2　购买力平价法的作用

购买力平价法可以用于各种类型的国际经济比较，常用来比较不同国家的国内生产总值等总量指标以及人均国内生产总值等相对指标。购买力平价在用于国内生产总值的国际比较时，其基本原理是采用经济指数的公式将各国的国内生产总值指标转换为同一价格基础，使之能够进行综合和比较，以衡量不同国家之间的价格水平和收入水平，评价各国的实际经济规模和国际竞争力。从一定意义上说，购买力平价是一种国家间的空间价格指数，是经济指数在空间比较上的延伸和发展。购买力平价指数实质上是一种货币转换因子，它消除了价格水平在各国之间的差别，可以反映各国单位货币在国内的购买力，使国际经济比较真正建立在物量的基础之上。

具体地说，购买力平价法有以下作用。

（1）评价各国的经济实力。通过比较各国国内生产总值的总量，按人均 GDP（或 GNP）排序，评定各国的经济承受能力，可以将其作为世界银行等国际组织确定贷款项目和会员国缴纳会费的依据。按购买力平价法计算的人均 GDP 已成为国际上许多有关综合国力比较方案中不可缺少的重要指标。如联合国每年公布的人类发展指数所据以计算的三项指标之一，就是按购买力平价方法计算的人均 GDP。

（2）比较不同国家的价格水平。通过价格水平的国际比较，可以评判不同国家价格水平的差异，核算国外投资的实际价值，核算国际收支和资产，为国际投资决策服务。

（3）把货币的实际购买力与汇率进行对比，以判断对一种货币币值是否高估或低估。

(4)比较各国居民的实际收入水平。

8.4.2 购买力平价法的主要步骤与计算方法

8.4.2.1 购买力平价法的主要步骤

运用购买力平价法,主要有以下四步。

(1)选择需要比较的“一揽子”商品,即确定具体的货物和服务种类。在进行 GDP 的国际对比时,通常是从实用的角度将其依次划分为若干个支出大类、中类、小类和细类,再分别确定适当数目的商品集团作为“基本类别”。由于购买力平价法与 SNA 之间有着密切的关系,所以要求其与 SNA 中的标准定义和分类应尽量一致。SNA 关于 GDP 的支出分类见图 8-1。

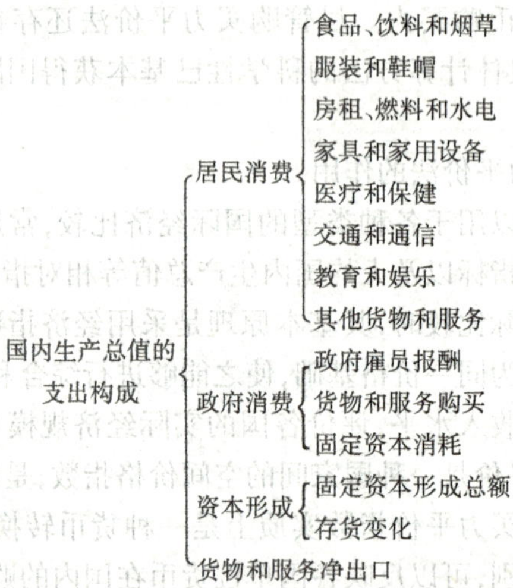

图 8-1 SNA 关于 GDP 的支出分类

购买力平价法依据 SNA 的标准对支出法 GDP 确定统一的详细分类。首先将 GDP 按支出分为居民最终消费支出、政府最终消费支出、资本形成总额、货物和服务净出口四大类,又进一步将各类细分成 200 多个“基本类别”。虽然购买力平价法采用的分类基本上以 SNA 为准,但是也作了局部调整,如将政府消费中用于居民健康、教育、文化服务和社会福利的部分转入了居民最终消费中,所以两者的分类略有区别。调整分类标准的原因在于:在 SNA 中是按商品的功能分别在居民、政府、企业各部门下细分 GDP 的支出项。但是,从国际经济比较的角度看,某些项目由政府支出,但享受的是居民,尤其是政府在教育、保健和食品上的支出以及对居民的补贴等。在这方面各国有所不同,为了减少由于各国福利水平的不同而给国际经济比较带来的误差,购买力平价法将这一类由政府支出、家庭享受的部分全部列入居民部门对这些商品的支出项目。

(2)按上述基本分类搜集基础数据。这主要包括两方面。

第一，根据所搜集到的按本国货币计量的全年 GDP 和年平均人口数，计算人均 GDP。

第二，在各基本分类中确定代表商品和服务项目，并调查、搜集代表商品和服务项目全国的平均价格。为了选取合适的“一揽子”商品，在确定代表商品和服务项目时，应遵循两个基本原则：①集中选择原则，即选择最大支出额的商品和服务项目。②共同性原则，即选择的商品和服务项目必须是相互比较的国家都使用或消费的，至少是同等质量的。此外，还应适当考虑各国的消费习惯和结构。

(3)根据比较国双方提出的资料计算各基本类别的人均 GDP 及其指数、价格指数和数量指数。这里所说的指数与前面讲过的指数有所不同，它们不是对同一事物作动态上的比较，而是揭示事物在空间上的差别。人均 GDP 指数是指分别按两国名义货币计算的人均 GDP 比值，数量指数即消除了不同货币的价格因素后实际数量的比值，由人均 GDP 指数除以相应的价格指数求得。由于各类支出中商品权数很难取得，其基本分类价格指数可用该类中所含商品或服务项目价格指数的几何平均数求得。

(4)计算各支出类别和总体的各种指数，与基准国按统一的货币单位进行比较。国际经济对比按照所比较对象多少的不同，可以分为“双边对比”和“多边对比”，前者只涉及两个国家，后者涉及多个国家。“双边对比”和“多边对比”指数的计算方法不同，后者更复杂一些。这里重点介绍“双边对比”指数的计算方法。

8.4.2.2　购买力平价的计算方法

由于国内生产总值核算可以从生产、收入和支出三个角度进行，因而从理论上讲，购买力平价研究也可以从这三个方面进行。但是，由于收入法角度难以将 GDP 区分为产品和服务的价格和数量这样的表现形式，不能进行缩减 GDP，以消除各国之间的价格水平差异，进行物量比较，因此，实践中的购买力平价研究主要有支出法购买力平价和生产法购买力平价两种方法。这两种方法的差异可以用投入产出表来说明。支出法购买力平价使用的是投入产出表中的横行，因为横行方向反映产出部门的产品或服务的中间使用和最终使用情况。对于整个经济来说，最终支出等于增加值，每个部门的总投入等于该部门的总产出。不过，在部门水平上，增加值与最终支出是不相等的。生产法购买力平价关注的是投入产出表中的纵列，纵列方向反映了投入部门在生产过程中消耗各生产部门的产品或服务的数量。

本书第 11 章第 11.1 节将对支出法购买力平价和生产法购买力平价的理论作出详细介绍，这里不再详述，仅用一个例子来说明如何使用支出法购买力平价进行价格的国际比较。

(1)购买力平价(PPP)的计算方法。如前所述,PPP实际上也是一种价格指数,也可称之为真实汇率,以区别于官方汇率。PPP是分别以比较国双方的GDP分类资料为权数,加权计算出两个价格总指数,再取其几何平均数得到的结果。

为了计算PPP,首先需要计算各支出类别商品和服务项目的货币购买力比值,对各支出类别(大类)的基本类别代表品的价格比率求简单几何平均数即可。其计算公式为:

$$\left(\frac{P_A}{P_B}\right)_i = \sqrt[m]{\frac{P_{A1}}{P_{B1}} \cdot \frac{P_{A2}}{P_{B2}} \cdot \cdots \cdot \frac{P_{Am}}{P_{Bm}}} = \sqrt[m]{\prod \frac{P_{Aj}}{P_{Bj}}} \tag{8.8}$$

式中:i 代表支出类别;j 代表各支出类别中所包含的基本类别($j=1,2,\cdots,m$);A与B分别为相互比较的两个国家;$\left(\frac{P_A}{P_B}\right)_i$ 代表A国对B国第 i 类商品或服务项目的平均价格比值;P_{Aj} 为A国 j 商品或服务项目按本国货币表示的价格;P_{Bj} 为B国 j 商品或服务项目按本国货币表示的价格。

其次,计算两国之间的货币购买力比值。将求得的各支出类别的平均价格比值加权平均就可以求得两国之间的货币购买力比值。不过,由于所用的权数不同,加权平均的结果也不相同。如果以B国人均支出总额中各支出类别所占比重为权数,A与B两国的货币购买力比值可按下式计算:

$$\left(\frac{P_A}{P_B}\right)_B = \sum \left(\frac{P_A}{P_B}\right)_i \cdot W_{Bi} \tag{8.9}$$

式中:$W_{Bi} = \frac{e_{Bi}}{\sum e_{Bi}}$ ($i=1,2,\cdots,n$);e_{Bi} 表示B国第 i 类商品和服务项目的人均支出总额;$\left(\frac{P_A}{P_B}\right)_B$ 表示以B国人均支出总额中各支出类别所占比重 W_{Bi} 为权数的货币购买力比值。

如果以A国人均支出总额中各支出类别所占比重为权数,A,B两国的货币购买力比值可按下式计算:

$$\left(\frac{P_A}{P_B}\right)_A = \frac{1}{\sum \left(\frac{P_B}{P_A}\right)_i \cdot W_{Ai}} \tag{8.10}$$

式中:$W_{Ai} = \frac{e_{Ai}}{\sum e_{Ai}}$ ($i=1,2,\cdots,n$);e_{Ai} 表示A国第 i 类商品和服务项目的人均支出总额;$\left(\frac{P_A}{P_B}\right)_A$ 表示以A国人均支出总额中各支出类别所占比重 W_{Ai} 为权数的货币购买力比值。

在"双边对比"中,必须兼顾A,B两国的消费支出结构。为此,可以利用

Fisher 理想公式，计算两种货币购买力的几何平均数，从而得出 A，B 两国的货币购买力平价（PPP），即真实汇率。计算公式如下：

$$\frac{P_A}{P_B}=\sqrt{\left(\frac{P_A}{P_B}\right)_A\cdot\left(\frac{P_A}{P_B}\right)_B} \tag{8.11}$$

（2）人均数量指数的计算方法。人均数量指数包括人均实际 GDP 指数、人均实际收入指数和人均实际支出指数等，它们的计算方法完全相同。例如，把人均名义 GDP 指数除以上述货币购买力平价这一价格指数就得出人均实际 GDP 指数。这些指数能够科学、准确地反映两个国家经济实力和收入水平的差别。这也是开展国际比较项目的主要目的之一。

［例 8-3］ 表 8-4 是 A，B 两个国家的一些数据资料。试用购买力平价法计算 A，B 两国货币购买力平价（PPP）及人均实际支出指数。

表 8-4　　A，B 两个国家的一些数据资料

支出类别		A 国			B 国		
		价格 P_A（用 A 国货币表示）	人均支出额 P_Aq_A		价格 P_B（用 B 国货币表示）	人均支出额 P_Bq_B	
			绝对数	比重		绝对数	比重
Ⅰ	1	6	1 375	55	2	1 400	70
	2	7			9		
Ⅱ	1	10	1 125	45	5	600	30
	2	60			25		
	3	55			23		

解：第一步，采用式（8.8）计算Ⅰ，Ⅱ两个支出类别商品或服务项目的平均价格比值。

$$\left(\frac{P_A}{P_B}\right)_{Ⅰ}=\sqrt{\frac{P_{A1}}{P_{B1}}\cdot\frac{P_{A2}}{P_{B2}}}=\sqrt{\frac{6}{2}\cdot\frac{7}{9}}=1.527\,5$$

$$\left(\frac{P_A}{P_B}\right)_{Ⅱ}=\sqrt[3]{\frac{P_{A1}}{P_{B1}}\cdot\frac{P_{A2}}{P_{B2}}\cdot\frac{P_{A3}}{P_{B3}}}=\sqrt[3]{\frac{10}{5}\cdot\frac{60}{25}\cdot\frac{55}{23}}=2.255\,8$$

第二步，分别以两国各支出类别商品或服务项目在人均支出中所占的比重为权数，采用式（8.9）和（8.10）计算 A，B 两国的货币购买力比值。

以 B 国各支出类别商品和服务项目在人均支出总额中所占比重为权数的两国货币购买力比值为：

$$\left(\frac{P_A}{P_B}\right)_B=\left(\frac{P_A}{P_B}\right)_{Ⅰ}\times W_{BⅠ}+\left(\frac{P_A}{P_B}\right)_{Ⅱ}\times W_{BⅡ}$$

$$=1.527\,5\times70\%+2.255\,8\times30\%=1.746\,0$$

以 A 国的各大类商品在人均支出总额中所占比重为权数的两国货币购买

力比值为：

$$\left(\frac{P_A}{P_B}\right)_A=\frac{1}{\left(\frac{P_A}{P_B}\right)_Ⅰ\times W_{AⅠ}+\left(\frac{P_B}{P_A}\right)_Ⅱ\times W_{AⅡ}}=\frac{1}{\frac{1}{1.527\ 5}\times 55\%+\frac{1}{2.255\ 8}\times 45\%}$$

$$=\frac{1}{0.559\ 6}=1.787\ 0$$

第三步，采用式(8.11)计算A，B两国货币购买力平价(PPP)。

$$\frac{P_A}{P_B}=\sqrt{\left(\frac{P_A}{P_B}\right)_A\cdot\left(\frac{P_A}{P_B}\right)_B}=\sqrt{1.787\ 0\times 1.746\ 0}=1.766\ 4$$

计算结果表明，B国每1个货币单位的实际购买力相当于A国的1.766 4个货币单位。

第四步，计算人均数量指数。

人均名义支出指数为：

$$(1\ 375+1\ 125)\div(1\ 400+600)=125\%$$

故人均实际支出指数为：

人均名义支出指数÷货币购买力平价=125% ÷1.766 4=70.76%

计算结果表明，A国人均实际支出水平为B国的70.76%。

从国际比较项目的实施结果来看，经济发达国家的购买力平价与官方汇率很接近，有些甚至高于官方汇率，而发展中国家的购买力平价都大大低于官方汇率，由此造成发展中国家的实际GDP和人均GDP经购买力平价折算后成倍增长，而一些发达国家的实际人均GDP却下降了，从而造成国家贫富差距缩小的假象。所以，大多数发展中国家都强烈反对国际比较项目结果与有关经济政策的措施挂钩。造成这种状况的原因是多方面的，其中一个重要原因是基础数据质量不高。计算购买力平价需要十分详细的国民核算和价格统计资料，各国社会经济发展水平不同，传统文化迥异，为确保不同价格的可比性，需要对价格和服务进行严格的质量差异调整，这是一项难度极大的工作。在世界范围进一步推广购买力平价法尚需参加国际比较的各个成员国在选择商品、销售点和价格调查、国民经济核算体系进一步统一化等方面做好工作。目前，联合国和有关专家正在实践中进一步完善购买力平价测算的方法，我国也在积极推广完善这项工作。

本章小结

本章首先阐述了国民经济价格统计的意义以及国民经济价格核算的几种形式；其次研究了如何反映价格的变动；再次对通货膨胀的概念、成因、效应、测度方法等进行了分析；最后讨论了价格的国际比较问题，重点介绍了购买力平价法的意义及基本计算方法。

本章主要概念

生产者价格　购买者价格　批发价格　零售价格　当年价格　可比价格
居民消费价格指数(CPI)　工业品出厂价格指数　固定资产投资价格指数
股票价格指数　农产品生产价格指数　房地产价格指数　通货膨胀
通货膨胀率　购买力平价(PPP)

小知识

居民消费价格指数

近来我们常听到"汽油涨价了","猪肉涨价了","鸡蛋涨价了","钱越来越不值钱了"的议论和抱怨。不过,我们同时也能够感到手机、电视、电脑等服务和商品不断降价。那么,物价总体上是上涨还是下降了?居民消费价格指数(CPI)可以帮你解开这个难题。

CPI是国际上普遍用来衡量物价总体水平变动情况并用以反映通货膨胀程度的统计指标,是反映一定时期内城乡居民所购买的生活消费品价格和服务项目价格变动趋势和程度的相对数。居民消费价格指数可以按照城市和农村分别编制,全国居民消费价格指数是对城市居民消费价格指数和农村居民消费价格指数进行综合汇总计算的结果。目前,全国、省、自治区、直辖市和550多个市县按月度和年度编制,国家统计局定期发布居民消费价格指数。

我国居民消费价格指数分为食品、烟酒及用品、衣着、家庭设备用品及服务、医疗保健及个人用品、交通和通信、娱乐教育文化用品及服务、居住8大类263个基本分类,约700个规格品种的商品和服务项目。权数主要依据全国城乡近11万户居民家庭消费支出构成资料确定,每年都作一些小调整,5年作一次大调整。

实际中人们常常直接用环比居民消费价格指数减1来判断通货膨胀或通货紧缩。例如,2007~2010年我国居民消费价格指数涨幅分别是4.8%,5.9%,0.7%和3.3%,除2007和2008年由于食品类价格和国际市场初级商品价格快速上升引起了CPI的较大上涨外,其他年份CPI的上涨都较为温和,表明物价处在可控范围内。只有在CPI较快上升(如超过5%)时,政府才需要采取紧缩性的货币或财政政策进行调控,避免经济过热对百姓生活产生不利影响。

9 经济增长统计

引例

谁在2050年能过上好日子

经济学家最不擅长的工作就是作预测,经济学家最热衷的事情也是作预测。Casti 在《寻找确定性》一书中认为,经济学的预测力在各个学科中排名倒数第二,仅仅比进化生物学强一些。或许是因为经济学家自己也明白这一点,所以在公布预测结果的时候总要多少含糊其辞。尤其是,由于要预测的未来越遥远,预测力就越弱,胆小的经济学家很少作长期预测。如果让他们预测未来5年的走势,经济学家就会战战兢兢;如果要他们预测10年,大多数经济学家都会乖乖闭嘴、噤若寒蝉。

记得《财富》杂志在1999年上海年会的主题就是《中国未来50年》。最近,高盛公司的经济学家推出了他们的研究成果,他们预测的是50年后的世界经济。据高盛预测,在未来50年里,巴西、俄罗斯、印度和中国(高盛把它们称为BRICs)将会超过现在的发达国家G6(美、日、德、法、意、英),成为世界经济体系中一支强大的力量。以美元计,中国可能在未来4年超过德国,在2015年超过日本,在2039年超过美国。印度的经济规模可能在30年内超过全世界除美国和中国以外的国家。俄罗斯可能在2050年超过德国、法国、意大利和英国。相信很多中国人读到这个报告都会怦然心动。那么,高盛是如何得到这一结论的呢?

根据经典的增长理论,高盛将GDP增长率分为三个组成部分:就业增长率、资本存量增长率和技术进步(或者总要素生产率增长率,TFP)。然后,高盛提出了几个工作假设:首先,发展中国家的人口结构相对年轻,所以它们的就业增长率较高。其次,发展中国家的人均资本低于发达国家,稀缺带来价值,所以发展中国家的资本收益更高，投资率相应更高，并导致更高的资本存量的增长率。再次，发展中国家可以利用其他国家的技术来“迎头赶上”，所以发展中国家的技术进步速度也更快。最后，由于是用美元来计算GDP，就需要讨论汇率问题。高盛认为，目前，BRICs国家的汇率都远远低于购买力平价汇率水平。根据他们的模型计算，在未来50年内，BRICs以美元计算的GDP增长，大约1/3将来自货币价值的上升，2/3则来自较高的经济增长率。

高盛的预测和他们的研究给了我们以下启发。

首先，如果到2050年BRICs果然超过了G6，世界经济格局就会发生很大的改变。中国将成为世界第一经济大国，但却不是最富有（以人均收入计）的国家。到2030年，中国的人均收入可能达到韩国目前的水平。到2050年，中国的人均收入可能会接近发达经济体现在的水平（人均3万美元）。美国2050年的人均收入可能达到8万美元。大国并不是富国，大国并不是强国，这会对2050年的世界经济体系带来崭新的挑战。展望未来，必须在现有的国际经济秩序中加强发展中大国的影响力。

其次，到了2050年，东亚将成为世界上最重要的经济板块，因为这里既有印度、中国，也有日本，当时世界上最大的四个经济体亚洲便有其二。俄罗斯的经济重心可能也会随之东移。相比之下，欧洲可能落为世界经济的边缘。地缘政治和地缘经济都会发生板块的裂变。中国的经济增长已经对亚洲其他国家的增长造成巨大影响。这使得中国在亚洲的影响日隆。今后如何进一步推动东亚区域合作、东亚和南亚的对话和融合，对于中国和亚洲的繁荣都有重要意义。

最后，BRICs的高速增长会带动全球生产格局的调整和国际资本流动的调整。跨国公司在产业结构调整的压力下将加速向发展中大国转移，BRICs将在全球生产链条中占有更重要的位置。这对于国际贸易、国际的工资水平和收入分配都会产生影响。较高增长率会导致较高的收益率和对投资需求的增加，全球资本将加速向BRICs流动。那么，国际货币体系是否需要因此而重新排序呢？

2050年，那些能够健康长大的孩子将过上好日子。

资料来源：何帆：《经济日报》，2004-4-22（有删减）。

本章主要学习目标

1. 掌握经济增长的概念、经济增长率的计算方法和分类。

2. 了解经济增长的四个基本理论，即哈罗德—多马模型、新古典经济增长模型、新剑桥经济增长模型和内生增长理论。

3. 掌握经济增长因素分析的三种方法，即肯德里克的全要素生产分析、丹尼森的经济增长因素分析和库兹涅茨的经济增长因素分析，并能够运用这些方法进行实例分析。

4. 了解经济增长质量的理论内涵和综合评价。

5. 掌握绿色 GDP 的间接测算思路和方法。

经济增长理论是经济学研究中最古老而又最时髦的课题，也是经济学中争议最大的研究领域之一。经济增长统计是国民经济统计学的重要内容之一。

9.1 经济增长统计基础

9.1.1 经济增长统计的一般问题

经济增长问题并不是一个新问题，亚当·斯密、大卫·李嘉图和约瑟夫·熊彼特等都曾对经济增长问题进行过深入的研究。在他们研究的基础上，库兹涅茨、哈罗德、多马、丹尼森、索洛、罗默、卢卡斯等进一步发展了经济增长理论，创造了一些比较成熟的经济增长统计方法。

9.1.1.1 经济增长的内涵

人们对经济增长的概念似乎都非常熟悉，这是因为在绝大多数场合，对于经济增长并不需要有一个明确的定义。然而，如果我们要对经济增长进行统计分析，就会遇到一系列的困难。我们必须对经济增长作出明确的界定，才能找到测量经济增长的相应指标。

许多经济学家对经济增长下过定义。最具权威性的是刻画和分析发达国家国民收入增长历史的先驱——美国经济学家库兹涅茨给出的：一国经济增长，可以定义为人们提供种类日益繁多的物品的能力长期上升，这种不断增长的能力是建立在先进技术以及体制和观念的调整的基础上的①。库兹涅茨的定义强调生产的可能性，而不是实际生产。之所以这样定义，其原因在于，经济从周期的衰退中复苏，可能使实际产出极大提高，但这并不表明经济的增长。

库兹涅茨根据英、美、法等 14 个国家近百年的经济增长统计分析，总结得出现代经济增长的六大特征。

第一，人均产出和人口加速增长的趋势。这里实际包括了三个指标：产出增长率、人口增长率和人均产出增长率。经济增长中最显著的特点是这三个增长率的高位正值。

第二，科技进步促使生产率不断提高。无论从劳动生产率还是包括其他要素的全要素增长率来看，生产率都是正值。

第三，经济增长过程中经济结构的转变率很高。经济增长使产业结构、产品

① 库兹涅茨：《现代经济增长：发现与反思》，《美国经济评论》，1973(63)，第 247 ~ 258 页。

结构、技术结构、消费结构、收入分配结构以及就业结构等都得到不断的改善;使农业过剩人口转向城市和工业,小业主转变为大业主,从而促进了农业向非农产业、工业向第三产业的转变。同时,经济结构反过来又推动经济增长步伐的加快。

第四,社会结构和意识形态的迅速转变。经济增长使僵化的社会结构变得更为灵活,使传统的思想观念被增长、工业化、城市化、国家化等意识所代替。

第五,经济增长不是某一个国家或地区的独特形象,而是在世界范围内迅速扩大,成为各国追求的目标。

第六,经济增长在世界范围内是不平衡的,发达国家与发展中国家的经济差距相当大,因而世界经济增长受到限制。

9.1.1.2 经济增长的刻画和计算

在经济增长统计研究中,经常用到的统计指标是国内生产总值(GDP),通常用国内生产总值的增长率来反映经济增长率。其计算公式为:

$$经济增长率 = \frac{y_t - y_{t-1}}{y_{t-1}} = \frac{\Delta y_t}{y_{t-1}} \quad (9.1)$$

式中:y_t 和 y_{t-1} 分别表示本期的国内生产总值和上一期的国内生产总值。之所以用上一期的国内生产总值作为分母,原因在于其比较直观,便于编制长期连续的指数序列。

通常把按照现行价格国内生产总值计算得到的经济增长率称为名义经济增长率,而把按照不变价格国内生产总值计算得到的经济增长率称为实际经济增长率。两者的关系是:

$$1 + 名义经济增长率 = (1 + 实际经济增长率) \times 价格指数 \quad (9.2)$$

因为实际经济增长率排除了价格指数变动的影响,所以刻画经济增长率应该使用实际经济增长率指标。如果有名义经济增长率和价格指数的数据,就可以通过式(9.2)的变形形式推算得到实际经济增长率。这一变形公式为:

$$实际经济增长率 = \frac{1 + 名义经济增长率}{价格指数} - 1 \quad (9.3)$$

新中国成立后,中国经济在十分薄弱的起点上,经过50余年的努力,长期保持较为快速和稳定的发展,综合国力不断增强,与发达国家的整体差距不断缩小。中国的经济总量(GDP)从1952年的679亿元(当年价,下同)增加到2006年的209 407亿元①,增长了307倍,创造了经济发展史上的奇迹。1952~2010年,按不变价格计算的我国经济增长率如图9-1所示。从图中可以看出,改革开放前,我国经济增长率大起大落、短起短落。改革开放后缓起缓落、长起短落,经济增长的稳定性大大提高。

① 参见《中华人民共和国2006年国民经济和社会发展统计公报》。

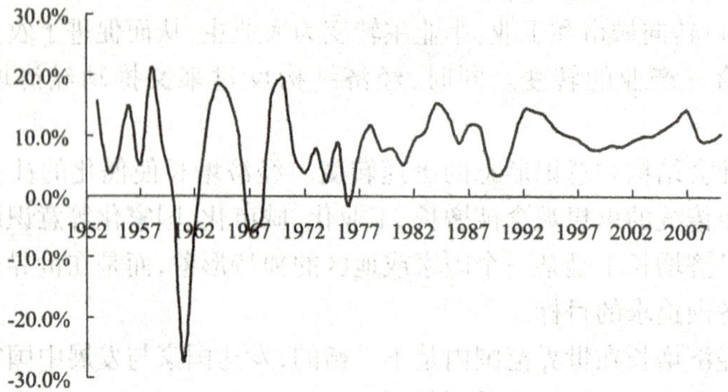

图 9－1　1953～2010 年中国 GDP 增长率

为了反映一段时期内的经济增长率，通常要计算经济增长率的平均指标——平均增长率。在经济增长统计分析中，一般采用几何平均法计算平均增长率。几何平均法假定产出按复利增长，有如下公式：

$$Y_n = Y_0(1+r)^n \tag{9.4}$$

式中：Y_n 和 Y_0 分别表示本期和基期的国内生产总值；n 代表计算时期的年份数；r 表示平均增长率。式(9.4)经过变换就可得到平均增长率的计算公式：

$$r = \sqrt[n]{\frac{Y_n}{Y_0}} - 1 \tag{9.5}$$

值得注意的是，采用几何平均法计算平均经济增长率有一个条件，即假定这个计算期间内经济增长率是均匀的，这一条件在现实中是很难保证的。现实的经济增长多在上下起伏波动中进行。如果增长的周期波动是均匀的，当 Y_n 和 Y_0 所处的经济周期的尺度、振幅及阶段的时间分布大致相同时，平均增长率是有一定代表性的；反之，当 Y_n 和 Y_0 的周期特征相差很大时，比如说一个在波峰，一个在波谷，则此时计算的平均增长率与真实值就会有较大差距，要么被夸大，要么被缩小，失去其代表性。在这种情况下，需要我们通过对统计资料的数值分析，确定周期的长度，然后按照周期长度对国内生产总值指标进行移动平均，再对移动平均后的数值用几何平均法计算平均增长率。

估计平均增长率的另一种方法是最小二乘法。这种方法考虑到计算期间内产出的变化波动，它所估计的平均增长率可以避免一些例外数值，尤其是期初期末数值的影响，并使产出的拟合值与实际值之间的误差平方和最小。因此，最小二乘法是一种较好的计算平均增长率的方法，联合国和世界银行等国际组织在分析各国经济增长时一般都采用这种方法。但这种方法的计算比较复杂，一般需要借助统计软件来实现。

假定产出按照固定的指数增长率 r 增长，则有：

$$Y_t = Y_0 e^{rt} \quad (9.6)$$

估计平均指数增长率 r 的回归方程是：

$$\ln Y_t = \ln Y_0 + rt \quad (9.7)$$

用 $\ln Y_t$ 对 t 回归，就可得到系数 r 的估计值，这一估计值就可以表示产出的平均增长率。

采用不同的计算方法，得到的平均经济增长率也会不同。当经济波动很大时，两种方法计算出的增长率的差异会很大。1978～2010 年，我国 GDP 的年均增长率用几何平均法计算的结果是 9.91%，用最小二乘法计算的结果是 9.99%。两者相差很小。

在经济增长统计中，经济增长率通常都采用复利法计算。只是在考虑经济波动影响的某些场合，为了精确地计算经济增长率，会采用最小二乘法。

9.1.1.3 经济增长率的种类

经济增长率可以按各种标志划分成若干种类，比如，上面提到的按照价格标志划分为名义经济增长率和实际经济增长率。除此之外，还可以按空间标志分为国家经济增长率、地区经济增长率和部门经济增长率；按时间标志可分成月度经济增长率、季度经济增长率、年度经济增长率、中期经济增长率和长期经济增长率。

还有一种划分方法，即按照内涵划分为实际经济增长率和潜在经济增长率。所谓潜在经济增长率是指在既定的技术和资源条件下，在实现充分就业和不引发加速通货膨胀的情况下，一国所能达到的可持续的最高经济增长率。潜在经济增长率的实质是由人力、物力和财力等社会总供给状况所决定的经济增长率。实际经济增长率则是一定时期内由社会总需求状况所决定的经济增长率。受社会总供求的影响，实际经济增长率有时大于潜在经济增长率，有时小于潜在经济增长率，有时等于潜在经济增长率。实际经济增长率对潜在经济增长率的偏离，表明一定时期内社会总供求的缺口和物价上涨的压力。当实际经济增长率大于潜在经济增长率时，意味着社会总需求较社会总供给增加得快，社会总需求超过了社会总供给，存在通货膨胀压力。当实际经济增长率小于潜在经济增长率时，意味着社会总供给较社会总需求增加得快，社会总需求小于社会总供给即有效需求不足，存在通货紧缩压力。当实际经济增长率等于潜在经济增长率时，意味着社会总需求与社会总供给大体相适应，经济可能存在通货膨胀或通货紧缩压力。对潜在经济增长率的统计分析，对宏观经济政策操作具有十分重要的意义。

9.1.2 经济增长理论

经济增长理论试图回答两个核心问题：一是引致经济长期增长的动力或源泉是什么，二是为什么不同国家或地区的经济增长成就表现殊异。为了给这两个问题一个令人满意的解释，无数学者耗费了大量的时间和精力，提出了各种各样的理论和模型。在经济增长理论发展史上具有影响力和代表意义的增长理论和模型有：哈罗德—多马模型、新古典经济增长模型、新剑桥经济增长模型和内生增长理论。

9.1.2.1　哈罗德—多马模型

为研究经济增长，哈罗德（Harrod）和多马（Domar）于20世纪40年代分别提出两种模型。由于这两种模型基本相同，所以通常称为哈罗德—多马经济增长模型。哈罗德—多马经济增长模型是增长经济学中的第一个广为流行的经济增长模型。该模型是从凯恩斯收入决定论出发，把凯恩斯的短期静态模型推广到经济的长期动态过程而建立的。

哈罗德模型有这样一些假定：①社会的全部产品只有一种，这意味着，全社会所有产品不是用作消费品就是用作投资品，故称为一个部门的增长模型；②规模报酬不变；③资本—产量比率（K/Y）、劳动—产量比率（L/Y）以及资本—劳动比率（K/L）在增长过程中始终保持不变；④不存在技术进步，资本存量为 K 且没有折旧。

哈罗德在上述假设条件下将经济增长抽象为三个宏观经济变量之间的函数关系：第一个变量是经济增长率 $G=\Delta Y/Y$；第二个变量是储蓄率 $s=S/Y$；第三个变量为资本—产出比率 $v=I/\Delta Y=\Delta K/\Delta Y$。在 $I=S$ 成立的前提条件下，三个变量之间的数学表达式为：

$$G=\frac{s}{v} \tag{9.8}$$

从式(9.8)中可以看出：一国的经济增长率与该国的储蓄率成正比，与该国的资本—产出比率成反比。

哈罗德将经济增长率分为实际增长率、均衡增长率和自然增长率。实际增长率就是社会实际达到的经济增长率。值得注意的是，在一般情况下，实际增长率不能用哈罗德模型的基本公式来计算，这是因为实际经济状况并不满足哈罗德的前提条件 $I=S$。均衡增长率就是哈罗德提出的有保证的增长率。它所对应的是合意的储蓄率和合意的资本—产出比率，因此，在实现均衡增长率的情况下，由于实现了充分就业的有效需求水平，且形成的生产能力得到充分利用，所以，就各年情况而言，产量或收入达到最大值时，社会上既无失业又无通货膨胀。自然增长率是在人口和技术都不发生变动的情况下，社会所允许达到的最大增长率。哈罗德认为，当实际增长率和均衡增长率发生偏差时，会导致经济短期波动，而当均衡增长率和自然增长率发生偏差时，则会导致经济长期波动，而且一旦偏差发生，就有自我加强的趋势。因此，要实现实际增长率等于均衡增长率并等于自然增长率的长期均衡增长几乎是不可能的，常被形象地称为“刃锋式”的经济增长。

多马模型与哈罗德模型的区别仅在于前者用资本生产率来代替后者的资本—产量比率。资本生产率又称投资效率，是指每单位资本可得到的产量，用 σ 表示。与哈罗德模型中的 v 相比，不难看出，$\sigma=\frac{1}{v}$。此外，在多马模型中，G 指投资增长率，即 $G=\frac{\Delta I}{I}$，实际上与哈罗德模型中的产量增长率是相同的。

多马模型的基本公式为：

$$G=s\cdot\sigma \tag{9.9}$$

式(9.9)成立的前提条件为：$\Delta I=\Delta S$，与哈罗德模型的前提条件 $I=S$ 意义相同，故多马模型与哈罗德模型基本上是相同的，统称哈罗德—多马模型。

哈罗德—多马模型的意义表现在以下几个方面：首先，它将凯恩斯的理论动态化、长期化，并重点阐明了投资的双重作用，从而发展了凯恩斯的理论，并奠定了现代经济增长理论的基础。其次，它说明了经济波动的原因和实现经济长期、稳定、均衡增长的条件，并将复杂的经济增长理论简单化、模型化，为人们研究经济增长问题提供了新的思路。再次，它强调了资本积累(表现为储蓄率或投资率)在经济增长中的重要作用。最后，它阐明了国家干预和实现调控在促进经济增长中的必要性，为政府制定宏观经济政策及经济计划提供了理论依据和方法、手段。

9.1.2.2　新古典经济增长模型

新古典经济增长模型对哈罗德—多马模型进行了修正，它放弃了哈罗德—多马模型中的一些假设，重新提出了自己的前提条件，并在此条件下得出结论，建立了新的经济增长模型。由于他们的理论具有凯恩斯以前的传统经济学的痕迹，因而被称为新古典经济增长模型。

新古典经济增长模型主要有以下的假定：①有资本和劳动力两种生产要素，且这两种生产要素是能够互相替代的，即能够以可变的比例组合；而在哈罗德—多马模型中，资本和劳动力是按固定比例组合的。②在经济的任何时候，劳动力和资本都可以得到充分利用，即不存在生产要素的闲置；而哈罗德—多马模型不包含这样的假定。③经济处于完全竞争条件下，劳动力和资本都按照各自的边际生产力而分得相应的产量。

新古典经济增长模型是以柯布—道格拉斯生产函数为基础建立起来的。在没有技术进步的条件下，柯布—道格拉斯生产函数可以表示为：

$$Y=AL^{\alpha}K^{\beta} \tag{9.10}$$

式中：$A>0$；$0<\alpha<1$；$0<\beta<1$。

假定资本和劳动在国民收入分配中的份额(产出弹性)保持不变，对式(9.10)进行一些数学处理，就得到新古典经济增长模型的基本公式：

$$G_Y=\alpha G_L+\beta G_K \tag{9.11}$$

式中：$G_Y=\Delta Y/Y$ 是产出的增长率，也即经济增长率；$G_L=\Delta L/L$ 是劳动增长率；$G_K=\Delta K/K$ 是资本增长率；α 和 β 分别表示在经济增长中有多大份额是由劳动力增长和资本增长带来的，也称劳动的产出弹性和资本的产出弹性。这一公式是由索洛（Solow）和斯旺（Swan）提出的，称为"索洛—斯旺增长模型"。

米德（Meade）在"索洛—斯旺增长模型"的基础上，加进了技术进步因素。在技术进步条件下，柯布—道格拉斯生产函数可以表示为：

$$Y(t)=L^{\alpha}(t)K^{\beta}(t)e^{\lambda t} \tag{9.12}$$

式中：λ 的值取决于技术进步的状况；t 表示时间。

对这个生产函数进行数学上的处理，便可得到技术进步条件下的新古典经济增长模型：

$$G_Y=\alpha G_L+\beta G_K+\lambda \tag{9.13}$$

式中：G_Y，G_L，G_K，α 和 β 与式(9.12)中的含义相同，λ 表示技术进步（或退步）速度。从式(9.13)中可以进一步了解到新古典经济增长模型的含义：经济增长不仅取决于资本的增长和劳动力的增长，而且取决于技术进步的情况。技术进步既可以体现于物质资本方面，也可以体现在劳动者技术水平的提高上。只要存在着技术进步（即 $\lambda>0$），对于经济增长总是有利的。

9.1.2.3　新剑桥经济增长模型

新剑桥经济增长模型是由英国经济学家琼·罗宾逊（John Robinson）、卡尔多（Kaldor）和意大利经济学家帕森奈蒂（Pasinetti）提出来的。该模型的基本假设是：①资本—产量比率保持不变，即 $v=K/Y$ 为常数；②储蓄等于投资，$I=S$；③社会成员分为工资收入者（工人）和利润收入者（资本家），两者的储蓄率都是固定的，而且利润收入者的储蓄率大于工资收入者的储蓄率。

以 P 代表资本利润，W 代表工资，Y 代表产出，则：

$$Y=P+W \text{ 或 } W=Y-P$$

以 s_p 代表利润收入者的储蓄率，s_w 代表工资收入者的储蓄率，s 代表总储蓄率，则有：

$$\begin{aligned} s &= P/Y\cdot s_p+W/Y\cdot s_w \\ &= P/Y\cdot s_p+(1-P/Y)\cdot s_w \\ &= P/Y\cdot s_p+s_w-P/Y\cdot s_w \\ &= P/Y(s_p-s_w)+s_w \end{aligned} \tag{9.14}$$

$$v=K/Y \tag{9.15}$$

将式(9.14)和(9.15)代入哈罗德—多马模型中，得到：

$$\begin{aligned} G &= [P/Y(s_p-s_w)+s_w]\cdot 1/v \\ &= P/K(s_p-s_w)+s_w/v \end{aligned} \tag{9.16}$$

P/K 即是利润率，用 π 表示，则有：

$$G=\pi(s_p-s_w)+s_w/v \tag{9.17}$$

式(9.17)即是新剑桥经济增长模型。该模型的含义是,在既定的技术水平下,经济增长率决定于利润率的高低以及资本家和工人两个阶级的储蓄倾向。

新剑桥经济增长模型具有以下特点。

第一,新剑桥模型是哈罗德—多马模型的延伸,和后者一样,其基本观点是增长率决定于储蓄率或投资率,而资本—产出比例是固定不变的。

第二,新剑桥模型把经济增长与收入分配结合起来,说明经济增长过程中收入分配的变化趋势以及收入分配关系对经济增长的影响。

第三,新剑桥模型认为,在社会分化为两个阶级(资本家和工人)的条件下,经济增长加剧了收入分配比例的失调,收入分配比例失调反过来又影响着经济增长。要解决这一问题,重要的不是简单地谋求经济快速增长,而是消除收入分配比例失调的状况。

第四,新剑桥模型否定了新古典经济增长模型的思路,即持续稳定增长取决于投入要素比例的变化和技术进步,而认为要实现持续稳定增长必须靠国家政策对分配比例失调进行干预。

9.1.2.4 内生增长理论

在上述经济理论和模型的基础上,经济学家观察到储蓄率和技术进步都不是孤立于经济体的外生变量,由此发展出了内生增长理论。内生增长理论,尤其是把技术进步内生化的模型可以很好地解释不同国家间的经济增长差异。内生增长理论在索洛模型的基础上进行了两个方向的拓展:一个方向是考虑一个专门的知识生产部门,增加对该部门的投入会增加知识产出,最终导致物质生产部门产出的增加,从而把技术进步内生化。这个方向的工作主要是由罗默(Romer,1986)开创的。另一个方向是对资本概念的拓展,既引入人力资本的因素,这样即使不考虑外生知识增长率的不同,也可以很好地解释经济的长期增长和国与国之间的差异,这一方向的工作首先是由卢卡斯(Lucas,1988)进行的。

罗默模型把知识作为一个独立的生产要素,并强调知识作为生产要素的重要性。知识具有很强的正外部性。一个企业的知识资本的增加不仅会使本企业产量增加,也会使别的企业产量增加。知识具有非竞争性,一个人使用某种知识并不影响别人对该知识的使用,知识一经发现,提供的边际成本几乎为零。罗默模型认为,一些国家之所以长期处于低水平的增长路径上,就是由于对知识生产部门的投资不够,技术进步率太低。因此,一个自然的结论就是,应该鼓励对知识生产的投资。

在卢卡斯的人力资本模型中,人力资本是一个与知识有关系但又相互区别的概念。人力资本和知识一样,在生产过程中有正的外部作用。但人力资本并不像知识那样必须以物质资本为载体,而主要是通过学习和教育获得的,附着在活生生的人身上,因此人力资本具有竞争性。在不同的国家,由于所积累的人力资本不同,对相同知识的使用可以产生完全不同的收益,进而导致经济增长率和人均产出的不同。由此得到的结论是,应该鼓励人们投资于教育和学习,从而积累更多的人力资本,以此获得经济的持续增长。

内生增长理论通过上述处理手段把技术进步内生化,拓展了新古典经济增长模型,更加贴近实际。

9.2 经济增长因素分析

经济增长是一种复杂的社会经济现象,影响经济增长的因素很多。一般把经济增长的因素分为资本、劳动和技术进步。但这些因素在经济增长中所起的作用有多大?这些因素还可以细分为哪些因素?它们的作用又有多大?经济增长因素分析正是要通过定量分析说明各种影响经济增长的因素的作用,以便寻求促进经济增长的途径。因此,经济增长因素分析,又被称为经济增长核算分析。它是研究经济增长的源泉、因素,并度量它们在经济增长过程中所起的作用大小,以寻求促进经济迅速增长的途径的一种理论。也就是说,经济增长因素分析是以经济增长形成过程为对象,对构成经济增长诸因素的作用和贡献作系统地统计测定,以此来分析和评价经济增长,确定经济最快增长的有效途径,并为制定宏观经济政策和进行宏观经济管理提供科学依据。

9.2.1 肯德里克的全要素生产分析

自20世纪50年代开始,美国经济学家肯德里克(J. Kendrick)就对美国的国民收入统计资料进行整理分析,以确定生产率提高和要素投入量增加对经济增长的贡献各占多大的比例。

全要素生产率是指产量与全部生产要素投入量之比,即所有投入要素的生产率之和。全部生产要素包括生产中使用的资本、劳动和土地。全要素生产率不同于劳动生产率或资本生产率这些概念。劳动生产率是指产量与劳动投入量之比,资本生产率是指产量与资本投入量之比,这些概念都是产量与某一特定生产要素投入量之比,称为“部分要素生产率”。部分要素生产率只能衡量某一时期内某种生产要素的节约,而不能代表生产率的变化,因为生产要素投入量的比例也会影响生产率。肯德里克在分析时采用了全要素生产率的概念,并将之称为生产率。

肯德里克将生产中的投入要素区分为劳动和资本(把土地归为资本)两项,再把劳动和资本的生产性服务的报酬分为土地和资本收益(包括利润、利息和地租),然后将产量与投入要素量之比定义为要素生产率,其中,产量与全部投入量之比称为全要素生产率。

全要素生产率可以根据柯布—道格拉斯生产函数来计算。在计算时把土地归入资本,因此,全部生产要素就是指劳动和资本。设 Q 代表年产量或产值;L 和 K 分别代表劳动投入量和资本投入量,下标 0 和 t 分别代表基年和 t 年。w_0 代表基年实际小时工资率;i_0 代表基年资本的实际小时报酬率(包括利息、地租和利润);T 代表全要素生产率。

根据边际生产力理论,基年支付给劳动和资本的全部报酬等于这些生产要素投入量所生产出的全部产品的价值,再设 $T_0=1$,则有:

$$Q_0 = w_0 L_0 + i_0 K_0 \tag{9.18}$$

将 t 年的劳动和资本投入量分别用基年的 w_0 和 i_0 加权,则有:

$$Q_t = T(w_0 L_t + i_0 K_t) \tag{9.19}$$

式中:Q_t 表示按基年的生产率,t 年的劳动和资本投入量 L_t 和 K_t 所能生产的产量。如果 t 年的生产率比基年的提高了,即 $T>1$,那么,$w_0L_t+i_0K_t$ 必然小于 Q_t,要使式(9.19)平衡,T 就大于1。因此,可以把式(9.19)改写为:

$$T = \frac{Q_t}{w_0 L_t + i_0 K_t} \tag{9.20}$$

在实际计算中,全要素生产率是以指数形式表示的,也就是用各个 t 年的各项数值对基年各项数值的比率来表示,并且根据投入量在基年产量中所占的份额进行加权。其公式为:

$$\frac{T}{T_0} = \frac{Q_t/Q_0}{a(L_t/L_0)+b(K_t/K_0)} \tag{9.21}$$

式中:a 与 b 分别是劳动和资本在基年产量中的份额,即有 $a=\frac{w_0L_0}{Q_0}$,$b=\frac{i_0K_0}{Q_0}$。

9.2.2 丹尼森的经济增长因素分析

由于全要素生产率必须在实际净产值增长和全部要素投入量增长确定以后才能计算出来,因此它被称为“余值”。对这项“余值”进行进一步分解的是美国布鲁金斯学会的丹尼森(Denison)。

丹尼森在《美国经济增长的来源和我们面临的抉择》(1962)一书中运用并发展了肯德里克的全要素生产率分析。他不仅计算了总投入量增加和全要素生产率提高对经济增长的贡献,而且又把总投入量和全要素生产率分为若干因素,并对这些因素进行了详尽地定量分析。丹尼森认为,影响增长率的因素主要有两大类:生产要素投入量和生产要素生产率,其他可以略而不计(参见图9-2)。生产要素投入量主要表现为劳动力在数量上的增加和质量上的提高与资本(包括土地)在数量上的增加。生产要素生产率主要取决于资源配置的改善、规模的节约、知识进展及其在生产上的应用。这样,丹尼森把影响经济增长的因素归结为五个方面:①劳动力在数量上的增加和质量上的提高;②资本(包括土地)在数量上的增加;③资源配置的改善;④规模的节约;⑤知识进展和它在生产上的应用。

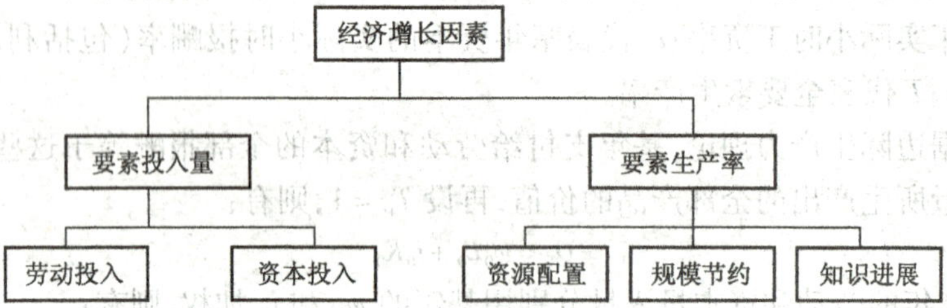

图 9-2　丹尼森的经济增长影响因素框架

丹尼森对影响经济增长的五项因素分析如下。

9.2.2.1　劳动力在数量上的增加和质量上的提高

丹尼森把劳动质量的变化分为三个方面:一是由于正常劳动时间的缩短而引起的劳动力质量的变化;二是由于正常教育年限的增加而引起的平均劳动力质量的变化;三是因年龄与性别构成的变化而引起的平均劳动力质量的变化。

(1)关于缩短工作日对于劳动力投入量变化的影响问题。根据生产率计算的结果,1929 年之后,美国缩短工作日比起不缩短工作日,必然遭受减产的损失,而且这种损失会逐步加大,这就是由于正常劳动时间的缩短而引起劳动力质量的变化。

(2)丹尼森认为,劳动者受教育水平的提高,不但促进经济增长,而且有可能通过教育途径来改变未来的投资增长。他认为,教育年限的提高增加了个人对生产的贡献能力,并且提高了个人收入。因此,教育水平的提高对于经济增长会起重要的推动作用。

(3)丹尼森认为,劳动力的年龄、性别构成也影响劳动力本质的平均质量水平。

9.2.2.2　资本(包括土地)在数量上的增加

丹尼森把能够再生产的资本投入量分为五类:企业建筑物和设备、非农业的住宅建筑、存货、本国居民在国外的资产和外国人在本国的资产。这五类资本的投入量等于用不变价格计算的、各自总的资本存量的价值。他认为,用不变价格计算资本存量的价值,就能把不同时期、不同成本和不同性能特征的真实资本存量,完全换算成假定在基期生产时所具有的价值。通过对美国经济增长中资本存量变化的分析,丹尼森认为,资本存量的增长是经济增长因素中一个比较重要的因素。

9.2.2.3 资源配置的改善

资源配置的改善主要指两种人力资源的改善:一种是配置到农业上的过多劳动力从农业中转移出来;第二种是非农业性的独立经营,和在那些本小利微的小企业中参加劳动但不领取报酬的业主家属从该企业转移到大企业,充当工资劳动者。丹尼森认为,资源配置的改善是提高全部要素生产率的因素。

9.2.2.4 规模的节约

在具体分析经济增长因素时,丹尼森提出:假定每一种要素都按一定比例增加,那么国民总产品将会增加多少,即经济中经常涉及的规模节约问题——随着生产规模的扩大,报酬是递增的、不变的还是递减的。首先,丹尼森认为,作为整体的一个经济体系,局部规模上的不经济总会被别处发生的规模节约所抵消,在他看来,作为整体的经济体系,不存在报酬递减的问题。其次,丹尼森把亚当·斯密的劳动分工受市场范围限制的理论,用市场范围的扩大来表示规模的节约。丹尼森所谓的市场可以是世界市场、国内市场、区域性市场或地方性市场。他认为,一个经济体系的增长就意味着企业提供最终产品的市场规模的扩大;市场的扩大就有机会提高行业之间、企业之间的专业化程度,扩大企业规模。因此,随着市场的扩大与生产和销售规模的增加,就有可能获得递增的报酬。

9.2.2.5 知识进展和它在生产上的应用

丹尼森认为,新技术的采用对于经济增长是很重要的,但是新技术的采用只有在知识有所进展的情况下才可能实现。他认为,知识进展能使同样的劳动力、资本和土地投入量生产出更多的产品。丹尼森的"知识进展"包括以下几层含义。

(1)知识进展的内容。丹尼森认为,知识进展包括技术知识、管理知识的进展和由于采用新的知识而产生的结构和设备的更有效的设计,还包括从国内、国外有组织的研究、个别研究人员和发明家或简单的观察和经验中得来的知识。

(2)知识进展与其他增长因素的区别。丹尼森认为,知识进展和其他因素不同的重要方面就是,任何一个地方的科学发现、科学理论或者有关新产品、新物质、新技术和新经验的知识会很快扩散到其他地方。因此,就增长率而言,获得的只是短暂的。

(3)知识进展在经济增长中作用的估算。知识进展虽然在经济增长中起重要作用,但是丹尼森也承认无法直接估算知识进展的贡献,只能把它作为"剩余"估算出来,即从经济增长率中减去所有其他经济增长因素的作用后,剩余的数字就是知识进展对增长率的贡献。

丹尼森对经济增长来源进行的质的分析和量的估算获得了一定的成功。但是他的估算仍然存在着问题:①有些估算掺杂着主观成分。例如,他硬性规定产出每增长1%,则整个经济中规模的经济效益等于它的10%,这项规定无法得到验证。②经济增长和教育水平的提高毫无疑问有密切关系,但是测定它们之间的量的关系则是十分困难的,因为职工的技巧和知识有很大一部分是在正规教育以外获得的。③知识进展是最后的余值。它包括所有没有明确的因素,也包括对已经明确的各种来源估算的误差在内。因此精确估算知识进展的问题仍然没有得到彻底解决。

9.2.3 库兹涅茨的经济增长因素分析

美国经济学家库兹涅茨运用统计分析的方法对国民总收入及其组成部分作出长期统计,通过对各国经济增长的比较,探索影响经济增长的因素。在库兹涅茨的分析中,影响经济增长的主要因素是知识存量的增加、生产率的提高和结构方面的变化。

9.2.3.1 知识存量的增加

现代经济增长受到技术革新的推动,世界上技术知识和社会知识的存量迅速增加,当这种存量被利用时,它就成为现代经济高速增长的源泉。但知识本身不是直接生产力,由知识转化为现实的生产力要经过科学发现、发明、革新和改良等一系列中间环节。在知识的转化过程中需要有一系列中介因素,如对劳动力的训练进行大量的投资,企业家要有能力克服一系列从未遇到的障碍,知识的使用者对技术是否适宜作出准确的判断等。在这些中介因素的作用下,经过一系列知识的转化过程,知识最终会变为现实的生产力。

9.2.3.2 生产率的提高

在库兹涅茨的经济增长分析中,通过对劳动投入和资本投入对经济增长所作贡献的长期分析,得出的结论是:以人均产值增长率为特征的现代经济增长的主要贡献因素是劳动生产率的提高,亦即单位投入的产出的高增长率。

9.2.3.3 结构变化

库兹涅茨通过实证分析发现,发达国家经济增长时期的总体增长率和生产结构的转变速度都比它们在现代化以前高得多。库兹涅茨把知识力量因素和生产因素与结构因素联系起来,以强调结构因素对经济增长的影响。库兹涅茨认为,不发达国家经济结构变动缓慢,结构因素对经济增长的影响比较小,主要表现在:不发达国家的传统结构束缚着被聚集在传统农业部门中的60%以上的劳动力,而传统的生产技术和生产组织方式则阻碍着经济增长;制造业结构不能满足现代经济增长的要求;需求结构变化缓慢,消费水平低,不能形成对经济增长的强有力刺激。

9.2.4 我国经济增长的因素分析

从现有文献看,要对中国经济的增长因素作实证分析并对各项因素进行精确和详细的分解尚有一定困难，因为这不仅涉及理论问题，同时也面临统计数据的可靠性和可获得性等因素。当然，方法论和统计数据等方面的困难，并不能令我们放弃这方面的努力。

9.2.4.1 方法与模型选择

根据道格拉斯生产函数，产出水平主要取决于资本和劳动力的投入以及各生产要素的使用质量。经济增长就是这些因素按照不同比例组成的函数。不同的国家在经济发展的不同时期，这些要素的配置和组合也不应该一样。

对我国经济增长的因素分析主要基于以下三个假设。

(1)资本与劳动这两种生产要素可以任何比例组合进行互换替代。

(2)技术进步是随时间变化的，并按固定的指数增长率增长。

(3)生产函数采用柯布—道格拉斯生产函数：

$$Y = A_0 e^{\gamma t} K^{\alpha} L^{\beta} \tag{9.22}$$

生产函数的模型中规模报酬不变，即 $\alpha + \beta = 1$。

式(9.22)中的 Y 为 t 时期的产量；K 为 t 时期的资本；L 为 t 时期的劳动投入；A_0 为基期的技术水平；γ 为技术进步率；t 为时期；u 为误差项；α 为资本的产出弹性；β 是劳动的产出弹性；对模型取对数得到模型：

$$\ln(Y) = \ln(A_0) + \gamma \mathrm{t} + \alpha \ln(K) + \beta \ln(L) + u \tag{9.23}$$

对模型(9.23)两边微分可得出：

$$\frac{\partial Y}{Y} = \gamma \partial t + \alpha \frac{\partial K}{K} + \beta \frac{\partial L}{L}$$

$$\partial t = 1$$

则增长率方程：

$$y = \gamma + \alpha k + \beta l \tag{9.24}$$

对模型(9.24)为两边同时除以 y 得：

$$\frac{\gamma}{y} + \frac{\alpha k}{y} + \frac{\beta l}{y} = 1$$

即

$$E_A = \frac{\gamma}{y}, E_k = \frac{\alpha k}{y}, E_L = \frac{\beta l}{y} \tag{9.25}$$

式中：E_A，E_k，E_L 分别表示技术进步、资本投入、劳动投入对经济增长的贡献份额。

9.2.4.2 基础数据采集与处理

在确定了基本的分析方法后，就涉及 1979～2009 年基础数据的采集问题。进行经济增长因素分析，最主要的变量是产出、资本投入与劳动投入。由于中国经济数据结构不能直接满足生产函数的需要和某些假设，所以大多数研究人员只是根据自己能够收集到的资料和对数据的判断作相应分析，或仅进行一些局部性的研究，不同机构或学者的研究结果差异很大。一般而言，衡量国民经济整体产出增长率的指标应该是按可比价格计算的国内生产总值(GDP)。本节采集的1979～2009年的GDP数据是以1978年为基期的可比价格计算的国内生产总值。

资本投入量,应为直接或间接构成生产能力的资本总存量(或简称资本存量),它既包括直接生产和提供各种物质和劳务的各种固定资产和流动资产,也包括为生活过程服务的各种服务及福利设施的资产,如住房等。估算社会资本存量最常用的方法是所谓的"永续盘存法",美国、日本和国内一些学者都曾利用这种方法估算过中国的资本存量,即报告期资本形成存量净额=上年资本形成存量净额-上年折旧额+报告期资本形成(流量)。资本存量的估算可以写为:$K_t = K_{t-1}(1-\delta)+I_t$。在估算资本存量时,主要借鉴使用张军、章元(2003)的方法①,其基本步骤是:①估计基期资本存量K_0;②计算各年的资本流量I_t(即各年资本存量的净增加额),这里采用固定资本形成数据;③设定固定资本形成总额的经济折旧率δ,同样采用张军、章元(2003)的方法;④在基期资本存量的基础上,在可比价格的前提下,逐年代入各年的资本流量得到以后各年的资本存量。

劳动投入量包括就业人数、劳动时间、劳动强度和劳动质量等方面。在市场经济国家,劳动的质量、时间和强度一般是与收入水平相联系的,在市场机制的调节下,劳动报酬能够比较合理地反映劳动投入量的变化。在中国,由于收入分配体制不合理和缺乏市场机制的调节,劳动收入难以恰当反映劳动量(尤其是劳动质量)的变化;而且,这方面缺少很多重要的统计资料,用价格指数未对收入水平加以调整也存在不少问题,所以用劳动收入量的变化来表示劳动投入量的变化在准确度和可信度方面都没有保证。也许是因为这个原因,大多数有关的研究文献都以劳动者人数来代表劳动投入量。从一段较长的时间看,劳动质量(受教育程度)是有所提高的,但劳动时间和劳动强度则可能有所降低,二者在一定程度上相互抵消。因此舍掉这几个因素来计算劳动投入量的变化,误差不会太大。根据上述考虑,本文以从业人数作为劳动投入的指标。其中,1989～1990年的从业人员数增长异常,因此,使用趋势离差法对1978～1990年的从业人数数据进行修正。

9.2.4.3　中国经济增长的因素贡献

采集以上基础数据后采用最小二乘法计算产出、资本投入与劳动投入的平均增长率。现在可以将其代入上述公式,计算1979～2009年经济增长各驱动因素的贡献份额。1979～2009年,GDP年均增长速度$G_Y=9.92\%$,资本投入年均增长速度$G_K=10.32\%$,劳动力投入增长速度$G_L=2.18\%$(见表9-1)。

---

① 张军、章元:《对中国资本存量K的再估计》,《经济研究》,2003年第7期。

将式(9.23)变换为：

$$\ln(Y/L)=\ln(A_0)+\gamma t+\alpha\ln(K/L)+u$$

将数据代入上式进行估计，得到表9－1所示的结果。

表9－1　　因变量ln(Y/L)的回归系数结果

变量	系数	标准差	t值	P值
ln(K/L)	0.551 028	0.036 308	15.176 41	0.000 0
t	0.030 757	0.002 936	10.474 90	0.000 0
C	－1.484 540	0.077 200	－19.229 69	0.000 0

由表9－1知：$\alpha=0.551$，$\gamma=0.03$，则$\beta=1-\alpha=0.449$。

将上述数据代入式(9.23)、(9.24)和(9.25)，即有$E_A=27.8\%$，$E_K=57.8\%$，$E_L=11.1\%$。

也就是说，在1979～2009年中国经济增长速度中，资本投入、劳动投入以及技术进步的贡献分别为57.8%，11.2%和27.8%。这说明改革开放以来，中国经济增长中外延因素的贡献份额仍超过了50%，所以中国经济仍属粗放型增长。分阶段数据及计算结果见表9－2。

表9－2　　中国分阶段产出和要素投入增长速度及增长因素分解　　单位：%

阶段	Y	K	L	E_K	E_L	E_A
1979～2009	9.92	10.32	2.18	57.8	11.1	27.9
1979～1992	9.45	8.26	3.64	49.1	18.7	25.5
1993～2009	10.3	12.03	0.97	65.5	4.5	30

从表9－2可看出，对比1979～1992年和1993～2009年两个阶段，后一阶段资本投入和技术进步对经济增长的贡献份额较前一阶段有所提高，但技术进步贡献份额进步较小，劳动投入贡献份额较前一阶段显著下降，贡献份额仅为4.5%，说明1993年以后，中国经济仍然属于粗放型增长，且主要由资本投入驱动，并且正在逐渐走向集约型增长道路。新中国成立以来，我国一直处于传统发展经济学意义上的“赶超”阶段，先是在计划经济体制下中央政府主导的投资追赶，后是改革开放后在“放权让利”的大思路下利用和依靠地方政府的积极性和分散创新智慧进行追赶，始终没有摆脱投资驱动型的路径，这一状况在1992年市场改革取向确立后的十年间也没有改变。从今后来看，尽管劳动力供给的绝对数还会增加，但增长率并不会很高，低于1%。从资本增长率来看，中国国内的储蓄率在40%左右，也不大可能再进一步提高，因为中国是一个高储蓄率国

家,也是高投资率国家,在这方面已经是世界最高水平国家之一。因此,中国今后提高经济增长速度的关键在于,加快技术进步,提高全要素生产率。

9.3 经济增长质量统计

随着20世纪80年代中期可持续发展概念的提出,对经济增长进行传统的因素分析已远远不够。因为人们不仅渴望经济在数量上增长,而且渴望经济在质量上有所改善。高质量的经济增长既是数量的扩张过程,又是质量的提高过程,是数量扩张与质量提高的统一。

9.3.1 经济增长质量的理论内涵

国内外关于经济增长质量的研究都是从经济增长理论中抽象出来的,就目前来看,经济增长质量仍是经济学中很少研究的理论课题,其内涵至今尚无严谨的科学界定。因此,有关对经济增长质量的评价研究也就没有统一的理论支撑,其中绝大多数建立在经济系统的投入产出效率基础之上。

经济增长质量的评价必须基于经济增长质量的内涵,只有从理论上界定了经济增长质量的内涵,经济增长质量的评价才具有可靠性。因此,在评价经济增长质量之前,首先必须明确经济增长质量的理论内涵。

综观国内外相关研究文献,经济增长质量的理论内涵应该从以下三个层次界定。

9.3.1.1 经济增长质量内涵体现了经济系统的投入产出效率

从产出的角度看,经济增长质量反映了等量投入带来的产出变化。等量投入带来产出增加,则经济增长质量提高;反之,则降低。如果由于非物质要素投入导致产出效率发生变动,经济增长质量就体现为全要素生产率的变化。如果仅用单要素投入的产出来衡量,经济增长质量就是指劳动生产率或资本生产率的变化。同理,从投入角度来看,经济增长质量就是单位产出的各种要素资源消耗的变化。对于劳动力、物质资本和能源等要素资源而言,经济增长质量可以界定为单位产出的劳动力消耗、资金消耗和能耗。单位产出的资源消耗越低,则经济增长质量越高;反之,其增长质量越低。由此可见,无论是从产出还是从投入角度界定,经济增长质量的理论内涵是统一的。

9.3.1.2 经济增长质量内涵体现了最终产品或服务的质量

经济增长体现了向市场提供产品和服务的增加。现代经济理论都是以"产出就是有效益"为前提来分析问题的。由于不分析产出的质量问题,从而将经济产出看作纯粹数量的增长,即假定产出质量损失近似为零。但是经济增长质量的理论内涵,必须由产出质量予以界定。

从投入产出理论上分析,用同样的资源换取了最大的产出(数量),并不能说明经济增长是高质量的。这是因为,生产的产品是有效用的,产品效用的大小,表现为产品质量的高低。如果最终产品具有最大效用,则说明产出是高质量的。只有建立在产品质量提高基础上的经济增长,才真正实现了用等量投入生产出数量更多、使用价值更高的产品。

另外,产品质量既包括物质产品质量,又包括服务产品质量。一方面产品符合自身的质量标准要求;另一方面满足用户的需要,实现其市场价值。用产品质量来界定经济增长质量的内涵,是因为产出质量水平是经济系统内的技术水平和管理水平的标志。产品质量不合格,会产生质量损失,使得产出成本太高,进而影响经济增长的质量。另一方面,即便是产品质量合格,但由于不能实现市场价值而造成浪费,最终会降低资源配置效率,也会影响经济增长质量。

9.3.1.3　经济增长质量的内涵体现了环境和生存质量

将环境质量和生存质量作为经济增长质量内涵的一种界定,源于一种均衡和可持续发展理论的思想。1987 年挪威首相布伦特兰夫人在联合国世界环境与发展委员会的报告《我们共同的未来》中,把可持续发展定义为"既满足当代人的需要,又不对后代人满足其需要的能力构成危害的发展",这一定义得到了广泛的接受。现实中一些国家在大力促进经济增长的同时,也付出了资源过度消耗和生态环境恶化的巨大代价,如空气污染、臭氧层破坏、淡水资源枯竭、水土流失、森林植被破坏、生物多样性锐减、有毒物质扩散等。这种经济增长的后果严重威胁着人类的环境和生存质量。

经济增长不是一个孤立的过程,它受到各种社会因素和自然因素的制约,其中自然资源和环境质量与经济增长关系密切。经济增长不能以牺牲环境为代价, 即便是经济系统的内在效率很高,而由于环境和生存质量的下降增加了经济增长成本,仍然会抵消经济系统的内在效率而使经济增长质量下降。如果经济增长是靠资源的掠夺性开发和生态环境的破坏而获得的,按单位成本产出率变化衡量的经济增长质量无疑是很低的;反之,环境和生存质量改善,就意味着经济增长总成本下降,经济增长质量提高。

9.3.2　经济增长质量的综合评价

9.3.2.1　经济增长质量综合评价的指标体系

在经济增长质量理论内涵的基础上,可以分别从五个不同方面构造经济增长质量的评价指标体系。这五个方面是产出效率、产出消耗、产品质量、运行质量和生存环境质量,五个方面还可以设定若干个细类指标,各个指标都换算成指数形式。

A1——经济增长的产出效率指数，包括：A11——劳动生产率指数；A12——资本生产（产出）率指数；A13——增量资本产出率指数；A14——劳动力技术装备程度指数；A15——全要素生产率指数。

A2——经济增长的产出消耗指数，包括：A21——劳动力要素投入弹性指数；A22——资本要素投入弹性指数；A23——单位产出能耗水平指数；A24——能源消费弹性指数；A25——单位总产出成本率指数。

A3——经济产出指数，用产品合格率表示。

A4——经济运行质量指数，包括：A41——经济波动率指数；A42——第三产业产值份额指数。

A5——经济增长过程中的生存环境质量指数，包括：A51——单位产出大气污染指数；A52——单位产出污水排放指数；A53——单位产出固体废弃物排放指数；A54——治理污染的投资指数；A55——环境质量成本指数。

这样，分5个不同方面共17个指标构成了比较系统、完整的经济增长质量评价指标体系。

9.3.2.2　经济增长质量综合评价的方法选择

由于在理论基础上已经将反映中国经济增长质量的指标划分为五大类，因此这里不再采用主成分分析方法，而是直接采用相对指数法进行评价分析。

相对指数法是将一系列指标变成可比的指数形式，然后进行简单加总或加权加总来评价的一种统计方法。对所选定的类别指标分别用相对指数法汇总，然后再对中国经济增长质量进行综合评价。

在计算总类指标指数前，首先要对各个细类指标进行调整，使之对经济增长质量的影响呈正向一致性。然后初始值指定为100，其余年份数据对比参照计算。总类指数计算采用简单平均法，即通过对各个细类指数进行简单算术平均计算得出各总类指数A1，A2，A3，A4和A5。

得到各总类指数后，加权平均计算经济增长质量的综合评价指数为QI。这里给出建议的权数分别为0.3，0.2，0.2，0.1和0.2。

9.3.3　中国经济增长质量的综合评价

9.3.3.1　中国经济增长质量综合评价指数QI的计算

首先采集1990～2002年17个指标的数据，计算各总类指数A1，A2，A3，A4和A5，然后使用建议权数加权平均得到中国经济增长质量综合评价指数QI，具体结果见表9－3。

表 9－3　中国经济增长质量综合评价指数

年份	A1	A2	A3	A4	A5	QI
1990	100.00	100.00	100.00	100.00	100.00	106.88
1991	130.43	187.07	104.03	73.93	105.42	112.67
1992	146.80	251.36	95.32	77.78	121.27	129.61
1993	146.08	229.37	91.55	106.29	147.53	157.68
1994	150.21	221.04	90.77	95.45	183.46	196.08
1995	153.13	199.50	98.05	77.14	211.17	225.70
1996	158.18	170.97	100.39	85.67	244.84	261.68
1997	163.93	151.93	101.82	88.06	207.59	221.87
1998	166.98	132.89	101.17	85.12	244.87	261.72
1999	172.55	108.57	102.21	90.98	260.33	278.24
2000	182.61	147.04	102.60	86.37	264.07	282.24
2001	188.45	185.51	98.57	101.84	292.60	312.73
2002	197.59	185.69	101.95	98.92	308.53	329.76

资料来源：根据赵英才、张纯洪和刘海英（2006 年）数据整理，其中的部分数值进行了异常值修正。

1990～2002 年中国经济增长质量综合评价指数 QI 的变动趋势，见图 9－3。由图 9－3 中的综合评价指数走势可看出，1990～2002 年中国经济增长质量的综合评价指数 QI 大致呈上升趋势。只有 1997 年是经济增长质量波动的低点，与上年经济增长质量相比有所下降。

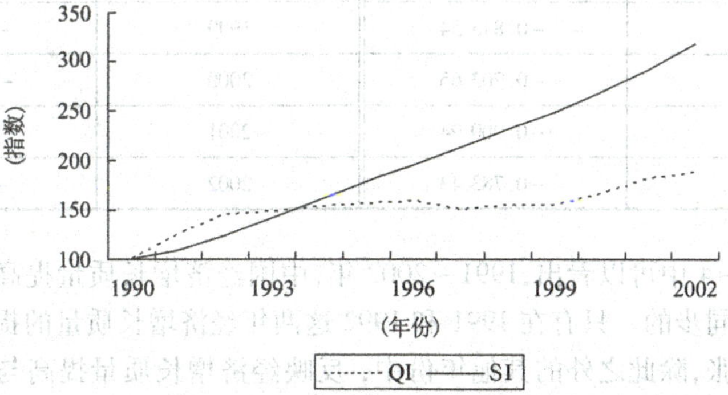

图 9－3　1990～2002 年中国经济增长质量和数量的综合评价指数

9.3.3.2　中国经济增长质量提高与数量扩张的不同步性

与反映经济增长质量的综合评价指数相对应，反映中国经济数量扩张的增长指数为 SI（见图 9－3）。

虽然反映经济增长质量的综合评价指数 QI 总体呈上升的趋势，但是还不能说明中国经济增长的质量是高的。根据前述的理论，高质量的经济增长体现了经济数量扩张与质量提高的统一。只有经济增长质量提高的速度不小于经济增长数量扩张的速度，这样的经济增长才是有质量的。而从图 9－3 可以看出，反映经济数量扩张的指数 SI，其增长速度明显超过了反映经济增长质量的综合评价指数 QI 的增速。这说明转轨以来中国经济增长的数量扩张和质量提高并不同步。

设反映经济增长质量提高和经济增长数量扩张不同步的系数为 f，其计算公式为：

$$f_t = \frac{QI_t - QI_{t-1}}{SI_t - SI_{t-1}} - 1 \tag{9.26}$$

当 $f_t > 0$ 时，说明第 t 年经济增长质量增速大于数量增速，此时经济增长的质量较高，而且数值越大，经济增长质量越高；当 $f_t = 0$ 时，说明第 t 年经济增长质量提高与经济增长数量扩张完全同步；当 $f_t < 0$ 时，说明第 t 年经济增长质量的提高小于经济增长的数量扩张，此时经济增长质量相对较低，而且数值越小，经济增长质量越低。1991～2002 年，中国经济增长质量提高和数量扩张不同步系数的具体数据见表 9－4。

表 9－4　1991～2002 年中国经济增长质量提高和数量扩张不同步系数值

年份	数值	年份	数值
1991	1.806 93	1997	－1.493 66
1992	0.263 055	1998	－0.752 36
1993	－0.843 54	1999	－0.960 65
1994	－0.703 65	2000	－0.469 72
1995	－0.900 94	2001	－0.289 64
1996	－0.783 43	2002	－0.761 1

从表 9－4 中可以看出，1991～2002 年，中国经济增长质量提高与数量扩张基本上是不同步的。只有在 1991 和 1992 这两年经济增长质量的提高超过了经济规模的扩张，除此之外的其他年份中，反映经济增长质量提高与数量扩张不同步系数 f 的值全部小于 0，说明了中国经济增长质量的提高小于经济的数量扩张。这充分证明了目前中国经济增长是以数量扩张为主的粗放型增长。党和国家强调转变经济增长方式由来已久，然而效果并不明显，这说明情况是复杂的，道路是曲折的，转变我国经济增长方式任重而道远。今后中国在全面推进经济增长方式转变上要下大工夫：既要摒弃落后观念，又要完善核算体系；既要调整经济结构，又要促进科技进步；既要发展循环经济，又要加快体制创新；既要引导

合理消费，又要提高国民素质；既要改善企业管理，又要加强法律约束。

9.4 绿色 GDP 核算

依据国民经济核算理论建立的现行的国民经济核算体系（SNA），通过对国内生产总值（GDP）的测算，可以精确地把握宏观经济的增长趋势及物质财富的增加。然而，人们在对国内生产总值的测算中，忽视了因追求物质财富的增加而造成的资源消耗和为环境污染付出的代价。为此，绿色 GDP 核算得以提出。第 2 章从指标的角度对绿色 GDP 作了一些介绍，本章将从可持续发展的角度进一步讨论绿色 GDP 的一些相关问题。

9.4.1 绿色 GDP 的内涵与意义

9.4.1.1 绿色 GDP 的内涵

绿色 GDP 指标是在对现行 SNA 中 GDP 指标进行修正的基础上提出来的（见第 2 章关于 GDP 的核算）。在现行的国民经济核算体系（SNA）中，将自然资源和环境要素排除在核算框架之外，只计算生态系统为人类提供的直接产品的市场价值，而未能测算其作为生命保障系统的间接的市场价值。由此产生对经济社会发展的误导，对世界范围的资源匮乏和环境污染推波助澜。其结果有三：一是夸大了以国内生产总值增加为代表的经济增长率；二是没有测算作为未来生产潜力的自然资本的耗损贬值和环境退化所造成的损失（负效益）；三是因过度追求物质财富的增加，而损毁了经济社会赖以发展的资源基础和生态环境条件，使经济社会的持续健康发展难以为继。

然而，为了体现可持续发展战略，在计算 GDP 时不仅要考虑到一些有形成本，还应考虑到对自然资源的损耗和对环境的破坏。1993 年，联合国等有关机构正式出版了《综合环境与经济核算手册》（简称 SEEA），为环境经济核算提供了整体思路和框架，由此，一些学者提出了构建绿色 GDP 核算指标的设想。

综合以往的研究成果，我们认为，绿色 GDP 是指在可持续发展理论下，一个国家（地区）范围内由所有常住单位在一定时期内生产的，扣除资源消耗成本和环境退化成本之后的有效最终结果。绿色 GDP 应该是国民经济核算体系的核心指标之一，同时也是经济社会可持续发展的重要指标。绿色 GDP 是衡量经济增长与自然环境保护和谐程度的重要指标。

9.4.1.2 绿色 GDP 的意义

多年来，国内外许多专家致力于绿色 GDP 核算体系的研究，取得了许多进展。但目前，学术界围绕绿色 GDP 还有许多争论，虽然世界上许多国家开始尝试绿色GDP,但世界上还没有一个国家就全部资源耗减成本和环境损失代价计算出完整的绿色GDP。研究和实施绿色GDP,对我国具有以下的重要意义。

(1)研究和实施绿色GDP有利于科学和全面地评价一个国家或地区的综合发展水平。通过对一个国家或地区环境污染和生态破坏地准确计量,可以了解为了取得一定的经济发展成就,付出了多大的环境代价,从而可以使我们客观和冷静地看待所取得的成就,及时采取措施降低环境损失。

(2)研究和实施绿色GDP有利于促进经济与资源环境的协调发展。绿色GDP的实施目的就是要解决地球上的资源日益短缺和生态平衡遭到严重破坏的现实问题。绿色GDP作为一个公共指标,公众通过它可以直接判断一个地区环境状况的变化,促使公众积极参与环境保护事业;政府依据绿色GDP可以更加关注本地的宏观发展战略,使政府从热衷于具体项目管理转向作好发展规划和创造更好的发展环境,进而促使经济与资源环境的协调发展。

9.4.2 绿色GDP核算的理论基础

综合以往的相关研究文献,在提出有关绿色GDP核算的理论构想与方案设计时,所依据的理论基础主要有三个:可持续发展理论、福利经济学理论和国民经济核算理论。

9.4.2.1 可持续发展理论

1992年,联合国世界环境与发展大会通过的《21世纪议程》提出了可持续发展战略,从此,可持续发展观得到了各国的普遍高度重视,并进入国民经济核算研究当中。依据这一理论,国民产出的核算应该考虑到生产过程中对自然资源的消耗与对环境的损害,并将经济活动对环境的利用作为追加的投入看待而提出了经济与环境结合的综合核算思路,得到一个所谓的生态产出指标或叫绿色GDP。

9.4.2.2 福利经济学理论

20世纪20年代著名经济学家、福利经济学的创立者庇古教授在《福利经济学》一书中,就已将国民收入与经济福利联系起来,此后这一思想影响巨大,对当前的国民产出核算也仍然产生着影响。在福利经济学的指导下,国民经济产出核算不应只考虑显性的成本与收益,还应考虑到经济活动的外部影响因素,即外部经济与不经济,特别是要从现行的GDP中扣除外部损害成本,并由此提出关于绿色GDP的具体核算方法。

9.4.2.3 国民经济核算理论

经过几十年的发展与完善,国民经济核算已经形成了一个完整的体系,它通过采用一套标准的概念、定义、分类和核算规则,以一定的程式和表述来反映一国或地区经济运行的条件、过程和结果。1993年联合国的SNA奠定了世界各国现行的核算制度的基础,但是,国民经济核算本身也是一个被不断修订完善的体系,处于不断地演进发展过程之中,例如,生产范围和资产范围、核算范围等无不随着人类社会生产活动的外延与内涵的扩大而向前演进,各国核算史特别是MPS体系与SNA体系的竞争史都有力地证明了这一点。依据国民经济核算中生产范围与核算范围对应的紧密关系,我们必须意识到,对现行的核算体系急需进行较大的修订,化解人们的“GDP崇拜”,改变人们过度着眼于经济而忽视了资源环境等因素的GDP指标的偏误。为此,许多学者都依据国民经济核算的理论提出,要在现有产出核算中将GDP指标进行修正,将地下经济、非市场服务、自然资源和环境因素纳入核算当中,以此来准确地反映一国或地区的产出规模和相应的生产成本。

9.4.3 绿色GDP核算的两种思路

9.4.3.1 直接测算思路

具体来看,直接测算思路主要可以采用生产法与支出法两种方法(见第2章)。

9.4.3.2 间接测算思路

间接测算法是在原有的GDP核算的基础上,综合考虑资源、环境、经济因素,通过对GDP指标数据进行某些调整,而得到绿色GDP的数值。具体来看,依据调整的角度或出发点不同,绿色GDP的间接测算思路又可分为以下四种主要类型。

(1)外部经济与外部不经济测算法。考虑外部经济与外部不经济的绿色GDP核算方法,是在现行GDP核算的基础上考虑了外部影响因素后,计算出绿色GDP的数值。计算公式可以表述如下:

绿色GDP = 现行GDP + 外部影响因素

= 现行GDP + 外部经济因素 - 外部不经济因素

这里的外部影响因素与定义绿色GDP的概念是一致的,包括经济因素与不经济因素,这一核算方法的关键问题在于对外部影响因素的实际核算与估价问题。

由于绿色GDP的概念不仅包括现行GDP,同时还包括另外两个因素,即外部影响和自然资源,因此,绿色GDP在真正含义上还可以采用下面的核算公式:

绿色GDP = 现行GDP + 外部影响因素 - 自然资源投入

(2)社会福利测算方法。在福利经济学的基础上,我们认为,可以将国民福利总值定义为广义的绿色GDP,外部不经济是外部损害成本的理论表述,外部经济是经济行为对外部的福利外溢,并由此提出国民福利核算的理论模式:

国民福利总值(GNW) = 国内生产总值(GDP) - 外部损害成本 + 外部福利外溢

外部经济相对于整个GDP来说非常小,因而可以将外部经济因素存而不论,也就是可以忽略上式中的最后一项。但是从操作层面上看,统计上为了使数据精确应尽可能采取保守的处理方法,因而这一做法也是可以接受的。

(3)基于环境与经济核算体系(SEEA)的平衡推算方法。通过研究联合国统计委员会所设计的环境与经济核算体系(SEEA),总结出通过资产负债核算途径来核算绿色 GDP 的方法,公式如下:

$$\text{绿色国内生产净值}=\text{国内生产净值}-\text{生产中使用的非生产自然资产}$$

其中:

$$\text{国内生产净值}=\text{总产出}-\text{中间投入}-\text{固定资产损耗}$$

$$\text{绿色 GDP}=\text{绿色国内生产净值}+\text{固定资产损耗}$$

等价地,还可以从 SEEA 中得到另一个核算公式:

$$\begin{matrix}\text{绿色国内}\\\text{生产净值}\end{matrix}=\left(\text{净出口}+\text{最终消费}+\begin{matrix}\text{资本形}\\\text{成净额}\end{matrix}\right)-\begin{matrix}\text{非生产经济}\\\text{资产净耗减}\end{matrix}-\begin{matrix}\text{自然资产}\\\text{降级与减少}\end{matrix}$$

(4)基于 GDP 的其他调整法。从实践上看,中国构建本国 SEEA 的研究目前大多限于局部账户核算及单纯绿色 GDP 指标估算方面,缺乏结合中国新国民经济核算体系的最新改革实践。根据 SEEA 体系的构造原理,可以在 GDP 核算基础上提出一种有关绿色 GDP 的测算方法,其公式为:

$$\begin{aligned}\text{绿色 GDP}&=\text{GDP}-\text{环境成本}\\&=\text{GDP}-(\text{经济自然资产使用}+\text{非经济自然资产使用})\end{aligned}$$

总的说来,以上提出的几种测算绿色 GDP 的方法都是基于调整 GDP 的思路展开的,综合了以往的一些相关研究成果。这些方法使得在向绿色 GDP 转换时能较好地利用现行的 GDP 核算体系,但是在调整项的内涵把握上还存在非常多的争议。

9.4.4 绿色 GDP 的核算难点

关于绿色 GDP 核算理论与方法问题的研究虽然取得了一些进展,但是,绿色 GDP 的核算在实践中还存在以下几个难点。

第一,治理污染费用的处理问题。治理污染的费用本质上是一种成本,但在现行 GDP 核算中却是记为产出,这一矛盾如何处理。现行的核算体系对这一问题还未给予应有的关注。

第二,绿色 GDP 核算中的货币化难题依然存在。直观上讲,绿色 GDP 核算的焦点是在现行的 GDP 核算中引入资源与环境因素,将这些因素也纳入核算体系。然而,问题在于如何将自然资源的耗减、环境污染、调整项(外部效果)等货币化,再对其进行估价。这自始至终是问题的关键,也是难点所在。

第三,外部影响的计量存在重重困难。在现有的技术水平条件下,要对经济活动的外部影响进行准确计量可谓寸步难行。实际核算当中,对环境潜在的、未发生的治理费用我们难以准确估价和进行虚拟计算,更不用说许多损害是根本无法治理的，其潜在治理费用也就为无穷大。

本章小结

本章首先介绍了经济增长的概念、经济增长率的计算方法和分类以及经济增长的基本理论。然后，着重介绍了经济增长因素分析的三种方法——肯德里克的全要素生产分析、丹尼森的经济增长因素分析和库兹涅茨的经济增长因素分析。接着分析了经济增长质量的理论内涵和综合评价方法。最后，介绍了绿色 GDP 的内涵和意义、绿色 GDP 核算的理论基础、间接测算思路和核算难点。

本章主要概念

经济增长　名义经济增长率和实际经济增长率　经济增长因素分析
全要素生产率和部分要素生产率　经济增长质量的理论内涵　绿色 GDP

小知识

综合环境与经济核算手册(SEEA)

为了把环境因素并入经济分析，联合国统计署、环境署与世界银行等国际组织合作，研究界定环境资源核算的概念，并于 1994 年正式出版了《综合环境与经济核算手册》(System of Integrated Environmental and Economic Accounting, SEEA 1993)，实现了综合经济环境核算的开创性研究工作，提出了经济环境核算的基本框架。若干年之后，随着国际上对综合经济环境核算研究和实践的进展，经过认真总结和修订，《综合环境与经济核算手册》2000 年版正式手册已在 2001 年 6 月份出版，初步确立了综合经济环境核算的实施步骤；2003 年再次修订后的《综合环境与经济核算手册》(SEEA 2003)，与前两个版本相比，更加强调实践应用成果的总结，对综合环境与经济体系的内容作了进一步的归纳和扩展，加强了对各部分具体核算方法的讨论，已成为当今国际上进行综合经济与环境核算工作的指导性文件。

10 经济周期波动统计与监测预警

引例

2012 年 5 月中国经济景气动向指数

中国经济景气监测中心和高盛(亚洲)联合开发的监测预警系统的监测结果表明,2012 年 5 月我国先行指数止跌趋稳,与上月持平;一致指数连续 11 个月回落,较上月下降 0.3 点;滞后指数继续回落,较上月下降 0.5 点;预警指数回落态势趋稳,目前为 87.3 点。

(1)先行指标方面:5 月份,在先行指数的 8 组构成指标(经季节调整去除季节因素的影响)中,6 组指标呈上升趋势——按贡献率大小排列——投资新开工项目、房地产开发领先指数(其中:房地产土地购置面积指标和商品房新开工面积指标均有不同程度上升)、货币供应 M2、消费者预期指数、工业产品产销率和利率差;2 组指标呈下降趋势——恒生中国内地流通指数和物流指数(其中:社会货运量指标和港口货物吞吐量指标均有不同程度下降)。先行指数为 99.9(1996 年 =100)。

(2)一致指标方面:5 月份,在一致指数的 4 组构成指标(经季节调整去除季节因素的影响)中,3 组指标呈上升趋势——按贡献率大小排列——社会需求指数(其中:外贸进出口指标和投资指标上升,消费品零售指标下降)、工业生产指数和社会收入指数(其中:工业企业利润指标和居民可支配收入指标下降,税收指标上升);1 组指标呈下降趋势——工业从业人员数。一致指数为 97.8(1996 年 =100)。

(3)滞后指标方面:5 月份,在滞后指数的 5 个构成指标(经季节调整去除季节因素的影响)中,2 组指标呈上升趋势——按贡献率大小排列——财政支出和居民储蓄;3 组指标呈下降趋势——短期贷款、居民消费价格指数和企业存货。滞后指数为 97.7(1996 年 =100)。

(4)预警指标方面:5 月份,在预警指数的 10 个构成指标(经季节调整去除季节因素的影响)中,经最新数据修订有6个指标处于绿灯区——固定资产投资、消费品零售总额、财政收入、城镇居民可支配收入、各项贷款和居民消费价格指数;4个指标处于浅蓝灯区——企业利润、工业增加值、海关进出口总额和货币供应M2。综合各项指标的变动情况,预警指数为87.3点,与上月持平,目前位于绿灯区底部。

指标注释

利率差:7年期及以上国债市场加权平均收益率减去1年及以内国债市场加权平均收益率。物流指数:由货运量和沿海港口货物吞吐量等2个指标合成。恒生中国内地流通指数:组成公司的营业收入主要来源于中国内地。包括H股(内地注册,香港上市的公司,股票以港币发行交易,股票总数37);红筹股(香港上市的,由内地国有机构直接或间接持有35%以上股权的公司,股票总数30);其他[包括"私筹股"和其他主要业务在内地的港资公司,私筹股是一个非正式的概念,是指在中国内地以外(在此指香港)上市但由内地私营企业家控制的企业,股票总数29]。社会收入指数:由各项税收收入、工业企业利润和城镇居民人均可支配收入等3个指标合成。社会需求指数:由固定资产投资、社会消费品零售和海关进出口等3个指标合成。

本章主要学习目标

1. 掌握经济周期波动的概念、类型和三维状态。
2. 了解经济周期波动的经验特征与典型化事实。
3. 掌握景气指数法监测经济周期波动的基本原理与实施过程。
4. 掌握预警信号法监测经济周期波动的基本原理,了解其编制方法。

尽管经济周期波动是宏观经济中的普遍现象,然而,如何统计和监测预警经济周期波动,是实践中的一大难题。选取合适的宏观经济指标,构造先行、一致、滞后以及预警指数是各国实践中的通常做法之一。本章将对经济周期波动统计与监测预警相关问题展开分析,具体内容分4节,分别是经济周期波动统计概述、经济周期波动的典型化事实、经济周期波动监测预警与景气指数法、经济周期波动监测预警与预警信号法。

10.1 经济周期波动统计概述

10.1.1 经济周期波动的概念与分类

10.1.1.1 经济周期波动的概念

增长和波动是宏观经济学的两大主题。从长期来看,宏观经济表现为经济增长，从短期来看，则存在着经济波动。短期经济波动是长期经济增长的表现形式，从绝对意义上讲，任何经济增长都是在经济波动过程中实现的，直线式增长从来就未曾出现过。经济波动是指宏观经济运行的上下起伏变化。只要存在商品生产和货币交换，就存在经济波动。可以说，经济波动史与人类的经济活动史一样久远。奴隶社会、封建社会、资本主义社会和社会主义社会，都存在经济波动。而真正有规律的经济周期则是从现代机器大工业建立以后，在市场经济中才出现的。市场经济中大多数经济波动都可以分为扩张、收缩、衰退和复苏四个阶段，这四个阶段交替出现，使经济运行过程呈现周期性（Burns 和 Mitchell，1946）。可以说，这就是经济运行中的普遍现象——经济周期波动（Business Cycle Fluctuations）。经济周期波动是经济波动的最主要表现形式。

经济运行过程中繁荣和萧条交替出现的周期性波动模式是超越体制和发展阶段的普遍现象。人们常用经济周期波动的概念来描述这一普遍现象。关于经济周期波动的定义有很多种，总的来说，这些定义可分为两大类。

一类是从逻辑和理论分析的角度，把经济周期波动定义为经济运行偏离均衡状态的反复出现。如熊彼特在 1933 年出版的著作《经济周期》中指出，经济周期是创新活动引起的对原有均衡的破坏和向新的均衡的过渡；哈耶克（Hayek）认为，经济波动是对均衡状态的偏离，而经济周期波动就是指这种偏离状态的反复出现。这一类定义的缺点是，过于理论化，不易量化和进行实证分析。

另一类是从统计描述和分析的角度进行定义，这类定义可分为两种：第一种把经济周期波动定义为累积性扩张和收缩的反复出现。例如，《现代经济学词典》对经济周期波动的定义是："经济活动水平的一种波动（通常以国民收入来代表），它形成一种规律性模式，即先是经济活动的扩展，随后是收缩，接着是进一步扩张。这类周期波动随着产量的长期趋势进程而出现。"[①]美国著名经济学家萨缪尔森和诺德豪斯对经济周期这样定义："经济周期是国民总产出、总收入、总就业量的波动，持续时间通常为 2～10 年，它以大多数经济部门的扩张或收缩为标志。"[②]第二种把经济周期波动定义为宏观经济变量对经济增长的一般趋势或长期趋势的偏离。卢卡斯（Lucas，1977）从现象角度出发，把经济周期波动界定为：产出围绕其趋势的反复波动以及同其他总量时间序列间的协动运动，波动被定义为对一些缓慢变化的路径的偏离。这一定义的统计意义是：统计数据由两部分组成，一是缓慢变化的增长成分或趋势，一是周期成分。在统计学意义上，增长成分是不平稳的，而且可以通过一次或几次差分达到平稳，而周期成

---

① ［美］皮尔斯（David W. Pearce）：《现代经济学辞典》，上海译文出版社 1988 年版，第 600 页。

② 萨缪尔森，诺德豪斯著，萧琛等译：《经济学》（第 16 版），华夏出版社 1999 年版，第 350 页。

分是一个零均值的平稳过程。

经济周期波动的经典性定义是由美国国民经济研究局(National Bureau of Economic Research,NBER)创始人Burns和Mitchell从统计描述和分析角度给出的。这个定义最先由Mitchell于1927年提出,后由Burns和Mitchell共同修改,在1946年出版的《衡量经济周期》一书中予以表述。其大意是:经济周期波动是以商业为主的国家总体经济活动的一种波动行为。一个周期波动由在许多经济活动领域几乎同时发生的扩张(expansion),随后是同样普遍的衰退(recession)、收缩(contraction)以及与下一个周期扩张连接的复苏(revival)构成;这种变动顺序重复出现但不定期;经济周期波动的持续期从1年多到10年或12年不等;这些周期波动不能再被分为振幅与其相近、性质相似的更短周期。简要地说,经济周期波动就是总体经济活动水平扩张和收缩有规律的交替过程或模式。Burns和Mitchell的定义受到经济学界的公认,并被NBER等权威机构作为统计分析的依据。经济周期波动问题研究虽有很多理论问题,但更多的是一个实证的问题。统计描述和分析角度定义的好处在于其便于实证分析。

10.1.1.2　经济周期波动的类型

按照不同标准,经济周期波动有不同的分类。

(1)按经济周期波动持续时间的长短分类。在长期统计资料总结的基础上,根据波动时间长短的不同,可划分出以下四种经济周期波动类型。

A. 朱格拉周期(Juglar Cycle)。朱格拉周期又称"中周期"或投资周期,因法国经济与统计学家朱格拉(Juglar)提出而得名。朱格拉在1860年出版的《论法国、英国和美国的商业危机及其发生周期》一书中首次提出经济事件有其周期性的思想。他研究三国的统计资料后发现,经济存在平均持续时间为9~10年的周期,而且这种周期似乎与投资品生命期相对应,固定资本的大规模更新会引起国民生产总值、物价和就业的波动。后来,由于资本折旧加快,西方国家这种周期的持续时间有所缩短,经济学家提出把7~11年的周期称为朱格拉周期。

B. 基钦周期(Kitchin Cycle)。基钦周期也称"短周期"或存货周期,因英国经济与统计学家基钦(Kitchin)提出而得名。基钦在1923年发表了《经济因素中的周期与趋势》一书,研究了1890~1922年英国与美国的物价、银行结算和利率等指标,发现经济中存在平均3.5年(40个月)的经济周期,这就是熊彼特(J. A. Schumpeter)所说的短周期,或称基钦周期。熊彼特把基钦周期与朱格拉周期联系起来,认为三个基钦周期组成了一个朱格拉周期,并用存货投资的变动和经济生活中的小创新,以及生产周期较短的设备的变动来解释基钦周期的形成。

C. 康德拉季耶夫周期(Kondratieff Cycle)。康德拉季耶夫周期也称"长周期”或“长波”，因前苏联经济学家康德拉季耶夫（Kondratieff）提出而得名。康德拉季耶夫在1925年发表的《经济生活中的长期波动》中提出了著名的“长波理论”。他指出，资本主义经济中存在着平均长约54年左右一次的长周期。熊彼特还以三次重大的创新来解释三个与康德拉季耶夫划分相近的长周期。

D. 库兹涅茨周期（Kuznets Cycle）。除了长周期、中周期和短周期外，还有一种较长的库兹涅茨周期，也称建筑业周期，因美国经济学家西蒙·库兹涅茨（Simon Kuznets）提出而得名。库兹涅茨在1930年出版的《生产和价格的长期变动》中指出，经济中存在着为期15～25年不等的长期波动，平均长度大约为20年。这种波动在美国的许多经济活动中，尤其是建筑业中特别明显，所以又称“建筑业周期”。

上述四个周期之间存在一定的联系。如果把康德拉季耶夫周期的平均长度定为54年，库兹涅茨周期为18年，朱格拉周期为9年，基钦周期为4.5年，那么四个周期之间的联系为：1个康德拉季耶夫周期＝3个库兹涅茨周期＝6个朱格拉周期＝12个基钦周期。

需要指出的是，按持续时间划分上述四种周期类型只是理论意义上的，从很多国家的现实看，经济波动并未出现十分明显的有规律的四种周期类型。从统计测度上讲，试图根据一些统计资料信息识别出四类周期的努力通常也是徒劳的。

（2）按照经济周期波动的特点和性质分类。按照经济周期波动的特点和性质不同，经济周期波动可分为古典周期波动、增长周期波动和增长率周期波动。

A. 古典周期波动。“古典周期波动”（Classical Cycle），也称传统经济周期波动，即指总体经济活动的绝对水平有规律地出现上升与下降的交替和循环。在周期波动的扩张阶段，经济总量表现为正增长；在收缩阶段，经济总量会出现绝对量下降，表现为负增长。

B. 增长周期波动。“增长周期波动”（Growth Cycle），也称现代经济周期波动，是指总体经济活动的相对水平有规律地出现上升与下降的交替和循环；即使在经济的收缩阶段，总产出指标也很少出现绝对量的下降，仅仅发生增长率的减慢。显然，增长周期波动包括增长率高于增长趋势和增长率低于增长趋势时期。由于在分析增长周期波动时，需要对经济增长的上述趋势进行分离，并用原序列对趋势的离差来表示经济周期波动，所以增长周期波动有时候称离差周期波动（Deviation Cycle）。

一般的，经济增长趋势都是向右上方倾斜的曲线，如果把经济增长趋势简单地看成是向右上方倾斜的直线，那么把这种周期波动的转折点与含有古典周期波动的转折点作以比较，就会发现增长周期波动的峰要比古典周期波动的峰出现得早一些，而波动的谷则出现较迟。也就是说，增长经济周期波动的收缩期较古典经济周期波动稍长一些。

在现实周期波动中,经济减速起初表现为经济增长率下降但仍然为正,最终可能演变为经济负增长即经济衰退。一些经济减速可能会持续并保持正的经济增长率,且最终以经济重新扩张而不是衰退结束。因此,每个古典周期波动都与一个或几个增长周期波动相对应,而每个增长周期波动并不都与完整的古典周期波动相对应。

C. 增长率周期波动。还有一些国家采用增长率周期波动的概念研究经济周期波动。增长率周期波动也称为增长率循环,如果经济时间序列增长率上下波动具有某种规律性,则认为存在着增长率周期波动。增长率周期波动仅仅是指经济活动增长率的周期性上升和下降。增长率周期波动在概念上并不意味着增长率经过高增长和低增长这些步骤,相反,它意味着变化是从周期性的谷底到周期性的顶峰,然后再回到谷底。

在中国,由于大多数宏观经济指标在绝对量上都是增长的,且增长率波动较大,因此,很多政府部门和研究机构都按照增长率周期波动的定义来研究和分析经济周期波动。

10.1.2 经济周期波动的阶段划分

划分经济周期波动阶段的方法大致有三种,分别是两分法、四分法和九分法。

10.1.2.1 两分法

按照划分标准的不同,两分法还可以有两种划分标准。

(1)依据转折点的划分。转折点,也叫基准日期,是指周期波动中总体经济活动发生转折的时点。每次经济周期波动有两个显著的转折点,一个是经济扩张停止时的上位转折点,即顶峰或波峰(peak)。这时,经济达到本周期波动内繁荣的最高点,开始向衰退转折。顶峰的标志是产量和就业人数达到最高水平,股票和商品价格开始下跌,存货会高于一般水平,企业界的乐观情绪正在变为悲观。另一个是经济收缩停止时的下位转折点,即谷底或波谷(trough)。这时,经济达到本周期波动内萧条的最低点,开始向复苏转折。谷底的标志是产量和就业人数跌到最低水平,股票和商品价格开始回升,存货会低于一般水平,企业界的悲观情绪正在变为乐观。上述两个转折点确定后,经济周期波动从谷底到顶峰的期间为扩张(expansion)阶段,从顶峰到谷底的期间就称为收缩(contraction)阶段(如图 10-1 所示)。根据基准日期确定的经济周期波动叫作基准周期。

(2)依据基准线的划分。依据基准线,可以把经济周期波动划分为繁荣阶段和衰退阶段。基准线可以是景气指标的某个基准线,也可以是反映长期经济

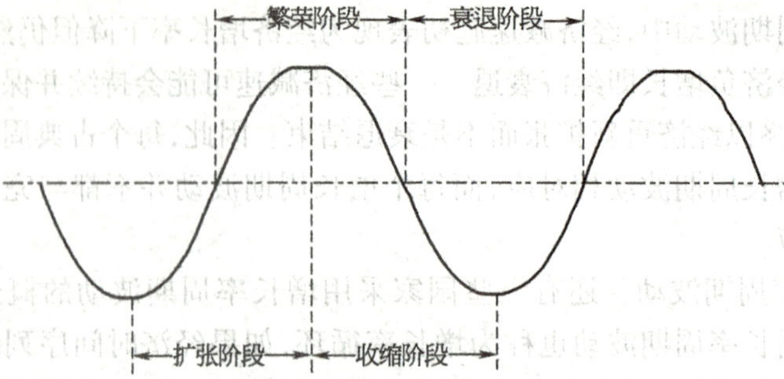

图 10－1　经济周期波动两阶段划分

增长趋势的潜在产出水平和均衡水平。高于基准线的是繁荣阶段（或景气阶段），低于基准线的是衰退阶段（或萧条阶段）。

10.1.2.2　四分法

一个完整的经济周期波动[①]通常可以划分为复苏（revival）、扩张（expansion）或繁荣（prosperity）、衰退（recession）、收缩（contraction）或萧条（depression）四个阶段。复苏阶段开始时是前一周期波动的最低点，产出和价格均处于最低水平。随着经济的复苏、生产的恢复和需求的增长，价格也开始逐步回升。扩张或繁荣阶段是经济周期波动的高峰阶段，由于投资需求和消费需求的不断扩张超过了产出的增长，刺激价格迅速上涨到较高水平。衰退阶段出现在经济周期波动高峰过去后，经济开始滑坡，由于需求的萎缩，供给大大超过需求，价格迅速下跌。收缩或萧条阶段是经济周期波动的谷底，供给和需求均处于较低水平，价格停止下跌，处于低水平上。在整个经济周期波动过程中，价格波动稍稍滞后于经济波动。

10.1.2.3　九分法

九分法严格来讲不是一种独立的阶段划分方法，而是一种阶段技术分析方法。它将一个从顶峰到顶峰或从谷底到谷底的完整周期波动分成九个标准阶段，这种方法最先由 Mitchell 提出，后来被 NBER 用于经济周期波动过程分析。它把一个以“谷—谷”法取得的完整周期波动作了如下划分：阶段 1 是周期波动的最初的即开始的最低点；阶段 5 是周期波动顶点，此时大多数经济活动达到其最高点；阶段 9 是最后的波谷，从此点开始一个新的周期波动。从阶段 1 到阶段 5（不包括阶段 1 和 5），分为三个相等的时间段，即 2～4 段；从阶段 5 到阶段 9（不包括阶段 5 和 9），亦分为三个相等的时间段，即 6～8 段。

三种经济周期波动的划分方法之间的对应关系是，两分法中的扩张阶段，与

① 这里把从一个谷底到下一个谷底视为一个完整的周期，这种方法一般称为“谷—谷”法。当然，也可把从一个顶峰到下一个顶峰视为一个完整的周期，这种方法一般称为“峰—峰”法。

四分法中的复苏和繁荣阶段对应，与九分法中的1～5段对应；两分法中的收缩阶段，与四分法中的衰退和萧条阶段对应，与九分法中的5～9段对应；四分法中的复苏阶段与九分法中的1～3段对应；四分法中的繁荣阶段与九分法中的3～5段对应；四分法中的衰退阶段与九分法中的5～7段对应；四分法中的萧条阶段与九分法中的7～9段对应。这三种经济周期波动的划分方法，不但为经济周期波动的过程分析提供了一种描述依据，而且为监控和预测经济周期波动提供了重要的依据。

10.1.3 经济周期波动的三维状态

经济周期波动的三维状态是经济周期波动在持续时间、幅度和离散度的状态表现。正是由于三维状态各不相同，才导致每个经济周期波动都是唯一的。反映经济周期波动三维的指标有如下三个。

10.1.3.1 持续期

持续期是指单个周期波动的时间长度。它是反映持续时间的指标，表明单个周期波动的持续性。美国 NBER 公布的经济周期波动基准日期显示，1858～1998 年美国共有 30 多个周期波动，最短的周期波动（峰—峰）6 个季度，最长的 39 个季度，90% 的周期波动不超过 32 个季度。这种长度与 Burns 和 Mitchell（1946）定义的持续期从 1 年到 10 年的经济周期波动长度相近。

按照周期波动阶段的两分法，持续期也可以分为扩张阶段的持续期和收缩阶段的持续期。二者之和，构成了整个周期波动的长度。若扩张阶段的持续期较长，收缩阶段的持续期较短，经济增长就比较稳定。因此，扩张阶段与收缩阶段的持续期之比则从另一个角度反映了经济增长的稳定性。“二战”以后，美国经济周期波动的收缩期有缩短的趋势，而扩张期则有变长的趋势。

10.1.3.2 波动幅度

波动幅度也叫振幅，是指单个周期波动内国民经济实际增长率上下波动的离差。它反映单个周期波动内总体经济活动高低起伏的剧烈程度或强度，也可以反映经济增长的稳定性。最简便、最直观的波动幅度测度方法是计算单个周期波动的波动高度与波动深度之差。其中，波动高度，也称峰位，是指单个周期波动内波峰的经济增长率，它表明单个周期波动经济扩张的强度。波峰过高，扩张过强，往往会导致随后的波谷过深，从而使整个周期波动的振幅过大；波峰过低，扩张微弱，则表明经济增长乏力。峰位以适度为好。峰位的高低，直接反映着经济增长力的强弱，但也间接反映了经济增长的稳定性。波动深度，也称谷位，是指单个周期波动内波谷的经济增长率。它表明单个周期波动经济收缩的力度。谷位越低，说明经济增长越不稳定。波动深度也从一个方面反映了经济增长的稳定性。

10.1.3.3 波动系数

波动系数是指国民经济实际增长率围绕长期趋势上下波动的量值。它是衡量周期波动幅度对历史增长趋势偏离程度的标准化指标。波动系数的绝对值越大,说明实际经济增长率偏离长期趋势的程度越大,经济增长越不稳定;反之,波动系数的绝对值越小,实际经济增长率偏离长期趋势的程度越小,经济增长相对稳定。波动系数可采用变异系数公式计算如下:

$$V = \frac{\sigma}{\overline{Y}} \tag{10.1}$$

式中:$\overline{Y} = \frac{1}{n}\sum_{i=1}^{n} Y_i$;$\sigma = \sqrt{\frac{1}{n}\sum_{i=1}^{n}(Y_i - \overline{Y})^2}$;$V$ 为波动系数;Y_i 为实际经济增长率;$\overline{Y}$ 为 Y_i 的算术平均值,表示一定历史时期内国民经济的平均增长率或长期增长趋势;σ 为标准差,表示实际经济增长率偏离长期增长趋势的波动幅度;n 为实际值的样本数。

10.1.4 中国经济周期波动的统计分析

10.1.4.1 中国经济周期波动的周期划分

借鉴大多数学者的一般做法,按照 GDP 水平值并结合 GDP 增长率,可采用谷—谷法①来划分中国的经济周期波动。新中国成立以来,从 1953 年开始大规模的工业化建设,到 2009 年,GDP 增长率的波动共经历了 10 个周期波动,2010 年进入新一轮即第 11 轮经济周期(参见图 10-2)。结合经济周期的具体划分结果和中国的现实,从持续时间、波动幅度和波动系数三个方面对新中国成立以来的 10 次经济周期波动分析如下。

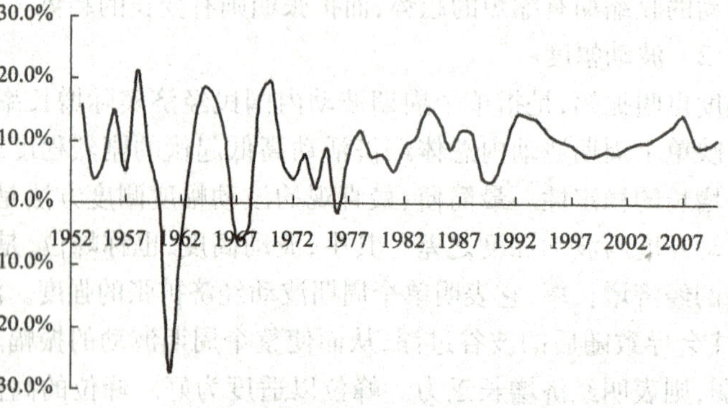

图 10-2 1953~2010 年中国 GDP 增长率

① 严格地讲,改革开放前的古典周期波动应按照 GDP 水平值采用谷—谷法划分周期;改革开放后的增长周期波动和增长率周期波动应按照 GDP 增长率采用谷—谷法划分周期。

第一次经济周期波动:1953～1957年,历时5年,属于无绝对量下降的增长率周期波动。其中,增长率的周期性上升时期有3年,分别为1953,1955和1956年;增长率的周期性回落时期有2年,分别为1954和1957年。波动的峰位为1953年的15.6%,谷位为1954年的4.2%,平均增长率为9.3%,波动幅度为11.4%,波动系数为0.53。这一次经济周期波动的特点是,经济高位运行,波峰较高,波谷较浅,波动相对缓和。

第二次经济周期波动:1958～1962年,历时5年,属于有绝对量下降的古典周期波动。其中,增长率的周期性上升时期只有1958年一年;增长率的周期性回落时期有4年,为1959～1962年。波动的峰位为1958年的21.3%,谷位为1961年的－27.3%,平均增长率为－0.6%,波动幅度为48.6%,波动系数为26.93。这一次经济周期波动的特点是,受"大跃进"和三年自然灾害的影响,经济出现大起大落,波峰极高,波谷极深,为历次周期波动中波动最为激烈的一次,其波动幅度已接近美国20世纪30年代大萧条时期的波动幅度。

第三次经济周期波动:1963～1968年,历时6年,属于有绝对量下降的古典周期波动。其中,增长率的周期性上升时期有2年,分别为1963和1964年;增长率的周期性回落时期有4年,为1959～1962年。波动的峰位为1964年的18.3%,谷位为1967年的－5.7%,平均增长率为7.7%,波动幅度为24.0%,波动系数为1.22。这次经济周期波动的特点是,受"文化大革命"的严重影响,经济再次大起大落,波峰较高,波谷较深,波动较为激烈。

第四次经济周期波动:1969～1972年,历时4年,属于无绝对量下降的增长率周期波动。其中,增长率的周期性上升时期有2年,分别为1969和1970年;增长率的周期性回落时期有2年,分别为1971和1972年。波动的峰位为1970年的19.4%,谷位为1972年的3.8%,平均增长率为11.8%,波动幅度为15.6%,波动系数为0.55。这次经济周期波动的特点是,波峰较高,波谷较浅,波动较为激烈。

第五次经济周期波动:1973～1976年,历时4年,属于有绝对量下降的古典周期波动。其中,增长率的周期性上升时期有2年,分别为1973和1975年;增长率的周期性回落时期有2年,分别为1974和1976年。波动的峰位为1975年的8.7%,谷位为1976年的－1.6%,平均增长率为4.3%,波动幅度为10.3%,波动系数为0.98。这次经济周期波动的特点是,经济低位运行,波峰较低,波谷较深,波动相对缓和。

第六次经济周期波动:1977～1981年,历时5年,属于无绝对量下降的增长率周期波动①。其中,增长率的周期性上升时期有2年,分别为1977和1978年;

---

① 严格地讲,第六次经济周期波动中,1977和1978年属于改革开放之前,1979,1980和1981年属于改革开放之后。由于波谷年份位于改革开放后,因此,把这次周期波动划归改革开放后,并作为改革开放后的第一次周期波动。

增长率的周期性回落时期有 3 年，分别为 1979 ~ 1981 年。波动的峰位为 1978 年的 11.7%，谷位为 1981 年的 5.2%，平均增长率为 8.0%，波动幅度为 6.5%，波动系数为 0.26。这次经济周期波动的特点是，恰逢改革开放之初，经济在"调整、改革、整顿、提高"中中位运行，平稳发展，波峰较低，波谷较浅，波动较为缓和。

第七次经济周期波动：1982 ~ 1986 年，历时 5 年，属于无绝对量下降的增长率周期波动。其中，增长率的周期性上升时期有 3 年，分别为 1982 ~ 1984 年；增长率的周期性回落时期有 2 年，分别为 1985 和 1986 年。波动的峰位为 1984 年的 15.2%，谷位为 1986 年的 8.8%，平均增长率为 11.5%，波动幅度为 6.4%，波动系数为 0.22。这次经济周期波动的特点是，经济高位运行，波峰较高，波谷较浅，波动较为缓和。

第八次经济周期波动：1987 ~ 1990 年，历时 4 年，属于无绝对量下降的增长率周期波动。其中，增长率的周期性上升时期只有 1987 年一年；增长率的周期性回落时期有 3 年，分别为 1988 ~ 1990 年。波动的峰位为 1987 年的 11.6%，谷位为 1990 年的 3.8%，平均增长率为 7.7%，波动幅度为 7.8%，波动系数为0.49。这次经济周期波动的特点是，波峰较高，波谷相对较深，波动相对缓和。

第九次经济周期波动：1991 ~ 1999 年，历时 9 年，属于无绝对量下降的增长率周期波动。其中，增长率的周期性上升时期有 2 年，分别为 1991 和 1992 年；增长率的周期性回落时期有 7 年，分别为 1993 ~ 1999 年。波动的峰位为 1992 年的 14.2%，谷位为 1999 年的 7.6%，平均增长率为 10.7%，波动幅度为6.6%，波动系数为 0.22。这次经济周期波动的特点是，经济高位运行，波峰较高，波谷较浅，波动较为缓和。

第十次经济周期波动：2000 ~ 2009 年，历时 10 年，属于无绝对量下降的增长率周期波动。其中，增长率的周期性上升时期有 7 年，分别为 2000 年和 2002 ~ 2007 年；增长率的周期性回落时期有 3 年，分别为 2001 年，2008 ~ 2009 年。波动的峰位为 2007 年的 14.2%，谷位为 2001 年的 8.3%，平均增长率为 10.3%，波动幅度为 5.9%，波动系数为 0.18。这次经济周期波动的特点是，经济高位运行，波峰和波谷都较高，波动较为缓和。

第十一次经济周期波动：2010 年至今，属于无绝对量下降的增长率从周期波动。2010 年，GDP 增长率回升到 10.3%，高于 2009 年，进入新一轮即第十一轮经济周期。

我国 11 次经济周期波动情况可参考表 10 - 1 和表 10 - 2。

表 10－1　　中国 11 次经济周期波动的持续时间

周期序号	起止年份	持续时间（年数）	上升期年份	上升期持续时间（年数）	回落期年份	回落期持续时间（年数）
1	1953～1957	5	1953，1955，1956	3	1954，1957	1
2	1958～1962	5	1958	1	1959～1962	4
3	1963～1968	6	1963，1964	2	1965～1968	4
4	1969～1972	4	1969，1970	2	1971，1972	2
5	1973～1976	4	1973，1975	2	1974，1976	2
6	1977～1981	5	1977，1978	2	1979～1981	3
7	1982～1986	5	1982～1984	3	1985，1986	2
8	1987～1990	4	1987	1	1988～1990	3
9	1991～1999	9	1991，1992	2	1993～1999	7
10	2000～2009	10	2000，2002～2007	7	2001，2008～2009	1
11	2010 至今	—	2010	1	—	—

表 10－2　　中国 11 次经济周期波动的波动幅度和波动系数

周期序号	起止年份	峰位（%）	峰位年份	谷位（%）	谷位年份	平均增长率（%）	波动幅度（%）	波动系数
1	1953～1957	15.6	1953	4.2	1954	9.3	11.4	0.53
2	1958～1962	21.3	1958	－27.3	1961	－0.6	48.6	26.93
3	1963～1968	18.3	1964	－5.7	1967	7.7	24.0	1.22
4	1969～1972	19.4	1970	3.8	1972	11.8	15.6	0.55
5	1973～1976	8.7	1975	－1.6	1976	4.3	10.3	0.98
6	1977～1981	11.7	1978	5.2	1981	8.0	6.5	0.26
7	1982～1986	15.2	1984	8.8	1986	11.5	6.4	0.22
8	1987～1990	11.6	1987	3.8	1990	7.7	7.8	0.49
9	1991～1999	14.2	1992	7.1	1999	10.7	6.6	0.22
10	2000～2009	14.2	2007	8.3	2001	10.3	5.9	0.18
11	2010 至今	—	—	—	—	—	—	—

注：①为了便于对比，对于古典周期波动，这里也按照 GDP 增长率来确定峰位和谷位；②第 11 次经济周期波动中，从 2010 年至今处于增长率的周期性上升阶段，所以这里未给出相关数据。

10.1.4.2　中国经济周期波动的特点

从总体上看，中国经济周期波动呈现如下特点：

（1）周期波动发生频率高，持续时间极不规则。自 1953 年至今，完整的经济周期波动累计出现了10次,周期波动持续时间参差不齐,长短不一。长的达10年,短的只有4年,差别很大,极不规则。平均而言,中国经济周期波动的持续时间为5.7年,这既不同于一般国家所出现的7~11年朱格拉周期,又不同于平均40个月的基钦周期。其中,改革开放前,经济周期波动的平均持续时间为4.8年,周期性上升期的平均持续时间为1.8年,周期性回落期的平均持续时间为3年,两者之比为0.58:1。上升期短于回落期,呈现短升缓落型态势,这在一定程度上说明中国经济周期性上升的持续性较弱、稳定性较差。改革开放后,经济周期波动的平均持续时间为6.6年,周期性上升期的平均持续时间为3年,周期性回落期的平均持续时间为3.2年,两者之比为0.94:1。上升期虽仍然短于回落期,呈现短升缓落型态势,但中国经济周期性上升的持续性较弱、稳定性较差局面已明显改观。值得注意的是,第十次周期波动中,到2007年,增长率的周期性上升时期已经有7年。这说明随着政府调控能力的提高,中国经济增长的稳定性和持续性开始提高。

(2)周期波动的幅度较大,稳定性呈收敛趋势。中国经济周期波动的波动幅度和波动系数变化较大,很不稳定。周期波动的波动幅度,最大时达到48.6%,最小时也有5.9%,平均波动幅度为14.3%。周期波动的波动系数,最大时达到26.93,最小时也有0.18。据测算,1960~1989年,中国经济周期波动的波动系数是美、日等国的2~3倍,是世界平均水平的4.2倍,几乎可以称得上经济最不稳定的国家(胡鞍纲,1994)。其中,改革开放前,中国周期波动的波动幅度大,最大时为48.6%,平均为22.0%;峰位高,最高时达21.3%,平均为16.7%;谷位深,最低时为-27.3%,平均为-5.3%;平均增长率位势低,约为5.7%;波动系数为1.84。这表明改革开放前中国经济大起大落,极不稳定。改革开放后,中国周期波动的波动幅度减小,最大时为7.8%,平均为6.6%;峰位下降,最高时达15.2%,平均为13.4%;谷位上升,最低时为3.8%,平均为6.6%;波动系数为0.27。特别需要说明的是,1995年以后的10年间,中国经济增长率一直在7.6%~10.7%波动,经济增长趋于稳定。尽管这10年中也出现了诸如东南亚金融危机的国际冲击,出现了新中国成立以来最严重的通货紧缩,也出现了近几年以资源价格大幅度上升为特征的局部经济过热现象,但经济增长仍然在一个平衡区间中运行。上述种种情况表明,随着市场机制的导入和宏观调控能力的提高,中国宏观经济波动由改革开放前的古典周期波动为主转变为改革开放以后的增长周期波动或增长率周期波动,经济周期波动的性质发生了根本变化,波动程度大大降低。这种变化是与增长位势提高、波动幅度降低等增长状况改善密切相关的。

中国经济周期波动由改革开放以前的大起大落、短起短落,转变为改革开放后缓起缓落、长起短落,经济波动熨平化、微波化,中国经济周期波动的稳定性大大提高,在长期经济增长中逐步走向稳定。改革开放以前,中国经济处于古典周期波动占主导地位的阶段,经济衰退是严格意义上的经济负增长。改革开放以后,中国经济开始转入增长周期波动或增长率周期波动占主导地位的阶段,在这个阶段中,经济衰退是增长速度放慢,经济实质增长已成为宏观经济波动的主旋律。

10.2 经济周期波动的典型化事实

10.2.1 经济周期波动的经验特征

第二次世界大战以来,欧美国家经济周期的性质和表现形式发生了很大变化,增长周期取代古典周期成为周期的主要表现形式,周期中又出现波动性、协动性、持久性和非对称性等新特征。

10.2.1.1 波动性

经济周期波动是超越体制和发展阶段的普遍现象。这种波动模式必然通过国内生产总值、工业生产指标、就业人数、物价水平等宏观经济变量表现出来。波动性(volatility)[①]是经济周期波动的本质属性,是指经济周期波动过程中反映总体经济活动的包括总产出在内的各个宏观经济变量所呈现出的上下起伏不定的变化或不确定性(uncertainty)。

10.2.1.2 协动性

协动性(co-movement)是指经济周期波动中各主要宏观经济变量随着周期波动阶段变化而呈现出的几乎同步的上下起伏的运动特征,或者说,经济周期波动中各主要宏观经济变量与总体经济活动几乎同步的运动特征。正是这些经济变量序列同步变动,才使序列转折点呈现聚集性,进而得以确定经济周期波动的基准日期。同时,经济周期波动中不同序列协同运动,直接导致单个宏观经济变量的波动方向与总体经济波动方向之间的关系,其存在以下三种情形。

一是顺周期(procyclical),如果一个经济变量的变动与总体经济活动的变动方向一致,即二者表现为较大的正的截面相关关系,则称其为顺周期的。从时间匹配上考察,顺周期还表现为:

(1)领先或先行(leading),如果一个经济变量的变动时间总是先行于总体经济活动的变动,则称其为领先或先行。

---

① 这里需要指出的是,波动性与周期性不完全相同,波动性包括周期性,但不等于周期性。两者的关系同经济波动与周期性波动之间的关系类似。

(2)同步或一致(coincident),如果一个经济变量的变动时间与总体经济活动变动大致相同,则称其为同步或一致。

(3)滞后(lagging),如果一个经济变量的变动时间总是滞后于总体经济活动的变动,则称其为滞后。

二是反周期(countercyclical),如果一个经济变量的变动与总体经济活动的变动方向相反,即二者表现为较大的负的截面相关关系,则称其是反周期的。

三是非周期(acyclical),如果一个经济变量的变动与总体经济活动的变动方向没有相关关系,即二者表现为截面不相关关系,则称其是非周期的。

10.2.1.3　持久性

对于持久性(persistence),尽管有些说法认为,如果一个对经济的冲击的持续时间超过了一期,就说是持久的,但是,在研究中,人们更多地把持久性理解为"持续到一个长远的未来"。经济周期波动中产出波动的持久性意味着产出波动将长期持续下去。更准确地讲,当一个对产出的冲击在未来一段时间内不会消失,且产出也不会表现出明显地回归于以前趋势水平的趋势时,我们说产出的冲击是持久的。

10.2.1.4　非对称性

经济周期的非对称性(asymmetry)是指经济周期扩张和衰退在持续时间、转换速度以及发展深度方面所表现出的明显差异性。经济周期非对称性是一个描述性概念,而非理论概念。经济周期非对称性的类型有陡峭型(steepness)非对称性和深度型(deepness)非对称性。其中,陡峭型非对称是指经济周期的收缩阶段比扩张阶段更陡峭,而深度型非对称是指经济周期的波谷的深度比顶峰的高度大。

10.2.2　经济周期波动典型化事实的内涵与研究意义

10.2.2.1　经济周期波动典型化事实的内涵

在现代宏观经济学中,经济理论与模型主要致力于解释现实经济运行中的一些重要现象,因此需要对大多数经济中存在的一些具有规律性的经济事实进行分析和归纳。经济运行中经过大量统计验证后确认普遍存在的具有规律性的经济事实就是经济运行的典型化事实(stylized facts)。经济运行的典型化事实是经济变量数据经过统计分析、推断、检验后得出的统计结论,基本上同经济理论无关。典型化事实不仅是经济理论和模型研究和解释的对象,同时也是经济模型和经济理论的重要校验标准。一般的,经济运行的典型化事实是根据宏观经济变量的时间序列性质得出的,主要与短期经济波动和长期经济增长有关。其中与短期波动中周期性波动相联系的事实就是经济周期波动的典型化事实。

经济周期波动的典型化事实是在宏观时间序列经验特征的基础上,通过统计分析、推断和检验而确认的经济周期波动中普遍存在的事实。概括经济周期波动的典型化事实是对国民经济统计学研究的一项挑战。正如Burns和Mitchell(1946)所指出的,任何经济周期波动都不是以前周期波动的简单重复,其在振幅、范围和持续时间等方面往往会表现出一定的差别。然而,从差别的表象中抽象出内在一致的规律,这种一般化努力恰恰是国民经济统计学研究最重要的课题之一。正因为如此,关于经济周期波动典型化事实的研究始终属于宏观经济学进展的一部分。目前,被广泛认同的经济周期波动的典型化事实包括以下三个方面:以宏观时间序列的标准差表示的波动性;以产出同其他宏观时间序列之间的时差相关系数表示的协动性以及以宏观时间序列的一阶自相关系数表示的粘持性。

10.2.2.2 经济周期波动典型化事实的研究意义

研究经济周期波动的典型化事实具有重要意义。

(1)它为理解经济周期波动提供了一个事实视角和总体描述,任何关于中国经济周期波动的分析和探讨都应该以这些事实为基础。换句话说,通过总结经济周期波动的典型化事实,可以为相关理论、观点和模型的检验提供一个参照标准。现代宏观经济学的发展越来越强调这种理论与经验的互动。现在,评价一个周期波动理论是否成功,关键在于该理论能够在多大程度上解释这些典型化事实;同时,理论的扩展和推进也往往致力于同尽可能多的事实相一致。而这正是国内以前的很多研究所欠缺的。

(2)它为判断宏观经济形势提供了参考依据。例如,通过对宏观经济变量之间复杂的协动关系进行分析,确认其先行、同步或滞后关系,就可以为监测和预警宏观经济运行提供帮助。这对于政府执行宏观调控、稳定经济运行无疑也是必要的。

(3)它也是对卢卡斯(1977)命题的一个检验。Lucas断言:“虽然绝对无法从理论上预见到经济周期波动,我们还是能够根据序列间协动运动的定性行为得出以下结论:所有经济周期波动都是类似的。这对于具有理论倾向的经济学家来说是具有吸引力和挑战力的,因为它意味着可能根据指导市场经济的一般法则对经济周期波动作出一致的解释,而无需依赖于特定国家或时期的政治、制度特征。”大量经验研究在很大程度上证实了卢卡斯的判断。

10.2.3 中国与美国的经济周期波动典型化事实比较

采集中国宏观年度数据,分析各主要宏观时间序列的周期性波动的标准差及其与产出(实际GDP)的周期性波动之间的时差相关系数,可以揭示变量波动性和协动性的事实特征。其中,如果$K=0$列的时差相关系数为正,则说明该变量相对于产出波动为顺周期,而且系数值越大,顺周期关系越显著;反之,如果为负,则说明该变量相对于产出波动为反周期。如果绝对值最大的时差相关系数不在$K=0$处,譬如,在$K=1$处(对于年度数据,$K\leqslant 2$),则说明该宏观经济变量先行产出一年。如果在 $K=-1$ 处，则说明该宏观经济变量滞后产出一年。根据这一结果，总结出了中国经济周期波动的波动性、协动性和粘持性三个方面的典型化事实（见表 10－3）。

表 10－3　中国经济周期波动的典型化事实

波动性（volatility）	波动性大于总产出：资本形成、财政支出、进口、出口、价格水平、M0 等
	波动性与总产出大致相同：劳动生产率等
	波动性小于总产出：从业人数、全要素生产率、消费、国内贸易、通货膨胀率、名义工资总额、M1 等
协动性（co-movement）	顺周期：从业人数、全要素生产率、劳动生产率、消费、资本形成、财政支出、进口、出口、国内贸易、名义工资总额、价格水平、通货膨胀率、M1 等
	反周期：M0、价格水平等
粘持性（persistence）	所有宏观经济变量的波动都表现出较大的粘持性

资料来源：吕光明、齐鹰飞：《中国经济周期波动的典型化事实：一个基于 CF 滤波的研究》，《财经问题研究》，2006 年第 7 期。

由于不同国家不同时期经济周期波动的表现形式各不相同，所以根据不同国家经济周期波动总结得出的典型化事实也并不完全一致。为了对比揭示中国经济周期波动典型化事实的一般性和特殊性，根据中国的典型化事实与美国的典型化事实（见表 10－4）具体分析如下。

表 10－4　美国经济周期波动的典型化事实

波动性（volatility）	波动性大于总产出：全要素生产率、投资、进口、出口、政府购买、生产能力利用等
	波动性与总产出大致相同：总工作时间等
	波动性小于总产出：总就业人数、失业率、劳动生产率、消费、价格水平、通货膨胀率、名义工资率、名义利率、货币基础、M2 等
协动性（co-movement）	顺周期：生产能力利用、就业、消费、投资、进口、通货膨胀率、名义利率、货币基础、M2 等
	反周期：失业率、价格水平、名义工资率等
	随机波动（与产出波动无关）：政府购买、出口、实际利率等
粘持性（persistence）	所有宏观经济变量的波动都表现出较大的粘持性

资料来源：Zarnowitz（1992）以及 Stock 与 Watson（1999）。

10.2.3.1　波动性方面

就整体而言，与 Zarnowitz（1992）以及 Stock 与 Watson（1999）关于美国的研究结果相比，中国经济周期波动的波动性表现出较大差异。其原因可能是：与美国的成熟市场经济相比，中国正处于转轨过程中，经济体制变迁频繁，结构调整频繁，宏观调控的科学经验还不足。

10.2.3.2 协动性方面

就整体而言，中国经济周期波动的协动性表现在绝大多数地方与 Zarnowitz (1992) 以及 Stock 与 Watson (1999) 关于美国的研究结果都比较相似，这验证了卢卡斯(1977)"所有的经济周期波动都是类似的"的预言。

10.2.3.3 持久性方面

在中国，冲击对产出具有持久性影响，这与国外一些研究的发现(Campbell 和 Mankiw,1989;Cogley,1990)相似。

总的来说，一方面，中国经济周期波动的大部分经验特征和典型化事实与国外相似，具有很大程度上的一般性。这间接证实了卢卡斯命题在中国的成立性。目前，很多国内学者在分析中国的经济周期波动时，往往在直觉上就认定或强调中国问题的特殊性，显然这种直觉并没有得到经验事实的强有力支持。另一方面，中国经济周期波动的个别经验特征和典型化事实与国外不同，具有一定程度的特殊性。当然，改革开放以来，这种特殊性已经在减弱。这些特殊性表现在两个方面：一是价格水平相对于产出的波动性大小不同。中国价格水平的波动性大于产出，而美国则恰好相反。这种差异可能反映了两国政府在执行稳定政策时的不同偏好，中国政府相对更关注产出的稳定，而美国政府则更关注价格水平的稳定。二是财政政策变量在周期波动中的表现不同。美国的政府购买是随机波动的，这使得经济学家在分析美国经济周期波动的根源时，几乎不会考虑财政政策的影响。但在中国，财政支出是强顺周期的，财政支出波动对于理解中国的经济周期波动具有重要意义。

10.3 经济周期波动监测预警与景气指数法

10.3.1 经济周期波动监测预警概述

10.3.1.1 经济周期波动监测预警的概念

监测最初是指对事物及时地连续追踪，以时间为单位进行测量。预警有警告的意思，事先警告、提醒被告人的注意和警惕。所谓预警，就是指对某一警素的现状和未来进行测度，预报不正常状态的时空范围和危害程度，以及提出防范措施。把监测和预警的概念应用到经济周期波动领域，就是经济周期波动监测预警。实践中，经济周期波动信息更多的是通过提取宏观经济指标信息而进行监测预警获得的。经济周期波动之所以能够进行监测预警，是因为：①经济本身在客观上存在着周期阶段性波动，即表现为一种持续地扩张和收缩有规律的交替过程或模式；②经济周期波动的一些状态可以通过一些指标率先暴露或反映出来，也可以根据运行的规律性进行提前判断。

经济周期波动监测预警是为满足宏观经济管理的需要，依据经济周期波动的规律性，利用一系列经济指标和分析方法对经济周期波动轨迹和状态进行量测、分析、评价和警度预报。经济周期波动监测预警包括经济周期波动监测和经济周期波动预警两方面内容。其中，经济周期波动监测侧重于经济周期波动轨迹和过程的分析，旨在揭示经济周期波动轨迹和过程中各种因素的关系和变化的内在规律，是现实经济周期波动运行轨迹的实证展现；经济周期波动预警则侧重于经济周期波动过程和发展方向的险情预报，旨在预报经济周期波动过程中的各种不正常现象，是未来发展趋势的科学推断。二者的区别表现在：

(1)从对象上看，经济周期波动监测的对象是一定时空范围内的经济周期波动轨迹和状态；而经济周期波动预警的对象则是经济周期波动的某一警素(即经济周期波动)已有或即将出现的问题。

(2)从方法上看，经济周期波动监测的方法是对经济周期波动的状态进行量测和分析；而经济周期波动预警的方法则是对某一警素的现状和未来进行测度，即对经济周期波动的现状和未来作出评价。

(3)从结果上看，经济周期波动监测的结果是经济周期波动的运行轨迹和运行规律；而经济周期波动预警的结果则是预报不正常状态的范围和危害程度(即警度)，以及提出防范措施(即排除警患)。

(4)从研究重点上看，经济周期波动监测的研究重点是如何改进经济周期波动测度方法和手段，以提高精度和降低费用；而经济周期波动预警的研究重点是如何确定预警指标的阈值区间，并判断警素处在什么状态。

10.3.1.2 经济周期波动监测预警的作用和意义

经济周期波动监测预警作为国民经济统计分析的有效方法，其作用和意义主要表现在以下几个方面。

(1)准确把握和正确评价宏观经济运行中的周期波动状态。宏观经济运行是一个多层次、多方面、错综复杂而又十分庞大的动态系统。对整个宏观经济运行状态给出综合性测度，说明经济运行所处的冷热状态和周期波动阶段以及相应的特点，这是经济周期波动监测预警的基本任务。

(2)准确预测未来经济周期波动的发展趋势。根据经济周期波动的运行轨迹和先行特征，对宏观经济运行的未来趋势作出提前判断，在经济运行发生重大转折之前，及时发出信息，提供早期预警信号，起到预警作用。这是经济周期波动监测预警的重点。

(3)及时反映宏观经济调控政策的效果。如何正确识别经济周期波动的幅度和频率,并采取适时和适度的调控措施和经济政策,以熨平经济周期波动的幅度,降低经济周期波动的频率,避免波动的大起大落对经济造成的损害,实现经济长期稳定协调健康的增长,是宏观经济调控的一项重要任务。经济周期波动的监测预警通过对经济周期波动轨迹和过程的刻画,可以帮助经济管理部门判断宏观经济调控政策的实施效果,可以为宏观经济管理部门决定政策存续区间提供决策信息。宏观经济政策从实施到产生影响存在时滞。时滞的存在,不仅会影响宏观经济政策发挥作用的时间,而且在特殊情况下,如经济周期波动处于转折点附近,还会使政策逆向调节,产生负面效果。

10.3.2 景气指数法的提出与完善

景气指数法是经济周期波动监测预警的常用方法。经济周期波动是指总体经济活动累积性的扩张和收缩阶段反复出现。它是通过一系列经济活动、历经多个经济过程来传递和扩散的,任何一个经济变量本身的波动过程都不足以代表总体经济活动的波动过程。我们很难用单个的宏观经济指标来全面地说明总体经济活动,而必须由一系列指标组成的景气指标体系构造景气指数(主要是扩散指数和合成指数)来综合反映。

为了满足宏观经济管理的需要,探求经济周期波动规律,早在一个世纪以前西方经济统计学家就开始了经济景气监测预警的研究工作。从 19 世纪末到 20 世纪 70 年代,经过学者们半个多世纪的不懈努力,景气指数法得以不断充实和完善,并为世界各国所熟悉。

10.3.2.1 哈佛指数的兴起与衰亡

景气指数法最早始于美国。1909 年,美国统计学家巴布森(Babson)设立了世界上最早的景气预测机构——巴布森统计公司,并定期发布反映美国宏观经济状况的巴布森景气指数和图表(Babson Index of Business Activity & Babson Chart)。巴布森指数是由通过季节波动调整、工作日调整、趋势处理等得到的商业、货币和投资三类指标共计 12 个指标组成的。1911 年,美国布鲁克迈尔经济研究所,也编制并发布了涉及股票市场、一般商品市场和货币市场等方面的景气指标。但这一时期对后世影响最大的是美国哈佛大学的哈佛指数。

1917 年,哈佛大学为研究景气监测,专门设立了经济研究委员会,由著名统计学家珀森斯(W. M. Persons)主持。该委员会广泛搜集了美国 1875 ~ 1913 年的经济统计资料,利用新的景气指数编制方法编制出反映美国一般商情的哈佛指数,并于 1919 年 1 月开始在《经济统计评论》上定期发布。哈佛指数,也称哈佛晴雨计或哈佛 ABC 曲线,是从大量的统计指标中选取与经济周期波动在时间上有明确对应关系的经济指标,寻找其中的相对规律的先行滞后关系。哈佛指数由 13 个指标组成,分为三组,分别合成三个指数曲线。第一组是反映预期的具有投机色彩的4个指标，合成A曲线；第二组是反映生产和价格的5个商情指标，合成B曲线；第三组是反映纽约金融市场状况的4个金融指标，合成C曲线。1921~1924年，哈佛指数准确地预测到美国经济周期的波动状况，使其名声大振。

哈佛指数的出现对景气指数的发展产生了重大影响，其构造思想和方法为许多国家所效仿。1920年，英国由伦敦大学、剑桥大学、中央经济情报会议和英国实业联合会等组织创立了"伦敦与剑桥经济研究所"。该组织与哈佛经济委员会合作，采用哈佛指数方法编制了反映英国经济景气状况的指示器——英国商业循环指数。1922年，《瑞典经济评论》上出现了瑞典经济统计学家以哈佛指数方法编制的瑞典商情指数。1925年，德国也成立了景气研究所，并于次年发布了"德国一般商情指数"。此外，还有许多国家（如法国、意大利、奥地利、比利时、波兰和日本等）都相继开展了景气监测研究，以类似哈佛指数的方法编制本国经济"晴雨表"。但是，哈佛指数却未能正确预示震撼资本主义世界的1929年大危机的来临。当席卷西方世界的风暴即将到来的时候，哈佛指数却指示经济将继续扩张，从而遭到沉重的失败。后来虽几经修订，终因效果不佳而不得不被放弃。哈佛指数的失败以及类似景气指数的衰落标志着景气指数法应用于经济周期波动监测的早期阶段的结束。

10.3.2.2 NBER的完善与发展

哈佛指数失败后，美国经济周期波动研究的重心转移到美国的NBER。NBER正式成立于1920年，它是一个"私人的、非营利的、非党派的"民间研究组织，其宗旨是对经济事实作经验分析和数量分析，一概不作政策建议。在米歇尔（Mitchell）和伯恩斯（Burns）的组织下，NBER作过很多经济周期波动的监测、分析与预测的研究。1937年，应美国财政部的要求，NBER开始了判断衰退结束、经济复苏的转折时间的研究。他们首先按照一定的可信标准从487个月度和季度指标中初选出71个与总体经济周期波动复苏较为同步的指标，然后再挑选出20个最能可靠地反映经济周期波动的指标构成监测系统，并利用其中的先行指标指数对经济周期波动进程进行预测。这些指标的预测结果在后来的实际经济周期波动中得到证实。在此基础上，Burns和Mitchell于1946年出版了《衡量经济周期》一书。在这部著作中，Burns和Mitchell系统详尽地讨论了一系列的经济周期波动监测问题，提供了大量用于比较和评估经济周期波动与周期波动阶段的概括性统计计量方法，包括周期波动的监测分离、趋势调整、平滑技术的运用等方面。此外，他们还指出，经济周期波动是一个在宏观经济各部门逐步"扩散"的过程，这个扩散在时间上存在一定的差异性。这些都为第二次世界大战后经济周期波动监测预警研究的发展奠定了基础。

由于战争的影响，宏观经济波动景气监测预警研究的重大进展实际上是在

20世纪50年代取得的。1950年，在摩尔（Moore）的主持下，在20世纪30年代监测指标体系的基础上，将Mitchell和Burns对复苏阶段的研究扩展到了同时包括复苏和衰退的阶段，构建了新的景气监测系统。Moore从近千个统计指标的时间序列中选择了具有代表性的21个指标，并把它们分为先行、同步、滞后三类，构成了一个新的监测系统。在监测系统的构造上，这个系统改变了哈佛指数的平均数方法，开发出扩散指数。1960年，Moore又对监测系统的指标构成作了修订，扩大到26个指标。1961年，美国商务部开始正式在其刊物《商情摘要》（Business Conditions Digest，BCD）上发布。后来，在商务部首席经济统计学家西斯金（Shiskin）的主持下，又开发出新的景气指数——合成指数，并于1968年11月开始在BCD上同时公布扩散指数和合成指数。至此，多指标分析法的基本体系构建工作基本完成。

20世纪70年代初，利用景气指数监测经济周期波动的研究开始出现国际化的趋势。这表现在：一方面，国际性景气监测预警系统——国际经济指标系统（IEI）出现；另一方面，开始由工业化国家向发展中国家扩展。1995年，美国会议委员会（The Conference Board，CB）承担了以前由美国商务部承担的合成指数的责任。会议委员会计算并发布美国、澳大利亚、法国、德国、韩国、日本、墨西哥、西班牙和英国等国家的合成指数。

目前，美国是景气指数分析技术较为成熟的国家。除美国之外，日本、德国、法国等也都使用景气指数分析技术监测经济周期波动。日本景气指数以前由经济企划厅发布，如今改为内阁府经济社会综合研究所发布。加拿大和英国是由统计局发布经济周期波动的基准日期和景气指数。澳大利亚是由国立景气研究所（ISCO）发布基准日期和景气指数。中国是在20世纪80年代中期在吉林大学一些学者的倡导下开始经济周期波动监测研究的，后来国家统计局、国家信息中心等政府机构也开始了这方面的研究，并于90年代初正式投入应用。

10.3.3 景气指数法的实施过程

从各国成熟景气指数的实践应用看，运用景气指数法进行经济周期波动监测预警需要以下三个实施阶段。

10.3.3.1 周期性指标的选取

运用景气指数法进行经济周期波动监测预警的首要工作就是从为数众多的宏观经济指标中找出能够反映经济周期波动状态的指标。一般的，选择周期性指标要全面谨慎地考虑多方面的因素。这些因素不是固定的，而是随着研究者研究重点的不同而发生变化的。很多研究都提出过周期性指标的选择标准。其中比较权威的是NBER给出的标准（Zarnowitz和Boschan，1975），它由以下六个准则构成。

(1)经济上的重要性(economic significance)。经济上的重要性主要是指从经济意义上看指标在经济周期波动中是否具有重要的作用。评价指标的经济重要性可以从两个方面来反映:一是经济过程或变量的重要性;二是序列所代表经济活动范围的深度。经济过程可以分为9类,分别是:就业和失业,产出和收入,消费、储蓄和分配,固定资产投资,库存和库存投资,价格、成本和利润,货币和信贷,对外贸易和支付,政府活动,每一类别又都包括若干个指标。经济过程重要性的比较主要是基于类别而不是单个指标。

从指标的反映范围上考察经济上的重要性,单个类别中的指标可分为由强到弱的三个层次:第一层次是总产出和总投入的实际和名义指标。这些指标恰当地界定了总体经济活动,在经济决策中十分重要。第二层次是上述总量指标的主要分量指标以及其他一些引致经济周期波动发生的指标,如投资和利润等。第三层次是反映经济周期波动主要特征的指标。

对特定的一项指标来说,若属于第一层次,它的百分制得分应在90~100分;若属于第二层次,应在80~90分;若属于第三层次,应在70~80分。显然,若一项指标的百分值得分在70分以下,则应从周期性指标中排除。经济上的重要性准则将指标分析与反映周期波动的本质、起因和影响的经济理论联系起来,以增强指标分析的科学性。

(2)统计上的充分性(statistical adequacy)。统计上的充分性是指经济指标从统计上是否能够充分反映经济周期波动的过程和特征。这一特性可以从8个方面考察:一是统计报告制度质量,主要指有无稳定、健全、可靠的统计报告制度;二是统计调查过程范围,主要有普查、抽样调查、其他典型调查三种情形;三是统计时间期限范围,主要有全月或全季的统计数、每周一次或每月一次的统计数或更少等情形;四是抽样误差、汇报误差等调查误差的可估计性;五是统计结果修订的频率,即不修订,还是定期修订;六是指标序列长度;七是跨时可比性;八是其他考虑,如主观判断分析等。在具体评判时,可以先对上述8个方面的情况分别计算,然后再进行综合评判。

(3)时间匹配性(timing)。时间匹配性是指单项经济指标周期波动的具体周期波动转折点与基准周期波动转折点在时间上匹配的情况。要反映这一特性需经过4个步骤。第一步是识别和确定经济指标的具体周期波动转折点。常用的方法是1975年NBER的Bry和Boschan(1971)提出的BB法。第二步是确定总体经济活动的基准周期波动转折点。这里可以使用官方公布的时点来替代。第三步是对比前两步的结果,计算指标顶峰和谷底与基准周期波动的顶峰和谷底匹配的概率以及指标先行与滞后其平均水平的离散程度。这里概率一般根据累积二项分布(cumulative binomial distribution)的公式计算。第四步是根据顶峰时间匹配的概率、顶峰的离散程度、谷底时间匹配的概率、谷底的离散程度4个方面的结果评价指标总体上的时间匹配性。

(4)一致性(conformity)。一致性是指单项经济指标与总体经济波动在方向上的一致情况。如果一个经济指标在总体经济活动的扩张阶段上升,在收缩阶段下降,那么这个指标与经济周期波动正向一致;反之,这个指标与经济周期波动反向一致。指标的一致性可以通过3个方面来衡量。一是指标具体周期波动中与经济周期波动相一致的阶段所占的比重。二是指标具体周期波动中反常的周期波动数。所谓反常周期波动,是指那些波动与经济周期波动的扩张与收缩不一致的、容易引起错误信号的周期波动。三是经济指标波动幅度上的一致性。

(5)平滑性(smoothness)。平滑性是指经济时间序列的平滑程度。如果一个经济指标序列的一致性和时间匹配性表现都非常好,但由于频繁的不规则波动使其不够平滑,则这个指标不能有效反映经济周期波动。事实上,很多经济指标序列都不够平滑,因此,需要对经济指标进行移动平均等统计变换,使其平滑性得以提高。反映序列平滑性的一个主要指标是MCD(Months for Cyclical Dominance)值。MCD值是指从绝对平均值上看,序列中趋势周期成分变化率大于不规则成分变化率的最短月(季)数。MCD值越小,序列越平滑。

(6)及时性(currency)。及时性指经济指标数据是否能够及时获取并及时更新。判断指标数据的及时性,主要考虑两个方面:一是指标数据汇编的周期波动;二是汇编数据发布的滞后时间。与季度数据和年度数据相比,月度数据统计的及时性较好。能否及时获取经济指标的数据,对及时监测经济周期波动非常必要。

上述6项准则要求是对景气指数分析中周期性指标的理想要求,而现实指标并不完全满足这6项准则。因此,实际分析中需要对众多可供选择的指标各项要求的满足情况进行评分,然后再按照各项要求的权重,通过加权平均的办法得到一个综合评分值。这里给出1975年美国商业部经济分析局(BEA)与1966年Moore和Shiskin推荐的综合评分权重值(见表10-5)。最后,按照各个指标综合评分的高低,参考各项指标之间的互补和替代关系,选择出一组能够测度经济周期波动的指标。

表10-5　经济周期波动指标评分系统

序号	筛选准则	最大评分(百分比)		
		BEA1975年版本		Moore-Shiskin 1966年版本(3)
		主项(1)	分项(2)	
1	一、经济上的重要性	16.7		20.0
2	二、统计上的充分性	16.7		20.0
3	1.报告体系		2.5	

续表

序号	筛选准则	最大评分(百分比)		
		BEA1975 年版本		Moore - Shiskin 1966 年版本(3)
		主项(1)	分项(2)	
4	2. 调查范围		2.5	
5	3. 时间单位范围		1.7	
6	4. 误差测量		0.8	
7	5. 修订频率		3.3	
8	6. 序列长度		2.5	
9	7. 跨时可比性		2.5	
10	8. 其他考虑		0.8	
11	三、时间匹配性	26.7		20.0
12	1. 顶峰匹配的概率		10.7	
13	2. 顶峰的离散程度		2.7	
14	3. 谷底匹配的概率		10.7	
15	4. 谷底的离散程度		2.7	
16	四、一致性	16.7		
17	1. 一致概率		8.3	
18	2. 异常转折		5.0	
19	3. 波动幅度		3.3	
20	五、平滑性	13.3		
21	六、及时性	10.0		10.0
22	合计	100.0		10.0

注:各列数据加总关系不完全相等的原因是四舍五入误差。

10.3.3.2 周期性指标的统计处理

在周期性指标选取完成后,就进入景气指数法第二步即周期性指标的统计处理。周期性指标的统计处理包括以下两项工作。

(1)转折点的确定。对周期性指标统计处理的首要工作是识别和确定指标序列的转折点——顶峰和谷底,然后确定周期的扩张阶段和收缩阶段,进而确定具体周期波动。常用的方法是 Bry 和 Boschan(1971)基于月度数据提出的 BB 法,该法有三个步骤。第一步,确定指标序列中一些潜在可能的转折点——顶峰和谷底,一般把指标序列中反向变化至少在 5 个月以上的时点才作为潜在的转折点。第二步,剔除掉一些连续的顶峰和谷底,确保这些转折点中的顶峰和谷底排列相间。如果同时存在几个连续的顶峰(谷底),选择较大(小)的;如果几个连续的顶峰(谷底)相等,则选择最后的。第三步,根据一些审查规则剔除转折点,确保余下的转折点满足持续期和波幅要求。这些审查规则是:相邻两个转折点间持续时间必须在6个月以上;完整周期的持续时间必须在15个月以上;周期幅度必须在一定标准以上(一般为一个标准差以上)。

(2)先行指标、同步指标和滞后指标的归类。在确定周期性指标及其具体周期的基础上,依据指标同基准指标周期的关系,可将它们分为先行指标、同步指标和滞后指标三类。先行、同步和滞后指标的选择和确定没有明确的经济理论基础作为支持,其过程更多的是基于经验和定量分析结果的判断。通常使用的方法有两类。

一类是主观经验判断法,代表性的方法是峰谷对应法(也叫图示法)。峰谷对应法通过比较周期性指标时间序列具体周期的统计图与经济基准周期的统计图来确定。

另一类方法是数理分析法,主要有时差相关分析法、K-L信息量法、HDI法、聚类分析法和马场法等。其中,比较常用的是时差相关分析法和K-L信息量法。

设 $x_t=\{x_1,x_2,\cdots,x_n\}$ 为基准指标序列,$y_t=\{y_1,y_2,\cdots,y_n\}$ 为待定指标序列,时差相关系数 r 的计算如下:

$$r_l=\frac{\sum(y_{t+l}-\bar{y})(x_t-\bar{x})}{\sqrt{\sum(y_{t+l}-\bar{y})^2\sum(x_t-\bar{x})^2}}\quad(l=0,\pm1,\pm2,\cdots,\pm L)\tag{10.2}$$

计算K-L信息量的过程是:先对 $\{x_t\}$ 和 $\{y_t\}$ 进行标准化处理,即 $p_t=\dfrac{x_t}{\sum\limits_{j=1}^{n}x_j}$, $q_t=\dfrac{y_t}{\sum\limits_{j=1}^{n}y_j}$, $t=1,\cdots,n$,然后通过下式计算:

$$k_l=\sum_{t=1}^{n_l}p_t\ln(p_t/q_{t+l})\quad(l=0,\pm1,\cdots,\pm L)\tag{10.3}$$

式中:l 表示先行或滞后时期数,l 取正表示待定指标滞后,l 取负表示先行;L 为最大延迟数。比较 r_l 或 $k_l(l=0,\pm1,\pm2,\cdots,\pm L)$ 的大小,得到最大的时差相关系数 r_{l^*} 或K-L信息量 k_{l^*}。若 $l^*\in[-k,k]$(对于月度数据序列,一般设定 $k=3$),则说明待定指标为同步指标;若 $l^*>k$,则说明待定指标为滞后指标;若 $l^*<-k$,则说明待定指标为先行指标。时差相关系数 r_{l^*} 越大或K-L信息量 k_{l^*} 越小,则说明待定指标与基准指标的变动越相似。

10.3.3.3 景气指数的编制

对周期性指标进行过统计处理后,便进入景气指数编制阶段。编制景气指数的方法有扩散指数和合成指数两种。

(1)扩散指数的编制。经济周期波动可以分为扩张、收缩两大局面。经济繁荣时,各种经济活动活泼向上,大部分经济指标持续上升。但是,当经济迎来高峰阶段后,几个指标开始改变方向,转而下降的指标多了起来,当保持上升的指标与转为下降的指标均等时,即是周期波动由扩张局面向收缩局面转换的转折点(顶峰)。其后,下降的指标逐渐占上风,经济进入萧条,大部分指标在收缩期间保持下降趋势。再往后,经济的前景又明朗起来,数个指标又转向上升,经济开始恢复,当仍在下降的指标和已经回升的指标相均等时,即是周期波动由收缩局面向扩张局面变换的转折点(谷底)。因此,扩散指数(Diffusion Index,DI)的基本思想是把保持上升(或下降)的指标占上风的动向看作经济周期波动波及、渗透的过程,综合这些指标的情况来把握整个经济周期波动。简单地说,扩散指数是指在一组周期性指标的范围内,扩张状态的指标数占全部指标数的百分比。用公式表示的 t 时点的 DI 如下:

$$DI_t = \frac{\text{扩张指标数}}{\text{周期性指标总数}} \times 100\% \tag{10.4}$$

DI 分为当前的 DI 和累计的 DI 两种类型。其经济意义如下:

其一,当前的 DI 值大于 50% 时,意味着有过半数的指标所代表的经济活动上升;反之,DI 值低于 50% 时,则有过半数的经济活动下降;DI 值为 50% 时,意味着经济活动的上升趋势与下降趋势平衡,表示该时刻是经济周期波动的转折点。利用先行扩散指数可以预测未来经济周期波动的峰或谷何时到来;利用同步扩散指数也可确定经济周期波动的峰或谷出现与否,并且利用同步扩散指数的极大值点或极小值点可预测未来的峰或谷出现的日期;滞后扩散指数更多地对前两种扩散指数结果起验证作用,并且可以判断经济周期波动的转折点或某一状态是否已经开始或者结束。

其二,累计 DI 是将当前 DI 值减去 50% 后,逐月累加而得到的指数序列。累计 DI 能够直观地反映出经济周期的转折点及波动。

(2)合成指数的编制。为了弥补扩散指数不能表示经济周期波动变化的强弱即振幅大小的缺点,美国商务部的 Shiskin 和 NBER 的 Moore 编制了合成指数(Composite Index,CI),并于 1968 年使其实用化。合成指数 CI 和扩散指数 DI 一样,也是从反映各种经济活动的主要经济指标中选取一些对经济周期波动敏感的指标,用合成各指标变化率的方式把握周期波动的大小。合成指数的构成也分为先行、同步、滞后指标组,各指标组的功能与扩散指数相同,所以扩散指数和合成指数常常使用同一组指标。合成指数除了能预测经济周期波动的转折点外,还能在某种意义上反映经济周期波动的振幅。

目前,国际上 CI 的计算方法主要有三种:美国商务部经济分析局的计算方法、日本经济企划厅的计算方法和经济合作与发展组织(OECD)的计算方法。其中以美国商务部的计算方法的历史最悠久,影响也最大,其计算过程如下。

第一步,求指标的对称变化率并将其标准化。

设指标 $Y_{ij}(t)$ 为第 j 指标组的第 i 个指标,$j=1,2,3$ 分别代表先行、同步、滞后指标组,$i=1,2,\cdots,k_j$ 是组内指标的序号,k_j 是第 j 指标组的指标个数。首先对 $Y_{ij}(t)$ 求对称变化率 $C_{ij}(t)$:

$$C_{ij}(t)=200\times\frac{Y_{ij}(t)-Y_{ij}(t-1)}{Y_{ij}(t)+Y_{ij}(t-1)}\quad(t=2,3,\cdots,n)\tag{10.5}$$

当构成指标 $Y_{ij}(t)$ 中有零或负值时,或者指标是比率序列时,取一阶差分:

$$C_{ij}(t)=Y_{ij}(t)-Y_{ij}(t-1)\quad(t=2,3,\cdots,n)\tag{10.6}$$

为了防止变动幅度大的指标在合成指数中取得支配地位,各指标的对称变动率 $C_{ij}(t)$ 都被标准化,使其平均绝对值等于1。标准化变化率的计算公式是:

$$S_{ij}(t)=\frac{C_{ij}(t)}{A_{ij}}\quad(t=2,3,\cdots,n)\tag{10.7}$$

其中,标准化因子为:

$$A_{ij}=\sum_{t=2}^{n}\frac{|C_{ij}(t)|}{n-1}\tag{10.8}$$

第二步,求各指标组的标准化平均变化率。

首先求出先行、同步、滞后指标组的平均变化率 $R_j(t)$,计算公式如下:

$$R_j(t)=\frac{\sum_{i=1}^{kj}[S_{ij}(t)\cdot W_{ij}]}{\sum_{i=1}^{kj}W_{ij}}\quad(j=1,2,3;t=2,3,\cdots,n)\tag{10.9}$$

式中:W_{ij}是第 j 组的第 i 个指标的权数,在本模型中使用了等权数,即 $W_{ij}=1$。

然后,计算指数标准化因子 F_j,计算公式如下:

$$F_j=\frac{\sum_{t=2}^{n}\frac{|R_j(t)|}{n-1}}{\sum_{t=2}^{n}\frac{|R_2(t)|}{n-1}}\quad(j=1,2,3)\tag{10.10}$$

显然,$F_2=1$。

最后,计算标准化平均变化率 $V_j(t)$:

$$V_j(t)=\frac{R_j(t)}{F_j}\quad(t=2,3,\cdots,n)\tag{10.11}$$

用同步指标序列的平均变化率的振幅去调整先行指标序列和滞后指标序列的平均变化率,其目的是为了把三个指数当作一个协调同步的体系来应用。

第三步,求初始合成指数 $I_j(t)$。

令 $I_j(1)=100$,则:

$$I_j(t)=I_j(t-1)\times\frac{200+V_j(t)}{200-V_j(t)}\quad(j=1,2,3;t=2,3,\cdots,n)\tag{10.12}$$

第四步,趋势调整。

这一步是使三个指标组得到的合成指数的趋势与计算同步指标组中被采用的序列的趋势平均值同步。可以认为,后者是总体经济活动中趋势动向的线性近似。虽然合成指数的作用是显示总体经济活动的方向变化,但是许多用户也把合成指数作为活动水准的指标。趋势调整使得三个合成指数成为具有整合性的系统,为测定周期波动带来了方便。

首先,对同步指标组的每个序列分别求出各自的平均增长率。使用的方法是复利公式:

$$r_i = (\sqrt[m_i]{C_{L_i}/C_{I_i}} - 1) \times 100 \quad (i = 1, 2, \cdots, k_2) \tag{10.13}$$

式中:$C_{I_i} = \dfrac{\sum\limits_{t \in 最先循环} Y_i(t)}{m_{I_i}}$;$C_{L_i} = \dfrac{\sum\limits_{t \in 最后循环} Y_i(t)}{m_{L_i}}$;$C_{I_i}$与$C_{l_i}$分别是同步指标组第 i 个指标最先与最后循环的平均值;m_{I_i}与m_{L_i}分别是同步指标组第 i 个指标最先与最后循环的月数;k_2 是同步指标个数;m_i 是最先循环的中心到最后循环的中心之间的月数。

再求出同步指标组的平均增长率,把它称为目标趋势,记为 G_r,且 $G_r = (\sum\limits_{i=1}^{k_2} r_i)$。

然后,对先行、同步、滞后的初始合成指数 $I_j(t)(j = 1, 2, 3)$ 分别用复利公式求出它们各自的平均增长率:

$$r_i = (\sqrt[m_i]{C_{L_i}/C_{I_i}} - 1) \times 100 \tag{10.14}$$

式中:$C_{I_i} = \dfrac{\sum\limits_{t \in 最先循环} I_j(t)}{m_{I_j}}$;$C_{L_i} = \dfrac{\sum\limits_{t \in 最后循环} I_j(t)}{m_{L_j}}$。

最后,分别对三个指标组的标准化平均变化率 $V_j(t)$ 作趋势调整:

$$V'_j(t) = V_j(t) + (G_r - r'_j) \quad (j = 1, 2, 3; t = 2, 3, \cdots, n) \tag{10.15}$$

第五步,计算合成指数。

首先,令 $I'_j(1) = 100$,则:

$$I'_j(t) = I'_j(t-1) \times \frac{200 + V'_j(t)}{200 - V'_j(t)} \quad (j = 1, 2, 3; t = 2, 3, \cdots, n) \tag{10.16}$$

然后,计算以基准年份为 100 的合成指数:

$$CI_j(t) = \frac{I'_j(t)}{\bar{I}'_j} \times 100 \tag{10.17}$$

式中:$\bar{I}'_j$ 是 $\bar{I}'_j(t)$ 在基准年份的平均值。

有时在计算 CI 前,为了减少不规则变动,还要进行一次三项移动平均。

在计算扩散指数或合成指数后,就可以根据指数的变化趋势,分析和预测经济周期波动轨迹和过程。

10.4 经济周期波动监测预警与预警信号法

10.4.1 预警信号法的提出与原理

10.4.1.1 预警信号法的提出

通过景气指数仅仅掌握经济周期波动轨迹和过程方面的信息，难以满足宏观经济管理的需要。为了提高宏观经济调控的有效性，在监测预警经济周期波动时引入评价指标，对经济周期波动的不同状态作出评价，编制具有评价功能的预警信号指数，不失为经济周期波动监测预警的一种新的思路。

预警信号法最早见于20世纪50年代美国提出的"程式性调控制度"和法国的"经济警告指标"。到五六十年代，人们已经意识到西方在50年代中期开始的经济高速增长也会带来各种弊端，经济的"过热"如同经济衰退一样也是应该避免的。为此，不少国家在其经济景气监测预警系统中进行了引进评价指标的尝试，试图对经济波动的不同状态给出相应的评价。50年代美国提出了"程式性调控制度"。例如，它规定，如果全美失业率连续3个月比上月增加1个百分点以上，政府就须在20亿美元的范围内增加公共投资。50年代后期，法国也设立了"经济警告指标"，该指标包括失业率、通货膨胀率和外贸入超三个指标，其中规定，上述任何一项指标出现连续3个月环比上升1个百分点以上，政府就必须自动在一定范围内采取相应的应付措施。到1963年，法国政府为配合第四个五年计划制定了"景气政策信号制度"，借助不同的信号灯颜色，对宏观经济作出简明、直观的评价。1966年，在吸收美、法两国经验的基础上，日本经济企划厅研究出自己的"景气警告指数"。该指数包括11项监测指标，每项指标根据其变化幅度的大小设定一定的分值，某一个时期各监测指标的分值之和就是对这一时期经济综合景气状况的数量评价，再根据综合景气评分的高低设立若干定性区间。某一时期综合评分落入的区间，就表示该时期综合景气的定性评价及宏观调控政策取向。1970年，联邦德国也由国会专家委员会编制了类似的警告指数。这样，经济景气监测预警方法不仅能够指示景气动向，而且能以简明、直观的方式给出对经济状态的评价。这一功能的增加，尤其有利于广大厂商的经营决策。

10.4.1.2 预警信号法的原理

预警信号法是根据宏观经济周期波动的状态性质，采用类似于交通管制信号的方法，来反映宏观经济运行的综合变化状况与变化趋势。其方法原理就是对一组反映经济发展状况的敏感性指标，运用有关的数据处理方法将一组指标合并为一个综合性的指标，然后通过用一组类似交通管制的红、黄、绿、浅蓝、蓝灯的信号标志系统，对这组指标和综合指标所代表的经济周期波动状况发出预警信号，通过观察信号灯的变化情况，来判断未来经济发展的趋势。

预警信号法通过单个综合性指标作为判断宏观经济景气状况的依据，可以减少仅靠单项指标进行决策的风险。同时，景气状况的判断和宏观决策取向是融合在一起的。综合景气状况分为五种状态，每种状态既表示当前的景气状况，又表示针对这种状况应采取的宏观政策取向。其中，红灯表示经济景气过热，此时政府及财政金融机构应采取紧缩措施，使经济恢复正常状况。黄灯表示经济景气尚稳，经济增长稍热，在短期内有转热和趋稳的可能。由红灯转为黄灯时，不宜继续紧缩。绿灯表示当时的经济发展很稳定，政府可在稳定中采取促进经济增长的调控措施。由绿灯转为黄灯时，在绿灯时期所采取的措施虽可继续维持，但不宜进一步采取促进经济增长的措施，并且应关注今后景气的变化，以便及时采取调控措施避免经济过热。浅蓝灯表示经济短期内有转稳和萎缩的可能。由浅蓝灯转为绿灯时，表示经济发展速度趋稳，可继续采取促进经济增长的措施；由绿灯转为浅蓝灯时，表示经济增长率下降，此时应关注今后景气的动向，适当采取调控措施，以使经济趋稳。蓝灯表示经济景气衰退，处于过冷状态。若信号由浅蓝灯转为蓝灯，表示经济增长率开始跌入谷底，此时政府应采取强有力的措施来刺激经济增长。

10.4.2　预警信号法的系统编制

预警信号法是通过预警信号系统来实现的，从各国的应用实践看，预警信号系统的编制过程包括以下几个步骤。

10.4.2.1　预警信号指标体系的确定

确定预警信号指标体系是建立预警信号系统的重要组成部分。预警信号指标体系应是一系列反映国民经济运行状况的敏感性指标。在选择预警信号指标时，要考虑的原则是：灵敏性原则，即所选指标应能够灵敏反映经济运行的主要方面；超前性原则，即所选指标的变化应超前于实际经济周期波动；稳定性原则，即对所选指标变化幅度进行不同状态划分后，划分的标准能够保持相对稳定。

10.4.2.2　确定单个指标的预警界限

建立预警信号系统的最关键的技术工作是预警信号界限值的确定，包括单个指标景气状态界限值的确定和经济运行综合景气状态界限值的确定两个方面。界限值是判断各监测指标以及综合景气状态落在不同景气状态区域的数量标准。单个指标四个界限值的确定是景气预警信号系统建立的重要环节，是一件很复杂、很细致的工作。确定界限值的方法一般有两种：一种是依据经济数学方法来确定，一种是传统方法，即依据监测和预警者的经验，通过分析历史资料，制定出各指标的变动率数值。当然,不能把界限值简单理解为一个固定不变的数值,而是将其看作一个随着本身的制约因素变化而变化的数值。

10.4.2.3　计算确定各个指标得分和灯色信号

将各项警告指标的动态指数同所确定的该项指标各个区间的界限值进行比较,落入哪个区间就记上相应的得分,判断各指标的灯号显示。这里需要对各色灯号分别赋予不同的分数,譬如,5,4,3,2 和 1 等,便于计算汇总。

10.4.2.4　汇总确定景气预警总分数与灯色信号

确定全部指标的预警界限,并将各个指标得分加总得到经济景气预警总分数,判断综合灯号的显示状况。若全部 N 个指标都打 5 分时的总分为 $5N$,则可按比例确定全部指标的预警界限。比如,以满分的 85% 为红灯区与黄灯区的界限值,满分的 73% 为绿灯区与黄灯区的界限值,满分的 50% 为浅蓝灯区与绿灯区之间的界限值,满分的 36% 为浅蓝灯区与蓝灯区的界限值。

10.4.3　预警信号法的中国应用实例

10.4.3.1　中国经济景气监测中心的预警信号系统设置

在借鉴了其他国家预警信号法的基础上,我国很多部门和研究机构,如吉林大学、国家信息中心、国家统计局下属的中国经济景气监测中心等都曾经对预警信号系统的构建问题进行了深入研究,并取得了可喜的成果。这里以中国经济景气监测中心的预警信号系统设置为例进行说明。中国经济景气监测中心的预警信号指标体系由 10 个指标构成,分别是:工业生产指数、固定资产投资、社会消费品零售总额、海关进出口总额、财政收入、工业企业利润总额、城镇居民可支配收入、金融机构各项贷款、货币供应 M2 和居民消费价格指数。这些指标界限值设置见表 10－6。在确定景气预警总分数的界限值时,可以 100 为基准按照比例确定。

表 10－6　预警信号系统各指标及综合景气得分界限值表

	红、黄灯界	黄、绿灯界	绿、浅蓝灯界	浅蓝、蓝灯界
工业生产指数	119	115.8	110.6	108.8
固定资产投资	46	32	14.5	11
社会消费品零售总额	29	18.5	9	7.6
海关进出口总额	35	25	10	3.5
财政收入(不含债务)	26	23	14.8	10.8
工业企业利润总额	161.5	85	0	－16.9
城镇居民人均可支配收入	18.5	13.5	8.9	5
金融机构各项贷款	24.8	23	15.2	10

续表

	红、黄灯界	黄、绿灯界	绿、浅蓝灯界	浅蓝、蓝灯界
货币供应 M2	30.2	22.5	14.8	13.5
居民消费价格指数	118	108	100	99
景气预警总分数	137	117	83	63

资料来源：据陈瑾玫《宏观经济统计分析的理论与实践》，经济科学出版社 2005 年版，第 287 页，并结合最新做法进行了调整。

10.4.3.2　我国景气预警总分数值的变化

据中国经济景气监测中心所测算的 1991 年 1 月 ~2012 年 6 月的景气指数，可以对 22 年来的经济景气情况进行识别（见图 10－3）。

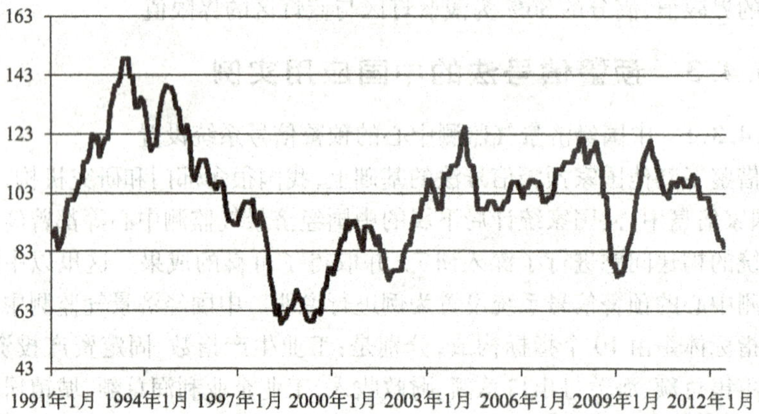

图 10－3　1991 年 1 月 ~2012 年 6 月中国景气预警总分数值

从图中可见，我国经济 22 年来大多数时间在绿灯区运行，1991 年 1 月 ~1992 年 2 月连续 14 个月，1995 年 7 月 ~1997 年 11 月连续 29 个月，2002 年 7 月 ~2004 年 1 月连续 19 个月，2004 年 4 月 ~2006 年 10 月连续 30 个月，2006 年 11 月 ~2007 年 8 月连续 10 个月，2009 年 5 月 ~2009 年 12 月连续 8 个月，2010 年 3 月 ~2012 年 6 月连续 28 个月处于绿灯区。1992 年 3 月 ~1995 年 6 月间，经济处于黄灯和红灯之间，其中 1993 年中有 8 个月、1994 年有 4 个月处于红灯区，经济超高位运行，严重过热，并于 1993 年 5 ~6 月达到顶峰。由于一系列紧缩政策的实施，实现了软着陆，使得 1995 年 7 月 ~1997 年 11 月连续 29 个月处于绿灯区，紧缩政策的负效应就是使得 1997 年 12 月 ~2000 年 3 月连续 28 个月、2001 年 7 月 ~2002 年 4 月连续 10 个月处于浅蓝和蓝灯区，其中 1998 年有 7 个月、1999 年中连续 7 个月处于蓝灯区，经济增长低迷，宏观经济冷缩。1999 年 4 月达到谷底，从 1999 年 5 月开始有所回升，经济景气逐步进入回升期，从 2002

年7月起经济景气进入比较强劲的回升期，直到2004年5月，连续19个月经济运行处于基本正常、增长速度适当的范围。经过2004年2月和3月两个月的短暂过热后，经济运行又从2004年4月开始进入正常区间，并持续了54个月。2008年10月开始，受到全球经济危机的影响，中国经济增长放缓，经济景气指数在2009年1月达到低谷，2009年2～4月，经济景气一直在低点波动，从2009年5月开始进入比较强劲的回升期，此回升期一直持续到2010年2月，之后开始进入正常区间，已经持续了28个月。

本章小结

本章首先介绍了经济周期波动的概念、分类、阶段划分和三维状态。然后探讨了经济周期波动的经验特征与典型化事实。最后分析了经济周期波动监测预警的概念与意义，着重介绍了景气指数法和预警信号法的基本原理与操作过程。

本章主要概念

经济周期波动　古典周期波动和增长周期波动　经济周期波动监测预警　景气指数法　预警信号法

小知识

NBER

NBER是National Bureau of Economic Research（美国国家经济研究局）的简称。它创立于1920年，是一个民间的、非营利性、非党派性的研究机构，其宗旨是促进对经济运作更深的理解。该局致力于在公共政策制定者、商业执业人员和学术界发展和传播公正的经济研究。美国国家经济研究局以往的研究囊括了社会所面临的许多问题。该局的早期研究主要集中在宏观经济上，即详细地研究商业周期和长期经济增长。西蒙·库兹涅茨对国民收入核算的开拓性研究，Wesley Mitchell对商业周期有影响力的研究，以及米尔顿·弗里德曼对货币需求和消费支出决定因素的研究都属于该局的早期研究范畴。历史上，美国国家经济研究局曾有12人获得诺贝尔经济学奖，3人担任美国总统经济顾问委员会主席。今天，该局已经成为美国最主要的非营利经济研究机构。目前，美国国家经济研究局拥有逾600名研究员，他们都是美国或其他国家知名大学的经济学或商学教授。这些研究人员主要进行四方面的实证研究：开发新统计指标、估计经济行为的数量模型、评估公共政策对美国经济的影响以及设想其他政策建议的影响。美国国家经济研究局由来自美国第一流大学和主要国民经济机构的代表所组成的主任委员会管理。该局委员会中也有来自商界、工会和学术界的杰出经济学家。费尔德斯坦(Martin Feldstein)是该局的主席兼 CEO。除了副研究员和研究员外,该局还雇用了 45 名员工。该局的总部设在马萨诸塞州的坎布里奇市(Cambridge),在加利福尼亚的帕洛阿尔托(Palo Alto)和纽约分别设有分部。美国国家经济研究局有一个庞大的工作论文库,每周都有新增工作论文充实进来,国内读者可免费浏览或下载。

11 国际经济比较统计

引例

中国要不要"变身"?

一个人一夜暴富的机会不多,一个国家却似乎很容易做到。世界银行和国际货币基金组织(IMF)开出了一张"良方":简单地进行汇率调整,穷国立马就成了富国。根据世界银行最近公布的一项调查报告,按名义汇率计算,2003 年日本的 GDP 是中国的 3 倍多;按购买力平价汇率计算,中国的经济实力已经接近日本的 2 倍! IMF 也一再指出,中国的人均 GDP 远不止 1 000 美元,按照实际有效汇率计算,中国早就应该摘掉发展中国家的帽子了!

数字很容易迷惑人,需要斟酌的一个问题是中国到底有多富裕? 对这一问题的争论由来已久。经济学家早就注意到,仅从名义汇率角度进行国际比较容易带来误导,于是提出用购买力平价进行调整,并作为国家间产出、收入及其他变量进行比较的基础。按照一些研究的估计,1990 年中国的人均 GDP 为 2 700 美元,如果中国和美国保持当时的经济增长速度(中国9%,美国2.7%),中国的经济规模可以在10 年内赶上美国!

这一计算显然距离实际有很大出入。如今,10 年已经过去,美国经济依然保持世界强势地位;中国经济取得了世人瞩目的成就,却远没有达到经济强盛、国民富足的水平,国际竞争力也与美国存在较大差距。

资料来源:摘自《中国经营报》2004 - 8 - 2,作者:覃东海。

本章主要学习目标

1. 掌握汇率法和购买力评价方法进行国际经济比较的基本原理与计算方法。

2. 掌握综合国力的概念与构成要素,了解综合国力的主要测评方法。

3. 掌握国际竞争力的概念与分类，了解国际竞争力的主要测评方法。

在国际经济全球化的背景下，国际经济比较越来越重要。国际经济比较是全方位国际比较的一个重要方面。一个国家的经济实力和经济发展水平是一国其他各种能力发展的基础，决定着一国在国际上的地位和国际竞争力。国际经济比较统计的内容比较广泛，基本内容包括比较各国的经济增长、收入分配、消费和投资、国际贸易和综合国力等。除了前面章节已经涉及的内容外，剩余内容可以归结为三个方面，即国际经济比较基本方法、综合国力统计和国际竞争力统计。

11.1 国际经济比较的基本方法

从统计的角度看，国际经济比较必须具备以下两个先决条件：一是各国经济总量指标的口径（包括指标的概念和计算方法）具有国际可比性；二是用同一种货币单位统一计量各国的主要总量指标。对于第一个先决条件，联合国和各国的统计部门做了大量工作，使国民经济核算体系在世界大部分国家得到应用，目前以国内生产总值（GDP）计算的各国经济总量和发展速度已具备相当的可比性。对于第二个先决条件，由于不同的国家有不同的货币，在同一国家，即使是不同的时期，物价因素、货币的币值也是变化的，所以不同国家的比较就存在着货币的换算和价格的调整。第二次世界大战后，国际经济价格调整工作取得了很大的进展，在统计方法上不仅发展了通常使用的汇率法，还提出了相对复杂的购买力平价方法。

11.1.1 汇率法

11.1.1.1 汇率法的基本原理

汇率法是采用外汇汇率调整不同国家以不同货币单位计算的经济指标，以解决各国对比指标的可比性问题，进行物量水平和价格水平的空间对比。其中，外汇汇率是指用另一种货币来表示的某种货币的名义价格。目前，世界上有两种汇率制度，一是官方汇率；二是市场汇率。在20世纪70年代以前，美元曾经是国际上使用最为广泛的硬通货，所以国际经济比较中通常把美元作为统一的货币，用汇率法把各参比国的经济指标换算为美元表示。

采用汇率法进行国际经济比较，其资料比较容易取得，计算过程比较简单。例如，某年我国国内生产总值（GDP）为9 457亿元人民币，同年人民币对美元的汇率平均为3.27∶1，采用汇率法调整我国的GDP如下：9 457 ÷ 3.27 = 2 892亿美元。同年美国GDP为41 855亿美元。中美两国的GDP都以美元表示，这样就能进行直接比较分析了。

20世纪70年代以后，尤其是布雷顿森林会议以后，美元的金本位制不复存在，越来越多的国家实行浮动汇率制，汇率受国际贸易、金融市场等因素的影响越来越大，用它作为不同国家货币的转换因子进行国际经济比较，不能如实反映各国经济与社会发展水平的差距，如何真实地反映各国的货币购买力比价问题日益突出。从抵消汇率波动对国际经济比较结果的稳定性的影响出发，世界银行推出了"世界银行图表集法"。

11.1.1.2　世界银行图表集法

从1966年起，世界银行每年都发表《世界银行图表集》，里面发布的各国人均国民生产总值的计算方法成为世界银行图表集法。世界银行图表集法是以美元为基本货币，世界各国指标值按本国货币对美元的平均汇率进行调整，以抵消汇率波动的影响。

作为调整因子，平均汇率的计算方法几经变化。从1985年开始，对人均国民生产总值(GNP)进行调整的平均汇率采用的是计算年和前两年的简单平均数，这样既避免了计算年以后的汇率变动对计算年人均国民生产总值的影响，又考虑了比较国和基准国的通货膨胀的影响。其具体计算步骤如下。

第一步，计算第t年的换算因子，即计算年的实际汇率的简单平均数和调整过的前两年的汇率的简单算术平均数：

$$e_{t-2,t}^{*}=\frac{1}{3}\left[e_{t-2}\left(\frac{P_t}{P_{t-2}}\bigg/\frac{P_t^{\$}}{P_{t-2}^{\$}}\right)+e_{t-1}\left(\frac{P_t}{P_{t-1}}\bigg/\frac{P_t^{\$}}{P_{t-1}^{\$}}\right)+e_t\right] \tag{11.1}$$

式中：P_t为第t年本国国民生产总值减缩指数；e_t为第t年平均汇率(本国货币/美元)；$P_t^{\$}$为第$t$年美国国民生产总值减缩指数。

第二步，计算第t年的以美元表示的人均国民生产总值。用上面计算得到的换算因子，对计算年的本国货币现价国民生产总值进行换算，然后，与人口相比得到以美元表示的人均国民生产总值：

$$Y_t^{\$}=\frac{Y_t/N_t}{e_{t-2,t}^{*}} \tag{11.2}$$

式中：Y_t为第t年的现价国民生产总值(本币)；N_t为第t年的人口平均数。

在第一步中，对前两年的年平均汇率都是用本币和美元的相对通货膨胀率调整过的，这样，在计算换算因子的过程中不仅考虑了汇率近期的波动，也考虑了两国的通货膨胀因素。

11.1.1.3　汇率法的缺陷

从汇率法到世界银行图表集法，虽然作了一些改进和调整，但就其实质而言，世界银行图表集法只是汇率法的一个特例，它并不能完全避免汇率法本身存在的缺陷。这些缺陷主要表现在以下方面。

(1)货币汇率主要与国际贸易商品比价相联系,受国际市场货币购买力和物价水平的影响。但在世界各国的总产品中,外贸商品只是其中的一部分,汇率与国内市场状况并没有显著的相关关系,因而也不能真实全面地反映不同货币间的实际购买力对比关系。同时,不同的国家,外贸商品在国民产品中的份额也有差别,外贸商品所包含的初级品、加工品和高新科技产品的比重也有差别,导致其对货币汇率也有着非常复杂的影响。

(2)汇率的变动和外汇市场的性质有关。只有在自由浮动汇率制度下,汇率才能由外汇市场的供给和需求决定;在官方汇率制度下,汇率并不能因市场条件的改变而自由浮动。另外,汇率不仅用来调节商品进出口,还用来调节国际资本流动。所以,汇率波动频繁,变动幅度很大,即使就外贸商品而言,汇率对其购买力比例关系的反映也未必那么真实。

(3)政府对进出口不同的限制政策,比如,关税和贸易壁垒,也会影响汇率,使其偏离实际购买力。

另外,使用汇率法进行国际经济比较还有一个缺陷,即国际经济比较不能仅仅局限于总量方面,还要进行分项的比较,而汇率所确定的统一价格对比关系不能进行分项比较。

11.1.2 购买力平价法

购买力平价法的意义、作用、主要步骤等基本内容已在本书 8.4 节作过介绍,这里不再赘述。本节只重点介绍支出法购买力平价和生产法购买力平价的计算方法。

11.1.2.1 支出法购买力平价

对于支出法购买力平价,我们从以下三方面来分析。

(1)支出法购买力平价的概述。支出法购买力平价是从 GDP 支出角度,通过测算各国代表规格品的综合价格比率,来缩减 GDP 及其支出构成指标,进行实际收入和支出结构的国际比较。假设两个国家 A 和 B,同一种产品的价格分别为 P_A 和 P_B,消费数量分别为 Q_A 和 Q_B,以本国货币表示的消费支出额为 E_A 和 E_B。如果以 B 国为基准货币国,以 A 国为对比国,两国在该种产品上的消费支出之比可以表示如下:

$$\frac{E_A}{E_B}=\frac{Q_A\cdot P_A}{Q_B\cdot P_B} \tag{11.3}$$

通过移项,可以得到:

$$\frac{Q_A}{Q_B}=\frac{\frac{E_A}{E_B}}{\frac{P_A}{P_B}} \tag{11.4}$$

式中：$\frac{P_A}{P_B}$是 A 国相对于 B 国在该产品上的购买力平价，即 $PPP_{A/B}$。如果用 $Q_{A/B}$ 表示 A 国消费该产品相对于 B 国的数量指数，则式(11.4)可改写为：

$$Q_{A/B} = \frac{\frac{E_A}{E_B}}{PPP_{A/B}} \tag{11.5}$$

式(11.5)表明，用 $Q_{A/B}$ 作为货币转换因子，可以将 A 国以本币表示的消费支出额转换成以 B 国货币来表示，进而比较两国物量意义上的消费支出水平。

(2)支出法购买力平价的测算。测算支出法购买力平价，需要两个方面的数据。一是 GDP 基本分类的支出数据，以其作为计算购买力平价指数的权数。国际比较项目将支出划分为 151 个细类，这些细类包括了 100 个以上的居民消费支出类，35 个以上的资本形成类和 4 个政府消费支出类。另外，若可能的话，也可以将净出口作为一细类包括进去。二是基本分类下规格品的价格资料。国际比较项目的每个细类中都选择若干具有可比性和代表性的商品或服务作为规格品，并采集这些规格品的价格资料。由于不同国家的产品不可能完全相同和一致，因此，在收集价格时，产品只要满足下列任何一个条件就认为具有可比性：①物理和经济属性是完全一样的，包括数量、范围、材料、设计、销售条件等一些重要特征在不同国家差别不应太大；②足够相似以至于消费者在它们之间不作任何区别和选择。规格品的代表性是指所选择规格品对各个国家具有代表性，反映各国的支出结构和消费结构。在国际比较项目工作中，规格品名录必须经过各国共同讨论、协商后确定。

在获取各国价格和 GDP 支出数据资料后，测算支出法购买力平价可分为三个步骤。

第一步，计算对比国之间每一种规格品的价格比率。同样假设两个国家 A 和 B，其中 B 为基准货币国，A 为对比国，基本分类共有 n 个，第 j 个基本分类中的规格品数目为 $x_j(j=1,2,\cdots,n)$，则第 j 个基本分类中第 i 个规格品的两国价格之比为$\frac{P_{Ai}}{P_{Bi}}(i=1,2,\cdots,x_j)$。

第二步，计算对比国之间每一基本支出分类以下的价格比率，即基本平价。计算方法是基本分类下各个规格品价格比率的简单几何平均。第 j 个基本分类的基本平价为：

$$P_{(A/B)j} = \left[\frac{P_{A1}}{P_{B1}} \cdot \frac{P_{A2}}{P_{B2}} \cdot \dots \cdot \frac{P_{Ax_j}}{P_{Bx_j}}\right]^{\frac{1}{x_j}} = \left[\prod_{i=1}^{x_j}\left(\frac{P_{Ai}}{P_{Bi}}\right)\right]^{\frac{1}{x_j}} \quad (j=1,2,\cdots,n) \tag{11.6}$$

由于采用简单几何平均，显然有：

$$P_{(B/A)j} = \frac{1}{P_{(A/B)j}}$$

第三步,计算对比国之间基本分类以上的购买力平价。购买力平价的计算方法是以 GDP 基本分类的支出为权数,分别运用拉氏指数公式和派氏指数公式以及费暄理想指数公式进行加权平均。

A. 以基准国 B 的支出结构为权数,记 B 国第 j 个基本分类支出占总支出的比重为 w_{Bj},拉氏指数的加权汇总公式为:

$$L_{(A/B)} = \sum_{j=1}^{n} [P_{(A/B)j} \cdot w_{Bj}] \tag{11.7}$$

B. 以对比国 A 的支出结构为权数,记 A 国第 j 个基本分类支出占总支出的比重为 w_{Aj},派氏指数的加权汇总公式为:

$$P_{(A/B)} = \frac{1}{\sum_{j=1}^{n} \left[\frac{w_{Aj}}{P_{(A/B)j}} \right]} \tag{11.8}$$

C. 由于采用拉氏指数公式和派氏指数公式的计算都会产生偏差,最后采用费暄理想指数汇总公式如下:

$$F_{(A/B)} = [L_{(A/B)} \cdot P_{(A/B)}]^{\frac{1}{2}} \tag{11.9}$$

费暄理想指数汇总得到的支出法购买力平价同样有:

$$F_{(A/B)} = \frac{1}{F_{(B/A)}}$$

上述测算是支出法购买力平价的基本方法。这种方法测算得到的指数结果满足比较国互换性原则,即不会因对比国和基准国的互换而发生实质性变化,互换对比国和基准国后的指数结论彼此协调一致。在现实比较中,虽然多数研究基本上是在支出法购买力平价的总体框架内进行研究,但由于研究目的和范围差别,一些细节中使用的具体方法也有区别。

(3)支出法购买力平价与汇率法的比较。在现实的经济生活中,市场汇率与支出法购买力平价存在着差异。国际上通常用比较价格水平(即支出法购买力平价与汇率之比)来反映两者间的偏差程度。当比较价格水平等于 1 时,说明某一国家的货币在国内的实际购买力与其在国际上的购买力(一般以美国为基准国,即与美国市场价格的比较)相当,国内与国际价格水平相一致;当比较价格水平大于 1 时,说明某一货币在国内的购买力要小于其在国际市场上的购买力,国内价格水平相对高于国际价格水平;当比较价格水平小于 1 时,则说明某一国货币在国内的购买力要大于其在国际上的购买力,国内价格水平较低。

根据 2001 年世界银行《世界发展指标》的数据,将 148 个国家分为低收入国家、中低收入国家、中高收入国家、高收入国家,计算它们的比较价格水平,可以得到表 11－1 所表示的比较价格水平与人均国民生产总值的关系。

表 11－1　　不同收入国家的比较价格水平

国家类型	人均国民生产总值	比较价格水平
低收入国家	517	0.47
中低收入国家	2 284	0.56
中高收入国家	7 013	0.66
高收入国家	34 836	1.08

资料来源：世界银行《2010 年世界发展指标》（中文版）。

从表 11－1 可以得到这样的结论：经济发展水平越高的国家，比较价格水平越高，与 1 比较接近；经济发展水平越低的国家，比较价格水平越低，越小于 1。出现这种趋势的主要原因在于：

一方面，这是由于各国对外开放的程度不一。高收入国家的对外开放程度高，在国内市场的商品和服务中贸易品所占的比重较大，国内商品和服务的价格与国际价格水平之间差异相应较小，从长期来看汇率能基本反映购买力平价的变动趋势。相应的，许多低收入国家多处于经济转型阶段，对外开放的程度相对要低，以建筑品、服务项目为主要内容的非贸易品占相当大的比重。而且，这些非贸易品质量较差，其价格相应也低于国际价格。如果将这部分非贸易品与国际市场上质优价高的商品和服务相比较，会高估低收入国家的货币购买力，从而使得本币对美元的支出法购买力平价远远低于其汇率。

另一方面，它是由于各国市场经济发达程度不一。总体上，发达国家由于市场经济高度发达，基本实行市场价格。而低收入国家市场经济发展水平较低，政府对教育、医疗、房租、工资等项目给予不同程度的补贴，价格机制不甚完善，价格扭曲现象较为严重，有相当一部分的商品和服务价格偏低。这样与国际市场价格比较，其结果也会高估低收入国家的货币购买力，进而加大了低收入国家汇率与购买力平价的偏差程度。

此外，在经济转型的低收入国家中，货币贬值通常是政府用来推动本国经济增长、提升产品出口竞争力的主要手段之一，汇率严重低估本国货币的实际购买力，这也拉大了两者之间的偏差。

从理论上说，支出法购买力平价法优于汇率法。但是，在实践中，由于规格品代表性与可比性的矛盾、商品质量差异等的限制，支出法购买力平价法也并不能反映其真实水平，容易低估高收入国家的货币购买力，高估低收入国家的货币购买力。因此，支出法购买力平价法不是国际经济比较的绝对标准，比较价格水平并不能说明汇率法的真实偏差程度。

11.1.2.2　生产法购买力平价

对生产法购买力平价，我们也可从以下三方面来分析。

（1）生产法购买力平价概述。尽管支出法购买力平价被广泛地、合理地使用于整个经济体的国际比较,但它却不能用于部门经济的国际比较,这是支出法购买力平价的一个严重缺陷。其中的原因主要有两点:其一是价格的区别。生产方的产值是利用出厂价格计算的,而支出方的价值是利用最终价格计算的,两者相差运输成本、商业利润和税收。其二是部门分类不同。在生产方的分类下,部门产出包括中间投入,而在支出方的分类下,部门产出都是最终产品。生产法购买力平价是从生产方的角度出发估算购买力平价,能很好地解决部门经济的国际比较问题。

生产法购买力平价的测算思路是在收集部门产品产值和产量信息的基础上,测算部门的单位价值比率(Unit Value Ratio,UVR),即生产法购买力平价,以此作为货币转换因子,把对比国间的各部门产出转换成统一货币,然后进行比较。1959 年,经济学家 Paige 和 Bombach 等人在欧洲经济合作组织的研究项目下,首次将生产法购买力平价应用于英国和美国制造业实际产出、增加值和生产率水平的比较。自 1983 年起,在著名经济学家安格斯·麦迪森(Angus Maddison)等人的倡导下,荷兰格林根大学设立了一项名为产出和生产率国际比较的研究项目(International Comparison of Output and Productivity,ICOP),其目的是从 GDP 生产角度,以单位价值比率为基础,进行产业部门实际产出和生产率水平的国际比较。许多研究人员经过长期不懈的努力,已取得了一系列的研究成果。该项目比较的国家范围不断扩大,从只局限于发达国家之间的比较扩大到印度、印度尼西亚、韩国、巴西、阿根廷等一些主要发展中国家,目前,已取得 30 多个国家制造业实际产出和生产率的比较结果;比较的内容不断延伸,从制造业、农业、采矿业等物质生产部门,向交通通信业、批发零售业等服务部门扩展。近年来,按生产法购买力平价测算的部门产出、增加值和生产率水平国际比较结果得到了有关国际组织和研究机构的关注。国际劳工组织在其出版的《劳动市场主要指标》中公布按生产法购买力平价测算的各国制造业劳动生产率统计数据,世界银行、经济合作与发展组织等也纷纷应用该方法进行生产率水平的国际比较研究。

(2)生产法购买力平价的测算。在产出和生产率国际比较的研究项目(ICOP)中,生产法购买力平价,即单位价值比率是指在对比国之间生产单位产品的价值量之比。由于部门增加值等于总产出减去中间投入的差额,因而需要同时计算总产出和中间投入的单位价值比率,进行双重价格缩减,然后才能进行增加值的国际比较。这一测算过程也称为双缩法。由于中间投入既包括物质产品消耗,也包括服务性消耗,单位价值比率的实际测算异常复杂。相比之下,部门总产出的产品同质性更强,计算单位价值比率相对要容易些。在实际中,通常只计算部门总产出的单位价值比率,并且假设中间投入的产品比价与总产出的产品比价一致,直接用总产出的单位价值比率作为比较各国增加值的货币转换因子。

这一测算过程也称作单缩法。对于拥有众多产业部门的国家来说，双重减缩有一定的困难，生产法购买力平价目前只能使用单一减缩来近似取代双重减缩，因此，在产出和生产率国际比较的研究项目（ICOP）中一般采用单缩法。生产法购买力平价的测算方法与支出法购买力平价方法基本相似，其具体测算过程如下。

第一步，将 GDP 按经济活动同质性原则划分为若干个基本产业部门，收集各产业部门总产出或增加值数据。在国际产业标准分类（ISIC）中整个国民经济被划分为 17 个门类、60 个大类、159 个中类和 292 个小类。

第二步，在每一基本产业部门下选择对比国之间可匹配的若干代表产品样本，利用产业普查、生产统计、投入产出表等资料，收集代表产品的产值及其产量数据，计算代表产品的单位价值。假如某国第 j 种产品单位价值（UV_j）等于其产值（V_j）除以其产量（Q_j），则公式为：

$$UV_j = \frac{V_j}{Q_j} \tag{11.10}$$

第三步，计算每一基本产业部门的单位价值比率。假设 A 和 B 两个国家在第 i 个基本产业部门下有三种代表产品，其单位价值分别为 UV_1, UV_2, UV_3，两个国家第 i 个基本产业部门的单位价值比率是各个代表产品单位价值比率的几何平均数，如果以 A 国为基准国，其公式为：

$$UVR_{(B/A)i} = \left[\frac{UV_{B1}}{UV_{A1}} \cdot \frac{UV_{B2}}{UV_{A2}} \cdot \frac{UV_{B3}}{UV_{A3}}\right]^{\frac{1}{3}} \tag{11.11}$$

第四步，以各个基本产业部门的产出或增加值为权数，运用拉氏、派氏和费暄指数公式，逐级汇总，取得各产业部门和 GDP 综合的单位价值比率。

在具体测算中，由于制造业是整个经济技术创新的核心部门，对于国民经济其他部门的发展具有重要的辐射和带动作用，制造业增加值和生产率水平的国际比较就一直是产出和生产率国际比较的研究项目（ICOP）的重点。对于农业和采掘业，由于其产品结构相对单一，国家之间产品质量差异也相对较小，质量鉴别也较为容易，通常采用产品数量法。对于服务业，由于服务部门增加值很难具体区分，服务项目具有唯一性、独特性和不同质性，生产率水平影响因素受国家影响大等，服务部门增加值和生产率水平的比较就成为生产法购买力平价在实际应用中的一大难题。实践中我们更多地采用不同替代方法进行测算。

（3）支出法购买力平价与生产法购买力平价的比较。在 GDP 国际比较中，支出法购买力平价与生产法购买力平价均被作为货币转换因子，通过消除各国间价格水平的差异，取得物量意义上的比较。从理论上讲，按两种方法测算的货币转换因子，在 GDP 各个支出项目和产业部门一级上会有很大的差异，但在 GDP 综合水平一级应该是一致的。但在实际测算过程中，由于受资料来源、抽样误差等客观因素的影响，两者之间有差异是必然的。从部分国家 GDP 支出法购买力平价与制造业生产法购买力平价的比较来看，对于大部分发达国家来说，支出法购买力平价与制造业生产法购买力平价之间的偏差较小，偏差率在10%左右，德国和加拿大仅为2%，日本、英国和西班牙稍高一些，在20%左右。对于发展中国家来说，它们之间的偏差相对较高，其中印度尼西亚为70%，印度为58%。这说明发展中国家制造业部门和服务部门之间单位价值存在较大的差异。如果考虑到服务部门生产法购买力平价偏低的因素，支出法购买力平价与生产法购买力平价之间的偏差可能会缩小。

表11-2　部分国家支出法购买力平价和制造业生产法购买力平价(1990年，本币/美元)

国家	支出法购买力平价	制造业生产法购买力平价	偏差率(%)
比利时	38.36	42.05	-8.78
芬兰	6.22	5.67	9.70
法国	6.45	6.99	-7.73
德国	2.05	2.1	-2.38
荷兰	2.08	2.21	-5.88
瑞典	8.98	8.39	7.03
英国	0.587	0.72	-18.47
澳大利亚	1.35	1.51	-10.60
加拿大	1.27	1.29	-1.55
日本	185.3	152.8	21.27
美国	1	1	0.00
西班牙	105.7	139	-23.96
韩国	481.1	631.15	-23.77
印度	4.88	11.66	-58.15
印度尼西亚	468	1 599	-70.73

资料来源：国际劳工组织：《世界劳动市场主要指标》，转引自余芳东：《实际产出和生产率国际比较的研究方法及存在问题》，《统计研究》，2004年第1期。

支出法购买力平价与生产法购买力平价也存在一些区别，主要表现在如下几个方面。

第一，测算的角度不同。支出法购买力平价是从GDP支出的角度来测算；生产法购买力平价是从GDP生产的角度来测算。

第二，比较的内容不同。支出法购买力平价主要用于居民消费、政府消费、资本形成总额等支出构成、实际收入和消费支出的国际比较，满足并服务于有关国际组织行政决策、制定援助计划、监测全球减贫进程等需要；而生产法购买力平价主要用于各部门实际产出、生产率水平的国际比较，研究各国经济增长的潜在因素和发展模式，探索各国经济发展轨迹。

第三，测算使用的资料来源不同。支出法购买力平价使用的数据资料主要来源于大量有计划、有组织的统计调查和国民核算账户；而生产法购买力平价的数据信息来源于各国产业普查和生产统计、投入产出表、国民核算账户甚至单个企业。从一定意义上说，后者的测算成本要低于前者。

第四，计算比率的基础不同。支出法购买力平价是以具体商品和服务的市场价格为基础；生产法购买力平价是以同类产品的产值和生产量相比取得的单位价值为基础。

第五，测算中遇到的困难不同。在统计上，生产法购买力平价要比支出法购买力平价遇到更多的困难。比如，对于拥有众多产业部门的国家来说，“双重减缩”有一定的困难，生产法购买力平价目前只能使用“单一减缩”来近似取代双重减缩。再比如，生产法购买力平价采用单位价值比率遇到更多的可比性问题。一是同一行业和产业中同类产品内部的不可比性。有的同类产品内部差价很大，如不同品牌、排气量、挡数的汽车，其价格会相差几倍，甚至几十倍。二是在对比国之间同类产品的不可比。正是由于这一原因，生产法购买力平价对数据结果的估算和推算成分更大些。

第六，影响程度不同。由于生产法购买力平价在实际应用中还有许多欠缺，在应用操作上不如支出法购买力平价直观、简便。尽管两者几乎是同时提出并开展研究，但是由于该方法本身的复杂和困难，应用的广泛性和影响力方面远不如购买力平价法。以支出法购买力平价为基础的国际比较项目作为一项全球性统计活动，目前的参加国达到 160 多个，而以生产法购买力平价为基础的产出和生产率国际比较的研究项目只在 30 多个国家的制造业进行。

11.2 综合国力统计

自从地球上有了国家，就有了纷繁复杂的以国家利益为中心的相互作用，无论作用的方式如何，其背后的基础都是国家的综合实力。在当代国际竞争中，一个国家的强弱，不仅决定于其军事力量、经济力量或某一单方面的力量，而更主要地取决于该国的综合国力。综合国力是现代国际关系的中心，综合国力统计是国际经济比较的一个重要内容。通过综合国力统计，可以认识一个国家在国际社会中的地位和作用。

11.2.1 综合国力的概念界定

11.2.1.1 综合国力的概念

综合国力（Comprehensive National Power），也称国家实力（National Power），是衡量一个国家基本国情的最重要指标，也是衡量一个国家的经济、政治、军事和技术实力的综合性指标。迄今为止,国内外学者还没有对综合国力的概念给出一个公认的、科学合理而确切的定义。不同的研究者对综合国力或国力产生各自不同的认识。国外学者一般在具体意义上使用国家实力概念进行界定。例如,富兰克尔认为,一国的实力是指使本国的意图具有效果的能力,这种实力是一种潜在力,可以分为强制性契机和非强制性契机,亦即强制力和影响力。美国学者克莱因认为,国家实力是一国政府影响他国政府去做本来不愿意为之的某一事情的能力,或者使他国政府不敢去做本来跃跃欲试的某一事情的能力。约瑟夫·奈认为,国家实力意指去做某些事情和控制别国,使别国去做没有外力驱使便不会去做的事情的一种能力。兰德公司认为,国家实力是一个国家通过有目的的行动追寻其战略目标的能力。阿什利·泰利斯认为,国家实力是主权国家利用总体资源影响他者的战略能力。国内学者对国家实力的研究较晚,更多是在20世纪六七十年代后国外的多指标量化综合研究的基础上,多使用综合国力的概念进行界定。例如,丁峰俊认为,综合国力是指一个国家的总体力量。张恒毓认为,综合国力就是一个国家全部物质力量与精神力量的总和,它标志着该国在国际社会中的综合影响能力以及该国将自己的意志强加给别国的强制能力。中国现代国际关系所认为,综合国力一般是指主权国家在经济、军事、科教和资源等方面实力和影响力的总和。黄硕风认为,综合国力是指一个主权国家生存与发展所拥有的全部实力——物质力和精神力及其对国际影响力的合力。中国科学院从可持续发展战略的角度认为,综合国力是指一个国家在可持续发展理论下具有可持续性的综合国力,是一个国家的经济能力、科技创新能力、社会发展能力、政府调控能力、生态系统服务能力等各方面的综合体现。

对比中外学者的定义,我们认为:

(1)综合国力的范围更广泛一些,侧重于选择战略性和综合性的指标,这显然就将物质实力和精神实力、国际影响力都纳入了研究范围;而国家实力更强调物质实力或硬实力(Command Power),但并没有完全忽视精神实力或软实力(Soft Power)的重要性。综合国力和国家实力都着眼于大战略层次,两个概念之间没有本质性区别,在一定意义上可以互换。

(2)综合国力的概念不是一成不变的,它与所处的时代、国情以及国际形势密切相关,因此,对综合国力概念的认识也应随时代的不同和国际形势的变化而变化。国外学者对综合国力的研究时间较长,早期所定义的综合国力概念多是以军事实力为中心的"强权政治国力观"的时代产物。最近,由于国际环境的变化,国外学者对综合国力的定义已不再是赤裸裸地强调国家间影响方式的强制性,而开始强调利用经济力、军事力或其他软力量相互组合的方式。中国学者对综合国力的研究多是在20世纪90年代以后,对它的定义多是强调国家的和平与发展,提出在保护本国国家利益的基础上,与他国互惠互利、和平共处。应该说，随着时代的发展，国际形势发生了很大变化，和平与发展已经成为当今世界的两大主题，世界已经从以军备竞赛为主转向以经济为基础、科技为先导的国际较量新时期。应该追求国家经济、科技、外交和文化等各种力量全面发展的综合国力。

综上，综合国力是指一个主权国家在一定历史时期内各个方面全面发展、有机结合的综合实力。综合国力是一国国力的综合反映，是一个国家在国际社会中所处地位和作用的体现。

11.2.1.2 综合国力的构成要素

综合国力的内涵非常丰富，它的构成要素中既包含自然的，也包含社会的；既包含物质的，也包含精神的；既包含实力，也包含潜力以及由潜力转化为实力的机制，是一个国家的各种要素有机关联、相互作用的综合体。尽管不同研究对综合国力构成要素的描述和表达各有侧重，但大体说来它们主要包括以下内容。

(1)自然条件，包括地理位置、国土面积、气候与地形、自然环境和自然资源等。

(2)人口，包括人口数量、劳动力人数和人口质量等。

(3)经济，包括经济发展、经济规模、国民生产、工业能力、商品供应和财力等。

(4)科技教育文化，包括科技人员、研究与发展(R&D)投入经费占 GNP 比重、技术水平、教育经费占 GNP 比重、国民教育水平和文化活动状况等。

(5)军事，包括军事人员数及素质、军费及其占 GNP 比重、常规武器和核武器等。

(6)政治，包括战略意图、社会凝聚力、意识形态感召力和政府稳定性等。

(7)政府，包括政治性质和领导能力等。

(8)外交，包括外交政策、建交国家、驻外机构、外事人员数、外来活动经费、首脑往来和同盟友好关系等。

(9)国民精神，包括国民特性和民族性格等。

在不同历史时期，各个构成要素在综合国力中发挥着不同的作用，各自的重要程度也会有所变化。比如，在农业经济时代和工业经济时代，自然资源对一国的经济发展和综合国力曾经有着非常重要的作用。但是，随着知识经济的逐步到来，自然资源在经济发展中的重要性有所下降，在综合国力中的作用也就显得不那么重要了，同时，科技创新在综合国力中逐渐发挥了越来越大的作用。

11.2.1.3 综合国力的特点

结合综合国力的概念和构成因素，综合国力具有以下特点。

(1)综合性和结构性。由于综合国力是一个系统的概念，所以应从系统的观点出发对其进行理解、分析和界定，包括综合性和结构性两个方面。从综合性上看,综合国力不是其构成要素的简单加总,而是各构成要素相互联系、相互作用所构成的具有一定结构特征和一定运行规律的系统的整体功能,其功能的状况或水平不仅决定于其构成各要素的状况或水平,更决定于其构成要素之间的结构比例及其耦合机制。因此,综合国力水平既可以有大于其构成要素之和的可能,也有小于其构成要素之和的可能。显然,我们应当追求前者而避免后者。从结构性上看,尽管综合国力系统中的各个构成要素互相影响、互相作用,但它们之间并没有必然的相关关系,如一国经济力强大并不代表外交力也一定强大。不同国家的国情不同,所处的发展阶段不同,综合国力的结构特色和结构均衡状况也有所不同,所以,考察一国的综合国力,总体上的系统考察很重要,结构是否均衡也非常重要。

(2)战略性和强制性。综合国力是反映一个国家兴衰的标志,是一个国家在国际社会中所处地位和作用的一种尺度,其地位和作用大小取决于该国综合国力的强弱。增强综合国力已成为世界发达国家及一些发展中国家新的发展战略的重要目标。从历史上看,无论是早期的军事家、政治家,还是近期从事国际问题和发展战略问题的研究专家,都毫不例外地研究具有战略意义的国力或综合国力。在现实的国际事务活动中,强大综合国力不仅具有明显的影响力,甚至在一定程度上具有强制力。

(3)动态性和可比性。综合国力是一个主权国家一定历史时期内的综合实力。随着时代的发展,时间的推移,人们认识的不断深入,一个国家的综合国力也会不断发展变化,因此,综合国力具有动态性。同时,从现实情况看,综合国力的构成要素在不同国家之间具有一定的相似或相同点,在同一国家的不同历史时期具有一定的承接性,这为国与国之间的横向静态比较及一国不同时期的纵向动态比较提供了基础和依据,因此,综合国力具有可比性。

正是由于上述特征的不同,各国的综合国力各具特色,存在差异性。在综合国力的研究过程中,只有在各国差异的基础上进行不同国家的比较,才能探索出国家发展的问题和症结所在。

11.2.1.4 潜在综合国力与现实综合国力

综合国力有潜在综合国力与现实综合国力之分。现实综合国力是指构成综合国力各要素已经具备的实力和各要素之间有机组合所显示出的整体实力。

潜在综合国力是指随着经济增长、技术进步和社会发展,由于某些要素实力增长,非物质要素水平与状况改善以及系统结构的变化,致使整个要素系统组合功能增强的潜在能力。潜在综合国力测定实际上是对未来综合国力发展趋势的预测。一个国家综合国力的水平在某一特定时点上不决定于其国家战略的变化,但是其国家战略的制定却必须以其综合国力为基础,并以提升其综合国力为目标。

11.2.2 综合国力的测评方法

在对综合国力进行准确界定后,如何科学衡量一个国家的综合国力呢?目前国际上尚无统一的衡量方法。早期,由于资料的限制和基于现实方便的考虑,人们往往以单一指标进行综合国力的测度。历史上,国力往往被看作与军事力对等的指标,所以军事力自然被看成国力的表征。如国际政治学家伊尼斯·克劳德(Inis Claude)和卡尔·多伊奇(Karl Deutsch)以全部的军事能力衡量国力;诺曼·奥考克(Norman Alcock)和阿兰·纽考伯(Alan Newcombe)以军费支出衡量国力;乔治·莫德尔斯基(George Modelski)和威廉·汤普森(William Thompson)以海军能力代替国力。经济指标也被当作综合国力的代表,如克劳斯(Klause Knorr)以国民生产总值(GNP)或总产出代表综合国力;布鲁斯(Bruce Russett)则利用全部燃料和电能消费量测度国力。

单一指标方法由于描述和测度综合国力过于简单和现实的缺点而受到批评。20世纪六七十年代以来,随着统计学和计量经济学等定量分析方法的发展,越来越多的研究尝试用多指标合成方法描述和测定综合国力。这些方法主要有如下几个。

11.2.2.1 强国公式

早在20世纪60年代,许多学者就开始对综合国力进行简单定量测定,其中以德国物理学家威廉·富克斯为代表。他在1965年出版的《国力方程》一书中,根据自然过程和生物过程的演化原理,认为一个国家的国力发展过程也近似于生物种类逻辑增长的变动趋势,并由此使用3个指标提出了一个用以测定国家实力动态变化的所谓的强国公式:

$$M_t = \frac{1}{2}[(M_s)_t + (M_e)_t] \tag{11.12}$$

式中:M_t 为 t 时期的综合国力指数;$(M_s)_t$ 和 $(M_e)_t$ 分别为 t 时期的钢和能源指数。这两个指数的合成方法如下:

$$M_s = P \times S \qquad M_e = P \times E \tag{11.13}$$

式中:P、S 和 E 就是所依据的3个指标,分别表示人口、钢产量和能源产量。

富克斯运用强国公式对包括中国在内的世界各主要国家的综合国力进行了实际测算,得出了21世纪中国将可能成为全球最大强国的结论。作为对国力进行定量分析的尝试,富克斯的动态测度式虽然有其一定的独到之处,但涉及的指标太少,合成方法显得过于简化粗糙,而且简单地将生物学中的逻辑增长模式用以模拟十分复杂的国力动态运行轨迹,显然缺乏充分的理论根据。

11.2.2.2 国力方程

20世纪70年代以后,美国国际问题和战略研究学者克莱因在综合国力的定量研究领域进行了更为广泛、深入的探索。他分别在1975年、1977年和1980年出版的《世界权力的评价》、《1977年世界权力的评价》和《80年代世界权力趋势与美国对外政策》三部著作中，以近代地缘政治国力学说的内核为理论基础，提出了一个用以测度和评估一国国力的数学模型——国力方程。其表达式为：

$$P_p = \underbrace{(C + E + M)}_{\text{物质要素}} \times \underbrace{(S + W)}_{\text{精神要素}} \tag{11.14}$$

式中：P_p 为综合国力指数；C 为基本实体，由人口和领土面积构成；E 为经济实力，由GNP、能源、关键性非燃料矿物、工业生产能力、食品生产能力和对外贸易总额等6大类指标构成；M 为军事实力，用一国所拥有的战略核力量和常规力量之和表示；S 为战略目标，是指在国际环境中要达到的政治目标和要保护的国家利益；W 为追求国家战略的意志，是指一个国家动员其人民支持政府的国防和外交政策的能力。

国力方程等式右边的物质要素各项具体指标及其标准得分见表11－3；精神要素的标准系数为1，下设战略目标（S）和追求国家战略的意志（W），各为0.5。具体的合成方法是：第一步，物质要素所包括的各指标，均按数值最大国计标准分，其余各国则按数值最大国的比例计分；第二步，将各指标的计分进行汇总，分别得出基本实体（C）、经济实力（E）、军事实力（M）的总计分；第三步，$C+E+M$，汇总得出物质要素总得分；第四步，精神要素中的S与W，按专家掌握的情况所得出的估算系数进行汇总，某些国家会大于1，多数国家会小于1；第五步，将物质要素的总得分与精神要素的估算系数相乘，即得出各国国力的最后得分数值，并依此进行国家排序。

表11－3　克莱因法中的物质要素构成及评分标准

C：基本实体 100		E：经济实力 200						M：军事实力 200	
人口 50	领土面积 50	GNP 100	能源20 其中：石油10 煤2 天然气4 核能4	关键性非燃料矿物20 其中：铁矿8 铜矿3 铝土矿3 铬矿3 铀矿3	工业生产能力20 其中：钢10 铝5 水泥5	食品生产能力20按小麦、玉米、稻谷净进出口量计算	对外贸易总额20	核力量100	常规力量100

克莱因利用上述国力方程先后对1975年、1977年和1978年中、美、苏、英、法、德、日、加、澳和巴西等10个国家的综合国力进行了测算。

克莱因所提出的这种综合评分法，结束了国力研究停留在定性分析的历史阶段，对后来的综合国力研究有很大的影响。当然，克莱因的国力评估方式也存在一些缺点。例如，综合国力的构成要素和指标体系具有明显的强权政治倾向，缺乏完整性；国力方程的模式是静态的；指标具有高度的相关性；指标的评分标准分配缺乏客观依据等。

11.2.2.3 修正国力方程

日本当代学者福岛康仁在克莱因提出的国力方程的基础上，对某些变量的内涵略作改动，提出了一个修正的国力方程，其公式为：

$$P=(C+E+M)\times(G+D) \tag{11.15}$$

式中：C = 人口 + 领土 + 自然资源；E = (GNP + 人均 GNP + GNP 实际增长率) + 工业、农业、商业实力之和；M = 军事实力；G = 国内政治能力；D = 国家外交能力。

按福岛康仁的修正国力方程计算，1982 年 7 个主要国家综合国力的得分排序是：美国 65 118 分；联邦德国 35 715 分；法国 36 613 分；日本 34 811 分；中国 33 913 分；巴西 21 912 分；沙特阿拉伯 18 417 分。

11.2.2.4 综合三要素国力测度模式

1987 年，日本企划厅综合研究局综合计划局委托日本综合研究所进行了综合国力基础调查。在其出版的《日本的综合国力》一书中，提出了由国际贡献能力、生存能力和强制能力三个层次立体构建的综合国力评估体系，一般称为综合三要素国力测度模式。其中，国际贡献能力是指积极促进国际组织的建立和发展，并以此为国际社会的进步作出贡献的能力；生存能力是指当一个国家在出现国内外危机时能够自保生存的能力；强制能力是指一国按照本国的意志来强迫他国改变行动的能力。综合三要素国力测度模式中各要素所包含指标及其权数构成如表 11 - 4 所示。

表 11 - 4　综合三要素国力测度模式中各要素的指标及其权数构成

国际贡献力 10		生存能力 10		强制力 10	
基础力 6		(1)地理 1	国土面积 0.8 地市的评估 0.2	(1)军事力 4	国际的展开 2 军事援助 2
(1)经济力 3	生产余力 2 输出入余额 1	(2)人口 1	人口数 1	(2)战略物资、技术 2	主要资源生产占世界比重 1
(2)金融能力 1.5	预算总额 1 外汇 0.5	(3)资源力 1	能源自给率 0.4 矿物资源自给率 0.4 谷物自给率 0.2	(3)经济力 2	政府开发援助(ODA)1 贸易输入额 0.5 对外资产余额 0.5

续表

国际贡献力10		生存能力10		强制力10	
(3)科学技术1.5	R&D费0.5 科技人员1	(4)经济力1	人均GNP 0.5 外汇储备中各国货币所占比重0.25 研究开发费0.25	(4)外交力2	外务省职员数0.5 外交预算0.5 首脑的往来0.5 海外广报中心数0.5
政策力4		(5)防卫力2	防卫费2		
(4)财政力1.5	租税收入占财政收入比重1 政府支出占GNP比重0.5	(6)国民意识2	政治安定性1 国民对外事务集合度1		
(5)对外活动的赞助1	经济援助费占GNP比重0.9 非政府的经济援助占GNP比重0.1	(7)同盟友好关系2	防卫友好条约数1 在联合国投票行动的一致性1		
(6)在国际社会中的活动能力1.5	高等教育入学率0.5 国际影响力评价1				

具体合成方法是:第一步,以数值最大国(通常是美国)为100,计算各国指标对数值最大国相应指标的指数;第二步,对指数进行加权,分别得出三种能力的总计数;第三步,再以美国为100,计算各国各种能力的指数;第四步,将三种能力的各国指数按两种方法进行加总,一是三种能力加权数相同的汇总,即按算术平均法进行汇总;二是三种能力按加权数不同的汇总,即按国际贡献力为50、生存能力为30、强制能力为20的权数进行加权平均汇总。将两种计算结果进行国家排序并作出对比分析。

综合三要素国力测度模式,以经济实力为基础,以科技实力为重点,以国民意志为支柱,以对外关系为突破口,来反映和衡量当代综合国力竞争的基本特征和发展趋势。其缺点是:①指标设置从日本的国情战略出发,具有较强倾向性;②指标信息重叠,权数确定主观性较强,缺乏科学依据;③对于一个较为复杂、精细的国力评估系统,仅用专家调查的结果作为其测量评分的依据,其可信度值得商榷。

11.2.2.5 综合国力动态方程

黄硕风运用混沌学、系统论、协同学和耗散结构论的原理,以定性和定量分析、专家知识与建模计算相结合的体系集成方法，建立一组旨在测算中国国力的“综合国力动态方程”，提出综合国力应该是“硬国力”（包括经济力、科技力、国防力和资源力等物质形态的要素）、“软国力”（指构成国力的精神和智能形态的要素的集合）和“协同”变量（代表有关领导组织协调统一的构成要素的集合）的非线性组合。具体运用中，此综合国力函数形式为：

$$Y = KH^{\alpha} S^{\beta} \tag{11.16}$$

式中：Y 为综合国力；K 为协调发展系数，由政治体制、政策能力、领导与决策能力等合成，是综合国力中起协调作用的因素；H 表示国力的“硬件”部分，由资源力、经济力、科技力和军事力合成；S 表示国力的“软件”部分，由政治力、外交力和文教力合成；α 为硬国力的弹性系数，表示一国的发达程度；β 为软国力的弹性系数，表示一国处于战争、动乱或和平安定等时期的精神状态。

在具体测算时，硬国力 H 的量化采用指数法，软国力 S 的量化采用专家评分法，“协同”变量的量化采用权重分配系数法，模糊变量 α 和 β 采用模糊数学方法估计。

由于综合国力函数形式是静态的，无法用于预测，为此需要在综合国力函数的基础上建立综合国力动态方程。综合国力动态方程由一个主方程和 30 多个子方程组成。主方程是一个非线性微分方程：

$$\frac{\mathrm{d}y_t}{\mathrm{d}t} = \rho y_t \left(1 - \frac{y_t}{M}\right) \tag{11.17}$$

式中：y_t 为综合国力函数；ρ 为综合国力年增长率；M 为环境所能允许的系统变量的最大值，环境包括国际环境、国内环境和自然环境。

子方程为综合国力函数中各自变量的预测方程，如人口预测方程、GNP 预测方程等。各子方程均有自己特定的函数形式。

11.2.2.6　可持续发展综合国力评价指标体系

2003 年，中国科学院可持续发展战略研究组在《2003 中国可持续发展战略报告》中指出，分析和评价一个国家的可持续发展综合国力状况如何，除了进行定性的描述和分析之外，更重要的是需要对其进行定量描述和定量分析。度量或评价可持续发展综合国力是一个涉及各个方面的连续过程。分析一个国家的可持续发展综合国力涉及经济、科技、社会、军事、外交、生态和环境等很多方面，采用一个或几个指标不足以分析和评价一个国家的可持续发展综合国力问题，所以，需要建立一个可持续发展综合国力指标体系来对其进行分析和评价。

中国科学院可持续发展战略研究组依据一些设计原则和设计思路，分经济、军事、科技、生态、社会发展水平、政府调控和国际影响等 7 个领域，邀请了 63 位专家学者，通过分领域召开专家座谈会的形式，在课题组预先提出的指标体系的基础上，进行充分酝酿和讨论，最后确定了由经济力、科技力、军事力、社会发展程度、政府调控力、外交力和生态力等 7 类 85 个具体指标构成的可持续发展综合国力指标体系。该指标体系的详细内容见表11－5。

表11－5　可持续发展综合国力评价指标体系

经济力	人力资源	人口总数，文盲率，婴儿死亡率，平均预期寿命，人口自然增长率
	陆地资源	国土面积，可耕地面积，森林面积
	矿产资源（储量）	铁矿，铜矿，铝土矿
	能源资源（储量）	煤炭，原油，天然气保有储量，已探明地下水储量
	经济实力总量	国内生产总值，发电量，钢产量，水泥产量，谷物总产量，棉花总产量，能源消费量，一次性能源生产量，资源平衡占GDP的比重，每一美元GDP所产生工业二氧化碳排放量
	经济实力人均量	人均国内生产总值，人均发电量，人均钢产量，人均水泥产量，人均粮食产量，每万人口煤保有储量，人均淡水资源总量，人均商业能源消费量
	经济结构	服务业增加值占GDP的比重
	经济速度	国内生产总值发展速度
	贸易构成	贸易占GDP的比重，货物和服务出口，货物和服务进口，外贸占世界贸易的比重
	财政金融	国际储备总额，外汇储备与短期债务的比例，上市公司市值占GDP比重
科技力	科技成果	万人拥有专利数，科技成果对外转让
	科技队伍	科学家与工程师人数
	科技投入	科技投入占国民总收入（GNI）的比重
	科技活动	高技术产业占第三产业的比重，通信、计算机服务出口占总出口的比重，高技术产业的劳动生产率，第三产业在GDP中所占比重
军事力	军事人员	军队人员数，军队占劳动力的比重
	军事经济	军事支出占GDP的比重，军事支出占中央政府支出的比重，武器出口占总出口的比重，民用工业的军事动员能力
	核军事力量	核发射装置数，核弹头数，反导弹系统
社会发展程度	物质生活	每千人拥有医生数，人均卫生保健支出，医疗保健总支出占GDP的比重，农村居民人均居住面积，人均生活用电量，获得安全饮用水的人口占总人口比重，社会负担系数，人口性别比，女性劳动力占总劳动力的比重，城市人口增长率，政府教育投入占国民收入的比重，福利开支占政府开支比重
	精神生活	高等教育入学率，中等教育入学率，移动电话拥有率，成人识字率，个人计算机拥有率，电视人口覆盖率，万人上网人数，每万人口拥有电话机数
政府调控力	政府对经济干预能力	政府最终消费支出占GDP的比重，中央政府支出占GDP的比重，综合问卷调查（对政府的长期行为作评估，如环境政策、科技政策、产业政策和制度创新能力等）

续表

生态力	生态系统服务价值	海岸带、热带林、温带/北方林、草原/牧场、潮汐带/红树林、沼泽/泛滥平原、湖/河、农田等生态系统
外交力	国际影响	综合问卷调查(对国际组织的参与,重要国家之间的首脑访问与会晤数量,对热点问题的介入能力,参与经济全球化的程度)

根据可持续发展综合国力评价的特点和要求,同时考虑数据的可获性及计算的简便性,该指标体系在总体框架上选用了层次分析法作为可持续发展综合国力的基本测算方法。同时,在计算过程中,根据实际情况,结合采用了专家调查、回归分析和神经网络模型等方法。指标体系的研究赋权方法是,建立了一个比较完整的综合国力专题数据库,针对所建立的指标体系中的指标,系统地收集了 1990～2000 年的数据,将统计数据划分为经济力、科技力、军事力、社会发展程度、生态力、政府调控力和外交力等 7 个领域,同时考虑生态系统服务因素,再按各个领域分别邀请专家对评价系统的各领域进行打分,之后对这些数据进行分析、处理和计算,最后得出赋权系数。赋权系数的结果见表 11－6。

表 11－6　持续发展综合国力指标体系领域指标赋权系数

国力要素	经济力	科技力	军事力	社会发展程度	政府调控力	生态力	外交力	合计
赋权系数	0.35	0.2	0.1	0.1	0.08	0.1	0.07	1

从以上介绍可以看出,测评综合国力必须利用一定的指标体系,指标体系设计必须满足综合性和结构性、动态性和可比性。既要考虑综合国力整个系统的综合性,对于每个子系统,又必须强调自身系统的结构性特征;既要适应描述现代综合国力的需要,又要使数据来源具有可获得性。由于国家间的差异,使用的指标必须具有国际可比性;一国的综合国力变化受限于国际环境,为了准确地进行国际比较,既要选择那些能够准确、及时反映综合国力发展变化的指标,即比较敏感的指标(如信息力),又要注意综合国力的概念和内容在一定时期内不会有太大的变动,选择指标要具有相对稳定性,尽量选择那些范围、口径、计量单位、计算方法和价格水平等方面较长时间保持不变的指标。由于反映综合国力各方面的性能指标和其物理量及数量级相差较大,且代表单位的量纲也各不相同,在进行综合评价时必须将各种指标量值转化为无量纲的相对量,测度方法必须具备统计学的合理性,在实践中,无量纲化方法主要有功效系数法、指数法、模糊评判法等,对于难以量化的"软指标",一般使用专家调查法进行测度,专家的评价往往有一定的任意性。在对无量纲化处理后的指标体系逐级汇总时,指标权重的选择会对结果造成很大的影响。对于同样的数据,使用不同的合成方法,如线性合成的方法和非线性合成的方法,结果也会有一定的差异。所以,在国力

测算过程中由于对国力结构的认识不同、选择的指标体系不同、无量纲化的方法不同、指标赋予的权重不同和汇总方法的差异等，最后的评价结果都会有所不同。

综合国力是一项研究国家力量和战略的科学。它不仅关系一国的生存与发展，而且涉及人类社会的文明与进步。一个国家只有努力提高其综合国力，强化其理论研究和实践探索的能力，才能在世界上立于不败之地。21 世纪的综合国力理论和实践将以非线性的方式向前发展，这就要求人们在对综合国力的价值取向、重点内容和测评方式等进行全面总结归纳的基础上，作出更具挑战性的探索和创新。

11.3 国际竞争力统计

综合国力是动态的，它不断变化和发展，而决定综合国力变化与对比的主要因素是一个国家的竞争力。一个国家要强大，要发展，要在国际社会与其他国家的竞争过程中占有或保持一定的相对优势地位，就不仅要有雄厚的综合国力，还要有超众的国际竞争力。综合国力是国际竞争力的发展基础，国际竞争力则是增强综合国力的重要手段。国际竞争力是一个国家在国际社会中与其他国家竞争所具有的相对位势，它实质上反映了综合国力发展的速度。国际竞争力统计是国际经济比较中的另一个重要内容。

11.3.1 国际竞争力的含义、理论与分类

11.3.1.1 国际竞争力的含义

竞争力与竞争是密切相关的两个概念。二者的关系在于：有竞争才有竞争力，没有竞争就没有竞争力。竞争力虽然是经济领域中的重要概念，但在相当长的时间里它并未引起我国语言学界、经济学界和法学界的应有重视。例如，《现代汉语词典》（1978 年版、1983 年版）、《辞海》（1989 年版）、《法学词典》（1984 年版）、《中国大百科全书·经济学卷》（1988 年版）等均未收录，就是一个例证。可喜的是近年来一些学者开始关注竞争力问题，并对此作了一些尝试，取得了一些积极的进展。归纳起来看，所谓竞争力，就是指两个或两个以上竞争者在竞争过程中所表现出来的相对优势、比较差距、吸引力与收益力的一种综合力。这一概念应包含四个方面的含义。

第一，竞争力是竞争主体之间相互比较、较量才有可能存在的一个概念，没有竞争主体之间的相互较量、竞争，也就不存在竞争主体的竞争力问题。

第二，竞争力是指某个竞争主体的竞争力量，从单个竞争主体自身的角度来

讲,竞争过程中其所表现出来的竞争力量是他的能力或素质的表现。

第三,从竞争主体争夺的竞争对象来看,竞争主体的竞争力是对竞争对象的吸引力或获取力。

第四,从竞争的结果来看,竞争力是竞争主体最终取得某种收益或某种利益的能力。

国际竞争力是在国内竞争力的理论基础上发展起来的一个新概念。它是国际贸易不断发展的直接产物,是一个不断发展变化的概念。1985 年,美国总统竞争力委员会报告认为,国际竞争力是在自由良好的市场条件下,能够在国际市场上提供好的产品、好的服务的同时又能提高本国人民生活水平的能力。1994 年,美国总统竞争力委员会报告认为,竞争力已经不再主要取决于拥有的原材料或劳动力成本,而是主要取决于是否比其竞争者更有能力去创造、获取和应用知识。1985 年,WEF 将国际竞争力的概念定义为:"企业主目前和未来在各自的环境中以比它们国内和国外的竞争者更有吸引力的价格和质量来进行设计、生产并销售货物以及提供服务的能力和机会。"1994 年,世界经济论坛(WEF)将国际竞争力的概念定义为:"一国一公司在世界市场上均衡地生产出比其竞争对手更多财富的能力。"随后,在 1996 年,WEF 又对国际竞争力的概念进行了补充。再如,OECD 关于国际竞争力的概念的定义也是如此。1986 年,OECD 将国际竞争力的概念定义为:"国家经济的竞争能力是建立在国内从事外贸的企业竞争能力之上的,但又远非国内企业竞争能力的简单累加或平均的结果。"1994 年,OECD 将国际竞争力的概念定义为一种创新能力。1998 年,OECD 又将国际竞争力的概念定义为生产要素取得持续的高收益和高使用率的能力。

11.3.1.2 国际竞争力的理论

当代国际竞争力理论是在战后国际经济的历史背景下对各种经济学与管理学理论创造性地综合应用的产物。国际竞争力理论的渊源可以追溯到古典经济学理论,其代表是亚当·斯密的"绝对成本说"和大卫·李嘉图的"比较成本说"。之后,西方经济学各流派对国际竞争力来源进行了不同的解释。20 世纪 80 年代以后,随着经济全球化和信息化进程的加快,真正在一个明确的竞争力概念下,以一套完整的理论体系来揭示国际竞争力演变规律的理论才逐渐出现。目前,当代国际竞争力理论研究中最具代表性的主要包括结构学派、能力学派、资源学派的国际竞争力理论及新竞争战略管理理论。

(1)结构学派的国际竞争力理论。结构学派的创立者和代表人物是美国哈佛大学的迈克尔·波特(Michael Porter)教授。他把产业组织的有关理论和方法引入企业战略管理中,形成了经典的结构—行为—效果(SCP)模式。他认为,产业结构和企业组织结构决定了企业的战略和行为以及企业的绩效和营利能力,提出了不同产业环境下竞争对手分析的框架以及企业成功的三种基本竞争战略，产（企）业竞争优势的来源及决定因素，国家的竞争优势决定及其对产（企）业竞争力的支持作用，并构建了著名的菱形模型（又称“钻石模型”）为企业竞争力分析提供了实践方法。在进行产（企）业竞争力分析时，波特教授在《竞争优势》（1985）和《国家竞争优势》（1990）中提出了著名的价值链（产业链）分析法和菱形模型分析法。产业链分析法是产业竞争力的一种分析工具，每个产业都可以与其上游产业、下游产业和相关支持产业形成一种产业链，如某一产业可以与其原材料产业、设备投入产业、产品（服务）需求产业、技术支撑产业、金融服务产业、劳力供应行业组成这种关系，如果产业链每一节点上的产业在某方面都具有相对竞争优势，那么我们所研究的产业也就具有一定的竞争优势。

（2）能力学派的国际竞争力理论。与波特从企业外部环境来研究企业的国际竞争力不同，20 世纪 80 年代中期，汉默尔（Hamel）等人从企业内部出发，认为竞争优势的根源在于组织内部的特有能力，我们称这种特有能力为“核心竞争力”或“核心能力”。汉默尔和普拉哈拉德 1990 年在《哈佛商业评论》上发表的《公司核心能力》一文，把核心能力定义为“组织中的积累性学识，特别是如何协调不同的生产技能和有机整合多种技术流派的学识”，并集中阐述了核心能力是企业获得竞争优势和持续发展的源泉。

（3）资源学派的国际竞争力理论。从 20 世纪 80 年代中期到 90 年代初期，国际竞争力理论研究取得了巨大的进展。资源学派的出现克服了结构学派和能力学派单方面从企业外部环境和内部条件进行片面性分析的缺陷，它通过对企业所处的外部和内部环境进行综合分析，确定了竞争力来源于企业的资源差异，这些资源既包括外部资源又包括内部资源，即资源差异—战略差异—竞争力差异—不同绩效。沃纳菲尔特等不同的学者通过不同的方法研究了竞争力的资源基础理论。

（4）新竞争战略管理理论。20 世纪 90 年代后，随着信息技术和科技变革的突飞猛进，许多学者认为，产（企）业所处的环境由过去的相对稳定演化为充满不确定性，产（企）业的内部资源、条件和发展战略为了适应外部环境的变化要不断地进行调整。因此，应该从动态的角度展开对竞争力的研究，而这种动态研究，既要包括外部环境的动态研究，又要包括内部条件的动态研究。20 世纪 80 年代后期艾特金森（Altkinsin）提出的柔性组织概念，1997 年提斯（Teece）提出的动态能力观点，以及 1998 年布朗（Brown）与艾森哈特（Eisenhardt）提出的边缘竞争战略，都从动态角度对竞争力进行了深入的研究。

11.3.1.3 国际竞争力的分类

一些国内外学者对国际竞争力进行了分门别类，其中具有代表性的分类方法有如下几种。

（1）狄昂照等人将国际竞争力分为商品竞争力、企业竞争力、行业竞争力与国家竞争力。

(2)焦瑾璞将国际竞争力分为宏观层次国家竞争力、中观层次产业竞争力与微观层次企业竞争力。

(3)1989年,法滋玻(Fajnzylber)将竞争力分为虚假竞争力和真实竞争力。虚假竞争力是指与低工资、汇率变化、出口补贴和高利润相关的竞争力;真实竞争力是指与技术进步、生产率提高相关的竞争力。

(4)1992年,经合组织(OECD)将竞争力分为宏观竞争力、微观竞争力和结构竞争力。宏观竞争力是指国家法规、教育和技术层次的竞争力;微观竞争力是与企业取得市场和增加利润相关的竞争力;结构竞争力则是与技术基础设施、投资结构、生产类型和外部性等相关的竞争力。

(5)1995年,莫夫卓基(Mcfetridge)将竞争力分为企业竞争力、产业竞争力和国家竞争力三个层次。企业竞争力的定义比较简单,即没有利润就没有竞争力;由于产业内部差别较大,产业竞争力难以明确定义;国家竞争力被定义为通过人均收入来增进国家福利的能力。

此外,张金昌则从多方面对竞争力进行分类:从竞争主体的角度,可以将竞争力分为国家竞争力、地区竞争力、企业竞争力、产业竞争力和区域利益共同体竞争力,其中,企业竞争力又可进一步分为企业产品竞争力、企业价格竞争力、质量竞争力、技术竞争力和市场竞争力;从竞争对象的角度,可以将竞争力分为产品竞争力、价格竞争力、成本竞争力、生产率竞争力、规模竞争力和出口竞争力等。

11.3.2 国际竞争力的评价方法

国际竞争力的评价方法是多种多样的。

从竞争结果来看,国际竞争力的评价方法可分为:①GDP评价法(或人均GDP评价法),包括购买力平价评价法和相对购买力平价评价法;②产业产出购买力平价数据评价法,包括产出和生产率国际比较法(ICOP)与153组商品数据评价法;③贸易竞争指数评价法;④相对国际竞争力指数评价法。

从竞争力决定因素来分析,国际竞争力的评价方法可分为:①单因素评价法,包括生产率评价法、单位成本评价法、技术创新能力评价法、新增投资规模评价法和企业规模评价法;②多因素评价法,又称综合评价法,包括WEF评价法、IMD评价法、世界银行评价法、标杆测定评价法和波特评价法等。下面介绍几种常用的方法。

11.3.2.1 WEF评价法

1980年,世界经济论坛(WEF)开始讨论国际竞争力问题,经过20多年的努力,他们形成了一个相对完善的国际竞争力评价体系。1985年,WEF又与瑞士洛桑国际管理开发学院(IMD)合作,共同研究国际竞争力评价问题,并每年出版

《世界竞争力年鉴》。因见解不同，1996年，WEF与IMD分离，单独出版《全球竞争力报告》。

1985～1990年，WEF采用的指标共分为381项，其中，249项为统计指标（硬指标），其余132项为调查指标（软指标），这些指标共分为10大类，即经济活力、工业效率、市场趋向、金融活力、人力资源、国家干预、资源利用、国际化倾向、未来趋势和社会政治稳定性。1991～1996年，又分为8类24项指标，即国内经济实力、国际化程度、政府作用、金融环境、基础设施、企业管理、科研开发和国民素质。在随后的几年里指标项目逐渐变少。

在理论上，WEF侧重于以未来5～10年的中长期人均GDP的增长为基础，建立了多因素评价的系统评价体系，其理论基础是新古典经济增长理论、技术进步内生化经济增长模型和大量经验性研究文献的综合。其国际竞争力要素被归为8类，在每类之下又细分若干指标。

1997年，WEF的《全球竞争力报告》将国际竞争力要素分为开放度、政府管理、金融、基础设施、技术、企业管理、劳动力、法规和社会文明等8大类，列出指标195项，其中，统计指标68项，软指标127项。

WEF采用加权平均法来计算各国国际竞争力得分，对国际竞争力进行评价。评价结果有三项：①国家经济总体运行评价；②国家国际竞争力综合评价总排名结果，各要素国际竞争力综合评价排名结果，各要素下属综合方面的国际竞争力综合评价排名结果；③国家国际竞争力资产负债表。

11.3.2.2　IMD评价法

1996年，IMD与WEF分离后，单独出版了《世界竞争力年鉴》。

在理论上，IMD着力于国家整体的现状水平、实力和发展潜力，从国际竞争的资产条件和竞争过程两个方面来进行系统评价。其国际竞争力要素被归为8大类，在每类下又细分若干指标。

1997年，IMD的《世界竞争力年鉴》将国际竞争力要素分为国内经济实力、国际化程度、政府作用、金融、基础设施、企业管理、科学技术与国民素质8大类，列出指标244项，其中，统计指标160项，软指标84项。2000年，IMD的《世界竞争力年鉴》将国际竞争力要素分为国内经济、国际化程度、政府政策和运行、金融环境、基础设施、企业管理、科学技术与国民素质8大类，列出指标290项，其中，统计指标180项，软指标110项。

IMD国家竞争力评价的主要成果有：①参评国家竞争力综合排名、8大要素排名和47个子要素排名；②由参评国家可控制的20个最好指标和20个最差指标组成的资产负债表；③布局吸引力排名，可以说明各个国家在制造业、服务及管理业、研发三个方面的吸引力比较结果；④得到国家竞争排名树，进一步突出了每个国家的排名位次；⑤国家竞争力结构与排名第一国家的结构的比较等。

11.3.2.3 出口数据评价法

根据有关文献,以进出口数据为基础来分析评价国际竞争力的指标是非常多的,但用得最多、最广的则是国际市场占有率指标。除此之外,还有净出口指标、贸易竞争力指数、显示性优势指数、相对国际竞争力指数、出口产品质量升级指数等。

(1)国际市场占有率指标。国际市场占有率指标,是一国出口总额占世界出口总额的比例。这一指标反映一国出口的整体竞争力,其公式为:

$$\text{国际市场占有率} = \frac{\text{出口总额}}{\text{世界出口总额}} \times 100\% \tag{11.18}$$

国际市场占有率指标反映一国出口的整体竞争力。该指标可以是一个国家出口总额与世界出口总额之比,反映国家在世界出口市场的比重;也可以是一国特定产业或者产品的出口总额与世界特定产业或产品的出口总额之比,反映该国该产业或产品的出口在世界市场上所占的比例。比例提高,说明出口竞争力增强。出口市场占有率反映了一国某产业或产品国际竞争力或竞争地位的变化。在进行产业或产品层次市场占有率变化对国际竞争力影响的分析时,还可以使用渗透率、进口份额、出口贡献率、出口增长优势指数等指标来补充。使用国际市场占有率指标时需要注意,某一产业或产品国际市场占有率的下降并不总意味着国家竞争力的下降,这种下降可能与国家产业结构或产品结构的调整、消费结构的变化等有关。

(2)净出口(贸易收支差额)指标。净出口(Trade Balance,TB)也称为贸易收支差额,是出口总额(X)与进口总额(M)之差,反映一国从国际贸易中取得的净收入,其公式为:

$$TB = X - M \tag{11.19}$$

在国家层次,净出口额为正说明贸易盈余,为负说明贸易赤字;在产品和产业层次,净出口为正说明该产品或产业为出口创汇型,为负表示该产业或产品为进口替代型。但在产业和产品层次,不能简单地判断贸易收支为正好还是为负好。

(3)贸易竞争力指数(贸易分工指数)。贸易竞争力指数又称可比净出口指数(Normalized Trade Balance,NTB),是指某一产业或产品的净出口与其进出口总额之比,其公式为:

$$NTB = \frac{X - M}{X + M} \tag{11.20}$$

这一指标用来说明该产品或产业的国际竞争力。这个指标的优点是作为一个与贸易总额的相对值,它剔除了通货膨胀、经济膨胀等宏观经济总量方面波动的影响,即无论进出口的绝对量是多少,它均介于 -1 和 +1 之间。该指标值为 -1 表示该国或该产业、该产品只进口不出口,该指标值为 +1 表示只出口不进口，从出口角度来看，该指标越接近于1，表示国际竞争力越强。

(4)显示性优势指数。显示性比较优势(Revealed Comparative Advantage, RCA)指标，是指国家 i 在 a 产业或产品的贸易上的比较优势，可以用 a 产业或产品在该国出口中所占的份额与世界贸易中该产品占总贸易额的份额之比来显示，其公式为：

$$RCA_{ia}=\frac{X_{ia}/X_{it}}{X_{wa}/X_{wt}} \tag{11.21}$$

式中：X_{ia}是国家 i 在 a 产业或产品上的出口；X_{wa}是 a 产业或产品在世界市场上的总出口；X_{it}是国家 i 在 t 时期的总出口；X_{wt}是世界市场上在 t 时期的总出口。

这一指标反映了一国某一产品的出口与世界平均出口水平的相对优势，它剔除了国家总量波动和世界总量波动的影响，较好地反映了该产品的相对优势，从而被广泛采用。因此，自20世纪80年代以来该指标在国际竞争力的比较中被广泛采用。一般而言，若 $RCA_{ia}<1$，则该国在该产业或产品上处于比较劣势；若 $RCA_{ia}>1$，则该国在该产业或产品上处于比较优势，RCA_{ia}的取值越大，比较优势越大。

(5)相对国际竞争力指数。为了将国内生产和消费与国际贸易情况联系起来反映产业或产品的国际竞争力，伦伯格(Lunberg)设计了相对国际竞争力指数。相对国际竞争力指数，是指某产品国内生产 Q_i 和消费 C_i 之比，与产业内或该国所有产品的生产之和($\sum Q_i$)与消费之和($\sum C_i$)的比的商，其公式为：

$$r_i=\frac{Q_i/C_i}{\sum Q_i/\sum C_i} \tag{11.22}$$

相对国际竞争力指数大于1，说明不但满足了国内需求，而且有净出口，其相对竞争力较强；相对国际竞争力指数小于1，则说明该产品的国内生产不能满足国内消费，其相对竞争力较弱。总体来看，该指标值越高，说明该产品在国内和国外市场上的地位越重要。

(6)出口产品质量升级指数。出口产品质量升级指数，是指通过计算每件商品出口价格的变化，来间接反映出口商品质量的变化，其公式为：

$$QC_i=\frac{E_i^t/N_i^t}{E_i^0/N_i^0} \tag{11.23}$$

式中：QC_i 表示 i 产品的质量变化；E_i^t 和 E_i^0 分别表示报告期和基期 i 产品的出口金额；N_i^t 和 N_i^0 分别表示报告期和基期 i 产品的出口数量。报告期该指标值大于1，表示产品质量上升；该值小于1，则表示产品质量下降。

11.3.2.4　成本评价法

按照经济学上的完全竞争假设，价格竞争在本质上是生产成本的竞争，因此，从成本角度评价国际竞争力，即成本评价法，是基本的竞争力分析方法。成本评价法有以下两种。

(1)价值成本竞争力评价法。该评价方法认为,竞争力是多项价值成本比的总和。其中价值、成本概念甚为宽泛,需要进行多项对比。用公式表示为:

$$竞争力 = \sum_i (V_j/C_j)^i \tag{11.24}$$

式中:V_j 代表价值项目;C_j 代表成本项目。

(2)单位劳动成本评价法。该评价方法认为,单位劳动成本可以用每小时劳动的工资报酬和每小时劳动的产出之比来计算,即单位劳动的成本为:

$$ULC_{ijt} = \frac{W_{ijt}}{(Q/L)_{ijt}} \tag{11.25}$$

式中:W_{ijt}是j国第i产业在t时间每小时劳动的工资;$(Q/L)_{ijt}$是j国第i产业在t时间每小时劳动的产出。单位劳动成本可以用本国货币计算,也可以用他国货币计算。

11.3.2.5　标杆测定评价法

标杆(Benchmarking)测定评价法是一种多因素综合评价法,其思想可追溯到20世纪初泰勒的科学管理研究。1984年,美国总统里根设立 Malcolm Baldrige 全国质量奖后,标杆测定开始在各个领域得到大规模应用。标杆测定的首要功能是找到一个评价竞争力的标杆;第二个功能是找出差距,统一思想认识;第三个功能是提出改进的具体建议;第四个功能是提供对改进方案的实施效果的评价标准。

与其他竞争力评价方法相比,标杆测定评价法不但能够评价和判断竞争力的高低,找出竞争力高低的主要原因,而且能够给出提高竞争力的对策和措施。用标杆测定评价法来评价国家竞争力的基本顺序如下。

(1)确定标杆测定的主题。其主题可以是企业、产业和国家层次最关心的问题,或最关键的竞争力决定因素。一般来说,主题是在对自己的状况进行比较深入、细致地研究的基础上确定的。

(2)确定标杆测定的对象和内容。标杆测定的对象应当是在同业、同部门中业绩最佳、效率最高的少数有代表性的对象。标杆测定的内容应当是在标杆测定主题范围内决定标杆测定对象主要表现业绩的作业流程、管理实践或关键要素。通常,标杆测定的内容由相关问题专家和实际操作人士在事先召开的预备会议上确定。

(3)组成工作小组,确定工作计划。

(4)资料收集和调查。在实地调查之前,要事先对调查问卷和实地调查方法在内部进行检验,确定调查问卷和方法的有效性。

(5)分析比较,找出差距,确定最佳做法。在对调查所取得的资料进行分类、整理,并进行必要的进一步调查的基础上,进行调查对象之间以及调查数据与自己企业、产业(部门)之间的实际情况的比较研究,确定出各个调查对象存在的差异,明确差距形成的原因和过程,并确定出最佳做法。

(6)明确改进方向,制订实施方案。在明确最佳做法的基础上,找出弥补自己与最佳实践之间差距的具体途径或改进机会,设计具体的实施方案,并进行实施方案的经济效益分析。

(7)组织实施,并不断将实施情况与最佳做法进行比较,努力达到最佳实践水平,努力超过标杆对象。

本章小结

本章首先介绍了国际经济比较的两种基本方法——汇率法与购买力平价法的原理与计算方法以及它们之间的区别。然后对综合国力进行了概念界定,并介绍了六种主要的测评方法。最后明确了国际竞争力的含义、理论与分类,并介绍了五种主要的测评方法。

本章主要概念

汇率法　世界银行图表集法　购买力平价　综合国力　竞争力

小知识

1. WEF

WEF 是 World Economic Forum (世界经济论坛)的简称。它是一个非官方的国际组织,总部设在瑞士日内瓦。其前身是1971年由现任论坛主席、日内瓦商学院教授克劳斯·施瓦布创建的“欧洲管理论坛”。1987年,“欧洲管理论坛”更名为“世界经济论坛”。论坛的年会每年1月底至2月初在瑞士的达沃斯召开,故也称“达沃斯论坛”。世界经济论坛的参与者主要是各国政界和经济界的高层领导人、企业首脑以及著名专家,宗旨是探讨世界经济领域存在的问题并促进国际经济合作与交流。随着国际形势的变化,论坛所探讨的议题逐渐突破了纯经济领域,许多双边和地区性问题也成为论坛探讨的主要内容。近十多年来,世界上发生的重大政治、军事、安全和社会事件多在论坛上得到反映。随着论坛影响的不断扩大及与会者层次的提高,达沃斯论坛已被视为“非官方的国际经济最高级会谈”,是世界政要、企业界人士以及民间和社会团体领导人研讨世界经济问题最重要的非官方聚会场所之一。每年,世界经济论坛还与若干国家的政府或企业联合主办各种国际经济讨论会。

2. IMD

IMD是International Institute for Management Development(瑞士洛桑国际管理开发学院)的简称。它发布的《国际竞争力报告》(简称《洛桑报告》)为各国之间进行横向国际比较提供了一个可供参考的框架,同时,由于该报告是连续的年度报告,也为各国自身进行纵向比较提供了一个重要途径。

主要参考文献

[1]邱东.国民经济统计学[M].大连:东北财经大学出版社,2001.

[2]郑菊生,卞祖武.国民经济核算体系原理.宏观经济统计学[M].上海:上海财经大学出版社,2000.

[3]许宪春.国民经济核算工作的重要意义和作用[J].中国统计.2001(12).

[4]黄书田,刘娟.国民经济统计概论[M].北京:中国人民大学出版社,2004.

[5]赵红.GDP与GDP核算.国家统计局国民经济核算司.

[6]李宝瑜.国民经济统计分析[M].北京:中国统计出版社,2002.

[7]李连友.国民经济核算学[M].北京:经济科学出版社,2001.

[8]贾俊平.统计学基础[M].北京:中国人民大学出版社,2006.

[9]邱东,杨仲山.当代国民经济统计学主流[M].大连:东北财经大学出版社,2004.

[10]袁寿庄,高敏雪.国民经济核算原理[M].北京:中国人民大学出版社,1996.

[11]高敏雪,李静萍.经济社会统计[M].北京:中国人民大学出版社,2006.

[12]许宪春.中国国内生产总值核算[M].北京:北京大学出版社,2000.

[13]许宪春.中国国民经济核算与宏观经济问题研究[M].北京:中国统计出版社,2003.

[14]刘起运,陈璋,苏汝劼.投入产出分析[M].北京:中国人民大学出版社,2006.

[15]刘起运,夏明,张红霞.宏观经济系统的投入产出分析[M].北京:中国人民大学出版社,2006.

[16]许宪春,刘起运.2004中国投入产出理论与实践[M].北京:中国统计出版社,2005.

[17]唐建荣,马娜.国内外环境经济投入产出研究综述[J].统计与决策,2007(11).

[18]黄伟,张阿玲,张晓华.统筹区域发展与区域间投入产出模型[J].技术经济与管理研究,2005(6).

[19]张阿玲,李继峰.地区间投入产出模型分析[J].系统工程学报,2004

(12).

[20]王德发,朱建中.国民经济核算概论[M].上海:上海财经大学出版社,2006.

[21]杨灿.国民核算与分析通论[M].北京:中国统计出版社,2005.

[22]苏汝劼,夏明.国民经济核算概论[M].北京:中国人民大学出版社,2004.

[23]徐向前.国民经济核算[M].北京:中国统计出版社,1990.

[24]罗平.国际收支手册[M].北京:中国金融出版社,1995.

[25]国家统计局国民经济核算司.国民经济核算体系[M].北京:中国统计出版社,1995.

[26]国家统计局国民经济核算司.中国国民经济核算[M].北京:中国统计出版社,2004.

[27]高敏雪,李静萍,许健.国民经济核算原理与中国实践[M].北京:中国人民大学出版社,2006.

[28]陈瑾玫.宏观经济统计分析的理论与实践[M].北京:经济科学出版社,2005.

[29]International Monetary Fund. Revision Balance of Payments Manual[M]. Fifth Edition. Washington, DC. ,2004.

[30]United Nations, European Commission, International Monetary Fund, Organization for Economic Co-operation and Development, United Nations Conference on Trade and Development, World Trade Organisation. Manual on Statistics of International Trade in Services[J]. United Nations Publications DC2 -853, New York,2002.

[31]World Trade Organization. Results of the Uruguay Round of Multilateral Trade Negotiations: The Legal Texts[M]. Geneva, 1995.

[32]国家统计局.中国国民经济核算体系(2002)[M].北京:中国统计出版社,2003.

[33]邱东,蒋萍,杨仲山.国民经济核算[M].北京:经济科学出版社,2002.

[34]满向昱.统计学教程[M].北京:中国财政经济出版社,1999.

[35]赵彦云.国民经济核算教程[M].北京:中国统计出版社,2000.

[36]陈梦根.绿色GDP理论基础与核算思路探讨[J].中国人口·资源与环境,2005(1).

[37]舒元.中国经济增长分析[M].上海:复旦大学出版社,1993.

[38]赵凌云,向新.1979-2001年中国经济增长格局的历史剖析[J].中国经济史研究,2005(1).

[39]赵英才,张纯洪,刘海英.转轨以来中国经济增长质量的综合评价研究

[J]. 吉林大学社会科学学报,2006(3).

[40]董文泉,高铁梅,姜诗章等. 经济周期波动的分析与预测方法[M]. 长春:吉林大学出版社,1998.

[41]吕光明. 经济周期波动:测度方法与中国经验分析[J]. 东北财经大学博士论文,2006.

[42]Zarnowitz V, Boschan C. Cyclical Indicators: an Evaluation and New Leading Indexes. Business Conditions Digest,1975.

[43]余芳东. 实际产出和生产率国际比较的研究方法及存在问题[J]. 统计研究,2004(1).

[44]余芳东. 中国购买力平价和经济实力的国际比较研究——国际比较项目(ICP)方法的实证分析[M]. 北京:中国统计出版社,2005.

[45]石小玉. 世界经济统计研究新进展[M]. 北京:中央广播电视大学出版社,2002.

[46]张金昌. 国际竞争力评价的理论和方法[J]. 北京:经济科学出版社,2002.

[47]姜爱林. 国际竞争力及其评价方法[J]. 广西社会科学,2004(2).